法藏知津

七 編

杜 潔 祥 主編

第 9 冊

悲憫的跫音
——南傳佛教人文關懷實踐研究

吳 正 榮 著

花木蘭文化事業有限公司

國家圖書館出版品預行編目資料

悲憫的跫音——南傳佛教人文關懷實踐研究／吳正榮 著 -- 初
版 -- 新北市：花木蘭文化事業有限公司，2021〔民 110〕
目 6+292 面；19×26 公分
（法藏知津七編 第 9 冊）
ISBN 978-986-518-296-0（精裝）
1. 佛教史 2. 佛教哲學 3. 部派佛教
030.8   109011259

ISBN-978-986-518-296-0

法藏知津七編
第 九 冊   ISBN：978-986-518-296-0

悲憫的跫音
——南傳佛教人文關懷實踐研究

作　　者　吳正榮
主　　編　杜潔祥
副總編輯　楊嘉樂
編　　輯　許郁翎、張雅淋　美術編輯　陳逸婷
出　　版　花木蘭文化事業有限公司
發 行 人　高小娟
聯絡地址　235 新北市中和區中安街七二號十三樓
　　　　　電話：02-2923-1455／傳真：02-2923-1452
網　　址　http://www.huamulan.tw 信箱 service@huamulans.com
印　　刷　普羅文化出版廣告事業
初　　版　2021 年 3 月
定　　價　七編 29 冊（精裝）新台幣 86,000 元

悲憫的跫音
——南傳佛教人文關懷實踐研究

吳正榮 著

作者簡介

吳正榮，雲南省玉溪師範學院教授。出生於雲南省西雙版納小猛養，那傳說佛祖行腳傳法路過回頭望見的地方。曾寄養於傣族南傳佛教緬寺。禪宗少林寺曹洞宗第三十代「素」字輩俗家弟子。法號：海納。梵名：雅歌同塵。六祖惠能禪法心傳者。大禪心法（大智慧禪修頓悟見性修證）體系建構者。生命整合心理學學科研創者。超覺意象心理圖式分析整合技術（TEII）研發者。養福自我提升幸福諮詢課程體系建構者。養老與臨終關懷康養課程研創者。禪法與精神分析結合探尋解決抑鬱焦慮與睡眠障礙技術研創者，心理學本土化心性學操作技術的研修探索者。林泉聽客，心世觀者。言非所言，意在言外。此生唯覺，別無多餘。

提　要

　　本書稿為 2013 年度國家教育部規劃基金項目的最終成果。

　　書稿首先詳盡地梳理了南傳佛教人文關懷思想源流及實踐體系。在此基礎上，作者以自身理論優勢，與該領域內國際最先進的研究成果進行對話，吸取養分並建立了更廣闊的理論視野。之後，又結合自身的具體實踐運用，初步完成了南傳佛教人文關懷實踐方面的理論系統建構，以一部有研究、借鑒和參考價值的專著推出。

　　書稿內容可歸納為五大部分：

　　第一部分，緒論。主要以作者所提出的「大生命觀」來對「南傳佛教人文精神」進行詮釋、概述，並以之審視該領域的國內外研究現狀。

　　第二部分，第一、二、三章。主要內容是梳理原始佛教、部派佛教，乃至南傳佛教時期的人文關懷思想及實踐體系。

　　第三部分，第四、五、六、七章。以南傳佛教的人文關懷思想及實踐體系為視野，專題挖掘其生態觀、生命教育、心理療愈、幸福指數提升等內涵，以用之於當前社會，轉化為現實價值。

　　第四部分，第八、九、十章。結合雲南西雙版納的南傳佛教，來探討南傳佛教人文關懷實踐在雲南的具體體現，並深入分析其現代轉型中形成的新現象和面臨的新挑戰。

　　第五部分，結語。對南傳佛教的人文關懷實踐及其現代轉型進行總結、反思。

本書稿為 2013 年度國家教育部人文社會研究
規劃基金最終成果
項目編號為：13YJA730004

目　次

緒　論

一、「大生命觀」視野下的南傳佛教新人文精神

　　人文關懷一直被視為文藝復興以來呼聲最高、層次最深的人性價值取向。〔註1〕然而，比照目前人文關懷的實踐情況及生命伴隨的各種問題，我們發現：人類對自身的關注、關懷、觀照尚存在許多可反思之地。現行人文關懷體系並不足以代表人類生命的最高安頓層次、有效解脫方法和正確行進路徑。〔註2〕筆者在對南傳佛教的探討中，發現其所含藏的人文深度正好可對上

〔註1〕 人類對自身的發現與解放，有兩個層次顯得非常重要：一是由人本視角確立自身的主體地位，二是由人文視角昇華自身之存在價值。人本偏重於對人自身存在的發現，故而其表現側重對人類各種生存欲望的實現和滿足；人文則更為關注人類存在的精神價值及其提升，從更深一個層次上來直面、思考人類存在的意義。不過，二者存在很多部分的重合，並且二者間所謂的物質價值和精神價值在很多場合是相互影響的，人文中有人本，人本中有人文，其根本目的都在探討人類存在的意義、價值、出路。但總體上說，人文更貼近人類精神本身，更為關注人類生命的存在和超越。故而，凡談及人文，人們實際上對其傾注了極高熱情和極遠期盼，甚至會有最終於人文中得到生命安頓，實現最終存在價值之預設、理想。從這種角度來看，人文關懷體系可謂囊括一切關注人類精神世界、終極價值的文化元素。不過，在具體的實踐中，「人文」會不會陷入一些「誤區」？或有沒有起到相應的時代作用？又是否一直徘徊於人文之淺表？這都是我們在提升生命的存在價值時需要深思的。本文所要反思、釐清的，正是這些問題。

〔註2〕 現行人文關懷體系普遍未對生命形成「全局性」認知，實踐環節相對薄弱，且境界上有止步於主體觀念之實。南傳佛教「新人文」在上述幾方面的深度視域、豐富內容和突出特徵恰好可對現行人文關懷作出反思、補充和拓伸。從「新人文」的實現路徑來看，核心在於主體的反思與超越，並最終從本心的深度來統攝、灌注整個實踐系統。在此意義上，南傳佛教新人文體系具備足夠的理論與實踐資源來促進純粹之生命觀照，成就終極之人文關懷。

述缺位作出彌補和拓伸，實為「大生命觀」視野下的新人文範疇。下文即依據此本體性視域，集中於南傳佛教思想義理、話語體系、現代形式等來探討其人文關懷精神。

（一）南傳佛教「大生命觀」意蘊

「大生命觀」從覺性的宏觀視野來審視生命之橫向、縱向，深度、廣度，個體、全體，主體、客體等範疇，在實踐中融通主客二元的理性對立，達到本心層面的生命安頓，實現終極境界的人文價值。其說乃一種開放的、宏觀的生命視野，並不侷限於南傳佛教，而是一切佛教支派甚至是各種宗教和文化思想所共同探討、關注和追求的生命理想境界。其基本意蘊如下：

首先，「大生命觀」是對生命存在的全局性認知。人文關懷的程度，首先是對生命的認知程度，唯有宏觀、全局地審視生命存在，才談得上最深層之人文關懷，最根本之生命安頓。「大生命觀」視域對生命的認知主要包含如下幾層內容：

第一，生命的一體多維性。「一體」即生命存在之既有個體；「多維」則是指生命並非僅可見之身心構成，尚有人類暫未識別的隱性視界。從整個佛教來看，生命的「一體多維性」主要表現在縱向「九層」〔註3〕和橫向「十八界」〔註4〕兩說。「九層」的基本內容是唯識「九識說」，南傳佛教中雖有類似思路，但並無明確的「九層」細分，大概只粗分為內外兩層：「內」即佛性，「外」即眼耳鼻舌身意。而「十八界」則是南傳佛教講論生命構成因緣、形成原理的重點內容。尤其在《法集論》、《界論》、《雙論》、《人設施論》、《論事》、《發趣論》、《清淨道論》諸論中，均有深透闡釋。大抵用意是從原理上辨清當前補特伽羅人我之形成，並從宏觀的一體視角來看待、統攝生命的各種層級。如《雙論》說：

> 若某人眼界生者，其人意識界生耶？然。或又某人意識界生者，其人眼界生耶？若有心、無眼而往生時，其人意識界雖生而其人眼界非生。若有心、有眼而往生時，其人意識界生而眼界亦生。若人眼界生者，其人法界生耶？然。或又若某人法界生者，其人眼

〔註3〕九層，即眼、耳、鼻、舌、身、意、末那識、阿賴耶識、阿摩羅識之九個層次或維度。

〔註4〕十八界亦名「蘊、界、入」或「陰、持、入」，實際上就是六根（眼根、耳根、鼻根、舌根、身根、意根）、六門（眼、耳、鼻、舌、身、意）、六塵（色、聲、香、味、觸、法）之合稱。

界生耶？若無眼而往生時，其人之法界生而其人之眼界非生。若有

眼而往生時，其人法界生而眼界亦生。〔註5〕

這僅是《雙論》論述「十八界」原理的一小部分，但已經體現出了六根、六門、六塵因緣而動，形成人我的一體性、互通性。簡言之，當前的補特伽羅人我是由六根、六門、六塵橫向構成的統一體，含有內、中、外三個維度。

結合上述之縱向內外兩層和橫向內中外三層來看，生命構成中都隱含著「本性」、「身心感官」、「內外互通統一」三層義。「本性」是最深層之存在，也是所謂的生命之本真；「身心感官」則是生命的身心現象，也即一般所說的生命欲望層；但是，兩層之間並不孤立，而是一體互通、多維共存的。這就為深度的人文關懷提供了綜合視野、理論依據。一般而言，孤立地從身心層看待人文關懷，必然是「愛繫我首，長道驅馳，生死輪迴，生死流轉，不去本際」〔註6〕，無法透徹；只談本性層，也難免是一種孤立、灰身滅智之二元分割。唯有從本性視角宏觀視之，一體考量，才可能具備「世心是冥身，涅槃是非根法，甚深微細覺性，乃能了知」〔註7〕的全局生命視野，也才有出離現實苦厄、解脫於最終層次的可能性。

第二，是生命的無疆界性。此之謂生命有顯隱無數類別。並且，從根本上看，各種物類、個體與全體、主體與客體之間存在互通性。遠在相應部、長部、小部經典中，南傳佛教就將生命清晰地劃為畜生、惡鬼、地獄、人、阿修羅、天、聲聞、緣覺、菩薩、佛之「十法界」。這種劃分說明生命並不單以人類為中心，還有共行之其餘形態。而最為突出的無疆界性還體現在兩方面：一者，生命根據所造業力、所受因果或在六道輪迴，或向四聖提升；二者，一切萬物都具備平等無別的佛性本來。故說生命存在是無疆界的，互通的，甚至是一體的。這也是南傳佛教對生命全局性認知的重要內容。

第三，生命的永恆性。南傳佛教論證生命的永恆一般是從空性的永恆自在開始。《論事》云：

今稱空性論。此處，言空性有二種空性，是蘊無我相與涅槃。

於此中，先是無我相，一分或依方便說，應為行蘊繫屬，但涅槃唯

〔註5〕《雙論》，郭哲彰譯，元亨寺漢譯南傳大藏經編譯委員會：《漢譯南傳大藏經》第51冊，元亨寺妙林出版社，1996年，第273～274頁。

〔註6〕《雜阿含經》，《大正藏》第2冊，第41頁。

〔註7〕《阿毘曇毘婆沙論》，《大正藏》第28冊，第56頁。

無繫屬。〔註8〕

《論事》將空性分為兩層義：一為在五蘊中不執著於物相之緣起空；另一為永恆自足、不與物相關聯之涅槃境，不屬緣起之法。但不論從哪一層意思來說，空性都是自由的、自足的、永恆的。《無礙解道》第十品也云：「此句是最上，此句是最勝，此句是殊勝，謂一切行之寂止，一切取之定棄，渴愛之滅盡、離欲、滅、涅槃。此是最上空。」〔註9〕即使是被視為外道邪執見之安達派，也從「行蘊非無常、非有為、非緣生、非盡法、非壞法、非離貪法、非滅法、非易變法」〔註10〕的角度論述了空性的永恆不滅。這樣，顯然更為人文關懷提供了安頓於永恆之理論依據。另外，南傳佛教也從「業」的角度來論說生命的永恆性。因為「業」作為一種既成事實是不可能消失的，它已經成為一種積澱深藏在自我含藏之中，成為人我的基數之一。關於這點，阿含部《梵網經》中釋迦牟尼借外道婆羅門的口吻說：

> 我及世界是常住，如無所生產之石女，如常住山頂，如直立不
> 動之石柱。而諸有情之流轉、輪迴，歿去、生來，我及世界之恒存
> 常在。所以者何？因我從苦行、精進、專修、不放逸、正憶念、心
> 得三昧，心得三昧已，能想起過去種種宿住。〔註11〕

從該經的「內道」觀點來看，顯然引文執認諸業、真我為常，是「外道常邊見」。但其側面卻指出了一個事實：在未證道解脫之前，一切業果生生流轉不停。並且，即使證道解脫，這些舊有生命經歷依然留存，只不過不再成為一種迷昧、障礙，而是具有本性視角的緣起性空。這也說明，不論從何視野來看，生命都具有永恆性。

從一體多維性、無疆界性、永恆性三個要點來審視生命，則人文關懷應有的深度、廣度就非常清晰。現行人文關懷體系之主流由於不承認生命的全局性存在，故在真正本性層面的終極關懷是缺位的。而且，即使考慮到生命應該受到本性層面的關懷，也將本性當做一種孤立的存在，割裂了生命的全局性。

其次，「大生命觀」從心性上來實現終極關懷。南傳佛教的「大生命觀」視域並非一句空泛的名言，而是落實於生命的當下實踐。大生命觀的最終境

〔註8〕 《論事》，郭哲彰譯，《漢譯南傳大藏經》第62冊，第324頁。

〔註9〕 《無礙解道》，悟醒譯，《漢譯南傳大藏經》第44冊，第91頁。

〔註10〕 《論事》，郭哲彰譯，《漢譯南傳大藏經》第62冊，第325頁。

〔註11〕 《梵網經》，通妙譯，《漢譯南傳大藏經》第6冊，第12頁。

界並不排斥現象層的各種人本需求，而重在既有條件下證取本性的自足、永恆，不被欲望、現象拘束，以更加深刻地反觀、浸潤人生。例如南傳經典《俱舍論》，有學者對其第六、七、八品做了精到評述：

> 三品是關於生命的淨化，或者，更確切地說，是關於生命運動的靜止化。第六品描寫一副佛教聖者的圖畫，最後兩品討論聖位的一般和特殊的原因，就是，純潔的智慧和超越的沉思。〔註12〕

這種闡釋是樸實的，貼近生命的。生命於心性層面的安頓，體現在南傳佛教生命哲學上則集中於主客二元的最終圓融。二元對立乃哲學之宿命，在哲學產生的一刻起，便意味著二元對立的產生。原因很簡單，因為最初的哲學實際上是人類思維的造作。其對立根源並非理論的表達，而是「思維觀念」對「生命本層」的隔斷。在南傳佛教「大生命觀」視域中，不再是單一哲學層面的創建，而是關涉到心性休養之實踐。是一種知行合一、知行同步意義上的人文關懷體系。故而「二元對立的消融」並非在理論體系中完成，而是最先於「心性世界」中實現。心性一旦圓融，便喻徵著主體安頓於當前之時空。同時而生的哲學理論，在主體眼中便具有了透徹性、圓融無礙性。

再次，「大生命觀」具備完善的實踐體系。大生命觀的終極境界、基本標準為人文關懷提供了目標和方向，但作為一種完整的人文關懷體系，顯然還應該有能保證目標實現的方法。否則，人文關懷便會落入空有其名之騙局。南傳佛教是一個較有特點的思想系統，較為完整地保留著上座部佛教的內容。而上座部佛教的最大特點，則是擁有一套可以優化、整合生命的修持方法，如各種戒律、四念住、內觀禪等。總體上，南傳佛教的實踐體系以「戒、定、慧」為基本次第。如論藏經典《清淨道論》云：

> 世尊依戒定慧之門，以示此清淨道者，即依以上，以三學、三種善教、三明等之近依，避二邊而習行中道，超越惡趣等之方便，依三相而捨煩斷惱，違犯等之對治，三雜染之淨化，及闡明須陀洹之原因。〔註13〕

《清淨道論》乃覺音所造，可視為南傳佛教實踐體系之集大成者。其論

〔註12〕〔蘇〕徹爾巴茨基：《關於阿毘達磨俱舍論破我品》，趙克譯，見張曼濤主編：《現代佛教學術叢刊》第22冊，大乘文化出版社，1978年，第308頁。
〔註13〕《清淨道論》，悟醒譯，《漢譯南傳大藏經》第67冊，第6頁。

以戒定慧為基本框架，細說總說，將南傳佛教修道方法冶為一爐，全面展現了南傳佛教的實踐體系。

關於戒，南傳論藏中直接有龐大的「律藏」體系：「律藏乃解說僧伽生活之禁制學處及其制度行儀。巴利律藏之內容組織，係由經分別、犍度、三部組成。」〔註14〕嚴格持戒成為南傳佛教修道之基礎及重要方法。而定慧，南傳佛教一般先言定而後慧。定者，多指止觀禪定；而慧，通常云智慧顯用。然而實踐中二而一、一而二，無法絕對分清。相應部、長部、中部、論藏中多有闡述。如《攝阿毘達磨義論》說：

> 果定是隨各自之果而得共通於一切者。然，得入定與「滅定」是阿那含與阿羅漢。其定中，如次第入定初禪等之大上二界定而出定，在其處觀各處諸行之法而至無所有處止，然後在定期間之決定等行多所作而入定於非想非非想處，於二剎那安止速行之後，彼心之相續斷絕，此為入滅定者。其次，出定之時，阿那含即一次轉起阿那含果心，阿羅漢一次轉起阿羅漢果心而隨有分，然後轉起觀察智。〔註15〕

其文主張定慧互動，交相前行，定中「相續心」斷離，即出現妙觀察之慧。由此足見南傳佛教實踐體系之全、之豐。

南傳佛教「大生命觀」意蘊不止上述。從體系上來說，它至少包含對生命的全局性認知、生命解脫後的至深境界以及人文關懷之實踐體系三大部分。並且，缺少其中任何一部分都無法實現最終的新人文境界。

（二）「大生命觀」視野下的現代人文反思

「人文關懷」應是一個包含人生所需種種理論和實踐手段的體系。從其立論初衷來說並無不妥，只因人們在不同時代賦予它的含義有多寡深淺之分，遂造成了自身所到達的「人文程度」存在差異。我們對人文關懷的反思，即是從人類主體對其理論深度和實踐效用的理解、實現、運用上來進行的。──實則是對主體自身的反思。在本文看來，現行人文關懷之主流囿於主體視野之侷限，並未起到相應的時代作用，某種程度上，我們正陷於一場「人文騙局」。具體理由如下：

首先，絕大部分理論所到達者並非終極人文深度。眾所周知，現行人文

〔註14〕《律藏一》，通妙譯，《漢譯南傳大藏經》第1冊，第1頁。
〔註15〕《攝阿毘達磨義論》，悟醒譯，《漢譯南傳大藏經》第70冊，第85頁。

關懷理論大多用以應對人類身心欲望，並不徹底。如何才是人文關懷的最深層級？就目前流行的觀點來看，無疑是以蒂利希為代表的人文主義者所推崇的「終極關切」。《文化神學》一書談到：

> 宗教，就該詞最寬泛、最基本的意義而論，就是終極關切。作為終極關切的宗教是賦予文化意義的本體，而文化則是宗教的基本關切表達自身的形式總和。〔註16〕

蒂利希此語本用以闡述宗教和文化之關係，不過，其最大影響似乎並不在此，而在提出了「終極關切」的著名範疇。此處，似乎既言「終極」，自當為最深層級之價值判斷、生命歸趣。然而本文並不認為此說果真為最終極之人文關懷。因為蒂利希所賦予「終極關懷」的含義是對宗教的完全委身。其《信仰的動力》說：

> 如果某種至關重要的關切自稱為終極，他便要求接受者完全委身，而且它應許完全實現，即使其他所有主張不能不從屬於它，或以它的名義被拒絕。〔註17〕

意即，宗教提供了人類需要的一切終極價值，和宗教的精神完全合一，就具有了對生命終極真相的瞭解和對現實生命的超脫。

這顯然並不完全符合事實。毫無疑問，很多宗教都具有獨特的智慧性，但對宗教的完全委身實際上是依賴於外在對象而喪失了人自身的主動權。這是對個體價值的抹殺，作為活生生的個體是不會對之有最終滿足感的。況且，既然是生命的終極關懷，就必須超越外在對象才足以證明自身立於最究極之安頓層。包括終極關切在內的當前主流人文關懷體系，或囿於身心欲望，或周旋於對某種絕對力量的委身、全信，這是典型的「有待」〔註18〕，並非終極人文深度。

其次，現行人文體系缺乏深刻有效的實踐方法。人文關懷需要有效的實踐體系來輔助完成。現行人文關懷體系（含上述終極關切論）中，實踐方法明顯缺弱。其原因及表現可歸為兩方面：其一，人文傳統中生命關懷精神的斷層。工業文明帶來的各種利益毋庸置疑，但其所伴隨的物質性思維、非理性行為也對人文傳統之內在精神造成了致命傷害，大多實踐方法失去了傳

〔註16〕Paul Tillich, *Theology of Culture*, Oxford University Press, 1959, P.7~8.
〔註17〕Paul Tillich, *Dynamics of Faith*, Happer & Row, Publishers, 1957, P.1.
〔註18〕《莊子·逍遙遊》認為：有待，即還有所憑藉，有所執著，非絕對之解脫、自由。見王先謙：《莊子集解》，中華書局，1983年，第1~3頁。

承。這一點在中國尤其明顯。例如，儒家在其特定修養方法的浸潤下，歷代都會出一些知行合一的大師，但目前，卻極少有能切實體己、昇華德性之大學者。最終，學術上空談泛濫，學人收不住脫韁之「放心」〔註19〕，更無法深入理解、體味儒學的內在關懷。而道家、佛家所遭遇的境況也一樣。一個真正有深度的文化體系，是靠那些有實踐效用的具體方法支撐起來的，失去方法的傳承，文化對生命的關懷就無從落實。其二，以工業文明為基礎的人文關懷實踐體系尚未建立。現代文明的「外向型」主流思維與人文關懷的「內向型」核心路徑存在某種程度上的背道而馳，工業文明所理解的人文關懷並非內在生命、終極本心之安頓，故所嘗試建立的一套實踐體系也是「外向型」理路。我們不排除某一天這兩種悖離路徑會最終合一，但必定是一個長期過程。在此意義上，現行人文關懷體系並不熱心，或說「不屑」，「不懂」建立完善有效的深度實踐體系。既缺少實踐方法，即使某種人文關懷理論立意再深，也只是一紙空談，一場騙局。

再次，生命在主體觀念中的迷失。這是「人文騙局」之核心。主體觀念一直是人類引以為豪的理性屬性。人文主義先驅但丁也說：「自由的第一原則就是意志自由；意志自由就是關於意志的自由判斷。」〔註20〕但包括後現代主義在內的眾多學派都發現，主體觀念是一種人為建構起來的虛性存在，心靈的一切痛苦正是以此為基礎而滋長的。一旦迷信主體，就喪失了「作為真正主體」的內在生命自身。真正徹底的人文關懷、深度的生命安頓必須突破主體之藩籬才可實現。人文騙局之產生，即因落在了主體觀念之範疇。

其基本原理可以這樣理解：一者，從理論基礎上看，現行人文關懷體系之主流立足於個體的欲望本能，實質上是個體欲望之延伸，無法超越主體範疇。這必然意味著它無法透徹解決人類生命中的絕大部分問題。換言之，人類在欲望當中建立起了想要超越欲望的人文價值體系，最後還是停留在自我的設限中。——是個體現象層的價值實現、人生安頓。二者，從表現形式上看，現行人文潮流多以主體之「思想」來運作。「思想」的發展程度體現著人類的文明程度，但同時也是人類心靈的受限程度。目前最先進的人文成果已

〔註19〕《孟子·告子上》說：「學問之道無他，求其放心而已矣。」「放心」，即是散亂放逸之心，調馴、回收此心，便是學問之正道。見朱熹：《四書集注》，中華書局，2012年，第334頁。

〔註20〕北京大學西語系資料組編：《從文藝復興到十九世紀資產階級文學家藝術家有關人道主義人性論言論選輯》，商務印書館，1971年，第19頁。

經多次闡明〔註21〕，人類得不到生命自由之主因是受限於自身「思想」，能洞徹此思想的「之外」才是人類生命的根本性存在。也即，解構主體之後絕對自由之「本在」才是生命可安頓之最終處。三者，從主體的基本邏輯來看，主要是「一維化」的物質性邏輯特徵。這種線性的運思視野幾乎無法感知、論證一維之外的事實。某種程度上這正是二元對立無法解決的根本原因。二元對立的調和、消解須在多維視角之內才能實現。同理，真正的人文關懷也須在多維視野下才能夠最終完成。關於上述「騙局」，美國超個人心理學家肯·威爾伯從另一個角度作過分析：

> 這是一個很有趣的文化現象。這並不代表我們已經進入了靈性轉化的新形式，應該說是一種轉譯的新形式正在興起。換句話說，人們並沒有找到真正能轉化自己的實修方式，只是找到了一種新的詮釋來建立自己的正當性，替自己帶來存在的意義。再換句話說，那並不是一種深刻的意識成長，而是讓自己對目前處境感到滿意的新詮釋方式。〔註22〕

引文指出了主體迷失之實質。「轉譯」即改頭換面，但本質依然如初；而「轉化」則指脫離原有模式之生命昇華。言下之意，即使我們口說解脫，甚至套用「終極關切」或「道」的名言，但因主體運作之根本特性，還是迷失在主體之內而未出乎其外。此即人類欲望、本能在下意識中精心設計的一場人文騙局。〔註23〕

上述判斷是站在南傳佛教「大生命觀」的高度而得出的。從南傳佛教「大生命觀」視野來看，現行人文之主流多陷於「騙局」，常將人導引向自我之迷失。不過，有一點需要申明：這並不是否認中西方既有人文成果的智慧與功績，也不是盲目或迷信地宣揚南傳佛教新人文的高超，而是指出現行主流人

〔註21〕後現代主義、榮格心理學、後人本主義等一定程度上發現了這個事實，但苦於沒有究竟的本心作為支撐。而儒、釋、道體系早已從本心視野較為清晰地闡明了主體人的「符號」實質。此符號常常是限制生命最完美境界呈現的藩網。破除此網，並非一無所有之空無零，而恰好是不受主體侷限，一切符合本來之道的本性境界。

〔註22〕〔美〕肯·威爾伯：《一味》，胡茵夢譯，深圳報業集團出版社，2010 年，第227 頁。

〔註23〕既有人文關懷體系在社會發展、人類進步中所提供的積極作用顯而易見，筆者並不否定其正面功能，而旨在說明，鑒於當今社會人心的種種問題，人文關懷的內涵有必要重新認識和進一步拓寬。

文關懷因缺乏一種生命本體的深度以及通達此終極人文境界的實踐方法，故絕大多數主體人在「人文」名下其實難副，無法出離自身的侷限。而這些方面，南傳佛教新人文精神卻可視為已做出了巨大的補充和發揮。

（三）「新人文」之實現路徑及其現代價值

南傳佛教「新人文」之立論因緣如下〔註 24〕：其一，現代人類心靈面臨著新的問題，需要新的人文視野、新的解決方法；其二，較之於現行人文，南傳佛教之人文關懷體系具有本性的深度及完整的實踐技術；其三，南傳佛教新人文從宏觀微觀相結合的「大生命觀」視角來看待生命之存在、發展、提升，是審視生命的新視野。一直以來，南傳佛教主要通過個體修持、宗教信仰、寺廟教育、民俗傳承、身心醫療、生態蘊養、對話交流等龐大的實踐體系作為其人文關懷之實現路徑。如單從該體系的名言、形式上看，顯然與現行人文關懷體系並無不同，如何談得上「新人文」？不過，本研究是在生命的全局性、終極安頓境界及有效實踐方法之前提下來進行的。早在反思、論述「人文騙局」時，我們就已清醒地認識到一個事實：在人類社會進程中，人文關懷的終極深度早經由各種文化體系建立並實施，但關鍵是作為主體的人能夠實現到什麼程度。落於主體，即入「騙局」，而出乎主體，即是「新視域」。故而，關於實現路徑我們必須牢牢把握住一個核心：對主體的反思及超越。這一點，有學者曾做過論述：

> 當代人文精神的出路不再體現為知識分子廣以天下為己任，本著一片赤誠之心為社會提供一套標準的行為規範（這種工作只具有政治操作意義，不再具有人文精神的含義），而是體現為對自己的「本心」進行深入的反思。這種本心，以前歷來被不假思索地當作「天地之心」、公心，即民族國家之「大心」，因而這種反思也就是代表全民族的自我反思，是對我們得以產生和生活於其中的傳統文化價值體系的自我批判。〔註 25〕

但顯然，本文的反思側重於主體的「知行合一」，而非只關注一種理想結果。這種反思，是個人、社會、宗教、政權等都需要直面的。唯有如此，我

〔註 24〕「新人文」名實之建立，實是該課題負責人吳正榮教授近年來致力研究之「大生命觀」的拓展、延伸。可參考吳正榮、馮天春：《〈壇經〉大生命觀論綱》，人民出版社，2014 年。

〔註 25〕鄧曉芒：《當代人文精神的現狀及其出路》，《開放時代》，1997 年第 2 期，第16 頁。

們才可在靜觀中超越本能欲望以及理性的侷限，作出最有利於社會發展、最能成就生命價值的自我決斷，真正獲得「本心」層面的人文關懷。

在此意義上，我們發現，「新人文」之實踐路徑雖然龐大、複雜，但其核心卻落實在「個體人」的修養上：唯有通過個體的心性涵養，透徹到本性的深度，才可令此人文實踐體系煥發出新的深度，新的效用，也才會產生一種內在力量貫穿個體修持、宗教信仰、寺廟教育、民俗文化、身心醫療、生態蘊養、對話交流等分支，形成一個活的、深刻的、有效的「新人文關懷」體系。

關於個體的修持實踐，大抵可從三個層次來概括：

首先是建立正見，深入理解南傳佛教的義理及修持次第。早期南傳經典相應部、增支部、長部、中部、小部幾乎通篇都在講述這一重點內容。如三無漏學、四聖諦、五蘊、六度、七覺支、八正道、十二因緣等。這些範疇是南傳佛教甚至是整個佛教體系的核心構架，正確理解其含義及修持核要，才可能進一步實現生命質地之純化。

其次是步入止觀，調馴身心慣有業力。身心是同一整體，止觀對於調順身心功能之紊亂具有重要作用。小部《法句經》之「心品」云：

> 心轉隨欲轉，微妙猛難見，智者當護心，護心得安樂。遠行與獨動，無形隱胸窟，若誰制彼心，脫出魔繫縛。若心不安定，不辨於正法，信念不堅者，智慧不成滿。若得心無惱，亦無思慮惑，超脫善與惡，覺者無恐怖。〔註26〕

至於具體的止觀調馴方法，基礎性的有靜坐煉養等。但對南傳佛教來說，生命體現於生活之時時刻刻，也流失於生活之點點滴滴，要做到真正的、徹底的人文關懷，就必須止觀於一切時、事中。為此，佛教總結出了精到的「四念處法」。中部《念處經》云：

> 為有情之淨化、愁悲之超越、苦憂之消滅、正道之獲得、涅槃之作證，此有一法，即四念處也。四者何耶？曰：比丘！於此，於身隨觀身，熱心而注意，甚深持念，於世間除去貪憂。於受隨觀受，熱心而甚注意，有持念，於世間除去貪憂。於心隨觀心，熱心而甚注意，有持念。於世間除去貪憂。於法隨觀法，熱心而甚注意，有持念，於世間除去貪憂。〔註27〕

〔註26〕《法句經》，悟醒譯，《漢譯南傳大藏經》第26冊，第17頁。
〔註27〕《念處經》，通妙譯，《漢譯南傳大藏經》第9冊，第73頁。

　　身念處、受念處、心念處、法念處包含動靜止觀之精要，在每一念處又包含無數變化之種類、方法。此處限於篇幅，不再展開。重點唯闡明南傳佛教以種種止觀來實際調順身心，而非落入空說。

　　再次是從本心的高度來反思自身之修持，轉化主體之束縛，真正安頓於無礙解脫。這是非常值得注意的一點，歷來個體之修持，常常以強大的心力「念中修念」，左衝右突，但始終落於下乘。這也即本文一再強調的陷入欲望、本能、理性之「騙局」。這樣自然不可能得到真正的生命安頓。關於這種問題的處理，長部《清淨經》云：

> 應去正說是：「視而不見。」如何為視而不見耶？如是具足一切相，一切相成就圓滿，無減、無增，純粹圓滿之梵行，已明顯善說示。實若彼想此應除去，如是思惟：「如斯會更清淨。」則是不見。若彼想此應增加而思惟：「如此會更清淨。」則不見，是謂：「視而不見」也。〔註28〕

　　也即雖有一切修持、成就，但應「視而不見」，清醒地覺知自我心念之滿足否、分別否，不被「現象」所迷。對此，《法句經》之「道品」還提出了更為詳致之「觀照」法：

> 「一切行無常」，依智觀照時，則得厭離苦，此為清淨道。「一切行是苦」，依智觀照時，以得厭離苦，此為清淨道。「一切法無我」，依智觀照時，以得厭離苦，此為清淨道。〔註29〕

　　唯如此，一切人文關懷才可立於本心，發生「新人文」效應。新人文所提及的個體修持，準確地說應該是個體對本性的實證，核心在於心性「清淨」之顯現，而非一味閉目高坐、煉氣通神。這樣才可能真正破除主體束縛、有形作為，脫離舊人文桎梏之「騙局」。

　　理清此個體解脫之路徑、實質，則把握住了南傳佛教人文關懷體系之核心。這裡需要稍作說明：本文強調個體的解脫並不因南傳佛教被稱為「小乘」，不重大乘菩薩的普渡眾生。反而是返回到問題的根源，不在於名言上的大小乘分別而深入真實解脫。實際上，解脫就是解脫自身，沒有所謂的大小乘戲論。

　　個體具有本心解脫的高度，才是真正的「新人文」實踐者，才有能力推

〔註28〕《清淨經》，通妙譯，《漢譯南傳大藏經》第 8 冊，第 122 頁。
〔註29〕《法句經》，悟醒譯，《漢譯南傳大藏經》第 26 冊，第 41 頁。

己及人，將「新人文」視域浸潤、貫穿於整套實踐體系。於是，於宗教信仰，就不會陷入神祇迷信。即使專心膜拜神佛，也是真實心、恭敬心的自然表現。信仰的過程，就是立足於終極關懷深層，體驗本性存在的過程。於寺廟教育，也將會有一種全新的認識，既是教導知識，也是對人生安頓、證取本性的學習。於民俗文化，則更多是返本還源，多了一種生命的深度，少了現代社會所增入的急躁、功利、物慾。民俗文化將成為一種深沉的積澱，一種蘊藏著古老智慧而在無形涵化生命的重要人文關懷。於身心醫療，則可更深一步地看清身心疾病的來源及其虛幻，從而綜合調治、優化整合。於生態蘊養，可更深層地認識到生態與人類的一體關係，維護生態，就是對自身的蘊養。於對話交流，就可在繼承傳統的基礎上更好地利用他山之石來審視自身對人文關懷的落實，並將自身優秀傳統加以發揚，以利彼此。

　　從上述理路來看，南傳佛教「新人文」視域的現代價值無疑是巨大的。首先，反思了主體的存在現狀。現代人所面臨的各種問題說明，我們所寄予厚望的人文關懷體系並沒有展現其所應有的時代作用。而問題的關鍵不在於人文關懷體系的厚薄，而是作為主體的人受限於思維慣性，不能更好地借人文關懷體系來提升自己的價值。這種反思，應該是對主體的振聾發聵，是對價值提升的奠基。其次，展現了一種理想的生命安頓境界。「新人文」視域以生命的全局性作為人文關懷理論的基點，提倡從本心來審視生命的存在，相對於現代社會從社會關係、身心關係來窄化生命內涵，這顯然是一種更高立意，更深透的解脫希望。再次，提供了一整套可藉以昇華生命的人文實踐方法。這是問題的重點。甚深境界，只是給出了一種理想目標和超越可能，而實現，則必須依賴具體有效的實踐方法。現代文明的外向式特徵導致人們並未重視實踐方法的傳承、建構，從而遺留了種種人生問題。在迫切需要自我反思的今天，我們提倡新的生命觀，新的人文視野，甚至呼喚能更進一步細化我們的研究，這對於人文價值之提升，社會精神之進步，無疑是有其重要意義的。

二、當前南傳佛教領域的研究成果及趨勢

　　目前國內外對南傳佛教的研究，主要側重教史、義理文化以及人文關懷實踐。

（一）教史方面

　　在教史上，專論或涉及南傳佛教的成果主要有：淨海《南傳佛教史》、鄧

殿成《南傳佛教史簡編》、霍爾《東南亞史》（A history of South East Asia）、沃波爾《錫蘭佛教史》（History of Buddhism in Geylon）、普林斯《暹羅佛教史》（A history of Siam）、王海濤《雲南佛教史》等。論文主要有：刀述仁《南傳上座部佛教在雲南》、鄧殿臣《現代傣族地區佛教》、黃夏年《雲南南傳上座部佛教研究四十年》、黃夏年、侯沖《雲南上座部佛教四十年》等。這些專著、論文較為系統地梳理了斯里蘭卡、緬甸、泰國、老撾或其中某一地的南傳佛教概況，遺憾的是對雲南上座部佛教談得少之又少。

（二）義理文化方面

在義理文化方面，國內外著述頗豐。如宋立道《神聖與世俗——南傳佛教國家的宗教與政治》和《傳統與現代——變化中的南傳佛教世界》、鄭筱筠《中國南傳佛教研究》。關於論文，則有黃夏年《覺音的〈清淨道論〉及其禪法》、宋立道《佛教與東南亞國家的政治觀念》、瞿明安《變動中的宗教——當代西雙版納傣族宗教生活世俗化的特點》、傅增有《小乘佛教對湄公河流域國家文化的影響》、姚玨《傣族本生經研究——以西雙版納猛龍為中心》、刀述仁、侯沖《雲南上座部佛教研究中值得注意的兩個問題》、劉岩《傣族佛教徒的宗教生活》等。以上成果，較為全面、系統、大視野地探討了南傳佛教的義理及文化，對於南傳佛教派別、管理模式的研究有著極為重要的貢獻。

（三）人文關懷實踐方面

目前暫未見以「南傳佛教的人文關懷實踐」為核心的系統性成果，僅少部分論文和專著零散論及。茲簡略綜述如下：

第一，南傳佛教的生命教育觀研究

近幾年來，佛教教育成為學、教兩界共同關注的熱點，研究成果也頗多。俞學明《佛教教育和當代佛教的發展——「在世間」和「為世間」》、理淨法師《佛教文化與佛教教育》、鄭筱筠《中國南傳佛教研究》也有專章論及南傳佛教的寺院教育。「佛教在世間」、「佛教為世間」的大教育理念，既符合佛教的根本宗旨，又符合教育的核心取向。以上成果討論了佛教教育的現狀及其參與社會倫理建設的意義等，突破了教育的舊有單一模式。

第二，南傳佛教慈善研究

鄭筱筠《中國南傳佛教研究》、周秋光等《中國慈善簡史》、高振農《民國年間的上海佛教敬業社》、王榮國《圓瑛法師與泉州開元慈兒院》、夏金華

《民國時期上海佛教團體慈善公益事業與現代寺院慈善活動的比較研究》、高秀峰《近代中國佛教慈善事業研究》，都談到了佛教慈善，但提及南傳佛教慈善關懷的較少，僅鄭筱筠《中國南傳佛教研究》專門論述了中國南傳佛教慈善公益事業的意義、現實價值、中國南傳佛教慈善活動面臨的挑戰和未來發展趨勢。

第三，內觀禪研究

是印度文化中最古老的禪修方式之一，它作為一種現代身心保健方式對心智覺知和生命境界的昇華有良好的效果。這一方面，國內學術界的研究幾乎一片荒蕪，僅有王祖承《內觀療法》、心理學家海明提出了內觀文化（Vipassana Education）等少量成果。反倒是國際上成果很多。如大千出版社出版的涵蓋毗瑪拉蘭希法師、孫倫法師、達磨多羅、隆波田、阿姜念、馬哈希法師、阿姜查、摩訶布瓦以及帕奧禪師的不同禪修方法介紹的「全編入內觀叢書」。等等。西方的內觀禪研究，側重於方法實踐運用。

（四）研究趨勢

南傳佛教人文關懷研究，據目前的成果以及人類需求等因素來看，其趨勢必然向理論系統化、方法具體化、與西方文化結合三個特點發展。

1、理論的系統化

南傳佛教的人文關懷並非現代人的創新，而是現代人從南傳佛教中歸納而出，當然，現代的研究尚缺乏一些系統性。目前的研究已漸漸豐富成熟起來，如印順《修定——修心與唯心・秘密乘》、惟善《說一切有部之禪定論研究：以梵文〈俱舍論〉及其梵漢注釋為基礎》、姚衛群《佛教與婆羅門教禪觀念比較》等。佛陀的本懷是以關注人生為主旨的，現代學者以「人文關懷」為視野，在教義、教化、修行等方面的宏觀、多維研究，必然使該領域的研究向系統化發展。

2、方法運用的具體化

這是南傳佛教的核心內容。現代社會因心靈困境以及逐漸開明的意識形態，已經能較為客觀地看待這些內觀方法，並且吸取、改良且用之於實踐。如阿姜查的《我們真正的歸宿》、《以法為贈禮》、《森林裏的一棵樹》、《靜止的流水》，佛使比丘的《菩提樹的心木》、《人類手冊》，摩訶布瓦的《尊者阿迦曼》等。這些，是人文關懷具體實施的手段。在西方社會，被看做是南傳

佛教中最大的亮點，在其開明的社會風氣之下，必然會對之快速地融入吸收。如果我們的觀念繼續封閉，也許，對社會人心的拯救和真正的人文關懷系統化，將只可能在西方社會中完成。

3、與西方學科成果緊密結合

可以說對南傳佛教最為關注的竟然是西方人，他們因突破自身理論和現實困境的需要，轉向南傳佛教尋求借鑒。這就決定了西方人的科學思維、心理學成果、哲學成果得以與南傳佛教結合，於是在闡釋佛法的方法手段上，將會使南傳佛教向前大大推進。這比起孤立的西方理論或者是南傳佛教視野，無疑更具有效性、普遍性、優越性的。可以預見，未來的南傳佛教人文關懷研究中，這必然是一個重要發展方向和重要特色。〔註30〕

〔註30〕國內南傳佛教研究成果相對較少。目前較有代表性者當屬宋立道，其《傳統與現代：變化中的南傳佛教世界》、《神聖與世俗：南傳佛教的宗教與政治》、《小乘佛教》、《南傳佛教研究》及《佛教與現代化的關係考察——以南傳佛教國家為案例》等專著與論文中對南傳佛教進行了系統研究。其餘還有鄭筱筠《中國南傳佛教研究》、《凡塵使命——中國南傳佛教慈善事業的探索與實踐》、《內斂與外顯——全球化語境下的當代中國南傳佛教》，鄧子美《傳統佛教與中國近代化——百年文化衝撞與交流》、《加大對南傳佛教僧人的培訓力度》，姚珏《雲南上座部佛教五十年》，段玉明《南傳佛教入滇考》等著作則重點研究了國內南傳佛教。鄧殿臣《南傳佛教史簡編》、《試論南傳佛教的傳承》、《南傳佛教中的婦女解放運動》、《當代南傳佛教國家佛門女性解放運動之考察——以恢復比丘尼傳承運動》，淨海《南傳佛教史》，楊曾文主編的《當代佛教》，何建明《佛法觀念的近代調試》，霍韜晦《現代佛教》，張英的《東南亞佛教與文化》，郭良鋆《依據巴利文原典資料的南傳佛教研究：佛陀和原始佛教思想》等，則是從宏觀上研究整個南傳佛教。在我國，雖然涉及南傳佛教研究的學者很多，但專門從事南傳佛教研究的人員卻是少數，南傳佛教的研究歷來是國內佛教學研究中的薄弱環節，其研究實力與成果同漢傳佛教及藏傳佛教研究的現狀無法相權。具體對南傳佛教人文關懷的現代回應的研究也沒多少成果。分布於我國雲南地區的南傳佛教則在文革中飽受打擊，目前雖已落實宗教信仰自由政策，但在物質經濟熱潮的衝擊下陷於塌陷的狀況，我國南傳佛教的現代轉型遠遠未完成。在國外，泰國法藏長老的《佛教》一書是專門研究南傳佛教的專著；《南傳佛教的基本教義》一書也較為全面地研究了南傳佛教的教義；斯里蘭卡僧人瓦爾波羅·羅睺羅的《佛陀的教誨》一書，介紹了從南傳佛教系統來表達的佛教。這些成果都是闡述南傳佛教的教義、教誨方面，並未專門論述南傳佛教人文關懷及其現代回應。在歐美，「學者對於南傳佛教的研究，基本按照以下三種思路展開：上座部佛教的思想義理、佛教與社會政治的關係、區域佛教史。」1824年英國傳教士克拉夫的《巴利語文法及詞彙》開了歐洲佛教研究的先河，1852年傳教士哈迪·斯彭斯翻譯出版了《現代佛教發展手冊》，1855年丹麥學者福斯博爾出版借助羅馬注音

把南傳佛教的《法句經》從巴利語譯成拉丁語本，它成為第一部全文譯出並附有供歐洲學者研究用的帶有注釋的佛教典籍，1858年德國學者克彭發表《佛教》一書。1879年～1875年德國學者奧登堡寫出《佛陀：生涯、教義、僧團》一書。但「對南傳上座部佛教及巴利語研究貢獻最大的，當屬里斯・戴維斯（Rhys Davids，1843～1922）創建的英國巴利語聖典學會」。聖典學會的主要作品有《佛教》、《印度佛教》、《早期佛教》、《佛教歷史與文獻》、《釋迦或佛教起源》等。1906年德國學者皮舍爾出版《佛陀的生平與教義》。1916年德國學者貝克出版《佛學──佛陀及其教義》。1922年德國學者海勒出版了《佛教禪定》一書，同年奧登堡的《佛教經典論文》也出版。1933年英國學者E・J・托馬斯出版了《佛教思想史》。1947德國學者施密特出版了《佛陀的教義》。1951年英國孔茲出版了《佛學──本質與發展》一書，深入地介紹了佛學。1953年三界智高僧出版《佛學字典》。1955年英國學者穆爾蒂出版《佛教的中心哲學》。1956年三界智高僧出版《佛教的基本要義》、《解脫之途徑》。「1966～67年德國哥廷根大學教授貝歇特出版了《南傳佛教國家的佛教、國家和社會》，他運用很多資料來探討國家與社會對斯里蘭卡、緬甸、老撾、柬埔寨、泰國、越南的影響。」1976年美國學者門德爾松出版《緬甸的僧伽與國家》。同年費德尼斯也出版《斯里蘭卡的宗教與政治》。歐美從事南傳上座部佛教及巴利語研究的著名學者還有：德國的威勒（F. Weller）、塞頓杜克、法蘭克（F. O. Frank）、達爾克醫生、薛尼德教授（Ulrich Schneider）、哈姆教授（Frank Richard Hamm，1920～1973）；英國的洪飛斯和巴利語聖典學會後繼主持人何納小組（Isaline Horner，1896～1981）；美國芝加哥大學教授弗・雷諾慈（Frank Reynolds）等。1995年出版的《宗教與東南亞現代化》（馮德麥登著，張世紅譯，今日中國出版社）一書和傑克・康菲爾德的《當代南傳佛教大師》一書也是研究南傳佛教的著作。關於南傳佛教的研究成果看似頗為豐富，從各自不同的角度對南傳佛教做出了研究，但涉及南傳佛教對現代的回應的卻是少數，其中宋立道先生的《傳統與現代：變化中的南傳佛教世界》一書對此有所涉及。《傳統與現代：變化中的南傳佛教世界》第四章涉及社會發展與佛教的現代回應，第五章第四節涉及佛陀達莎對現代社會的回應和吉滴烏篤對現代社會的回應，第五節中的第四點當代緬甸和泰國佛教運動的歷史寓意涉及社會關懷問題。除此之外，還有樓宇烈先生的《中國佛教與人文精神》也論及了佛教的人文精神，但並非專門就南傳佛教而言。除此之外沒有過多文章對南傳佛教人文關懷現代回應進行研究。

第一章　原始佛教時期的人文關懷 實踐概述

　　原始佛教約指釋迦牟尼證道、傳教及其弟子相續傳教的階段（大約公元前 6～前 5 世紀的兩百年間）。[註1] 在佛陀示寂一百年後，佛教分裂為上座部

[註1] 國內外對原始佛教的界定各不一，主流觀點一般認為是從佛陀證道傳教或佛滅後開始，一直到佛教部派出現之前的「初期佛教」階段。日本佛教界多半稱之為原始佛教，對它的範圍界限通常以阿育王時期為分界。初期佛教之說最早見於英國學界，英國佛教學者托馬斯・威廉・里斯・戴維斯（Thomas William Rhys Davids，A. D. 1843～1922）著作了《Early Buddhism》一書。他將釋迦牟尼過世後一直到阿育王在位晚期定義為初期佛教。英國學者主要以巴利藏為最早的佛經結合考古發現的阿育王題刻來分析佛教的歷史變化。日本佛教界進一步拿早期西方學者整理出的巴利語和梵語經典與漢傳佛教典籍比對。例如，1910 年，日本學者姊崎正治出版《根本佛教》，首次使用根本佛教之詞，他所說的根本佛教，意指釋迦牟尼在世直到根本分裂之前。1924 年，日本學者木村泰賢在探究初期佛教之《原始佛教思想論》中，正式將「early buddhism」一詞譯為「原始佛法」。隨後日本佛教學者開始使用「原始佛教」一詞，如松本史朗、宇井伯壽等就沿用了「原始佛教」的叫法。宇井伯壽指出「根本佛教以後乃至阿育王登位時，叫做原始佛教時代，也就是佛陀的徒孫時代。」（〔日〕宇井伯壽《原始佛教》，載於張漫濤主編《原始佛教研究》，大乘文化出版社印行，1978 年，第 1 頁。）總體而言，日本學界對這個詞的定義尚有爭議，「原始佛教」一詞，係依明治以後佛教研究者而使用。主要有以下幾種看法：一、從廣延角度來看，在日本佛教研究中，原始佛教又有廣義與狹義兩種說法。廣義的原始佛教指佛陀在世，直到部派分立為止；狹義的原始佛教指佛滅後到部派佛教成立之前。二、從歷史分期來看，宇井伯壽在《原始佛教資料論》中將原始佛教又細分為兩期，一是佛陀及其直接弟子在世的時間，約為西元前 350 年，這時期又稱根本佛教。第二則是西元前 350 年之後，直到部派分裂（西元前 270 年），是狹義的原始佛教，又稱阿含佛教。赤沼智善與西義雄也採用同樣的定義。三、從經典結集的層面來看，日

本中村元《廣說佛教語大辭典》對於「原始佛教」定義如下:「相對於後世發達之大乘佛教,指釋尊在世時代至二十部派開始分裂前之佛教。此時代之經典,包含佛教教說最古之原型。」但水野弘元在其著作《原始佛教》中認為,從文獻資料中,沒有辦法明確區分出這兩個時期的差異。由現存文獻的對照,可以大致找出原始佛教的共同說法,但是即使是共同說法,也無法保證與釋迦牟尼所說相同。所以不如將這段時間直接劃分為原始佛教。再者,現存阿含經與律藏多是佛陀對僧團說法的內容,對於在家眾的說法,大部分已經流失。僧團在最初第一集結與第二集結時,並沒有將經典寫下,而是以背誦方式傳承,南傳巴利藏直到西元一世紀才被寫成文字,在這段時間內,經典的變化無法追蹤。因此,他認為,「原始佛教」就是部派分立以前的佛教,時間下限為阿育王時代。平川彰在《原始佛教》裏也把阿育王時期的佛教劃歸入原始佛教。國內對原始佛教的界定也是各不一樣,但主要還是沿用日本的術語,並對此作進一步分類。而聖嚴法師在其著作《印度佛教史》裏面就指出了國內主流的五種劃分方法。首先是我國太虛大師的三期說:1、初五百年為小彰顯大隱時期。2、第二五百年為大主小從時期。3、第三五百年為密、主顯從時期。到他晚年,又改為小行大隱、大主小從、大行小密主顯從的三期。其次又有一種三期說:1、自師尊至龍樹,為根本佛教的發達期。2、自龍樹至法稱,為大乘佛教的興盛期。3、自法稱至回教侵入印度後約一百年間,為佛教的衰頹期。此一分期,以根本佛教概括了佛世的原始佛教以及佛滅約百年後的部派佛教,故亦有含混之弊。再次尚有一種三期說:1、自釋尊成道至滅後約百年之間為原始佛教時期。2、自佛滅約百年後至龍樹間為小乘佛教發達期。3、自龍樹至第二法稱間為大乘佛教興盛期。另外還有龍山章正等的四期說:1、原始佛教時代。2、部派佛教時代。3、大乘佛教時代。4、密教時代。(聖嚴法師:《印度佛教史》,福建莆田廣化寺,第41~42頁。)「如何界定原始佛教」一直是個存在爭議的問題。國內外學者從不同的角度出發,對原始佛教的界定、範疇和特點都作了極大的貢獻。而本文把原始佛教時期作為研究的範圍,並不是旨在對各家各派「原始佛教」範疇、概念的論解和梳理,而是界定出本研究的原始佛教時期是指「佛陀證道及佛陀在世傳道時期」。佛陀證道之後,乃至佛陀四十五(或說四十九)年的教化時期,都是佛陀活生生的生命教化活動的體現。故而本文把原始佛教時期框定在這個範圍之內,對中外「原始佛教」涵義的不同界定做了梳理,但此處引入各家對原始佛教的界定,並不是從歷史學的角度來對原始佛教歷史分期進行考證和論解。其目的在於:其一,劃定本章探討的原始佛教的範圍,指出本文所指的原始佛教是指「從佛陀證道及佛陀在世傳道時期」。這一時期主要是佛陀及其弟子傳道教化時期,是佛教的根本時期,為後期佛教義理、教化實踐之根本。其二,把這一時期界定為原始佛教時期,也在於確立我們研究的典籍的範圍。雖然佛陀在世傳道期間並未形成系統的經藏。(釋迦牟尼教化時期雖然已經有了專門誦律的律師,也有可誦的經典,還沒有結集規模較大的法和律,在釋迦牟尼涅槃後,其弟子也只是按照其生前的所說進行教化,只是後來一些弟子不再受佛陀的教化,而隨意闡釋佛法。後來佛祖傳人迦葉就在王舍城附近的七葉岩波羅窟召集500位長老,自任首座。由阿難和優波離誦念佛祖生前的言行,分別形成經律。)但是在漢譯的經典中,繼承和沿襲原始

與大眾部兩大不同的派別，而南傳上座部佛教通常被認為是最為接近原始佛教的一支，較為完整地保留著早期佛教的特色。誠然，後期佛教諸派都從不同層面補充、豐富、完善了佛教的理論，促進、推動了佛教的發展。但是早期佛教作為佛教諸派的源頭，在整個佛教發展史上具有重要的奠基性作用，若想對佛教的人文關懷實踐進行深入研究，必然不能忽視對原始佛教時期經典及其思想的解析。據此，本章的目的也在於對原始佛教的人文關懷實踐進行概括和梳理，以闡明早在原始佛教時期就已經蘊含著豐富的人文關懷實踐內容並對後期南傳佛教的發展奠定了深厚的基礎。

佛教教義和教化內容的主要是四部阿含經。而南傳上座部巴利語藏經，也是研究原始佛教義理教化的重要的參考資料。（在漢譯的經典中，傳著原始佛教教義的經典，可說是四部《阿含經》，但在別的系統中，最明瞭傳著整個原始佛教的經典乃是巴利語的藏經。巴利語藏經不包含大乘經典，而且巴利語是佛陀所用「古摩竭陀語」的變形語，故巴利經典更接近由梵語翻譯而來的漢譯四阿含經，至少保存有更多的語言上的本源形態。加上漢譯所依據的原文梵語經典殆已遺失或只可寥寥發現其片段，故在現在，於原始佛教資料上，巴利語藏經仍占最具重要的意義的第一個資料。當然，巴利經典惟是上座部一派所傳，而漢譯四部的各部派所傳，故對各部派間差別的研究，或對經典成立由來的研究，漢譯阿含是不可缺乏的寶貴資料。不過，南北傳的細節內容雖各不相同，但是大體上兩傳的教理卻能一致，而細節的共同點也非常之多，由此可知，兩傳是從同一源泉而來的。換言之，兩傳均保持有純正的中心教義。（見於李世傑著《原始佛教的資料論》，載於張漫濤主編《原始佛教研究》，大乘文化出版社印行，1978 年，第 29 頁。）南傳經藏分五大部，若漢譯的四阿含經與南傳的五尼柯耶比照：南傳《長部》分三品三十；北傳《長阿含經》二十二卷三十經。《中部》分為十五品一五二經，其中有九十八經完全與北傳的一致；北傳《中阿含經》六十卷二二二經。南傳《相應部》分為五品相二八八九經；北傳《雜阿含經》五十卷一三六二經。南傳《增支部》分為一七二品二九一經；北傳《曾一阿含》五一卷千經以上。南傳《小部》主要有大小十五經：小誦、法句、自說經、如是語、經集、天宮事、惡鬼事、長老偈、長老尼偈、本生、義釋、無礙解道、譬喻、佛種姓、行藏。故本章就是要從漢譯的《長阿含經》、《中阿含經》、《雜阿含經》、《增一阿含經》四部阿含經和南傳的經藏五尼柯耶：長部、中部、相應部、增支部、小部等這些原始佛教典籍入手，從教義、佛陀的修行實踐和教化等各方面重新發掘出原始佛教裏蘊含的豐富的人文關懷理論和實踐方法。最終，從原始佛教的義理和生命教化實踐中來梳理原始佛教時期的生命關懷因子，從而論解早在原始佛教中就蘊含了豐富的人文關懷意蘊和實踐方法，並為後期南傳佛教乃至佛教其他宗派奠定了豐富的人文關懷內涵。原始佛教時期奠定了整個佛教的理論體系和修行方法，後期佛教中有所發展和推進，但在流傳過程中，都是不斷從原始佛教的人文關懷實踐裏汲取豐富營養，始終不離佛陀慈悲的精神實質。

第一節　原始佛教人文關懷實踐的核心理論

　　佛教作為一種宗教流派，對世界文化產生的影響和作用不言而喻，因此佛陀作為佛教的創立者，在佛教的傳播發展過程中，逐漸被尊為具有超越性的、至高無上的神。然而，從原始佛教時期的傳統來看，「佛」意為覺者，佛陀乃是完全覺悟了的人，其教化和修行實踐不離幫助眾生離苦得樂，實現生命覺悟解脫的終極關懷。佛教早期的經典，作為對佛陀所傳教義與思想的客觀記錄，不僅揭示了生命的存在方式、運作原理，還展示出生命有一個超越生死輪迴、苦樂煩惱的終極的解脫境界。這是對生命存在及價值意義的深層探討，因此我們可以從這個視角切入來探索原始佛教人文關懷理論的核心內容。

一、原始佛教的生命存在觀念

　　據佛教文獻記載，釋迦牟尼雖貴為太子，享受著世間最優越的生活，但他並不耽於繁華生活的享受，而是在幾次出遊看到風燭殘年的老人和生命垂危的病人之後，覺悟到人生不免生、老、病、死的循環，這樣的人生不僅痛苦累累，也沒有解脫的希望。佛經中這樣記載：「然而，愚夫身壞命終後，還是生身，彼生身故，則不得解脫生、老、死、愁、苦、憂、所以有苦不能解脫。」〔註2〕佛陀從生命生生滅滅的現象中，發現了生命的缺憾和不完滿，而這就是研究者常說的「佛教的出發點是人生的無常，從生老病死苦樂等生存性的惡引導出世界的解脫追求，人生的惡源於生欲，欲生發出種種妄念」。〔註3〕正因如此，原始佛教有意識地將「四聖諦」中的「苦諦」放在首位，來闡釋生命的存在狀況。

　　所謂苦諦，意指世間一切皆苦，世間一切有情眾生皆流連苦海，不能獲得自在和解脫。漢譯《增一阿含經》裏是這樣表達的：「彼云何名為苦諦？所謂苦諦者，生苦、老苦、病苦、死苦、憂悲惱苦、怨憎會苦、恩愛別離苦、所欲不得苦。取要言之，五盛陰苦。是謂名為苦惱。」〔註4〕南傳長部《大念處經》裏更是對各種各樣的苦作了進一步的強調：

　　　　然，諸比丘！苦諦者何耶？生是苦，老是苦，病是苦，死是

〔註2〕《相應部第二》，通妙譯，亨寺漢譯南傳大藏經編譯委員會：《漢譯南傳大藏經》第15冊，元亨寺妙林出版社，1996年，第25頁。

〔註3〕劉小楓：《拯救與逍遙》，華東師範大學出版社，2014年，第230頁。

〔註4〕《增一阿含經》，《大正藏》第25冊，第631頁。

苦，憂、悲、苦、惱、悶是苦，求不得是苦。五取蘊是苦。復次，諸比丘，生者何耶？與到處之生類中，有諸眾生之生、出產、入胎、轉生、諸蘊之顯現，內外諸處之攝受，諸比丘。此名為生。復次，諸比丘！老者何耶？於到處之生類中，有諸眾生之年老、老耄、齒落、頭髮白，皺紋皮屑、壽命縮短、諸根熟衰，諸比丘！此名為老。復次，諸比丘！死者何耶？於到處之生類中，有諸眾生之消失、散滅、破壞、滅亡、老歿、命終、諸蘊之破壞、死屍之放棄，諸比丘！此名為死。復次，諸比丘！憂者何耶？諸比丘！有俱若干不幸，被若干苦法所惱、憂、愁感、內憂、內愴，諸比丘！此名為憂。復次，諸比丘！悲者何耶？諸比丘！有俱若干不幸，被若干苦法所惱、歎、悲歎息。悲哀、悲歎、悲痛，諸比丘！此名為悲。復次，諸多比丘！苦者何耶？諸比丘！關於身之苦痛，身之不快，由身觸所生苦痛及不快之感受，諸比丘！此名為惱。復次，諸比丘！悶者何耶？諸比丘！有俱若干不幸，被苦法所惱，失望、沮喪、氣餒、愁悶，諸比丘！此名為悶。然，諸比丘！求不得苦者何耶？諸多比丘！於生法之眾生，生如是欲求，我等實非於生法之下，我等不願意生來。然，不得此欲求，此為求不得苦也。諸比丘！於老法之眾生，乃至、諸比丘！於病法之眾生，乃至，諸比丘！於死法之等實非於憂、悲、惱、悶法之下，我等不願意憂、悲、苦、惱、悶法之來。然，不得此欲求，此為求不得苦。然，諸比丘！約略而言，五取蘊之苦者何耶？如次之色取蘊、想取蘊、行取蘊、識取蘊，諸比丘！約略而言，此等名為五取蘊之苦。諸比丘！此亦名為苦聖諦。〔註5〕

由此可見，佛經不僅從整體上概括出人生不得不面對的苦惱，也從方方面面分說了苦的各種類型，描述了眾生流連苦海而不能獲得解脫的存在狀態：生命正是困圉於種種的苦，故而不能獲得自在清淨解脫。

既然佛經已經深刻地揭示出「一切皆苦」是生命所面臨的困境，那麼造成一切苦的根源是什麼呢？佛經是這樣論解的：

如何為苦集之聖諦，凡彼愛之生起而興喜、貪俱行，於彼之處為所勝喜，即所謂彼欲愛、有愛、無有愛。友等，此言苦集之聖

〔註5〕《長部第二》，通妙譯，《漢譯南傳大藏經》第17冊，第288～290頁。

諦。〔註6〕

　　集是彙集的意思，就是說眾多苦的因。漢譯《雜阿含經》卷三二說：「眾生所有苦生，彼一切皆以愛欲為本。欲生，欲集、欲起、欲因、欲緣而苦生。」〔註7〕從現象上來看，現象有生滅變幻，但是佛教認為並非外在現象導致了生命之苦，而是人心對外界的攀援和依附，才生出諸多的煩憂。《阿含經》認為，造成苦的主要原因有貪嗔癡三毒、五蓋、四漏、七結、八魔軍、十使、十六心垢、二十一心穢等，但是導致一切有情眾生產生苦的根本原因則是「貪、嗔、癡」三毒。所謂貪，用現代的話語來說就是一種過分「想要」的匱乏心理，表面上我們想要佔有更多的外物來顯示自己的「有」，但是在潛意識深處則是確信了「我沒有」的心理。一旦對外物生出攀緣、依附之心，就會因有無得失而生出求不得等諸苦。嗔恨之心，就是指憎惡和怨恨的心理，無論是遷怒於外界，或向內自虐自傷，只要生出怨心，必然會帶來怨憎的苦惱。所謂癡，就是被無明障蔽，所作所為都受業力支配掌控，或總是重複陳舊的心理行為模式，遑論識清造作出一切苦的根源。

　　原始佛教主要從緣起法的角度來探索生出諸苦的根源，《中阿含經》裏這樣論解緣起法：「世尊告曰：『阿難！汝莫作是念，此緣起至淺至淺。所以者何？此緣起極甚深，明亦甚深。阿難！於此緣起不知如真，不見如實，不覺不達故。念彼眾生如織機相鎖，如蘊蔓草，多有調亂，忽忽喧鬧，從此世至彼世，從彼世至此世，往來不能出過生死。阿難！是故知此緣起極甚深，明亦甚深。』」〔註8〕在《雜阿含經》中也記載了佛陀與弟子們講述「因緣法」與「緣生法」的一段對話：「爾時，世尊告諸比丘：『我今當說因緣法及緣生法。云何為因緣法？謂此有故彼有。謂緣無明行，緣行識，乃至如是純大苦聚集。云何緣生法？謂無明行。若佛出世，若未出世，此法常住，法住法界，彼如來自所覺知，成等正覺，為人演說，開示顯發，謂緣無明有行，乃至緣生有老死。』」〔註9〕「緣起雖分內外，涵蓋宇宙一切現象，但是佛陀所說的緣起，並非如自然科學那樣用於觀察研究事物現象，而主要運用緣起法則來觀察眾生之生老病死憂悲苦惱的因緣、因果，從中覓求解脫眾苦之道。」〔註10〕

〔註6〕《中部第四》，通妙譯，《漢譯南傳大藏經》第 12 冊，第 262 頁。
〔註7〕《雜阿含經》，《大正藏》第 32 冊，第 229 頁。
〔註8〕《中阿含經》，《大正藏》第 1 冊，第 578 頁。
〔註9〕《雜阿含經》，《大正藏》第 2 冊，第 84 頁。
〔註10〕陳兵：《佛陀的智慧》，上海古籍出版社，2006 年，第 63 頁。

在佛教看來，三界之內的眾生，尤其是人道眾生，都是隨業因而感受苦果。人生除了「八苦」：生、老、病、死、愛別離、怨憎會、求不得、五陰熾盛之外，其實還有許多大大小小的無量無邊苦惱。常人因無明障礙，不能離欲而獲得清淨解脫，甚至執苦為樂，沉溺享受於苦樂無常之中。

二、原始佛教的生命運作原理

生命因無明障蔽而生出諸多苦受，那麼生命又是如何被業力掌控，隨業力流轉運作的呢？佛教的輪迴學說通常與十二因緣有緊密的聯繫，因此佛經裏詳盡地解釋了貪嗔癡三種根本煩惱的性質，以及生命如何由此而生輪迴。例如《漢譯南傳大藏經·相應部第二》這樣表述生命的存在和運作模式：

> 諸比丘！緣起者何也？諸比丘：「緣無明有行，緣行有識別，緣識別有名色，緣名色有六處，緣六處有觸，緣觸有受。緣受有愛，緣取有有，緣有有生，緣生有老、愁、悲、苦、憂、惱。如是，此乃苦蘊之集。〔註11〕

這就是十二因緣法，生命因累世積澱的業因，故而被業力驅使而作用於外界，於是便有了種種貪嗔愚癡的行動，繼續造作出善惡不同的業因。可以說，在獲得證悟解脫之前，生命都是按照此因果律運作，生生死死，循環反覆。

或者，我們也可以這樣理解：因為無明的遮蔽，人們習慣以眼耳鼻舌身意「六根」來攝取外界的信息，而這些信息又會儲存積澱在意識深處，成為指導我們作用於外界的思想。於是，所有因經歷積澱而成的意識信息就成為生命的幽冥底色，佛教把這些含藏於生命的意識「種子」稱為「業」。當這些「業」積攢到一定的度時，就會變成一種慣性心理力量，我們身不由己地受其支配和掌控，佛教將其稱為業力。在這個意義上，即便人能夠從理性層面做出判斷，但是真正決定人生命運的還是這股下意識的心理力量，生命未經修行、修證與整合，其實很難擺脫強大業力的障礙和束縛。業力之頑固在於兩方面：其一，連續性。從現象上來看，過去的一連串經驗和行為會消失，但是這些思想因子卻不會消失，所有的行為經歷都會原原本本地積澱在生命之中。累積得多了，也就成為所謂的「性格」和習性，並造作出不同的人生命運。其二，遺傳性。即使我們這一世作為肉體的生命現象消失了，連意識

〔註11〕《相應部第二》，通妙譯，《漢譯南傳大藏經》第 15 冊，第 2 頁。

都沒有了，但這些薰染的「種子」仍舊會保存下來，形成家族乃至整個民族的心理積澱，遺傳、複製給下一代，繼續影響、支配著我們。生命積澱什麼樣的業因，就會形成相應的心理和行為模式。而善業和惡業，更多表現在生命的善與惡上面，惡業積累得多了則淪為惡道，反之，善業多則為輪迴於善道，因此佛教也認為個體之所以會產生好壞差異，就在於每個人所積澱的業不一樣：

> 世尊告諸比丘，隨人所做業則受其報。如是，不行梵行不得盡苦，若作是說。隨人所做業則受其報，如是，修梵行便得盡苦，所以者何？若使有人作不善業，必受苦果地獄之報，云何有人作不善業，必受苦果地獄之報，謂有一人不修身，不修戒律，不修心，不修慧，壽命甚短，是謂有人作不善業，必受苦果地獄之報。〔註12〕

生命累世積澱的業猶如河流之河床，規定了生命的運作方向和軌跡，各人所積澱的業因有所不同，其人生命運也各有差異。在自我層面，人可以通過自身的努力獲得人生事業的成功，在一定程度上突破和提升自我，獲得人生事業的成功。假使不破除深層業力對生命的掌控，清除頑固的心理模式對自我的束縛，打破牢牢捆縛自我的障礙，那麼人生依舊很難獲得真正的幸福和富足，生命的昇華和超越也將會落空。

三、原始佛教的生命終極境界

如果說苦作為本體性的存在已然成為生命之存在狀態，是否有解決苦惱的方法？是否有一個終極的生命境界呢？如果只看到生命裏無窮無盡的苦，無論人作出何種努力，最終也抵不過剎那間的無常生滅，如此一來，就會造成對現實人生的否定，會將生命導向虛無的深淵。原始佛教對生命的關懷和關切就在於不僅看到了生命流轉生死的存在狀況，還闡明生命有一個超越苦樂憂悲的無染的終極生命境界存在。《雜阿含經》云：「若無世間愛念者，則憂鬱苦塵勞患，一切憂苦消滅盡，猶如蓮花著水。」〔註13〕言下之意，假使生命能夠滅盡貪欲執著，去除無明愚癡，破除深層業力對生命的掌控，不再將身心緊緊附著在無常的外在現象之上，則可回歸生命本位，活在空寂靈明的生命境界。

〔註12〕《中阿含經》，《大正藏》第 11 冊，第 433 頁。
〔註13〕《雜阿含經》，《大正藏》第 32 冊，第 320 頁。

那麼什麼是一切苦皆滅的境界？在《漢譯南傳大藏經》裏是這樣描述的：「然者，如何為苦滅之聖諦？凡彼愛無餘離欲而滅，捨、捨離、解脫、不執藏。友等，此言苦滅之聖諦。」〔註14〕《增一阿含經》裏又指出：「彼云何名為苦盡諦，所謂盡諦者，欲愛永盡無餘。不復更造，是謂名為苦盡諦。」〔註15〕也就是指生命內不受深層業力積澱的影響，外不攀援於生滅不定的外物，而這種斷除了無明，不被因果業力所束縛的狀態就是涅槃境界，這也是佛陀所體悟到的最終極的理想生命境界：「那裡無地、無水、無火、無風；無空無邊處，無識無邊處，無無所有處，無非想非非想處；無此世，無彼世；無日月。諸比丘！那裡無來，無去，無住，無死；無依，無存；無緣，無求，是苦之不盡。」〔註16〕這是最理想的原始佛教的涅槃之境。也有學者這樣描述，「在佛學中，關於識、相、色、蘊、業、癡、執的認識學說佔了主導地位，無不關涉主體心智的心性的轉變。這樣，終極在體意義上的『寂如』就有可能轉換為認知意向上的『空』」〔註17〕那麼，什麼又是涅槃寂滅的「空」呢？南傳佛教的經典說：「何者為涅槃耶？友，凡貪欲之壞滅、瞋恚之壞滅、愚癡之壞滅，此稱之謂涅槃。」〔註18〕從這個層面來看，當達到涅槃境界時，就斷除了煩惱生死之累，滅去了貪瞋等煩惱和善惡諸業，不再受三界中的生死，生命也不會再被無明所蔽，被過去業力所牽引。

《增一阿含經·火滅品》裏對涅槃作了分類：「比丘五下分練即彼般涅槃，不還來此世，是謂有餘涅槃界，比丘盡有漏成無漏，意解脫，智慧解脫，自身作證而自遊戲，是謂無餘涅槃。」〔註19〕引文區分了兩種不同的涅槃解脫境界，即通過智慧解脫證入不生不滅的有餘依和無餘依涅槃樂果。有餘涅槃是指還有肉身存在，卻不再受過去的業力支配，已經活在圓融無礙的生命境界。而無餘涅槃則是拋棄了前世和現世的果報和色身，不再困圍於有形有相的色身。只有達到涅槃境界才是真正的極樂，也只有真正破除生命障礙，活在不生不滅的涅槃境界時，真正圓融無礙的幸福才得以可能。《增一阿含經》裏進一步指出：「一切行無常，生者必有盡。不生則不死，此滅最為樂。」

〔註14〕《中部第四》，通妙譯，《漢譯南傳大藏經》第 12 冊，第 262 頁。

〔註15〕《增一阿含經》，《大正藏》第 25 冊，第 631 頁。

〔註16〕轉引自陳兵：《佛陀的智慧》，上海古籍出版社，2006 年，第 69 頁。

〔註17〕劉小楓：《拯救與逍遙》，華東師範大學出版社，2014 年，第 233 頁。

〔註18〕《相應部第四》，通妙譯，《漢譯南傳大藏經》第 16 冊，第 322 頁。

〔註19〕《增一阿含經》，《大正藏》第 16 冊，第 579 頁。

〔註 20〕以此視角觀之，世間的一切總是變幻無常，人的一生也基本是樂少苦多，只有堪破無明愚癡，不活在下意識的業力習性支配下，才能夠真正體證生命的終極存在境界，進而斬斷一切的煩惱，活在常樂我淨的狀態。唯有如此，生命才能不被固化的心理模式支配，不是以先入為主的主觀意識作為判斷，也才能真正自主自如地調整、駕馭自己的心靈。

第二節 原始佛教人文關懷實踐的基本方法

原始佛教給人們指出了有涅槃這樣一種清淨無染的生命境界存在，但是對此終極生命境界的揭示，不過是為眾生樹立了一種理想的生命境界，至於如何具體幫助眾生祛除心中的蒙昧，斷除頑固的業力障礙，則需要通過正確的方法和途徑來獲得極樂涅槃的證悟。原始佛教強調，這樣的智慧首先需要靠自身努力精進才能夠獲得，否則不但無法確信生命可以達到這樣終極的境界，還會陷入精通佛理，卻信力不足的誤區。其次，想要獲得證悟解脫，就必須要有正確的方法作為指導，有具體的可修可證的修行體系作為保障，否則就無法親證佛陀所說的生命境界，使得佛陀的教化和義理流於空泛言說。而原始佛教時期廣為宣講的四聖諦之道諦，就是指滅除人生之苦的正確方法，由此從根本上保障了實現此生命終極境界的可能性。

原始佛教是這樣論解道諦的：「然者，如何為苦滅道之聖諦？此即八聖道，即正見、正思維、正語、正業、正命、正精進、正念、正定也。」〔註 21〕也就是說，八聖道是解決和對治眾多煩惱的方法。那麼，又如何理解八聖道之法？佛典裏是這樣記錄的：

> 友等！然者，如何為正見？友等！與彼苦之智、與苦集之智、於苦滅道之智。友等！此言正見。友等！然者。如何為正思維？出離之思維（出離覺）不之思維（不害覺），友等！此言正思維。友

〔註20〕《增一阿含經》，《大正藏》第 52 冊，第 822 頁。《增一阿含經》卷四十二里也描述達到涅槃的十種功德：「聞如是，一時在舍衛國祇樹給孤獨園，爾時世尊告諸比丘：有十事功德，如來與比丘說禁戒。云何為十？所謂承事聖眾，和合將順、安隱聖眾，降服惡人，使諸慚愧比丘不另煩惱，不信之人使立信根，已有信者倍令增益，於現法中得盡有漏，亦另後世諸漏病皆悉除盡，復另正法得久存，是謂比丘！十法功德，如來與諸比丘而說禁戒。是故比丘當求方便成就禁戒，勿令有失。如是，比丘當作是學。爾時諸比丘聞佛所說，歡喜奉行。」

〔註21〕《相應部第四》，通妙譯，《漢譯南傳大藏經》第 16 冊，第 262 頁。

等！如何為正語？離虛妄誑語、離離間語、離粗惡語、離雜穢語。
友等！如何為正業？離殺生、離偷盜、於諸欲之境離邪行。友等！
然者，如何為正命？……捨邪命依正命而生活……未起之諸惡、為
令不善法之不起而意志生，而行精進、精勤、熱心、策勵心、已起
之諸惡、為令不善法而意志生……熱心。此為正精進。……如何為
正念？……於身隨觀身而住，熱心而有正知有念、於世間調伏貪、
憂……此為正念。……何為正定？離諸欲、離諸惡不善法，有尋有
伺，由離生喜、樂，具足初禪而住。尋、伺止息故，內心安靜，心
一趣行而無尋、無伺，由定生喜、樂，具足第一禪……乃至第三禪……
乃至第四禪而住。友等！此言正定。〔註22〕

佛陀詳盡地論述了獲得終極解脫，證得終極涅槃的八正道。隨著佛教的
發展，其理論體系也在不斷地豐富完善，除了八正道之外，佛陀還增加了四
念住、四正斷、四神足、五根、五力、七覺支，可合稱為七科三十七道品。

「『道品』又作『菩提分』、『覺支』。三十七道品也稱三十七菩提分。就
是說，達到成佛的覺悟，證得涅槃的途徑，共為七類三十七項。在七科中，
最重要的是八正道，八正道又被歸結為戒、定、慧三學。」〔註23〕無論是佛
教早期的典籍，亦或後世相關的研究文獻中，都已經對七科三十七道品做了
詳盡的解析。因此在下文中，僅以戒定慧三學和四念處禪法為例，對原始佛
教的基本實踐方法進行概述，對其他諸法不作深入詳細的展開和論解。

一、戒定慧

在佛教看來，生命可以通過修行實踐，滅除造苦生苦的根源，活在不生
不滅的涅槃極樂境界。但在佛陀生活的時代，同樣盛行通過苦行而尋求解脫
的修法。佛陀通過親身實踐認為「苦行並不是解決憂悲苦惱之本，無論過
去、未來和現在的沙門或者婆羅門，他們體驗到尖銳、劇烈和嚴酷的痛苦感
受，以此為極，不可能超過。但我修煉這種嚴酷的苦行，並沒有獲得過人之
處，獲得聖知和聖見。可能另有覺醒之路。」〔註24〕於是佛陀放棄了苦行並
提出中道之學說，所謂中道就是不落入極盡享樂和極端苦行的兩個誤區。
但是在樹立中道觀之後，並不意味著就能進行正確的行動，因為只要有業

〔註22〕《相應部第四》，通妙譯，《漢譯南傳大藏經》第 16 冊，第 262～264 頁。
〔註23〕方立天：《佛教哲學》，中國人民大學出版社，1986 年，第 84 頁。
〔註24〕郭良鋆：《佛陀和原始佛教思想》，中國社會科學出版社，1997 年，第 51 頁。

力支配，眾生的行為無不受無明之蔽，在起心動念處，還是會受到慣性業力牽引。因此還需要以八正道作為修行的指引，以此能夠正確修行，生發智慧。而八正道，也是「佛教中道思想在身、語、意各方面的具體要求和體現。」〔註25〕

在上文中已經突出說明生命之根本解脫的獲得，在於以具體的修煉方法，反覆訓練，只是通過聽聞佛法，以信仰、判斷推理來取得佛法的證悟，或者以想像來獲得涅槃是極其錯誤的。這也是為何原始佛教時期有很多教眾長期聽聞佛法，仍舊無法徹底證悟了脫，始終困頓於生死苦樂之中的重要原因。只有體悟和通達戒、定、慧，才能體證自性的真實不虛，只有從生出一切苦樂的這顆心入手，以調心作為根本，生命的安頓也才得以真正可能。

《首楞嚴經》曰：「攝心為戒，因戒生定，因定發慧，是則名為三無漏學。」通常而言，正見、正思維、是慧學；正語、正業、正命是戒學；正念、正定是定學；正精進是遍通三學的。戒、定、慧可統稱為三無漏學。「戒、定、慧」作為一個完整的訓練程序，是一個逐漸相續的過程，三者之間也是一個由此及彼的推進的修行次第。首先通過戒來收攝自心，否則心念太狂，很難平伏其心而進入禪定狀態。誠然，通過禪定可以將自我與煩亂的心念剝離開來，由此讓心保持在一種靈明、覺知的狀態裏，甚至可以進入一念不起的心理狀態，但是真正的靜心、淨心、安心還需要以慧學作為統攝。〔註26〕因此戒、定、慧三學在禪修訓練當中缺一不可，也只有依據此修行次第才能滅除無明，攫取愛欲之根，徹底息滅貪嗔癡，獲得終極解脫。

從戒律的角度來看，其實佛教在創立初期並未刻意制定規範行為的戒律，只是後期由於僧團中有人犯了錯誤，並因此而影響了自身的修行，故佛陀開始根據僧團弟子所犯的錯誤來制定戒律。在佛滅後結集的律藏裏記載了豐富的戒律，在經律裏面記載了不同的人所應該修持的戒律，在後期部派佛教分裂的時候，形成了「根本一切有部律」、「十誦律」、「四分律」、「五分律」等不同樣式的戒律。那麼，為什麼在戒、定、慧三學之中以戒律之學作為首要的修持方法呢？《中阿含經》裏有這樣的說法：

　　然者，摩訶那摩！云何為欲之味？曰：此等有五種欲分，其五

〔註25〕王萌：《佛教的中道思想及其對和諧社會建設的意義》，《中南民族大學學報》，2012 年第 5 期。

〔註26〕參〔日〕平彰川：《印度佛教史》，莊昆木譯，商周出版社，2002 年，第 44～45 頁。

者：一依眼識色，對色而有所欲、所愛、所好。對所愛諸相而欲著，以慫其情者也。二依耳識聲，對聲而有所欲、所愛、所好。對所愛諸相而欲著，以慫其情者也。三依鼻識香，對香而有所欲、所愛、所好。對所愛諸相而欲著，以慫其情者也。四依舌識味，對味而有所欲、所愛、所好。對所愛諸相而欲著，以慫其情者也。五依身識觸，對觸而有所欲、所愛、所好。對所愛諸相而欲著，以慫其情者也。摩訶那摩！此等是五種欲分也。緣此等五種欲分而生喜樂，是欲之味也。摩訶那摩！更又以欲為因，以欲為緣，以欲為源，依屬欲之因而以身行惡、以口行惡、以意行惡。彼等以身行惡、以口行惡、以意行惡，身壞命終，生於惡生、惡趣、墮處、地獄。摩訶那摩！此是欲患，而為現實之苦蘊也。以欲為因，以欲為緣，以欲為源，總之，其因屬欲者也。」〔註27〕

佛陀以眾生欲望的種類入手，反覆論說不同種類的欲望會生出不同類型的煩惱。欲望無止無休，不識佛性才是生命之根本，就會通過佔有外物或獲取名利來確證自我，進而認同種種幻相、假我為我，深陷在對種種欲望的瘋狂追逐之中。人心之大，欲壑之深，有限的外物注定無法滿足無限的欲念和渴求，最後人就活成了欲望的奴隸，受其驅使。個體生命作為物質現象的存在，為了維持正常的生存需求，也需要以一定的物質基礎作為保障，而有情眾生會有情、愛欲也不過是最平常的現象。問題在於，當我們放大自身的需求，過分執著於對欲望的追求和滿足，將實現佔有物質利益的最大化當做生命的首要目標，那麼所謂的需要就變成了一種巨大的匱乏和貪求，生命也會徹底地迷失在欲望之中。佛陀在《經集》裏說：「許多爭吵、爭論、悲哀、憂傷、妒忌、驕傲、狂妄和詆毀來源於所愛；爭吵和爭論與嫉妒相連，伴隨爭論產生毀謗。」〔註28〕而所謂的「愛」，其實就是來源於人的貪念和貪欲。因此，有必要戒除人心的貪欲，對身心有所約束。

後期大乘佛教的經典《楞嚴經》進一步發展了原始佛教的這一思想特點，並突出強調奉持戒律是修行者能否實現真正解脫的關鍵，此經指出：

是故阿難！若不斷淫修禪定者，如蒸沙石欲其成飯，經百千劫祇名熱沙。何以故？此非飯本石沙成故。汝以淫身求佛妙果，縱得

〔註27〕《中阿含經》，《漢譯南傳大藏經》第9冊，第119頁。
〔註28〕《經集‧第四品》，郭良鋆譯，中國社會科學出版社，1991年，第127頁。

妙悟皆是淫根，根本成淫，輪轉三途必不能出，如來涅槃何路修證？必使淫機身心俱斷，斷性亦無，於佛菩提斯可希冀。如我此說名為佛說；不如此說即波旬說。阿難！又諸世界六道眾生其心不殺，則不隨其生死相續。汝修三昧本出塵勞，殺心不除塵不可出，縱有多智禪定現前，如不斷殺必落神道，上品之人為大力鬼，中品即為飛行夜叉諸鬼帥等，下品當為地行羅剎，彼諸鬼神亦有徒眾，各各自謂成無上道。我滅度後末法之中，多此神鬼熾盛世間，自言食肉得菩提路。阿難！我令比丘食五淨肉，此肉皆我神力化生本無命根，汝婆羅門地多蒸濕，加以沙石草菜不生，我以大悲神力所加，因大慈悲假名為肉，汝得其味，奈何如來滅度之後，食眾生肉名為釋子。汝等當知，是食肉人縱得心開似三摩地，皆大羅剎，報終必沈生死苦海，非佛弟子，如是之人相殺相吞相食未已，云何是人得出三界？汝教世人，修三摩地次斷殺生，是名如來先佛世尊第二決定清淨明誨。〔註29〕

從《楞嚴經》的描述可以看出，首先，如果不斷除欲望，無論再如何修行打坐，還是很難因此而獲得禪定之種種功德。其次，當生命選擇走上修行解脫的道路，如果無法以戒律收攝自心，哪怕精通佛理，有無上的智慧，還是難以斷除煩惱。若欲望之心不戒除，被欲望牽引，反而會落入種種邪道、惡道之中。再者，「已經證果或者發起暖法、頂法以後，不論是為自己或是為仍在學法的眾生，以至於為了佛教正法的未來設想，當然應該瞭解戒律的重要性。由於戒律的受持清淨，眾生才有具足五善根的可能，然後才有希望取證聲聞果，不受持佛門戒律就無法證得解脫果。所以戒律的清淨受持，正是取證解脫根本。」〔註30〕

在佛陀所講的八正道中，要求修持者奉行，以斷絕一切惑念，潛心修行，以達究竟涅槃的戒法，一般包括正語、正業、正命等。而在具體的實踐操作中，則可細化為五戒、八戒、十善戒等。在律藏的《經分別》裏講述了諸多比丘應該遵守的戒律，如「小戒品」、「中戒品」、「大戒品」，隨著佛教諸派的興起，也分化出不同的戒律體系。僅以勿殺生、勿盜、勿淫邪、勿作虛誑語、勿飲酒的五戒為例，就可以看出佛教如何以戒律來約束收攝身心，樹立正確

〔註29〕《首楞嚴經》，《大正藏》第 19 冊，第 131～132 頁。
〔註30〕蕭平實：《阿含概論》，四川大學出版社，2011 年，第 11 頁。

的行為準則，從而清淨自己的身、口、意三業，助學定、慧。

第一，勿殺生。意指不傷害一切的生命。在佛教看來，一切生命的產生需要具足特定的因緣條件，在現象上生命顯化的形式雖然有差異，但是在根本上則是平等一致的。因此要愛惜一切生命，切不能損毀傷害生命。殺生同時也就是造下了惡業，會具足惡因緣，會引生命進入惡道，故而要奉行不殺生的戒律。

第二，勿盜。即不能通過一些不合理的原因和方法來獲取他人的財物。

第三，勿淫邪。佛教提出「勿淫邪」，並不是讓人徹底摒棄欲望，將人還原為枯石草木般的狀態，否則生命就失去了勃發生機，人類社會也無法持續發展，而是要人節制欲望，不耽於縱慾享樂。無論是選擇走修行的道路，還是回歸到日常生活境域中，如果做不到節制，僅僅享受於欲望的滿足，最後只會被更大的欲望和苦惱纏縛，將生命導向無盡的欲望苦海。

第四，勿作虛誑語。是指不說一些不符事實或沒有根據的話，不隨意污蔑他人，不說人是非。虛妄之語往往是被嫉妒嗔恨之心所掌控，嗔恨之心一生，萬千煩惱也頓起。

第五，不飲酒。過量飲酒會使人思維顛倒混亂，做出一些瘋狂的舉止和行動。從現代心理學的角度來看，喝酒之後人的意識會慢慢消退，潛意識也開始慢慢浮現出來了，這個時候那些深藏在潛意識之中的信息就會開始掌控個人，如果一個人積累的負面心理信息過多，負面的心理慣性力量就很強大，會開始做出很多不受理性支配的過激或者瘋狂的舉動。〔註31〕

因此，佛教的戒律觀不僅通過約束和規範個體的身心行為，為修行證悟提供了堅實的前提和保障，也對創建良好的社會秩序做出了巨大的貢獻。一方面，佛教認為人身難得，生命的每一次顯化都是彌足珍貴的，我們要善加珍惜與呵護生命。奉持戒律，就是從源頭上規避或杜絕了作惡的可能性，使得生命能夠趨利避害，具足善因緣，將生命導向善的、好的一面。另一方

〔註31〕「在每個人之中存活的能量場，是由陳舊但卻仍然十分活躍的情緒所組成的，它就是痛苦之身。而酗酒過量常常會激發痛苦之身，尤其是對於男人而言，當然有些女人也是。當一個人喝醉酒的時候，痛苦之身掌握了他，因此他的性格會大變。一個極度無意識的人，如果他的痛苦之身習慣以肢體暴力為食的話，那麼他基本會對他的配偶和小孩暴力相向。哪怕他清醒之後會說他有多後悔。」（〔德〕艾克哈特・托爾：《新世界：靈性的覺醒》，張德芬譯，南方出版社，2008 年，第 117 頁。）

面，社會是由無數的個體生命構成的，當每一個個體都能自覺地以某種規範和準則來指導自身的行為時，那麼整個社會的發展也會朝向積極、有序的一面。

原始佛教有關定慧的理論是建立在「戒」的基礎上的，下文將略加論述。定，梵名三摩提，一般翻譯為正定，等持。通俗來講就是使心堅定在一個境上，不叫它散亂。定學，也稱為禪定，禪定作為一門調心、修心、對治心病的方法，同時也是佛教實踐體系中重要的修持法門。雖然早在佛陀證悟之前，印度就開始流行修習禪定，但是佛教之所以區別於其他外道，也在於佛陀對四禪的重視。四禪根據深淺的不同，它可以劃分為：初禪、二禪、三禪、四禪。在《阿含經》裏是這樣論述的：

> 爾時，大愛道作若干變化。還在本座，結加趺坐，正身正意，繫念在前。而入初禪。從初禪起而入二禪，從第二禪起而入第三禪，從三禪起入第四禪。從第四禪起入空處，從空處起入暗處，從暗處起入不用處。從不用處起入有想無想滅，從有想無想處起入想知滅，從想知滅還入有想無想處，從有想無想處起入不用處。從不用處起還入暗處，從暗處起還入空處，從空處起還入第四禪。從第四禪起還入三禪，從三禪起入二禪中，從二禪起還入初禪。從初禪起入二禪，從二禪起還入三禪，從三禪還入四禪。已入四禪便取滅度。〔註32〕

根據引文可知，四禪之間並非孤立存在，也不是一個僵化的修行程序，而是一個由淺及深，不斷推進深入的過程。那麼如何將此修行方法，落實到對身心的訓練中？禪定作為一種調攝身心的方法，調就是說身、心、呼吸、身體都要恰到好處；攝，是收攝，使心念集中，勿讓它散亂。在練習禪坐時，身體要自然平直，不要有壓迫感，也不要隨意的晃動。使呼吸平穩，漸細漸長，不可過急。而心則在於不散亂，自然安定。〔註33〕最後，通過對身、心、意、呼吸等的不斷調適，實現真正的靜心、淨心和安心。

「慧，即智慧，謂能通達事理，決斷疑念，觀達真理，斷除妄惑，從而根絕無明煩惱，獲得解脫。為培養、增加佛教智慧而進修，為慧學。」〔註34〕

〔註32〕《增一阿含經》，《大正藏》第52冊，第822頁。
〔註33〕參順印：《順印佛學著作全集・卷四》，中華書局，2010年，第78~80頁。
〔註34〕方立天：《佛教哲學》，中國人民大學出版社，1986年，第97頁。

佛教一般把智慧分為：聞所成慧、思所成慧、修所成慧。而「修行慧成立在禪定的基礎上，因此定先於智的獲得。定是指心理沒有動搖，因此即使在動，若無動搖，則定就成立了。〔註35〕當我們進入坐禪訓練之後，也能體驗到禪悅，但是佛陀教導眾生不要滿足於暫時獲得的禪定之喜悅，反而要更加注重心性的淳化和訓練。在進入初定之後，若要讓心不被外境所轉，被妄念干擾，進入甚深的禪定境界，還是需要以正見正思維的慧學作為觀照。假若沒有以慧學作為指導和觀照，在練習坐禪時，當深層的心理積澱以幻相、聲音、畫面的形式變幻浮現，我們很難辨析識破，又會被妄念所轉。也只有以慧眼觀之，我們才能在起心動念處只是如實地觀察著心念的浮動，清晰地察照出身心在當下的狀況，如如不動地觀照著一切，能夠妄起即覺，覺即妄離，當看清一切皆是虛妄，自然就不會被影響和撼動。因此，先持戒而清淨身心，然後步入止觀，以慧學作為統攝和觀照，最終實現生命的安頓和解脫，這就是佛陀所傳的完整的戒、定、慧三學。

二、四念住

　　生命積累下不同的因，就會生出相應的果，不同的意識積澱，也會顯化出各自不一的煩惱。除了以戒、定、慧一體的八正道之外，在早期佛教的修證體系中，同樣重視四念住禪法，甚至還特別強調這是解決憂悲苦惱的唯一方法：

　　　　爾時，世尊告諸比丘：「有一道淨眾生，度憂畏，滅苦惱，斷啼哭，得正法。謂四念處」。〔註36〕

　　南傳《念處經》也指出：

　　　　諸比丘！於此，為有情之淨化、愁悲之超越、苦憂之消滅、正道之獲得、涅槃而注意，甚深持念。於世間除去貪憂。於受隨觀受，熱心而甚注意，有持念，於世間而除去貪憂。於心隨觀心，熱心而甚注意，有持念，於世間除去貪憂。於法隨觀法，熱心而甚注意，有持念，於世間除去貪憂。如是謂四念處。〔註37〕

　　四念住也稱為四念止，即「身念處，觀身不淨；受念處，觀受是苦；心念處，觀心無常；法念處，觀法無我。」是以身、念、心、法四處作為觀察

〔註35〕〔日〕平彰川：《印度佛教史》，莊昆木譯，商周出版社，2002年，第186頁。
〔註36〕《中阿含經》，《大正藏》第98冊，第582頁。
〔註37〕《中部第一》，通妙譯，《漢譯南傳大藏經》第9冊，第73頁。

的對象，然後顛倒因為無明而導致的種種癡迷妄想。在南北傳的原始經典中，四念處禪法的修行次第和內容存在一定的差異。〔註 38〕然而，這也表明四念處作為解除憂悲苦惱的一乘道，針對眾生的種種問題，能夠在具體的運用實踐中做出靈活的調整，展示出其禪法無限的生命力。

四念處中的身念處修法，在具體的運用中一般有知息出入觀、四威儀觀、時時繫念觀（念茲在茲）、不淨觀等幾種。此處僅以不淨觀修法為例，闡明如何通過修持不淨觀來觀察我們的身體，滅除對肉體的貪戀。因為看不清肉體不過因緣而生的生命現象，就會將肉體的消亡看作生命的終結，這樣一來就會造成對肉體生命的執著，還會放大對死亡的恐懼。而修行不淨觀主要是認識到自身不淨和他身不淨。觀他身不淨，就是觀察一個人死後從肉體逐漸變成骨灰的過程。生命一旦死亡，屍體會開始膨脹變色，緊接著開始化膿生蛆，等肉體徹底被分解完了就會變成一堆枯骨，隨著時間年月的推移，白骨也會逐漸風化、破碎，變成灰燼和塵土混雜在一起，再也找不到生命存在過的痕跡。另外是觀自身不淨法，就是觀想自己身體中三十二個不淨的地方，排除妄念，離貪淫，顛倒執著身體，認為身體是乾淨的想法。佛經裏是這樣論述的：

> 復次，比丘觀身如身。比丘者，此身隨住，隨其好惡，從頭至足，觀見種種不淨充滿。我此身中有髮、髭、爪、齒、麤細薄皮、肉、筋、骨、心、腎、肝、肺、大腸、小腸、脾、胃、糞、腦及腦根、淚、汗、涕、唾、膿、血、肪、髓、涎、膽、小便。猶如器盛若干種子，有目之士，悉見分明。謂稻、粟種，蔓菁、芥子，如是比丘此身隨住。隨其好惡，從頭至足，觀見種種不淨充滿。我此身中有髮、髭、爪、齒、麤細薄皮、肉、筋、骨、心、腎、肝、肺、大腸、小腸、脾、胃、糞、腦及腦根、淚、汗、涕、唾、膿、血、肪、髓、涎、膽、小便。如是比丘觀內身如身，觀外身如身，立念

〔註38〕以身念處的修行方法為例，在南傳的巴利文《大念住經》裏，身念處的修行次第和方法為：1、知息出入觀；2、行、住、坐、臥四威儀觀；3、時時繫念觀（念茲在茲）；4、不淨觀；5、地水火風四界觀；6、九墓墟觀。而在北傳的漢譯《中阿含經》裏，是以四威儀觀為最先，其次為時時繫念觀，以善治惡觀、以心治心觀、知息出入觀、入初、二三、四禪觀，光明想、善受觀相、三十二物不淨觀、地水火風空識六大觀及屍骸殘滅觀等十三種。在《曾一阿含經》中列身中二十七物不淨觀、四大觀、諸孔漏出不淨觀、屍骸殘滅觀等四種觀法。（見哈磊：《四念處研究》，巴蜀書社，2006年，第50頁。）

在身，有知有見，有明有達，是謂比丘觀身如身。〔註39〕

受念處，觀受是苦。受念處是指觀察我們眼、耳、鼻、舌、身、意六根接觸外界時所產生的心理感受，認清一切苦樂感受皆是無常不定，從而滅除對現象感受的貪戀與執著。佛經講：

> 云何觀覺如覺念處？比丘者，覺樂覺時，便知覺樂覺；覺苦覺時，便知覺苦覺。覺不苦不樂覺時，便知覺不苦不樂覺，覺樂身、苦身、不苦不樂身。樂心、苦心、不苦不樂心。樂食、苦食、不苦不樂食。樂無食、苦無食、不苦不樂無食。樂欲、苦欲、不苦不樂欲。樂無欲、苦無欲覺、不苦不樂無欲覺時，便知覺不苦不樂無欲覺。如是比丘觀內覺如覺，觀外覺如覺。立念在覺，有知有見，有明有達，是謂比丘觀覺如覺。若比丘‧比丘尼如是少少觀覺如覺者者，是謂觀覺如覺念處。〔註40〕

因為有六根的作用，受外緣的刺激和影響，我們容易產生種種欲望和渴求。然而感官上的滿足也只是暫時的，即使獲得片刻的滿足，這種愉悅感也會稍縱即逝，常人所謂的快樂其實是短暫而又虛假的。貪嗔癡三毒會導致我們心理坑洞越來越大，當外界物質不能滿足自己的渴求時就會生出諸多的苦。當我們能觀察六根與外緣之作用，看看各種各樣的苦樂之心是怎麼產生的，並且怎樣作用於六根引起了我們的情緒。這樣才能看清自己在起心動念之處受何種心理模式的支配和掌控，看清自己活在什麼下意識的業力慣性模式之中，才有了破除內在障礙自我的心理模式的前提。

觀心處，觀心無常。佛陀講世間的一切皆是瞬息萬變的，人的念頭起起滅滅，一念萬千，大腦裏每一刻都會湧起無數的念頭，但這些念頭卻又是千變萬化，無法把捉。無論在早期的阿含經還是在南傳的經典裏，都對心的存在和層次作了詳盡的分析，認為不同的心所就會對應生出一種煩惱。既然世間的煩惱雜多，我們如何才能平息雜亂無章的妄念，調伏自己狂亂不止的內心呢？首先我們要學會觀察自己的心。在漢譯《中阿含經》裏面講到觀心法：

> 云何觀心如心念處？比丘者，有欲心知有欲心如真，無欲心知無欲心如真，有恚無恚，有癡無癡，有穢污無穢污，有和有散，有

〔註39〕《中阿含經》，《大正藏》第98冊，第584頁。
〔註40〕《中阿含經》，《大正藏》第98冊，第583頁。

> 下有高，有小有大，修不修，定不定，有不解脫心知不解脫心如真，
> 有解脫心知解脫心如真。如是比丘觀內心如心，觀外心如心，立念
> 在心，有知有見，有明有達，是謂比丘觀心如心。〔註41〕

　　當妄念紛紛變成一種思維的常態時，我們無法發現自心的狂亂，更無法調伏其心。若能與思想和心念剎離開來，只是客觀地觀察內在念頭和思緒的起落時，就會發現所有的念頭背後都是有一個讓我們控制不住如此想著的思想，而我們就是活在了這一堆堆的思想之中，被思想所規定了。假如我們整天把精力耗費在思緒妄想上，不僅耗費心力，還時時糾葛於人我是非之中，陷在無邊的煩惱裏。當向內反觀自心，覺察到一切起起滅滅的念頭皆是虛妄無常，自己所思所憂背後也不過是一堆已經被自我認同了的「思想」時，一旦看清識破，不再與之混同，那麼它自然也就無法再支配自我。唯有如此，才能降伏其心，心也能做到一用即用，不用即歇。

　　法念處，觀法無我。法就是世間的一切事物和現象，包括物質和精神。佛教的無我觀是指世界萬物都是因緣而起的，我們的肉身也不過是由五蘊組成，但是五蘊處在變化之中，沒有一個主宰萬物、永恆不變的自我真實存在。就像英國佛學家查爾斯・埃利奧特所說的：「沒有什麼能夠稱為靈魂的實體，嚴格的說沒有能夠稱為肉體的實體，而只有可變的諸蘊，經常在變化中。」〔註42〕同樣，由過去經歷總結而成的經驗，是一種相對陳舊、僵化的固定模式，如果看不到所有的一切都在變化，將固化的經驗模式運作於當下鮮活的事物，必然會在實踐中受挫甚至是失敗。

　　《中阿含經》這樣描述法念處的修習過程：

> 云何觀法如法念處。眼緣色生內結。比丘者。內實有結知內有
> 結如真，內實無結知內結如真，若未生內結而生者知如真，若已生
> 內結滅不復生者知如真。如是耳、鼻、舌、身，意緣分法生內結。
> 比丘者，內實有結知內有結如真。內實五結知內無結如真。若未生
> 內結而生者知如真。若已生內結滅不復生者知如真。如是比丘觀內
> 法如法。觀外法如法。立念在法。有知有見。有明有達。是謂比丘
> 觀法如法。謂內六處。〔註43〕

〔註41〕《中阿含經》，《大正藏》第98冊，第584頁。
〔註42〕〔英〕查爾斯・埃利奧特：《印度教與佛教史綱》，李榮熙譯，商務印書館，
　　　　1982年，第304頁。
〔註43〕《中阿含經》，《大正藏》第98冊，第584頁。

因此，以觀五蘊，觀內、外六處，觀七覺知，觀四諦等六項內容為核心的法念處修法，其修行目標在於讓人不再妄執外在種種假我為我，明白諸法無我，一切皆是因緣而生，從而斷除妄想、瞋癡、生死、煩惱、達到涅槃極樂的境界。

四念處作為調心、治心的重要法門，佛教認為修習四念住可以獲得兩種功德：「若有比丘，比丘尼七年立心正住四念處者。彼必得二果。或現法得究竟智。或有餘得阿那含。」〔註44〕其實，無論是戒定慧三學，亦或四念處禪法，都是幫助生命離苦得樂，獲得解脫的途徑和方法，二者的根本宗旨和目標皆是為了將生命導向涅槃極樂的終極存在境界。在具體的修行訓練中，二者雖各有側重，實踐方法也有所不同，但始終不離安頓自心，關懷生命的這一人文關懷精神。

第三節　原始佛教人文關懷實踐的主要特點

通過對原始佛教人文關懷實踐的核心理論和實踐方法的梳理，不難發現原始佛教的修證體系都是圍繞著對生命之苦的揭示以及如何滅除一切苦而展開的。而佛陀以親身實踐，不僅展示了生命可以實現的終極境界，還總結出一整套完整的可供實踐參照的修行訓練方法。在當今社會，面對生命重重的困境，人心種種的煩憂時，佛陀所傳的智慧仍舊可以為人們提供可資借鑒、使用的源源不絕的人文關懷實踐資源。而原始佛教人文關懷實踐的特點主要表現為平等性、徹底性、終極性等幾個方面，下文將作進一步的分析。

一、平等性

佛教在創立早期對婆羅門教劃定的種姓制度作了否定，對此，季羨林先生也曾經說過：「佛教在初興起的時候，在許多方面，可以說是對當時占統治地位的宗教婆羅門教的一種反抗，一種革命。」〔註45〕因此，佛教在印度的興起與當時特定的歷史文化背景有著密切聯繫。

首先，從印度外在社會制度來講，印度有著較為森嚴的等級制度，婆羅門教擁有著掌管社會文化和祭祀的重大職能。按照當時婆羅門教規定的吠陀天啟、祭祀萬能、婆羅門至上的三大準則，印度社會被劃分為婆羅門、剎帝

〔註44〕《中阿含經》，《大正藏》第 98 冊，第 584 頁。
〔註45〕季羨林：《原始佛教的語言問題》，中國社會科學出版社，1985 年，第 8 頁。

利、吠舍、首陀羅四個等級，這些等級之間有不可逾越的鴻溝。這也就意味著每個人因出生的不同，而被規定為不同的人生命運了，這在一定程度上否定了人通過後天努力改變自我人生的可能性。因此，婆羅門種姓劃分的不平等還激化了社會矛盾，使得越來越多的人想要突破階級的禁錮。佛陀批判了婆羅門教所謂的優劣種姓的劃分，他認為所有的種姓並沒有所謂的優劣之分，在《中尼迦耶》第93《阿攝和經》中，佛陀就說：「婆羅門、剎帝利、吠舍和首陀羅四種種姓並不是一種普遍的永恆存在，每種種姓的人能夠行善而獲得善報，四種種姓皆純潔，四種種姓完全平等」。〔註46〕佛陀把眾生分為四類：卵生、胎生、濕生和化生。並在《大般涅槃經》裏講：「一切眾生悉有佛性」。〔註47〕認為眾生平等，眾生皆有不生不滅的自在佛性，因此人和天地間的萬物都是同一的，在這個意義上，生命存在其實並無價值的高低之別。

其次，佛教對世界產生的看法與當時流行的「把一切看作是依神意志而動的自在神化論（尊祐造說）；一切是依照過去業而被決定的宿命論（宿作因說）；與一切都是偶然產生的偶然論（無因無緣說）」〔註48〕的三種世界觀不同。與當時婆羅門教奉行的梵、婆羅門至上和命定論不一樣，也與六派沙門大師婆浮陀·伽旃那的世界由七種元素組成的「七元素」有根本性的差異。佛教在創立之初就反對傳世神，否定人格神的存在，否定一切具有超自然力的實體性神靈。佛陀通過緣起說，指出世間的一切都是由五蘊構成，它們在一定的條件下聚合，又在一定的條件下消散，世間的一切都是聚散無常的，只是不同的因緣相聚又會生出不同的新的一切。但是在這瞬息無常的世界，並沒有什麼永恆主宰、規定一切的不變的實體。世間眾生無論是否是婆羅門都無法避開因緣法則，始終還是得經歷生老病死的流轉。

因此，佛教所提倡的平等觀，從佛性這一根本強調眾生的平等一致性，反對了當時印度的種姓制度。佛陀還指出：「在眾生中，無論現世還是來世，法最優秀，無論任何的種族、都能夠獲得證悟解脫。」〔註49〕因為佛性人人具足，眾生都可以通過自身的努力和修行獲得生命終極的解脫。正是這種每個生命都可以訓練實踐的修證方法，在一定程度上打破了當時印度由種姓決

〔註46〕轉引自郭良鋆著：《佛陀和原始佛教思想》，中國社會科學出版社，1997年，第153～155頁。

〔註47〕《大般涅槃經》卷十七，《大正藏》第12卷，第466頁。

〔註48〕〔日〕平彰川：《印度佛教史》，莊昆木譯，商周出版社，2002年，第39頁。

〔註49〕郭良鋆：《佛陀和原始佛教思想》，中國社會科學出版社，1997年，第173頁。

定人生命運的社會制度，也為生命解除悲苦惱，實現昇華和超越帶來了新的希望。

二、徹底性

雖然當時印度婆羅門教的理論體系中已經出現「業」〔註50〕、因果報應、業報輪迴、解脫等觀點，〔註51〕認為生命的好壞取決於自身積澱的業因，若積累善因則為善道，反之則會輪迴進入惡道，要想獲得終極的解脫，則需要通過冥想或是瑜伽等修行方法，不斷淨化自我靈魂，具足善因緣，實現梵我合一。佛教並未徹底否定婆羅門教的業力等觀念，而是在當時原有的業力學說的基礎上，對業力做了更加深入詳細的闡釋，更為全面徹底地揭示了生命運作之謎。

在婆羅門教的理論體系中，梵神作為創造出一切的創世神，其業力輪迴學說都是以梵神為中心，以自我的靈魂作為主體的。佛教從緣起法的角度認為世間的一切現象都是因緣巧合而生，一件事物的產生必須借助一定的因緣和條件，而具足一定的因，就會得到相應的果，世間眾生無不遵守著此因果法則定律。十二因緣作為一個彼此聯繫且互為因果的序列，一個因會生出一個果，而這個果又成為後一個事物的因，十二因緣彼此相續相連，眾生造作何種業，必然就會得到相應的果報。而生命因無明遮蔽障礙，只能在這個大的因果序列裏面運作，不斷地流轉生死，繼而積累下更多的業。於是，生命便被更加強大的業力牽引作用，難以解脫。在佛教因緣論的視角下，一切皆不過是因緣而生，所以並沒有一個恒常不變的自我，人的身心也不過的五蘊和合而生，因此並沒有一個絕對的物質精神實體。並且「梵只不過是六道眾

〔註50〕在當時的婆羅門的經典《阿闥婆吠陀》裏已經有了「業」的思想，它認為人的惡行為必須受到相應的懲罰，故而有消除災難的咒文。其次在後期的《奧義書》裏面也有業的思想，它認為人之所以達不到梵我同一的境界就是由於業的存在。具體可參看呂大吉：《宗教學通論新編》下冊，中國社會科學出版社，1998年，第575～592頁。）

〔註51〕早期吠陀時代的印度社會和吠陀宗教到婆羅門的發展，使得印度社會形成了由婆羅門教支配的民族——國家宗教。而學者對印度婆羅門教的劃分為：第一期是後期吠陀和梵書時期（約自公元前1000～前700年間）；第二期是奧義書時代（約自公元前700～前500年間）；第三階段為經書時代（約自公元前600～200年間），這期間的婆羅門教形成了「業」和自己獨特的世界觀、宗教觀和解脫理論，為後期沙門思想的產生也提供了一定思想基礎。（呂大吉：《宗教學通論新編》，中國社會科學出版社，1998年。）

生的一個眾生，只要人們能夠初禪初定，兼修四無量心，便可以成為三界主的梵王，可是梵王定衰福盡，仍然會下墮，未脫輪迴。」〔註52〕因此，否定了婆羅門教將靈魂作為主體的業力輪迴學說。

其次，十二緣起法對苦之緣起做了深刻的分析，將生出眾生之苦的根源歸於心的無明。苦樂煩惱作為一種內在的心理情緒和生命存在狀態是繁雜易變的「多」，如果只是從這些紛亂的現象入手，那麼即便當下解決了一個煩惱，頃刻間又會滋生出無窮無盡的憂思，因此徹底滅除煩惱，需要從心這個「一」入手。而原始佛教將心細劃為，五蓋、七結、九結、五下分結、五上分結、四暴流、四漏、四取、四系、三求、十六心垢、二十一心穢十二類，並詳盡地闡釋了心意識的特徵和運作表現。儘管佛教後期諸派發展出了龐大的心意識學說，但是都還是在原始佛教所劃分的範疇之內。佛教所有的修行實踐，都是為了調伏、安頓一心而設的修行方便，甚至可以說「佛法的十二因緣、三法印、三十七道品等內容，皆不出一心。」〔註53〕因此，從這個角度來看，原始佛教對生命深層運作模式以及心的存在結構的論解無疑是深刻的，針對人心諸多煩惱，其實踐體系則是具體而又徹底的。

三、終極性

原始佛教人文關懷實踐之終極性，體現在其修行實踐所能達到的終極生命境界上。誠然，無論是佛陀時代流傳的哲學還是現代哲學，都可以從現象上揭示出生命本苦的存在困境。然而，只是發現生命之苦，而無法提出息滅苦的方法，生命仍舊困頓在生死之中。而佛教的實踐體系指出生命可以通過修行達到不生不滅的涅槃境界，這就超越了苦樂、生死、煩惱，是生命存在的終極境界。

生命深層的業力積澱會顯化作用於生命，業因雖分善惡，對生命的影響也各自不一。然而無論是善業、惡業，皆因是經歷積澱而成，而顯示出有限性。即便生命積累的善的因素更多，人生命運也會朝積極成功的一面發展，但這些經驗模式同樣也會成為障礙自我的因素，使自我的提升和突破成為一個難題。從這個角度來看，在自我層面，生命的確被一股無形的力量無可奈何地規定和束縛著。然而，佛教認為所有的業力障礙不過是生命累世積攢下

〔註52〕弘學編著：《小乘佛教》，巴蜀書社，2010年，第253頁。
〔註53〕陳兵：《佛教心理學·上》，陝西師範大學出版社，2015年，第3頁。

來的「染」，而生命本真的存在乃是無染的「空」。常人不識佛性真如，會誤以為所謂的「空」就是「什麼也沒有」的虛無，是對現世生活和價值追求的徹底否定。其實，佛教所言之空並非虛無主義，也不是日常中無聊空虛的狀態，而是產生一切現象的本源性力量，是創生出生命的生生不息的原動力。佛性本淨，靜定自在，正因有了這個清淨無染的佛性作為前提，生命可以通過修行訓練，從源頭上斬斷這股控制不住的心理力量，斷除業力對生命的支配作用，轉染為淨，活在涅槃極樂的生命境界。

在自我層面，生命的幸福似乎是以對世俗價值的追求作為保障，以佔有物質的多寡作為衡量標準。毋庸置疑，物質作為生命存在的基本前提，是實現人生幸福的基本條件之一。但是，生命真正的幸福和滿足，似乎還關涉到超越物質利益追求的純粹的生命價值追求的實現。佛教的修行實踐其實就是一種實現生命終極價值追求的活動，經由落實在日常生活中的訓練方法，在每一個念頭起處，都作為訓練自己心性的著眼點，從而在起心動念處，舉手投足間都能看顧好念頭，訓練自己的心。通過反覆的訓練，當退出思想的干擾障礙，調用出人人都有的無染的佛性，不活在固有的思維模式之中，不以下意識「我以為」的思想盲目行動時，生命就掙脫了頑固的業力習性的支配，而是直接以先於思想經驗的、不受污染的佛性的力量作用於外界。那麼，實現生命終極的價值追求，活在無染的生命境界就變得今生可得，當下可證。

綜上所述，原始佛教作為後期部派佛教的開端，牢牢抓住了「以心為本，關懷生命」的這一人文關懷實踐精神。儘管佛教諸派的理論和實踐體系異常龐大，各派的修行主張不同，在方法上也有不同的側重，但無論是主張嚴格奉守原始佛教傳統的南傳上座部佛教，亦或主張革新的北傳一派，其體貼生命，追求生命終極解脫的內在精神則是一致的。與佛陀所在的時代相比，現如今人類社會有了極大的飛躍和進步，但是人心的煩惱和問題卻大同小異，甚至隨著人類社會的發展，生命在意識層面的負累更重，身心的疾病和痛苦更多。因此，挖掘原始佛教的人文關懷實踐方法，探索原始佛教修證體系對於關懷人心，安頓生命的作用，仍具有巨大的現實意義。

第二章 南傳佛教時期的人文關懷 思想梳理

　　南傳佛教指的是傳播於泰國、斯里蘭卡、緬甸等國家以及我國雲南西雙版納等地區的上座部佛教，它有著自己獨特而豐富的經典、教理教義及清規戒律，對斯里蘭卡、泰國等南亞國家及我國雲南西雙版納地區的社會文明做出了傑出的貢獻，對人類的思想意識作了深刻的詮釋，對人生幸福及生命的真諦表現出深切的人文關懷。南傳佛教時期的人文關懷思想是一個具有重大研究價值和意義的課題，也是當今學術界尚未全面系統、深入研究，而又十分需要深入研究的課題。本章將從南傳佛教的典籍、教理教義，南傳佛教對斯里蘭卡、泰國等南亞國家和我國西雙版納地區社會文明的貢獻以及南傳佛教對人意識的研究三方面來考察南傳佛教的人文關懷思想。

第一節　南傳佛教時期的界定、範疇與特色

　　南傳佛教的稱謂、內涵、歷史時期以及教理教義如何界定？一直是一個比較複雜的問題。應該說 1950 年在斯里蘭卡召開的教徒聯誼會（World Fellowship of Buddhists）對其名稱所作之界定是得到世界佛教界、學術界以及各國政府最為廣泛認可之權威界定。

一、「南傳佛教」的稱謂

　　1950 年 5 月 25 日由斯里蘭卡佛教學者、外交官馬拉拉塞克拉倡導的世界佛教徒聯誼會在斯里蘭卡科倫坡舉行成立大會，會上達摩難陀長老（Ven. Dr. K. Sri Dhammananda Nayaka Maha Thera，1919～2006 年）在作題為「佛教徒

信仰什麼」（What is the Faith of the Buddhists）發言中說道：

> 佛教大會明確規定，無論在西方或東方（國家），對「南傳佛
> 教」的稱謂，統一使用「上座部佛教」而不使用「小乘佛教」……。
> 〔註1〕

在科倫坡舉行的世界佛教徒聯誼會是第一個最有影響力的世界佛教徒組織，除了主辦方斯里蘭卡外，有來自 27 個國家的 129 名佛教代表出席。世界上幾乎所有佛教派別的佛教信眾，包括南傳上座部佛教，漢傳佛教、藏傳佛教，不受傳統和教派的修學約束，找到了共同的心願，聯合在一起，促進佛教的發展和傳播。可見，在世界佛教大會上一致界定，傳統上在大乘佛教經典中被稱為「小乘佛教」的「南傳佛教」指的是「上座部佛教」（或「南傳上座部佛教」〔註2〕），即是印度佛教史根本分裂時期所謂與「大眾部佛教」相對的「上座部佛教」，〔註3〕其巴利文為由「thera」和「vāda」構成之「theravāda」，據巴利文詞源，所謂「thera」乃「長老」、「上座」之意，是古印度佛教信眾對大德比丘的尊稱，「vāda」為「說」、「論」、「學說」、「觀點」之意；故「theravàda」應當為大德長老上座比丘的學說。著名佛教學者阿巴萊格達（Buddhadatta，Ambalangoda）在其編纂的《英巴辭典》（English-Pali Dictionary）中解釋云：

> Theravāda: "Doctrine of the Elders," is a name of the oldest form
> of the Buddha's teachings, handed down to us in the Pā□i language.
> According to tradition, its name is derived from the fact of having been
> fixed by 500 holy Elders of the Order, soon after the death of the Master.
> 〔註4〕

〔註1〕Ven. Dr. K. Sri Dhammananda Nayaka Maha Thera, "What is the Faith of the Buddhists," Shuanglin Temple ed., *World Fellowship of Buddhists*, (Singapore: Singapore Shuanglin Temple, 1983), p.15. Translated from English into Chinese by paper's author.

〔註2〕在《首屆貝葉文化國際研討會暨第四屆全國貝葉文化研討會論文集》中，不少論文將「南傳佛教」稱為「南傳佛上座部佛教」，考二者之內涵，其實指的都是「上座部佛教」。詳見雲南大學貝葉文化研究中心編：《貝葉文化與和諧周邊建設》，雲南大學出版社，2011 年，第 167 頁。

〔註3〕〔日〕龍谷大學編：《印度·中國·日本三國佛教史略》，吳華譯，中國佛教協會，1994 年，第 23 頁。

〔註4〕Buddhadatta, Ambalangoda. *English-Pali Dictionary*. (Colombo: Buddhist Publication Society, 1955.), p.1692.

「Elders」指的即是長老上座比丘，「Doctrine of the Elders」指的是佛陀涅槃後約一百年左右，由於對戒律見解的分歧僧團分裂而成的與主張開放的大眾部相對立的持保守觀點的上座部之戒律立場以及由此滲透到教義中的對教理所作的不同詮釋。持此觀點之部派均為大德長老上座比丘，故名「theravāda」——上座部。因上座部佛教之經論律以巴利語結集，如今，由英國巴利聖典學會（Pali Text Society）〔註5〕整理校對編輯的巴利三藏是其文獻依據，故西方學術界又稱之為稱巴利語系佛教、巴利佛教〔註6〕。

　　歷史上，上座部佛教由印度恒河流域南傳至斯里蘭卡等南亞國家以及中國雲南，並延續至今，因此，就其傳播地理位置而言，今天，又稱南傳佛教。南傳佛教是相對於北傳佛教，藏傳佛教而言，是近現代產生的對上座部佛教之稱謂，在早期的佛教文獻中並沒有這一術語，應當說，「南傳佛教」之稱謂為在最為中國官方、佛教界及學術界所採用，西方國家，例如美國官方、佛教界及學術界都不流行此稱呼，而稱「南亞佛教」（Southern Anson Buddhism）或直接將泰國佛教成為「泰國佛教」，斯里蘭卡佛教稱其為「斯里蘭卡佛教」。

二、南傳佛教的歷史時期

　　公元前三世紀，佛教由印度傳入斯里蘭卡，經過斯國大寺派保守傳統比丘的整理，理傳入緬、泰、老等東南亞地區，傳統上他們自稱是正統的上座部（Ther avda）佛教。據斯里蘭卡佛教學者阿巴萊格達（Buddhadatta, Ambalangoda）之上座部佛教（Theravāda Buddhism）為上座長老之學說（「Doctrine of the Elders」）的說法，而上座長老之學說又是佛陀入滅後一百年

〔註5〕李四龍：《歐美佛教學術史：西方的佛教形象與學術源流》，北京大學出版社，2009年，第138～141頁。

〔註6〕大約於公元前387年，即佛陀涅槃後兩個月，大迦葉尊者召集長老上座比丘500人舉行「第一次結集」，據學術界研究，結集所用語言為巴利文。巴利Pāli是古代印度一種語言，是佛陀時代摩揭陀國一帶的大眾語。據說佛就是用巴利語說法的，所以弟子們也用這種語言記誦他的經教。巴利語雖然早已不通用了，但還是靠著佛經而保存了下來。巴利就是經典的意思。古代印度人民有一種傳統習慣，就是把典籍用口口相傳的方式背誦下來，而不重視書寫。根據《錫蘭島史》記載，公元前一世紀時候，才在錫蘭開始傳寫。到公元五世紀，摩揭陀國三藏法師通達三藏學者的稱號覺音Buddhaghosa到錫蘭，重新用錫蘭的僧伽羅文字母把巴利文三藏全部記錄下來。一說覺音在錫蘭時將當時保存很多的用僧伽羅文寫的注疏譯成巴利文。原來的巴利文字母已經不存在，現在緬甸、柬埔寨、泰國的巴利文三藏也都是用他們本國字母記錄的。最近印度也正在從事用印地文字母記錄並印行巴利文三藏的工作。

左右，由於戒律見解的分歧僧團分裂為大眾部和上座部，上座部主張嚴格依照佛制的說法，上座部佛教應該開始與印度佛教史上的根本分裂時期，在其編纂的《英巴辭典》（*English-Pali Dictionary*）中解釋云：

> Theravāda: "Doctrine of the Elders," is a name of the oldest form of the Buddha's teachings, handed down to us in the Pā□i language. According to tradition, its name is derived from the fact of having been fixed by 500 holy Elders of the Order, soon after the death of the Master.
> 〔註7〕

　　佛教在斯里蘭卡的傳播與發展大致經歷了三個歷史階段，即古代和中世紀（公元前 3 世紀至公元 1505），殖民時代（1505～1948）和現代（1948 至今），據巴利語歷史記載，印度阿育王出家的兒子摩哂陀傳到斯里蘭卡的佛教就是上座部佛教，摩哂陀的第一次說法得到婆南毗耶‧帝沙王（前 250～210）皈依，佛教在楞伽島上得以推行的發展，至公元前四世紀初，斯里蘭卡佛教史上第二次分裂並形成祁陀林寺、大寺派和無畏山寺派三足鼎立的局面；公元 400～430 年，覺音論師至斯里蘭卡大寺求學，著《清淨道論》，是三藏著疏的綱要；7 世紀到 11 世紀，大乘密教一直在斯里蘭卡佛教中占主導地位。10 到 13 世紀出現了律藏疏本和中部經典疏本等巨著。到 16 世紀以後，斯里蘭卡先後淪為葡萄牙、西班牙和英國的殖民地佛教再度衰落，殖民者大力宣傳天主教、基督教，佛教受到壓迫。在現代佛教時期，佛教在對基督教的批判和利用大眾媒介和公開講法的宣傳方式下得以復興。

　　早期佛教在東南亞的傳入〔註8〕與發展過程中，小乘佛教與大乘佛教的興廢交替不定，但主要是小乘佛教佔據主導地位。緬甸的佛教傳播和發展主要經歷了以下幾個時期：古代驃國時期的佛教，蒲甘王朝時期的佛教，阿瓦和

〔註 7〕Buddhadatta, Ambalangoda. *English-Pali Dictionary*. (Colombo: Buddhist Publication Society, 1955.), p.1692.

〔註 8〕南傳上座部佛教傳入東南亞和中國的時間及經過情形，並沒有確定的說法。尤其南傳佛教從東南亞傳入雲南的時間尚無定論，由於各個少數民族文字形成的時間較晚，對早期佛教傳入情況並沒有確切的記載，主要有集中典型的說法：佛教公元前傳入雲南、佛教 5 世紀傳入雲南、佛教七世紀左右傳入雲南、佛教盛唐時期傳入雲南、佛教 14 世紀末 15 世紀初傳入雲南等等的說法。此外早期南傳佛教的傳播歷史並不純粹流傳南傳上座部佛教，還包括小乘佛教部派（義淨認為小乘佛教部派有四：大眾部、上座部、根本說一切有部、正量部）大乘佛教和密宗等。

勃固王朝時期的佛教，雍籍牙王朝的佛教，現代社會中的佛教。泰國的佛教傳播和發展主要經歷了如下幾個時期：缽羅墮底國的佛教、素可泰王朝的佛教、阿瑜陀王國的佛教，曼谷王朝時期的佛教。柬埔寨的佛教傳播和發展主要經歷的歷史時期有：扶南時代的佛教；真臘時代的佛教；吳哥時代的佛教；金邊時代的佛教。老撾佛教傳播和發展經歷的歷史時期有：中古時代佛教和現代老撾佛教。

三、南傳佛教的教理典籍、教義、戒律

（一）南傳佛教的典籍

　　學界一直認為，巴利語、漢語、藏語三大語系的佛教中，巴利語系是最早的，代表了早期佛教，巴利語系的經典就是所謂上座部的經典，小乘佛教的經典〔註9〕，或者是稱為《南傳大藏經》（Tipiwaka）。南傳佛教的經典就是一套完整的巴利語的巴利三藏，巴利三藏的形成經歷了說教、傳頌、集結記錄幾個階段，佛教的集結主要是經典的集結，結集所使用的語言基本上是佛陀講經的語言，形成了比較系統的律藏、經藏、論藏。〔註10〕第一藏律藏分三個部分：《經分別》，《犍度》，《附隨》；第二藏經藏分五大部：《長部》、《中部》、《相應部》、《增支部》、《小部》；論藏，有七論。我們沒有翻譯。七論有《法聚論》、《分別論》、《界說》、《論事》、《人設施》、《雙論》、《發趣論》。南傳佛教國家現在講經，還是使用巴利語。南傳佛教國家日常使用的經典有：《法句經》、《吉祥經》、《三寶經》、《慈悲經》、《六方禮經》、《善見律毗婆沙》、《清淨道論》、《那先比丘經》、《攝阿毗達摩義論》。

（二）南傳佛教的教理教義

　　雲南傣族地區，東南亞各國和斯里蘭卡的南傳佛教的教義和教理方面都是基本相同的，基本教義不管南傳、北傳是一致的，不管是漢語系、藏語系、

〔註9〕　南傳佛教與北傳大乘佛教的不同它主要是按照佛陀的言教來修行和修習，最終達到自身的解脫與自己拯救，南傳佛教的四聖諦、八正道、十二因緣教義、教理只有極少數的僧侶才能夠理解和領悟。南傳上座部佛教嚴格恪守佛教最根本的理論學說緣起論和業報輪迴思想。

〔註10〕中國上座部佛教八萬四千多的經典之中，《經藏》傣語稱為「蘇點大比搭噶」、《律藏》傣語稱之為「維乃壓比打噶」、《論藏》傣語稱之為「阿皮坦瑪比打噶」，除此之外，傣文佛典還有很多的藏外典籍，包括傣族僧人依據佛教教義進行闡發的著作，還有用傣文字母音譯巴利語的寫本，主要記錄傣族地區的天文地理歷史，文學、醫藥、詩歌和民間傳說等豐富的題材。

還是巴利語系都主要講「三法印」、「四聖諦」、「八正道」、「十二因緣」，這些都是一致的。

1、緣起說

緣起論主要是以「三法印」為基礎，以「十二因緣」、「四聖諦」、「八正道」為中心思想。所謂的緣起論即是世界上的一切事物的存在都是有條件的，所以一切事物的存在都沒有絕對的時空性即諸法由因緣而起，萬物必須依靠因緣和合的條件才能產生。若萬物缺失因緣條件，那麼事物也就歸結於虛無。

（1）三法印

三法印，巴利文是 Tilakkhaza，三法印包括苦、無常、無我，一切之小乘經，以三法印印之。一諸行無常（無常巴利文是 Anicca，nicca 是常），指世間一切事物時時刻刻都處於生住異滅中，過去、現在、將來都處於不斷地變化發展之中，一切都終將歸之於幻滅；二是諸法無我，指在一切有為無為的諸法中，一切事物皆無主宰；三涅槃寂靜，指超越生死煩惱為清淨永恆。

（2）十二因緣

十二因緣（梵文、巴利文：Nidāna）也稱十二緣起支（梵文：pratītya-samutpāda-aga，巴利文 paicca-samuppāda-aga），十二因緣解釋的是有情眾生生死輪迴不停流轉的道理，主要包括：色、六入、觸、受、愛、取、有、生、老死循環相續的結果。有情眾生的生命在「無明緣於行，行緣於識，識緣於名色，名色緣於六入，六入緣於觸，觸緣受，受緣愛，愛緣取，取緣有，有緣生，生緣老死」的因果相隨之中流轉不已。

「無明」：貪、嗔、癡、當下煩惱所牽引，主要表現為困惑，癡愚無知，盲目，不能正確地認識宇宙萬物的本質。

「行」：造業，指身、口、意等所造之善惡諸業。

「識」：識為心識，是心的異名，有認識、分析、了別的意思，指人的精神意志活動。

「名色」：「色」就是我們的身體，「名」就是我們的精神現象，有意識活動的人體是精神和肉體的統一。

「六入」：身心結合而成的生命即入胎，入胎就形成了「六入」，眼、耳、鼻、舌、身、意六種感覺和認識機能。

「觸」：肉體和精神與外界相接觸但尚不能識別苦樂，人所具備的觸覺

能力。

「受」：漸漸能夠識別和感受苦樂。

「愛」：貪愛，指對外界事物強烈的佔有欲望。

「取」：執著追求，獲取，對物慾熱切追求，以及由此造成必得後報的種種業。

「有」：依愛取的煩惱，造種種的業，定來世的果，這就叫做有。

「生」：出生，指人的生命的開始。

「老死」：人生命的終結。

（3）五蘊

所謂五蘊就是，色蘊、受蘊、想蘊、行蘊、識蘊五種。佛教認為世間一切事物都是由五蘊和合而成，一人的生命個體也是由五蘊和合而成的。

「色蘊」，色即明色、明相，用今天的話來說就是物質，乃眼、耳、鼻、舌、身等扶塵根和合積聚，故名色蘊。

「受蘊」，指六識與六塵相應，（六識、六塵、六受者，眼識受色塵，耳識受聲塵，鼻識受香塵，舌識受味塵，身識受觸塵，意識受法塵也。）而有六受，和合積聚，故名受蘊。

「想蘊」，想就是思想的意思。意識與色聲香味觸法六塵相對應，稱為六想，就是想蘊。（六想者，謂意識著色想色、著聲想聲、著香想香、著味想味、著觸想觸、著法想法也。）

「行蘊」，人依據意識思想等，所造作的善業惡業，合起來就是行蘊。

「識蘊」，謂以眼、耳、鼻、舌、身、意六種之識，於諸塵境上，了別外境，就是識蘊。

（4）四聖諦

四聖諦，世間的苦（苦諦）和苦的原因（集諦）、消滅（滅諦）和滅苦的方法（道諦）。苦諦（是 Dukkha）是指現實世界中充滿了苦。佛教將人生之苦總結為八種，生、老、病、死（是肉體遭受的四種痛苦）碰到自己所憎恨的人或事情，怨憎交加是苦、與自己所愛的人或事情離別會痛苦、自己的欲望得不到滿足而帶來的痛苦、人對永恆生命追求而不得所產生的痛苦（是精神遭受的四種痛苦）。生成苦的原因是用集來解釋的，集是 Samudaya（sam＋udaya），udaya 是產生、生成、出現、成因，是苦的原因。有情眾生因癡愚無明，受貪欲，瞋恨，愚癡三毒的侵擾，積累種種惡行，最終累集成為惡

果,此為集諦。第三是滅,巴利文為 Nirodha,斷除煩惱達到涅槃寂滅,指通過修行消除痛苦和煩惱,超脫生死輪迴,達到涅槃的境界。第四是道,巴利文為 Magga,道即為道路,方法,道理,指超脫生死輪迴,通往究竟涅槃的方法。

2、人生解脫的方法和途徑

(1) 八正道

滅煩惱得解脫的途徑和方法是「八正道」,即正見、正思維、正語、正業、正命、正精進、正念、正定。八正道〔註11〕,道就是達到涅槃境界的途徑,精心勤奮的修習這八正道,便可證得阿羅漢果。八正道也是南傳、北傳都一致的。

「正思維」:沒有貪嗔等煩惱情況下,心存正直念頭,離開一切主觀分別、顛倒妄想,依正見觀察、思維,客觀地作出決定。

「正見」:對事的如實知見離開一切成見、偏見和邪見。正見由多聞、思維、修持佛法得來。

「正語」:正確的言語,戒止口之四惡業。即斷除虛妄不實的具有欺騙性的語言,說真誠和善的語言;不兩舌,搬弄是非或發表引起兩者間之憎恨、挑撥離間的話;不綺語即空談或花言巧語。

「正業」:正當的行為活動,即戒除殺生、邪淫、偷盜等不良行為,斷除一切邪妄的行為舉止,端正行為,做善良的事情。

「正命」:正確的職業和生活方式,以正當的方法謀生。

「正精進」:努力從善去惡,勤奮修行戒定慧之道,不散慢。

「正念」:正確的念法來約束和反省自身。

「正定」:正確的禪定,謂人攝諸散亂,身心寂靜。

(2) 三學

八正道又可以簡說為戒定慧「三學」:戒(遵守戒律,能防禁身口意所作之惡業者。):正思維、正語、正業、正命;定(要通過禪定、止散亂心):

〔註11〕巴利語是 Awwhazgikamagga,八正道是正見(Sammq-diwwhi),正見是正確的知見,要獲得正見,是以後邊的正思維、正精進等為基礎的,正思維(Sammq-samkappa),正語(Sammq-vqcq),正業(Sammq-kammanta),正命(Sammq-qjiva),正精進或叫正勤(Sammq-vqyqma),正念(Sammq-sati),正定(Sammq-samqdhi),正就是 Sammq,原意是正確美好、美妙、精確的意思。

正勤、正念、正定；慧（又譯「般若」，明瞭佛理）。大乘佛教又將三學發展為六度，即布施、持戒、忍辱、精進、禪定、智慧。

（3）六度

六度即六波羅蜜也，從生死苦惱此岸得度到涅槃安樂以到達彼岸的法門。其波羅蜜之行法有六種：布施，持戒，忍辱，精進，禪定，智慧。

（4）四禪八定

四禪（梵　catva^ri-dhya^na^ni），又作四靜慮、色界定，即色界之四禪也；八定者，色界之四禪與無色界之四無色定也。四禪（梵　catva^ri-dhya^na^ni），又作四靜慮、色界定，即色界之四禪也；八定者，色界之四禪與無色界之四無色定也。四與八並舉者，蓋色界與無色界相對，則在色界為『禪』，在無色界為『定』。

（三）南傳佛教戒律

南傳佛教國家常用的巴利語偈陀，三皈、五戒。南傳佛教國家在舉行儀式時，包括在家人的儀式，一開始都誦三皈五戒。五戒指不殺生、不偷盜、不淫邪、不妄語、不飲酒。三皈是皈佛、皈法、皈僧。Buddha 是佛〔註12〕，Saraza 是護祐、庇護，gacchqmi 是去、我去，「我到佛陀處得到護祐。」譯為皈佛。第二是法 Dhamma，「我去得到法的護祐。」翻成皈法。第三是僧 Sangha，「我要去得到僧的護祐。」譯為皈僧。

佛教有「七眾」之稱，其中兩眾是在家人（優婆塞、優婆夷），五眾為出家人（沙彌、沙彌尼、式叉摩尼、比丘及比丘尼），出家五眾所受的戒律是有等級區別的。比丘戒，南傳上座部佛教它的戒律，首先第一點就是比丘戒，比丘就是和尚，受了戒的和尚，比丘戒有 227 條。沙彌十戒第二就是沙彌十戒，它是居士五戒和八戒。居士五戒（在家弟子受三皈依後還要授予五持戒）是一不殺生戒、二不偷盜戒、三不邪淫戒、四不妄語戒，五不飲酒戒。八戒是在不殺生、不偷盜、不邪淫、不妄語，不飲酒五戒的基礎上再加三條，不眠坐高廣嚴麗床上，不裝飾打扮及不得歌舞作唱及觀聽歌舞，十戒加上不食非時之食，亦即過午不食，不需金銀財寶這兩條。

〔註12〕佛陀的稱號有薄伽梵、阿羅漢、三藐三菩提，Namo 是敬禮；Bhagavato 譯成薄伽梵，就是美好的意思；Sammq-sambuddha 翻譯成三藐三菩提，sammq 是美好的意思，sambuddha 正遍知，Buddha 是覺悟，就 Sammq-sambuddha 是非常好的，徹底、完善的了知一切。

第二節　南傳佛教對中國南傳佛教地區、斯里蘭卡及南亞社會文明的貢獻

一、中國南傳上座部佛教及社會實踐

（一）南傳上座部佛教與傣族教育

　　隨著南傳上座部佛教〔註 13〕傳入中國傣族地區以後，南傳佛教成為傣族全民信仰的主要宗教，同時融合了傣族地區人民固有的原始宗教及傣族傳統文化，形成了頗具特色的，有著悠久的佛教文化傳統和濃鬱的佛教文化氛圍。中國雲南南傳上座部佛教有四個派別：潤派佛教，左底派佛教，擺莊派佛教，多列派佛教。雲南傣族地區南傳上部佛教的典型而又獨特的宗教習俗男兒僧侶化與僧侶還俗制，寺院一方面是宗教場所，另一方面也是傣族教育和學習的教育場所，傣族村寨幾乎均有佛寺，傣族男孩一般到 6 到 10 歲需要送入寺院（出家為僧）接受教育，在佛寺中學習南傳上座部佛教經典、傣語言文字以及豐富的民族文化知識、傳統文化、教化禮儀，從而在還俗後成為傣族的「知識分子」〔註 14〕，傣族社會產生了真正的高級知識分子和文化人。南傳上座部佛教對傣族教育變革所帶來的直接結果是傣族文化的繁榮和全民文化素質的提高。

　　南傳上座部佛教對傣族地區的教育產生了積極的影響，在中國雲南傣族地區，佛寺是進行佛教教育的重要載體，傣族社會的各個領域都受到佛教思想和義理的影響和滲透。佛教教育成為傣族地區的正規教育，為傣族社會的文明與進步做出了巨大貢獻。燦爛和深厚的佛教文化傳入傣族社會，豐富了傣族教育的內容，傣族教育吸收印度及東南亞文明的最新成果，豐富自己的教育內容，形成了獨具特色的傣族佛教文化，如傣族佛教經典和傣族文字，傣文的南傳三藏，除音譯的巴利典籍之外，主要的典籍還有傣文的譯本和注

〔註13〕南傳上部佛教為巴利語系的佛教，俗稱「小傳佛教」，南傳上座部佛教經緬甸傳入中國雲南西雙版納傣族地區，在中國雲南傣族地區長期的傳播發展過程中，為傣族、布朗族、阿昌族、德昂族及部分低族所信仰。

〔註14〕傣族也就形成了視出家還俗的男性為「康郎」，（即知識分子）只有當過僧侶才能算是受過教育的人，才擁有建立家庭的權利，被社會所尊重；視無出家經歷的男性為「岩令」（即未開化的人、文盲）的傳統，認為他們是不懂倫理道德的野人，會受到人歧視。同時南傳佛教對於男性接受寺院教育的時間沒有嚴格的規定，傣族男子可以隨時還俗，有極少數的人若干年甚至終生不再還俗，但絕大多數男子會在十五六歲以前還俗並還俗之後娶妻，從事農業生產。

釋，還有民族歷代高僧學者的著述，包括天文曆法、數學、歷史、文學、藝術、詩歌、醫藥、建築、各種民間傳說等；還有一部五卷本的貝葉經〔註15〕，是 13 世紀以後才開始出現，對巴利語《三藏》的傣文譯本。

（二）中國南傳上座部佛教的節日活動

潑水節是東南亞國家及中國雲南信仰南傳佛教的民族共同擁有的節日，整個潑水節的形成與佛教的傳播有著密切的關係。傣曆六月的潑水節是傣族的新年，是傣族辭舊迎新，最富民族特色的節日，它起源於印度，潑水節作為一種節日，一直處於變化之中，經歷著民族農耕節日、佛教節慶活動、世界文化節日和帶動當地經濟發展文化產品的變遷。潑水節的主要佛事活動有：採花、到佛寺賧佛堆沙、浴佛、潑水〔註16〕。潑水節一般持續 3 到 5 天前兩天是辭舊，後一天是迎新，節日前一天，青年男女在廣場或佛寺用鮮花樹枝搭成花房，節日前夕傣家人都忙著做「潑水粑粑」來送給客人以示祝賀；元旦早晨人們到河邊挖取河沙堆成沙塔，在沙塔上面插上鮮花、紙旗。由佛爺主持浴佛的儀式，先誦經祈禱，隨後婦女們便擔水為佛洗塵（即「浴佛」），並清掃沖洗佛寺大殿，求佛保祐傣家在新的一年裏萬事如意。人們相互潑水、相互祝福。潑水傳遞了男女青年們真摯的友誼和愛情，聖潔的水把人們一年的辛勞汗水、煩惱、憂傷沖得乾乾淨淨。

（三）南傳上座部佛教的政治及寺院經濟

中國南傳上座部佛教在傳入西雙版納時，並沒有像漢傳佛教和藏傳佛教一樣形成自己獨立的運行的寺院經濟體系，上傳佛教依賴於世俗社會的供養，這和它嚴格恪守僧侶不蓄金銀的戒律是直接分不開的，保留著原始佛教

〔註15〕傣文的貝葉經所用的經典主要是對巴利語《三藏》的傣文音譯本，「貝葉經」是用鐵筆在貝葉上刻寫佛經及其相關典籍，源於古印度，傳承和遺存於信仰南傳上座部佛教的東南亞各國以及雲南傣族地區，「貝葉文化」可看做傣族文明的《百科全書》，傣族文化可以說是寫在貝葉上的宗教民族文化即「貝葉上的傣族文明」，貝葉一方面刻寫佛教的經典內容，另一方面用傣族文字將天文、曆法、地理、歷史、醫藥、法律、道德、節慶、禮儀、語言、文學等方面刻錄在貝葉上，因此可見「貝葉經」是珍貴的佛教典籍資料，不可或缺的原始文獻資料並且在傣族文化中扮演著舉足輕重的作用。

〔註16〕關於潑水節的主要佛事活動在古典中也有記載，據《古今圖書集成》記載，「傣族人民以春季為歲首，男女老幼身著新衣，摘取各種鮮花，並以糯米染成五色齋飯，齊奔緬寺擊鼓鳴鈸，貢獻佛前，聽緬僧誦經，名曰『賧佛』，施予各種鮮花插於沙堆上，又名『堆沙』，男女用竹筒取水，相互潑水。」

的純潔性，因此南傳佛教沒有經商的傳統，寺院經濟也不發達。傣族地區的南傳上部佛教寺院經濟的開支只能由世俗社會來承擔。在 20 世紀 80 年代以前，中國南傳佛教寺院經濟是村社供養制為主的單一模式即世俗僧眾以戶為單位輪流供給本寨佛寺的僧侶日常生活費用（各村寨群眾負責負擔各村寨佛寺的消費及僧侶生活費用的傳統習俗），而在當代中國南傳佛教地區，寺院經濟的主要來源有來自社會各界的捐贈，政府對於修繕寺院和保護文化的撥款以及全國各地群眾公德捐贈。

（四）中國南傳上座部佛教佛寺佛塔藝術

雲南的西雙版納、德宏地區是南傳上座部佛教廣泛流傳的地區，佛塔建築融合了南傳佛教國家的建築風格和傣族的民族建築特點，獨特的佛塔建築藝術也成為了傣族人民寶貴的文化藝術財富。中國南傳上座部佛教傣族村寨的佛寺一般有大殿、僧舍、鼓房、圍牆、山門等幾個組成部分，大殿是僧侶誦經拜佛、舉行儀式的地方，也是信眾聽經的場所。佛塔〔註 17〕建築是宗教建築藝術的重要組成部分，佛塔在佛教徒心中是吉祥如意的象徵。中國社科院世界宗教研究所研究員鄭筱筠在《試論中國南傳佛教佛塔藝術》中論述到：根據佛教經典的規定，佛塔的功用可以分為四類，第一類是舍利塔，用來盛佛骨舍利或國王的骨灰；第二類是紀念性佛塔，建在佛誕生處、悟道處、講經處、涅槃處及具有各種紀念意義的地方；第三類是，藏經塔，收藏三藏經典；第四類是奉獻的佛塔，用以奉獻給佛祖。中國南傳上座部佛教佛塔尤以舍利塔、紀念性佛塔和供奉釋迦牟尼的佛塔居多。

西雙版納曼飛龍佛塔始建於傣曆 565 年（公元 1204 年），是西雙版納著名南傳上座部佛教的建築。曼飛龍佛塔塔群建在山頂，共 9 座，由一座大塔和四周八座小塔組成塔群。主塔的塔基下有一個較大的佛龕，每座小塔塔座裏都有一個佛龕，佛龕裏內供有佛像。在主塔朝南的一面有一個小門，門內供奉有深深鑲嵌著巨大腳印（長 80 釐米，寬 58 釐米）的一塊大青石，相傳這是佛祖傳教時留下的足跡。佛塔上還繪有各種各樣的彩繪和雕塑。佛塔在傣族民眾中佔據著神聖的地位。

〔註17〕佛塔，古印度梵文稱 Stupa（窣堵波）的音譯，來源於「Buddastupa」，原義為墳冢上的建築物，早期的佛塔是一個半圓形的大土冢，完全是墳墓的形式；巴利語為「土帕」（thupa）。在南傳佛教流傳的地區，佛塔的名稱也不一致，斯里蘭卡稱佛塔為「大瓜巴」（Dagaba）；緬語稱「社帝」（Zeidi）；泰國民間稱佛塔為「車帝」（chedi）；我國西雙版納傣族稱佛塔為「塔」。

二、佛教與斯里蘭卡社會

（一）斯里蘭卡社會文化風俗及佛教節日活動

「斯里蘭卡」是「Sri Lanka」一詞的音譯，原意是「美好、神聖的土地」，是一個世界著名的古老佛國，被譽為南傳佛教的搖籃。斯里蘭卡佛教屬於南傳上座部佛教，分為三大派，即暹羅派（Siam Nikaya）、阿曼羅波羅派（Amarapura Nikaya）和蘭曼匿派（Ramanna Nikaya）。斯里蘭卡的文化具有鮮明的地域民族文化特色和濃厚的宗教文化色彩。佛祖釋迦牟尼曾經三次到訪斯里蘭卡，並將斯里蘭卡做為佛教最終落地生根開花結果之地。僧人在斯里蘭卡社會中是備受尊敬的，上至總統、部長、社會名流，下至貧民百姓都要禮敬僧人，僧人不必回禮。各種儀式慶典，僧人都是坐首席，並以皈五戒開始。斯里蘭卡的僧伽羅人遵守的婚慶社會習俗是同屬同一個種姓的人才能締結婚約，可見種姓觀念在僧伽羅人的婚姻中是很重要的。康提習慣法也規定僧伽羅人締結婚約的三個條件：一是雙方是同一種姓；二是禁止近親聯姻即同父兄弟的子女之間的婚姻；其三是在締結婚姻時要具有建立婚姻家庭的明確意願。有效婚姻必須經雙方父母的同意。一般說來，經過宗教儀式證明的婚姻是比較穩固的，並且父親須履行供養子女的義務，離婚現象並不常見。在僧伽羅人傳統的家庭模式中，一妻多夫、一夫多妻和群婚都是習慣法所認可的。

斯里蘭卡最重大及最為隆重的佛誕節、佛牙大遊行、波松節，是最具佛教特色的節日，在這些節日的時間全國放假來共同慶祝。斯里蘭卡儀式最為隆重、規模之宏大的節日是佛誕節，將佛陀降生、得道和涅槃三件大事均在次日，稱為「三吉祥日」，統稱為「衛塞節」（Vesak）。這一天洋溢著喜慶的節日氣氛，家家門口懸掛佛誕燈，路口搭豎起五顏六色的高大牌坊，在牌坊上都繪著圖案，這些圖案是以佛教傳說和佛本生故事的為題材的。佛事活動包括去寺廟禮佛，聆聽長老宣講佛法，討論佛理，鮮花、香油供佛等。布施環節，組織者會很熱情地把免費的飯、茶、飲料等分發給民眾，滿大街都可看到布施攤位。其次是盛大的康提（Kandy）佛牙大遊行，大約在七月或八月月圓日在康提舉行祭祀佛教聖物的佛牙的隆重節日，佛牙大遊行的隊伍，主要由古典舞蹈隊和大象隊組成，人們載歌載舞，遊行隊伍的歡呼聲，明亮的燈籠和火把，真可謂是熱鬧非凡。

（二）斯里蘭卡的僧伽教育展現

斯里蘭卡仍然實行的是傳統的佛化教育。斯里蘭卡，佛學院設在寺院中，有兩所著名的佛學院，一為智增學院（Vidyodaya Pirivena），知識的覺醒；一為智嚴學院（Vidyolankara Pirivena），知識的莊嚴。隨後「智增」、「智嚴」兩學院都發展成為正規化的國立大學。智增、智嚴兩所佛學院培養了大批優秀的僧才，為蘭卡佛教教育事業做出突出的貢獻。繼此之後有許多大大小小的比利維納相繼宣告成立，古代寺院式的學府叫做「比利維納」，沙彌和比丘與古代印度的僧侶一樣，在比利維納的學校彙集了許多精於佛學和三藏，還通曉巴、梵、英、法等多種語言的「智者」。孩子出家後一般就是在比利維納住十二年甚至更長的時間，直至完成他們的學業，但有些比利維納不為學僧提供膳宿。這些學僧在這裡安靜的環境下和專家的嚴格監督下來完成自己的學業，斯里蘭卡的沙彌和比丘嚴格遵守佛教戒律，受高等教育，扮演傳播佛教文化的角色。斯里蘭卡南傳佛教教育為現代南傳佛教教育的良好發展奠定了思想基礎。

（三）佛教與斯里蘭卡佛塔佛寺建築文化

斯里蘭卡的古代建築多為帶有宗教色彩的寺廟建築和佛殿，睹波羅摩塔是斯里蘭卡現存的最古老的歷史上的第一座佛塔，裏面供奉著佛陀的鎖骨舍利。斯里蘭卡最大的佛塔是祇陀林塔，塔基直徑達 376 英尺，已經成為廢墟的塔身仍高達 232 英尺。康提時期最為典型的建築佳作金頂佛牙寺，是斯里蘭卡最為著名的佛寺和佛教徒朝聖地，斯里蘭卡每一年的盛大佛教節日佛牙節也是在這裡舉行。佛祖釋迦牟尼的佛牙舍利就是存放在這座寺廟裏。寺院內部的木柱、木梁、天花板，四周的牆壁都繪製有反映佛祖一生活動的精美圖案，寺內有佛殿、鼓殿、長廳、大寶庫和誦經廳等建築。佛牙殿周圍建有高高的白色圍牆，圍牆上繪有精美的橫豎和凹凸的條紋和花卉圖案，四周都有護寺河圍牆，外圍有一條護城河流經，金碧輝煌的佛牙寺融合了佛教文化和僧伽羅人高超的建築技藝文化。

三、南傳佛教對東南亞地區社會文明的貢獻

（一）南傳佛教與泰國社會

1、泰國佛教和政治制度

泰國古稱暹羅（Siam），有著悠久的歷史泰國的南傳佛教帶有濃厚的婆羅

門教色彩，對泰國的政治、經濟、文化藝術和社會生活諸多方面產生著廣泛而深遠的影響。泰國人 95%信奉佛教，上層社會和精英都是佛教徒。佛教享有國教的地位與尊榮，比如泰國國旗中的白色代表佛教；泰國憲法的前言用南傳佛教經典語言巴利文寫成。憲法明文規定，作為國家象徵的國王應當是佛教徒，且為佛教的最高贊助人。佛祖和國王在泰國人心目中的社會地位是至高無上的，不能隨便談論指責寺廟中佛像、僧侶、國王和王室成員畫像等。泰國的法定假日（維莎迦節、守夏節、出夏節等）大多數都是遵循佛教傳統而設，國家紀年以佛陀涅槃後一週年為元年。寺廟歷來是宗教甚至社會生活的中心。泰國的政府及民間的許多儀式都要用佛教的禮儀，如國王登基、新政府內閣就職、國慶節、國家慶典、軍隊閱兵，婚禮喪事、商業店鋪開業等都要請和尚到場誦經祝福。

自從佛教傳入泰國以來，泰國的佛教主要經歷了以下幾個時期：缽羅墮底國的佛教、素可泰王朝的佛教、阿瑜陀王國的佛教。曼谷王朝的佛教，曼谷王‧拉瑪一世極其崇拜佛教重新結集三藏，1788 年召集一批和尚和學者集結，這就是南傳佛教史上著名的第九次結集，僧王那勒巴用巴利文撰寫了《三藏結集史》。拉瑪二世時期，佛教漸漸興盛，當時泰國有黃袍佛國之美譽。到了拉瑪五世時期，頒布了從中央到地方的僧伽管理制度經過長期的努力，佛教基本納入到了政府的行政制度之中。拉瑪八世時期，泰國成為了君主立憲制國家，佛教是泰國的國教，並形成了國家議會，法院，內閣的「三權分立」的體系。

不同時期的統治者都頒布一系列的法令加強對佛教的管理，這種政治的力量使佛教在泰國普遍分布，目前僅有南部的一小部分地區信仰伊斯蘭教，國王及大多數國民都信仰佛教。政府大力扶持佛教事業，佛教在泰國政治生活中發揮著重大作用。泰國有兩個主要佛教教會即「泰國佛教總會」和「泰國佛教青年總會」，均由皇室贊助成立。佛教最高職務僧王由國王任命，下設兩個機構：一是高僧委員會僧王的諮詢機構，由僧王為首的 14 位高僧組成；二是僧侶內閣由內閣總理僧王擔任。

2、南傳佛教與泰國的社會風俗習慣

泰國人從出生、成年到死亡都要舉行各種佛教禮儀，如見面禮俗，行合十禮是根據行禮者的年齡、地位、身份的不同，合十時手舉的高度也不相同，手舉的越高，表示對對方越尊重。育兒禮俗，在孩子出生到以後的成長中的

禮俗如三日禮、滿月禮、剃胎髮禮、嬰兒浴禮和命名禮等，這些禮儀均要請和尚來誦經和主持儀式。剃度出家習俗，佛教的「務巴壇」〔註18〕思想與制度的推行和泰國短期出家習俗〔註19〕相關的，在泰國，上至國王、總理、部長下至平民百姓，男子年滿20歲要剃度出家一次。婚禮習俗，在泰國，青年結婚要建新房，還有結婚的灑水儀式也是傳統禮俗中重要的儀式之一。喪葬儀式，泰國人死後實行火葬，火化前要舉行宗教儀式。進入泰國人的寺廟或私宅，務必脫鞋。

3、南傳佛教與泰國的節日及活動

潑水節是泰國傳統新年。人們相互潑水歡慶，對長輩和佛像，也要象徵性地用水淋灑，表示祝福。同時還要舉行宗教儀式：施齋、聽經、浴佛、堆沙塔和放生等等。之後人們進行潑水、賽龍舟、拔河和對歌等慶祝活動。

萬佛節，佛曆三月十五日，活動從萬佛節前夕開始，一早就有人步行上素帖山雙龍寺拜佛，至夕而極，幾乎傾城出動。一路有人鼓樂歡歌，有和尚誦經祝福。

水燈節泰曆十二月十五日（月圓日）舉行，水燈節已有數百年歷史，起源於素可泰（Sukhothai），人們以放水燈表達對河神的感激，並祈求保祐。節時雨季剛過，氣侯涼爽，家家戶戶在河邊放水燈及孔明燈。水燈節前，Mae Jo會舉行一次「萬人天燈」活動，成千上萬人同時放飛孔明燈祈福，場面宏大。

4、泰國的佛塔建築文化

泰國的佛塔文化和中國南傳上部佛教的佛塔文化均源自於印度釋迦摩尼

〔註18〕「務巴壇」借自佛教經典語言巴利文，意指「資助、扶助、支撐物、證據、好心腸等」，既是動詞也是名詞。通過「務巴壇」行為或物質建立起來的人與人之間有尊卑觀念的關係，西方學者稱之為 patron-client 關係，國內學者一般譯為「主僕關係」或「庇護關係」，「務巴壇」制度是非血緣關係的庇護制度，除了夫妻關係以外，其他所有的關係都具有「庇護關係」的特徵。

〔註19〕泰國凡男子一生中要出家一段時間的習俗始於素可泰六世王立泰（1347～1374），少則數天，多則數月乃至終身。剃度出家不僅被看作是積德求福、報答父母的善舉，更被視為一種社會資歷而廣受尊敬。短期出家習俗的得以推行的一個很重要的原因就是「務巴壇」制度的保證，「務巴壇」這種關係制度是作為對原始社會按血緣親疏關係建立的正式庇護關係網的補充，二者的相互交織的關係保證整個泰國社會的和諧與穩定。短期出家習俗的得以推行的一個很重要的原因就是泰國寺廟教育的推廣，南傳佛教寺廟除了傳播佛教的教理教義外，還肩負著世俗文化教育的重任，通過短期出家的習俗僧人還俗後投身於社會建設。

的壙文化，泰國華美精緻的佛殿建築和充滿神氣的菩提古樹是非常常見的，尤其作為泰國文化遺產之一美麗清幽的清邁古城保存著上百座的佛殿建築，城牆內外，三步一塔五步一廟，古城內著名寺廟有契迪龍廟、帕邢寺、清曼寺，清晨佛堂裏那悠揚的誦經聲，這種氛圍之中人真真切切的感受到濃濃的佛教文化，佛殿的空間組合為典型的南傳上座部形制，佛殿裏面設釋迦牟尼塑像。佛殿內部天花裝飾的非常華麗，內部多為佛教傳統圖案。

　　泰國曼谷擁有大量的佛教寺廟，曼谷境內大多數寺廟中的佛像雕塑都是沿用的斯里蘭卡境內小乘佛教中藝術形式，這些古代的佛教建築除了有極高的觀賞價值之外，其內部的佛教雕塑和壁畫也是非常出色。曼谷寺廟內的壁畫內容以展現宗教生活和記錄民間故事為主。曼谷最為壯觀的佛教建築是大皇宮玉佛寺，是泰國最有名的佛寺，是泰國曼谷王朝的故宮。殿內的壁畫取材於泰國佛教著作《三界經》和《佛本生》的故事，這些壁畫反映了佛陀誕生、修行、成道、涅槃的過程。玉佛寺還有一座長達一公里的迴廊壁畫取材於泰國文學《拉瑪堅》，古代的曼谷人民用一百七十多幅壁畫把完整的史詩故事「拉瑪堅」進行了完整的展現。由佛教衍生的佛像雕塑和寺廟壁畫構成了宗教建築群，折射著「千佛之國」的佛教藝術的精髓。

（二）南傳佛教與緬甸社會

1、緬甸佛教與政治制度

　　緬甸和其他信仰南傳佛教的國家不同的是，為避免宗教矛盾，沒有把佛教定為本國的國教。佛教在緬甸社會政治和文化中起著關鍵性作用，在緬甸的整個封建社會中，緬甸過往採取的是政教合一的宗教政策，僧侶享有至高無上的地位和權力，國王要禮拜國師，國師擁有參政議政的權力。國王利用佛教鞏固政權，佛教贏得國王的支持才能夠發展壯大，二者相互利用。在緬甸受殖民統治的時期，佛教與緬甸政治和人民的獨立緊緊相連，佛教在緬甸人民反對外國侵略者的鬥爭中起著舉足輕重的作用，僧侶是緬甸民族獨立戰爭的一支不容忽視的力量。在緬甸獨立後，緬甸領導者採取政教分離的政策，但僧侶作為一股強大的社會力量還是參與到重大政治問題決策之中，對國家政局的穩定起著重要作用，據此，佛教和緬甸的政治還是緊密聯繫的。

2、緬甸佛教與社會習俗

　　在緬甸，佛教徒早上和晚上都會誦經，每個月的初一、十五以及齋戒日，信徒和信眾都會到寺廟去朝拜、施捨錢財和其他的東西。緬甸大部分民族，

都是有名無姓的民族。緬甸人把牛視為「神牛」，對牛敬若神明，並充滿無限的崇拜之情，人們總會供奉最好的食物給「神牛」，逢年過節，緬甸人要舉行敬牛儀式。禁止鞭打、役使，宰殺。

緬甸處處洋溢著濃厚的佛教特色，佛塔、寺廟被視為聖地，緬甸人非常敬重佛祖，人們進入佛寺都會赤腳，他們認為這是對佛教的一種尊敬，這種習俗是所有人必須遵守的，下至平民百姓，上至國家元首。緬甸人把佛、法、僧、父母及師長尊為五大無量而倍加崇拜，見面時要行合十禮，就是把雙手放在胸前，頭部向前傾斜，雙腳立正並說：「給您請安了！」。緬甸遵循「男右女左」（右為貴，左為賤，以右為大）的習俗，妻子吃飯時要坐在丈夫左邊。緬甸人也很講究日子，做事時儘量挑選吉祥的日子。緬甸人避開在星期二做事，他們認為在這一天做事情必須做兩次才能成功；緬甸人每逢星期五忌諱乘船渡河。緬甸人在星期天禁忌送物（送東西給別人時，必須選擇在星期一至星期六的日子），尤其禁忌送衣服、紗籠等。緬甸青年人喜歡選擇緬曆十月來舉行婚禮，十月是全年白晝最短，黑夜最長的時間，此外還為了避開緬曆四月十五日至七月十五，這三個月是緬甸僧侶的安居期，僧侶不到寺廟外面主持活動。

3、南傳佛教緬甸節日活動

緬甸的佛教傳統節日大多都是圍繞著釋迦牟尼佛的一生而產生和形成的，由此可見佛教對緬甸的傳統節日影響非常之大。緬曆一月的潑水節最初屬於婆羅門教的節日，傳到緬甸社會之後，潑水節又被緬甸人民加入了很多的佛教相關的內容。在潑水節期間，人們之間相互潑水，禮佛，放生，布施，爭做善事等。緬曆二月的浴榕節，是人們慶祝釋迦摩尼佛誕生、成道、涅槃接受燃燈佛啟示和菩提出土的日子，在節日期間，人們舉行隆重的儀式來給榕樹澆水，進行浴佛。緬曆三月的僧侶考試節，是古代阿瓦王朝對僧侶進行佛經考試的日子，考試內容包括用巴利文佛經考試，背誦三藏經和論藏考試。

（三）佛教與老撾社會
1、佛教與老撾的政治

佛教已經深深根植於老撾的社會，許多的佛教僧侶在廢除舊制度，建立新政權，維護老撾的傳統文化等方面起著積極作用。當老撾受到法國殖民者的侵略時，老撾的民族文化，國土，人們都受到嚴重的摧殘，強迫學校只能

用法文，並不斷向老撾人民傳授天主教、基督教，極力打壓佛教。佛教在捍衛民族尊嚴，增強民族意識、振奮民族精神、抵制外來侵略方面起了積極的作用。佛教僧侶教育人民牢記佛教傳統，宣傳老撾的歷史，積極興辦寺廟教育和佛學院，號召人民起來反抗侵略者。許多的佛教徒在抗美救國鬥爭中做出重要的貢獻，老撾革命運動的一些高級領導人也是僧人。老撾的佛教僧侶在抗美鬥爭中做出了卓越的貢獻。佛教在老撾救國事業中做出了巨大而又突出的貢獻，佛教所宣揚的義理能夠激發老撾人民的愛國之心和凝聚民族團結的精神。老撾在革命勝利以後，建立了老撾人民民族共和國。

2、佛教與老撾的社會風俗及禮節

在老撾，老撾信奉佛教的人分為兩類：一是儀式剃度出家，入寺受戒修習的人被稱為和尚，穿黃色袈裟的僧侶；一是信奉佛教但不出家修行的人稱為居士，他們要遵守「五戒」，在每月初七、初八、十四、十五、二十二、二十三、二十九、三十共八天的戒日裡，也要到寺廟誦經拜佛，接受「八戒」。僧侶分為沙彌（7 到 20 歲的小和尚）和經過一定的晉級儀式的比丘（超過 20 歲）兩個等級，比丘須接受佛教「五戒」和「十戒」。老撾和其他信仰南傳佛教的國家的社會習俗一樣，不論哪個階層和民族，男子在一定年齡都必須剃度出家一次，至於出家的時間沒有明確的規定，還俗之後也可以再度出家，也有終生不還俗的。在老撾，是否出家為僧的習俗是衡量一個男人人品的重要標準，僧侶是受到教育的最好階層，備受人們的尊敬，和尚在就業和婚姻上都比沒有出過家的人容易得多。

老撾的僧侶絕對禁止飲酒和與婦女接觸，禁止看戲、聽歌、穿鞋、帶帽，但可以穿拖鞋。禁止殺生但可以吃葷。比丘和沙彌都沒有私有財產、不從事勞動生產，完全靠世俗社會的供養。佛教的教義影響老撾社會的道德標準，通過宣揚輪迴轉世和因果報應的觀念來規範信徒的思想和行為，要求信教徒嚴守佛教戒律，人們相信因果報應，樂善好施被視為是一種積德的善舉，生活簡樸，助人為樂，期待來世獲得好報。

3、佛教與老撾的傳統節日

老撾的傳統節日蘊含著深厚佛教文化氣息，宋幹節（老撾農曆 5 月，公曆四月中旬）是老撾一年一度最盛大、最隆重的傳統節日，是老撾的新年，節日里人們進行潑水、齋僧布施、浴佛、堆沙塔、放生等佛教色彩相關的活動。「堆沙塔」的風俗，人們在河灘和寺院中堆沙塔，並在上面插上畫有十二

宮的彩旗和香燭，人們還在沙塔周圍載歌載舞，之後圍坐在沙塔周圍聽僧侶誦經。人們在放生的環節，買一些動物來，把它們集體的送往寺廟去放生，做這種善事的目的就是相信因果報應。高升節（佛曆六月十五），這是紀念釋迦牟尼佛誕生，成道，涅槃的日子，向佛祖表示敬意，以祈求風調雨順，稻穀豐收，人畜興旺。

4、老撾佛寺建築文化

老撾的佛教建築融合了南傳佛教建築和老撾民族的建築的特點，形成老撾古樸典雅、各具特色、多姿多彩的寺廟建築。老撾佛寺的建寺地址一般是選擇在採光條件好、通風，地勢較高，環境優美的地方。佛寺有以下幾部分組成：佛殿、把塊石頭組成的鎮邪碑；鼓樓、藏經樓、佛塔、菩提樹、僧人日常起居的僧舍，用膳的齋房。而最具有代表性的寺廟建築是川銅寺，建於1560年的賽耶賽塔提王朝時期，「人」字形大屋頂，三層重簷，兩端高翹，四面飛角，殿牆低矮，裏面雕刻及彩繪具有老撾民族特色的花紋圖案。清幽的寺院環境、莊嚴的寺廟、高聳的佛塔喚起人們的宗教情感，讓人產生敬畏之情，老撾的佛教建築達到了宗教效果與藝術效果的統一。

（四）南傳佛教與柬埔寨的文化

柬埔寨的傳統節日。南傳佛教傳入，影響著柬埔寨社會生活的各個方面，語言文字，文學，傳統節日，教育等等。柬埔寨的傳統節日要麼在形式上受到佛教的影響，要麼從起源上和佛教有著淵源關係。柬埔寨的新年是公曆4月13至15日，全國放假三天。「堆沙塔」和「浴佛像」是新年最為重要的兩項儀式。還有人們穿著盛裝到寺廟燒香拜佛，祈禱佛祖保祐家人健康與吉祥。入雨節，又稱為安居節，佛曆八月下弦一日至十一月上弦十五日的柬埔寨雨季，源於古代印度僧人雨期禁足安居的節日。這期間，柬埔寨各寺院的僧尼不得擅自外出，寺院接受信眾們布施齋飯，這樣僧侶們每天就可以坐禪修學。柬埔寨的維莎迦節，佛祖釋迦牟尼的「誕生」、「成道」、「涅槃」的「世界佛陀日」。節日期間，國王王室都要換上盛裝才加祭祀儀式，信眾則到寺院聽僧侶誦經說法。柬埔寨的加項節，從佛曆十一月初開始，時間持續整整一個月。在雨季的齋期後，信眾向僧侶和寺廟捐贈除了食物以外的其他物品（袈裟、席子、枕頭、蚊帳、被褥等），這被佛教徒視之為最高一級的布施。

柬埔寨的寺院教育。柬埔寨人保持著入寺當小沙彌、入寺拜師學習和出

家為僧的社會習俗。柬埔寨人一生需要出家兩次，一次是少年時期，為期一周左右，入寺當小沙彌，學習高棉語、體驗一下僧侶生活、學會感恩父母的養育之恩，還有學習數學、法術等。另一次出家是在 18 至 20 歲成年時期，這個時期出家時間要麼幾個月要麼幾年，也可以選擇還俗，也可以繼續出家，也可以終生出家，入寺拜師學習文化知識和佛教典籍，並學會感激父母的教育之恩。寺廟本身就是進行世俗教育的重要基地，僧侶們可以在寺廟學習高棉語、巴利語，研習高棉文化，學習佛教文化。尤其是 1959 年建成的西哈努克佛教大學是培養佛教高等人才的高等學府。

　　柬埔寨的社會習俗。佛教儀式在整個柬埔寨的社會習俗中也起著重要作用。在生活中柬埔寨人見面時要行合十禮，以表示尊重。柬埔寨人不論貧富貴賤，每一家庭、小店鋪、餐館、酒店都有一個佛龕，佛龕上供奉著釋迦牟尼站像、坐像或者是臥像，以祈求佛祖保祐溫馨和諧，財源廣進、生意興隆。還有樂善好施也是柬埔寨人的也個自覺地好習慣，常常捐善款建造寺院，向僧侶布施齋飯。柬埔寨的傳統婚慶和喪葬儀式也離不開佛教。在青年男女的婚慶傳統中，雙方訂婚時，要請僧侶測新人的生辰八字，之後擇吉日作為結婚日子，在婚禮過程中，僧侶到新人家中主持傳統的「栓線儀式」。在柬埔寨人的喪葬儀式傳統中，人死後要進行火葬，火葬前需要和尚在靈前念經，用水清洗遺體，點火時，孝子需要削髮以表示報答父母的養育之恩；屍體焚燒之後，還要舉行「換身儀式」，柬埔寨人相信生命的輪迴。

第三節　南傳佛教對人意識的研究

　　本節主要通過解讀《俱舍論》的五位七十五法，考察南傳上座部佛教對人的意識研究。《俱舍論》的五位七十五法包含色法、心法、心所法、心不相應行法、無為法，大乘佛教和南傳佛教在分類上大致相同，只有細微的差別。大乘佛教建立的「五位百法」體系，包括了一切有為法和無為法，其中包括十一種色法，八種心法，五十一種心所法，二十四種不相應行法，六種無為法，共計一百種法，分類的主要是依據《大乘百法明門論》和《成唯識論》；而阿毗達磨祖師則沿用《阿含經》的法相學體系，採用五位七十五法的分類方式，《俱舍論》建立的「五位七十五法」內容主要如下：〔註 20〕

〔註 20〕世親：《阿毗達摩俱舍論》，金陵刻經處，1956 年。

一、色法

色法（梵語 rupa-dharma），為物質，質礙，泛指一切佔據一定空間，有生滅變化的質礙之物，色即是質礙的意思。上座部佛教俱舍五位七十五法和大乘佛教五位百法都將色法分為三類十一種，分別是五根：眼、耳、鼻、舌、身；五境：色、聲、香、味、觸；無表色。俱舍五位七十五法的法相學體系中，不同於大乘五位百法的地方在於，色法在心法之前，上座部佛教認為，色法能引起貪欲愛樂等染法，故將其作為諸法之首；而五位百法中，色法則在心法、心所法之後，乃因其不能獨立生起，而僅為前二者之變現。

（一）五根

五根，顧名思義，就是五種根的意思。五根分別是眼根、耳根、鼻根、舌根、身根，所謂眼耳鼻舌身根。眼根能發起眼識，取色境諸色，如赤青白黃；耳根能發起耳識，取聲境，聞得遠近高低強弱之聲；鼻根能發起鼻識，取香境，能嗅聞，區別好香惡香等；舌根能發起舌識，取味境；身根能發起身識。眼根、耳根、鼻根、舌根、身根，都是人身體的物質器官，物質為色，故五根又作五色根。五根能攝取外界對象，又能引起內心五識的作用。一般將五根分為兩種，即扶塵根和勝義根。所謂的扶塵根，是指由眼球，耳朵，鼻子等血肉所成的肉身根，是人們可以通過感覺器官感知的物質存在；勝義根在人的感覺器官內部，是不可見的，具有發識取境的作用。扶塵根對勝義根起輔助作用，如果沒有勝義根，扶塵根就無法發揮作用，就不能發識取境，故扶塵根並非真正的根，勝義根才是真正的根。

1、眼根

指眼，是五根之一，一般指的是眼球，即血肉所成的視覺器官，也就是所謂的扶塵根；不可見的，但是它本身又有能見作用的眼，是勝義根。盲人有扶塵根（有雙目但不能見者），但因其眼根已壞，只能發揮所見的作用而不能發揮能見的作用，沒有勝義根，所以不能生眼識，看不到外境的東西。

2、耳根

五根之一，根據《俱舍論》的說法，耳根之所以能聽到聲音，是因為在耳穴內，存在極細微的東西，在致相當於今天人們說的聽覺神經，旋環而住，能聽到遠處和近處的聲響。

3、鼻根

指產生鼻識的嗅覺器官。鼻根增上，發鼻識。

4、舌根

舌根是人用來知味發言的器官，舌頭可以用來嘗味道，也可以用來說話，吃東西時能夠解除人的飢餓和口渴的感覺。舌的梵語為 jihva，原意為火焰，表示能嘗的意思，古代人們在祭祀神靈的時候，把供品投入火中，火焰即神之能嘗。

5、身根

指身識所依，取觸境無見有對之淨色。身根是其他諸根的聚集，是眼根，耳根、鼻根、舌根的承載者。筋肉所成的肉團色身，是扶塵根，有能觸作用的身根，是勝義根。

（二）五境

五境，指五根所取、五識所緣的五種對境。又稱五塵境、五妙欲境，即色、聲、香、味、觸，是五根所緣的五種境界，與眼識相對應的是色境，與耳識對應提聲境，與鼻識對應的是香境，與舌識對應的是味境，與身識對應的是觸境。五境使人起貪、瞋、癡等煩惱，就向塵埃一樣會染污人的心靈，因此五境又稱為五塵；又因為貪心會讓人產生執著，錯誤地把它當作淨妙之境，所以五境又叫五妙欲境。

1、色境

色境就是眼根所見，眼識所分別的對境，包括顏色和形狀。顏色包括赤、黃、青、白，差別色包括光、影、明、暗、煙、雲、塵、霧，形色包括長、短、高、下、方、圓、正、不正。

2、聲境

聲境就是耳根所聞，耳識所分別的聲音。聲音根據發聲體的不同可以將其分為兩類，分別是有情之物發出的聲音和無情之物發出的聲音，例如蟲鳴鳥叫，人的聲音等皆為有情之聲；而風聲雨聲打雷聲等為無情之聲。從能否表達意義的角度來講，又可將聲音分為有情名和非有情名。人的語言這樣的聲音能夠傳情達意，是為有情名；而流水聲落葉聲等不能夠表達意義的聲音則是非有情名。從聲音給人的主觀感受來講，可以將聲音分為可意聲和不可意聲，所謂的可意聲是指聲音悅耳動聽，能給人愉悅和快樂感的聲音，如音樂歌聲等，不可意聲則是指不能給人聽覺上帶來愉悅感受的聲音。

3、香境

即鼻根所嗅，鼻識所分別的對境。按照人對氣味產生的喜好與厭惡，其

對人體的損益，可以將氣味分為好香、惡香、等香、不等香。檀香、沉香等沁人心脾，令人心曠神怡，是為好香；腐敗、變質的東西讓人作嘔，令人生厭，是為惡香；對人的身體健康有益的香是為等香，對人的身體健康有害的香是為不等香。

4、味境

指舌根所取，舌識所分別折對境。阿毗達摩論中說，味有六種，有甘味，酢味，鹹味，辛味，苦味，淡味。這些味道中，有的是可意味，讓人愉悅，有的是不可意味，讓人生厭。

5、觸境

即身根所觸，身識所分別的對境。觸境分為能造觸和所造觸兩類，古代人們認為，世間的萬事萬物都是由地、水、火、風四種東西構成的，其他的一切都是由這四種能造之物產生的，故將地、水、火、風等歸為能造觸；所造觸有輕、重、滑、澀、饑、渴、冷七種。能造觸有四種，地，堅性，能成持用；水，濕性，能成攝用；火，暖性，能成熟用；風，動性，能成長用。所造觸分為七種，重，有分量可稱的；輕，無分量可稱的；滑，光滑柔軟的；澀，粗糙堅硬的；饑，產生對食物需求的感覺；渴，產生對飲料需求的感覺；冷，產生追求溫暖的感覺。

（三）無表色

佛教經典上通常稱之為無表業的一種色法。乃《俱舍論》理論體系中的色法之一。也就是眾生身中相續不斷的，那種有著防非止惡清靜自在的自性心所具備的，卻不能用肉眼能看到的功能，這是一種無形無相的色法。

二、心法

心法（梵語 citta-dharma，巴利語 citta-dhamma），又名心王，大乘五位百法將心法分為眼識、耳識、鼻識、舌識、身識、意識、末那識、阿賴耶識，一共是八種，而上座部佛教則認為，心法只有一種。小乘佛教的五位七十五法的法相學體系認為，眼識耳識等皆由心法所變現，心王、心法即人的意識，原本是一，只是因為有五根眼、耳、鼻、舌、身將人的意識分割開，從而形成眼識、耳識、鼻識、舌識、身識等諸識，它們只是形式不同，實質上都是人認識萬事萬物的能力。心是生命的主體，是人的一切行為活動的指揮者與統攝者。

三、心所

心所（梵語 caitta，caitasika，巴利語 cetasika），又叫作心數、心所有法、心所法、心數法，為心王所附屬。心所是五位中的一位。心所不能離開心王而單獨存在，亦為多種複雜的精神作用。之所以心稱為心王，就是因為心所從屬於心。心所與心王二者之間存在著五種平等的關係，分別是所依平等、所緣平等、行相平等、時平等、事平等。

（一）大地法

大地法又簡稱為遍大地法。大，是遍起的意思；地，是心王的意思。一切心法生起時，相應遍起的種種心所，就叫做大地法。

1、受

領受外境之意，指人體與外界接觸時所產生的感受，大致可以分為三類，即樂受，苦受，不苦不樂受。外界環境可以分為順境，逆境，非順非逆境，根據受者領納的外境不同，苦受即為處在逆境之中而生起的苦惱感受，樂受即為處在順境之中而生起的舒適的感受，不苦不樂受即為處在既談不上是順境，也談不上是逆境的環境中所產生的即樂即苦，不苦不樂的感受。

2、想

觀想，取「相」之意，指人通過觀察事物的色相而產生的意識，相當於表象之知覺。想的材料來源於眼、耳、鼻、舌、身、意六根，據此可分為六想。其次，按照所緣境大小的區別，可將想分為大想、小想、無量想三類，還可分為欲想，嗔想，害想，此三想為三不善想，與之相對應還有三善想，分別是出離想，不恚想，不害想。

3、思

指人對外境審視、考慮而引起的內心精神作用。《俱舍論》卷十三謂思有『思惟思』、『作事思』二種，此謂預先思惟所應作的事稱為『思惟思』，欲作其事之思稱為『作事思』。此二者都稱為思業。若正發動身、語二業即稱思已業。此中，思業即意業，以思心所為其體；思已業即身、語二業，由前之思而等起，故以色聲為體。但經部及大乘唯識家認為三業皆以思為體。

4、觸

指外界對象、感官和意識三者共同作用時所產生的精神作用，有的時候也指人主觀與客觀接觸的感覺。

5、欲

指希望，欲望。欲有善、惡、無記三性，善欲引起人們的善心善行，俗話說，人之向善，如水之下也；惡欲引起人的惡念惡行。

6、慧

慧係與任何種心皆有相連屬之作用，為大地法之一，指推理判斷之精神作用。慧與智通名，合稱智慧，達於有為之智稱智，達於無為之空理則稱為慧。根據俱舍論的說法，慧有兩種，分別是有漏慧和無漏慧。有漏慧與煩惱法密切相關，二者有相互影響的關係；無漏慧又稱為聖慧。

7、念

指對事物明白記憶而不讓其被遺忘的精神作用，又作憶，有記憶的意思。

8、作意

指集中精神，令心警覺，將心投注某處而引起活動的精神作用。俱舍論將作意分為三種，分別是：自相作意，共相作意，勝解任意。自相作意是指觀察某種事物有獨自之相時的作意，共相作意指觀察四諦之十六行相共通於諸法之相時作的意。勝解作意指產生不淨觀等諸多觀念時所作的意。

9、勝解

謂能於境印可，即令心在所緣境不怯弱的意思。勝解又作信解，指殊勝的瞭解，不論是與非，正與邪，都能審決。上座部佛教主張，勝解就是決定。

10、三摩地

三摩地乃是梵文的音譯，又作三昧、三摩提、三摩帝。意譯為等持、正定、定意、調直定、正心行處即住心於一境而不散亂的意思。

（二）大善地法

1、信

就是讓心澄淨的意思。不放逸，防範於惡事，專注於善法，防惡修善的精神作用。

2、輕安

指起善念，作善行之後身心輕鬆安適，優游自適於所緣境的精神狀態。心堪忍性與五識相應，稱之為身輕安，若與意識相應，則稱作心輕安，而身輕安唯在有漏散位，心輕安通漏、無漏及定、散位。但是，經部謂身輕安為輕安之風觸，而不說輕安之心所與五識相應；又說心輕安是思心所之差別，

唯在定位。

3、捨

平等正直、無警覺之性，把心安住在寂靜之中，遠離昏沉掉舉。

4、慚

自我反省，羞恥自己罪過的精神作用。

5、愧

擔心、畏懼自己的過錯，且引以為恥的精神作用。愧和慚經常放在一起使用，它們意思大概相近，都是由於罪過而產生的羞恥之心，主要的區別在於，慚是對於自身而言，愧是相對於別人而言的。

6、無貪

也叫不貪，不貪欲，與貪相對。為於諸境界無愛染，能對治貪煩惱之精神作用。此心所恒與一切善心相應，故說一切有部將之列為十大善地法之一，唯識家則攝之於善心所中。又此根能生餘之諸善法，故與無瞋、無癡共稱為三善根。

7、無瞋

又作不瞋，不瞋恚，與瞋相對。逢違緣而心不瞋恨之謂。即於有情非情無恚害之意，為能對治瞋煩惱之精神作用。其恒與諸善心相應，故說一切有部立其為十大善地法之一，唯識家攝之於十一種善心所。以其能生善法，故與無貪、無癡共稱三善根。

8、勤

與懈怠相對，指精進之心，修善斷惡，致力於善事的勇猛之心，一切善心生起時必隨之心起。

9、不害

指不殺生，不傷害，對一切有情沒有加害之心。與害相對，印度教認為有轉世輪迴，靈魂不朽，提倡萬物生命為一體，所以不能傷害任何生命。

（三）大煩惱地法

1、癡

愚癡，又為無明，指心性暗昧，迷於事理。佛教所說的癡是指所知的都是邪知邪見，並非正知正見，迷於無明，不明事理。

2、放逸

放縱心思，任其妄為，放縱慾望而不精勤修習的精神狀態。

3、懈怠

鬆懈，怠慢，指對於斷惡行善之事不盡力，除此之外，還有積極行惡之意。

4、不信

與信相對，指人的內心被污濁，不相信因果報應生死輪迴，不相信佛法僧三寶和苦集滅道四聖諦以及十二因緣諸法，是為不信。

5、昏沉

心神昏暗沉迷，於諸法無所明瞭。

6、掉舉

指動搖，外境紛擾，身心動搖。

（四）大不善地法

1、無慚

與慚相對，指自己做了惡事之後，內心並不感到羞恥。

2、無愧

與愧相對，指做了別人認為罪惡的事情，而自己並不感到羞愧、害怕。

（五）小煩惱地法

1、忿

指遇到不順自己心意的事情，引起憤怒的情緒，產生粗暴的行為。

2、覆

遮蔽，隱藏的意思，指掩蓋自己的罪惡，害怕被別人知道，不能反思自己的罪惡並力求改正。

3、慳

吝嗇，慳吝，指對於財布施、法布施慳吝，貪求積蓄，不願施捨，惟恐散失的心理。

4、嫉

指心懷污染，看到別人獲得榮譽，遭遇好運，自己不但不高興，反而生氣的心理。

5、惱

指自己雖然知其罪過，但是仍然不聽從他人的勸告，使心神懊惱煩悶。

6、害

傷害，指損害他人，產生加害他的念想和行為，與不害相對。

7、恨

怨恨的意思，指對於忿恨的事情難以忘記，心裏產生怨恨。

8、諂

討好，諂曲，諂佞阿諛，媚悅人意，指以花言巧語取悅於他人，從而使其對自己有好處。

9、誑

欺詐，以種種手段迷惑他人，讓人產生顛倒是非，混淆黑白。又作以不實之言，欺騙自己或欺騙他人。

10、憍

驕傲，指對於自己的種性、物力，財力，才智等自視甚高，產生驕傲的心理，也可解釋為傲慢、自大。

（六）不定地法

1、尋

尋是尋思，尋求真理，指作初步的思考。

2、伺

伺是伺察，指深入的、精細的思考，細心伺察的精神作用。

3、睡眠

指閉上眼睛休息，身體處於相對靜止，大腦的意識活動暫時中止，以使體力和腦力得到恢復的狀態。五位七十五法將睡眠歸為不定地法，所謂的不定地法，就是善惡沒有明確的區分和界定，要視具體情況而定。睡眠也要遵循適當的原則，即不能太多，也不能太少。如果睡眠適中，可消除疲憊，恢復精力，以更好的狀態投入到學習和工作中，是為善法；如果睡眠太少，則達不到恢復精力的效果，睡眠太多則昏昏沉沉，沒有精力，是為惡法。

4、惡作

惡，厭惡，作，所做的事，行為。惡作即厭惡所作，指作惡事後產生的悔恨之心。

5、貪

指貪圖欲望，名聲財物等所起的污濁之心，於所愛之物貪得無厭，不感到滿足的心理。

6、瞋

又作嗔，嗔為貪、嗔、癡三毒之一，指違背有情而生起的憤怒之心，使身心惱怒，內心不能平靜。

7、慢

指比較自己與他人之高低、勝劣、好惡等，而產生輕蔑他人的自恃之心，稱為慢；輕蔑、自負的意思。

8、疑

疑與信相對，指對於迷悟因果的道理，猶豫不決，無法作出決定的心理。

四、心不相應行法

五位七十五法的法相學體系中，心不相應行法有二十四種，分別是得、命根、眾同分、異生性、無想定、滅盡定、無想報、名身、句身、文身、生、住、老、無常、流轉、定異、相應、勢速、次第、時、方、數、和合、不和合。相應，表示和順的意思。

（一）得

根據時間的不同可以將得分為兩種，一種叫做獲，一種叫做成就。所謂的獲就是重來就沒有得到過的東西剛剛得到的時候，或者是一個東西得到了，在中途失去，現在又想重新得到，失而復得，都叫做獲。成就是指在一段時間內所得到的東西，所取得的成績。俱舍論將得分為四種：法前得，法後得，法俱得，非前後俱得。

（二）命根

即指有情之壽命。

（三）眾同分

同分可分為兩類，一類是眾生同分，又叫做有情同分，人和其他動物等皆為有情，是為眾生同分或者有情同分；另一類是法同分。有情同分又可分為無差別同分和有差別同分。無差別同分，一切有情皆同等，異於無情，是為無差別同分；有差別同分是指有情在三界中各自相異，相互區別。

（四）異生性

異是異類，生是眾生即凡夫，性是習氣，指世間有情眾生種類不同，性質各異也就是眾生的差別相。

（五）無想定

定的一種，指在定中心中不產生心念和想法，一切意識活動全部停止。

（六）無想報

憑藉修無想定的力量來成就無想天的果報，在無想天住五百大劫，而後受業力牽引墮落重入輪迴。

（七）滅盡定

乃諸多定中的一種，指的是把所有的貪瞋癡等妄想妄念都降服，滅盡之後修得的定果。因其在滅盡定中思維心是不起作用的，故滅盡定與無想定合起來稱為二無心定。

（八）文身

文乃文字之義，是名和句二種法的基礎。文指單個的字，單個的音，文身乃兩個字或音連起來，更多的就稱為多文身。

（九）名身

名，指表詮自性之名字、名目等；身，有積聚之義。即積集二名以上者，謂之為名身。

（十）句身

句，解釋事物的意識，詮釋注釋之意；身，集合的意。

（十一）生

生起，有為法之現起名為生。

（十二）住

當下存有的。

（十三）老

事物形態逐漸衰老，衰敗。

（十四）無常

乃是事物處於變幻無常，與生老病死、生住異滅，成住壞空同義。

（十五）流轉

指一切事物處於因果相續，變化無常之中。

（十六）定異

在事物的因果相續之中，不同的因必然導致不同的果。

（十七）相應

萬物各從其所屬的類。

（十八）勢速

世間萬物處於時時刻刻的生滅無常之中。

（十九）次第

一切因緣和合的有為法都是按次第發展變化。

（二十）時

乃指過去、現在、將來時間。

（二十一）方

乃指東南西北的方位。

（二十二）數

乃指一、二、三、四等的數目。

（二十三）和合

萬事萬物都不會單獨存在，而要憑籍因緣和合而生即依據一定的條件而存在。

（二十四）不和合

事物因緣消散則滅亡。

五、無為法

無為法，梵文 Asamskrta-dharma，五位七十五法中，前四位色法、心法、心所法、心不相應行法統稱為「有為法」，「無為法」最初的意思是涅槃的另外一種稱謂，是相對於「有為法」（事物依靠因緣和合的條件而產生）來說的，無為法則是不依因緣和合而成的，不生不滅（無一切相狀即無人相、無我相，無眾生相、無壽者相）、永恆的、絕對必然的法則。「無為」與「法性」、「真

如」、「實相」、「圓覺」等範疇含義相同。

（一）虛空、無、虛、空

都是表達無、沒有的意思，虛是指沒有形質，空是指沒有質礙。虛空是指無礙，世間之中，無礙處，名為虛空。

（二）擇滅

涅槃的別名，又作數滅，智緣滅，指運用正確的判斷力而得到的滅諦涅槃。擇，揀擇，選擇

（三）非擇滅

又作非數滅，指無須待於人之智慧，而自性清淨真如。

（如八十心所等），都是圍繞人心來展開的，對人類深入認識自我，從而為改變自我（以修行來離苦得樂）奠定了紮實的基礎。

綜上所述，本章探討了南傳佛教的典籍、教理教義、戒律，南傳佛教對斯里蘭卡、泰國等南亞國家和我國西雙版納地區的社會文明的貢獻以及南傳佛教對人意識的剖析。通過探討不難看出，南傳佛教有著豐富而寶貴的人文關懷思想。其「四聖諦」、「八正道」、「十二因緣」闡述了世間和出世間的因果。「苦」是世間的苦果，「集」是苦產生的原因，八正道等「道」是滅苦的方法，「滅」是離苦得樂的果。《俱舍論》將宇宙萬有劃分為五位七十五法的思想目的是要將有為法轉變為清淨自在的無為法，實現人生離苦得樂，脫離輪迴的終極目標。由於南傳佛教蘊含著豐富的人文關懷思想，所以，它對泰國、斯里蘭卡、緬甸、老撾國家以及我國雲南西雙版納地區的政治、經濟、文化藝術和社會生活諸多方面產生著廣泛而深遠的影響，為這些國家和地區的道德建設，社會文明做出了不可磨滅的貢獻。

第三章　南傳佛教人文關懷實踐的
主要操作方法及其實質

　　南傳佛教不僅嚴格奉持原始佛教的四念住禪定，使之發揚光大，並經由現代調適形成了獨特的內觀禪法。本章主要通過對南傳佛教四念住和內觀禪的梳理來論解南傳佛教始終不離破除我執、解除憂悲苦惱、提升生命質量的人文關懷實質。

第一節　四念住：對佛教早期禪定方法的沿用

一、四念住在南傳佛教中的重要性

　　四念住（smrty-upasthana），一般也譯為「四念處」、「四意止」或者直接稱為「四念」，是八正道中的正念修行方法。雖然學界對四念住的譯名和闡述不一，但無論南傳或北傳經典中，四念住「身念處觀身不淨，受念處觀受是苦，心念處觀心無常，法念處觀法無我」的主旨都不變，即以身、念、受、心四處入手作為反觀自身的對象，進而破除被無明遮蔽而產生的種種癡昧妄想。

　　四念住作為一種古老的禪法是佛教各支各派都奉持的修行法門之一。南北傳佛教裏都把它看作是佛陀所親自教導的修行方法，在其經典中都有相應的論述。《雜阿含經》說：「有一乘道，能淨眾生，度諸憂悲、滅除苦惱，得真如法，謂四念處。〔註1〕」南傳中部《念處經》經指出：「諸比丘！為有情之清淨，愁悲之超越，苦憂之消滅，正道之獲得，涅槃之作證，此有一法，

<hr>

〔註1〕《雜阿含經》，《大正藏》第 49 冊，第 322 頁。

即四念處也。」〔註2〕也就是說，佛陀把四念住禪法看作是滅苦得樂、證得涅槃的唯一法門。有學者認為：「在傳統佛教中，三十七道品被看作是最應修習的部分。在原始佛教時期，四念住多作為年少比丘修習佛法的入門法門，也被稱為『一入道』，解脫的渡口，也可以漸次滿足四正勤、四如意足、五根、無力、七覺支、八正道等三十七道品法，而此三十七道品法，正是原始佛教修證體系的總綱。」〔註3〕更有人說：「佛陀指出，想要實證三果、四果出離三界者，應該有下手觀行的方法；所以已斷我見者，若想要取證更高的層次的解脫，應當修習四念處觀。〔註4〕從這些論述中不難看出，四念住禪法作為佛教中最為重要的修行法門之一，不僅是其他修行次第的奠基，甚至還被視為解除煩惱直至涅槃的唯一法門。

在傳統的北傳佛教中，四念住禪法被看作是小乘佛法而未獲得足夠的重視。而南傳佛教不僅嚴格奉持原始佛教教義和戒律，更是遵循了其四念住禪法，使四念住禪法得以傳承和發揚。在南傳佛教的諸多經典中都論述了四念住的修行方法，例如南傳七部論藏裏就有對四念住的相關闡述，長部《大念處經》和中部的《念處經》裏對四念住的修行法門也都有系統的規定，從四個方面作了說明：

> 諸比丘！於此，於受隨觀受，熱心而甚注意，有持念，於世間而除去貪憂。於心隨觀心，熱心而甚注意，有持念，於世間除去貪憂。於法隨觀法，熱心而甚注意，有持念，於世間除去貪憂。如是謂四念處。〔註5〕

在南傳佛教的傳承中，四念住禪法是超越憂悲、寂滅苦憂之道，是通向涅槃寂靜的唯一法門。通過於身處觀身、受處觀受、心處觀心、法處觀法。「這種行門，努力修學七年，必得四果、下至初果；甚至說，七月精修下至七日精修，下至分分秒秒、時時刻刻不斷地在這四法門上用功觀行，也可以不斷的上進。」〔註6〕故而能於世間除去種種貪憂煩惱。

〔註2〕《中部第一》，通妙譯，《漢譯南傳大藏經》第9冊，元亨寺妙林出版社，1996年，第73頁。

〔註3〕哈磊：《四念處研究》，巴蜀書社，2006年，第20頁。

〔註4〕蕭平實：《阿含概論》，四川大學出版社，2011年，第107頁。

〔註5〕《中部第一》，通妙譯，《漢譯南傳大藏經》第9冊，元亨寺妙林出版社，1996年，第73頁。

〔註6〕蕭平實：《阿含概論》，四川大學出版社，2011年，第11頁。

　　四念住也是佛法區別於外道邪說的重要表現。雖然早在佛陀時期就有各種禪定法門，四念住禪法則被重視為佛陀所傳的一乘道。在南傳佛教經典中隨處可以看見這樣的描述，長部《清淨經》云：

　　　　周陀！為捨有關此等過去見解之低處及有關未來見解之依處，為令知超越如是，我說示四念處。四念處者何耶？周陀！於此，有比丘於身觀身而住，熱誠而有正念正知，以斷世間之貪、憂。於受……於心……於法觀身而住，熱誠而有正念正知，以斷世間之貪、憂。周陀！為捨有關此等過去見解之依處及有關未來見解之處，為令知超越如是，我說示此等之四念處。〔註7〕

　　不難看出，佛陀首先針對外道的種種學說宣示正法，讓眾弟子遠離種種謬見；其二，佛陀明確指出四念處是佛法之真諦，是佛陀告誡眾弟子所說的本經，弟子應該嚴格奉持修行。

　　可以說，南傳佛教嚴格地繼承了原始佛教時期的四念住禪法，並在優波底沙及覺音尊者等先賢的努力下，〔註8〕使其在原始佛教的基礎上得到了推進和發展，形成自身獨具特色的四念住修行法門。在佛滅後的千餘年間，我們依然可以在南傳佛教中找到佛陀時代的傳統，並使南傳佛教諸派在流傳過程中有切實可循的修行法門。以至於在緬甸、泰國和斯里蘭卡佛教中，四念處成為最受重視和推崇的禪法，許多南傳佛教寺院、禪修中心都把四念處的修習作為禪修者每日的核心課程。四念住作為南傳佛教中可具體操作實踐的修行法門，是南傳佛教人文關懷之實踐手段。不僅把佛陀的教法落到了實處，也為我們進一步瞭解、研究四念住禪法提供了豐富的資源。

二、四念住的基本思路和步驟

　　如何正確修行四念住禪法？南傳佛教的經典中對四念住有不同層次的闡述，通過對四念住修行次第的梳理，不僅從理論上弄清修行原理，再進一步落實到具體的修行實踐當中。〔註9〕南傳長部《大念處經》指出：

〔註7〕《長部第三》，通妙譯，《漢譯南傳大藏經》第8冊，元亨寺妙林出版社，1996年，第136頁。

〔註8〕在哈磊的《四念處研究》中，有專門「南傳上座部佛教的四念處」一章，他在這裡具體的梳理了優波底沙的《解脫道論》和覺音尊者《清淨道論》的修行法門，並依次梳理了二者之間的源流之關係，對二者中四念處修行方法作了梳理和清理。具體可參看哈磊：《四念處研究》，巴蜀出版社，2006年。

〔註9〕首先，四念住作為八正道修行法門中正念的修習方法，是統攝於戒定慧一體

> 如何為四念處？諸比丘！比丘於此，於身觀身而住，精勤，正
> 知正念，捨離世間之欲貪、苦惱，——於受觀受而住，精勤，正知
> 正念，捨離世間之欲貪、苦惱，——於心觀心而住，精勤，正知正
> 念，捨離世間之欲貪、苦惱，——於法觀法而住，精勤，正知正念，
> 捨離世間之欲貪、苦惱。〔註10〕

　　四念住的修行方法並非鐵板一塊，而是一個循序漸進的發展演變過程。從早期的經典，到南傳佛教論藏中的發展，再到優波底沙和覺音尊者的集大成，南傳四念住禪法的論述和修行有了很大的發展和推進。此處即依據此線索，分析南傳佛教中四念住禪法在各個時期的修法和特色。

　　《清淨道論》在南傳佛教中是一本百科全書式的經典，成為後代南傳諸派修習法門的來源，更是南傳佛教四念住禪法的集大成之作。而《清淨道論》與《解脫道論》又有源流之關係。此處依據南傳《大念住經》、《解脫道論》、《清淨道論》中的修習次第，再做簡要的論述，並以此引出南傳佛教時期對早期四念住禪法的繼承和推進，以此指明在南傳時期發展出了自身獨具特色的四念住禪法，使南傳佛教一直遵循佛陀以來的傳統，並區別於佛教其他諸派別。

　　南傳長部《大念處經》四念住禪法的修行次第如下。第一步是觀身處。觀身處通常被總結為以下：知息出入觀（安那般那）；念茲在茲；行、住、臥

的修行方法。先持戒，自淨其意，並護住身、口、意三業。持正見，行中道，避免進入極端苦行和享樂主義的兩端。最後再步入止觀。在修習四念住禪法有必要的準備的前提，在原始佛教的經典中都均有論述。修習四念住可以劃分為「正信非家，出家學道；住於靜處；習賢聖戒；行處具足；於微細罪生大怖畏；先淨其戒；直其見；具足三業；修四念處」九個細緻的前提。其次，《雜阿含經》裏也指出，修習四念住，必須是經過「先淨其戒，直其見，具足三業，然後修四念住」。則是總結出三個大的前提。意即，第一步通過嚴格奉持戒律來收攝自心，自淨其心，使心意獲得自在清淨。其次則是遵循佛陀所傳之法，避免流入外道種種邪說，持中道而不落兩邊。三是具足身、口、意三業，不僅可以避免在持戒之後還仍然落入種種的是非爭論之中，而生出種種不善業。故具足身、口、意、也是護住六根，修習四念住的重要前提。在哈磊的《四念處研究中》就是沿用了後一種劃分方法。具體可看哈磊《四念處研究》一文中的「修習四念處的前提準備」一節。而本章側重於從南傳佛教的經典中，直接梳理出四念處禪法的修行次第，故不再細化修習四念禪法的種種前階和準備。

〔註10〕《長部第二》，通妙譯，《漢譯南傳大藏經》第 7 冊，元亨寺妙林出版社，1996年，第 275 頁。

四威儀觀；不淨觀；九墟墓觀五個層次。觀身處的前提是修行者在樹蔭、森林處選擇一個乾淨的空地，然後要端坐正身，找到讓自己舒適的姿勢。之所以選擇安靜的林蔭空地，是在於集中注意力。在後期的四念住修行中，有時候則是要求修習者閉上雙眼。因為對初學者來說，很難集中精力把心安放在出入呼吸上的，注意力很容易被外物吸引，心容易散亂。收攝心念，把散亂的心念投注到對息、短息的覺知上。這是一個自然而然的過程，對呼吸的關注和覺知，並非要刻意強壓一個念頭在出入呼吸上。因為舊有的習氣，我們很難收攝心念。如果強行用意念去壓制，心很難平伏下來。而把心念放在呼吸上，並對呼吸有個心心念念的「覺知」，隨著呼吸的出入，使身體慢慢放鬆下來，進而使心平靜下來，沉靜下來。平時心雜亂無章，我們無法察覺，而隨著呼吸的調適，心會慢慢平伏，並對呼吸有個了了分明的「覺知」。然而時間一久，心會出現散亂，身體也會隨著雜念妄想的浮現而出現種種不適。佛經指出不要因此而生煩亂心，只需如實地觀察。意即把注意力集中在出入之呼吸，有個了了分明的覺在觀照，使得心免於離亂和昏沉：「恰如熟練之轆轤匠或轆轤之弟子，或長轉（轆轤）者，如：『我在長轉，』或短者，如：『我在短轉。』」只要我們對自身呼吸之深長、綿延、出入保持內在靜定不動的覺知，慢慢地種種不適應就會遠離。而隨著對呼吸和身體的覺知，心不再攀緣於種種外物，進而無所依而住，亦不再執著於世間外物而住。即佛經所云：「或於內身之觀身而住；又於外身之觀身而住；或於內外身，觀身而住。或於身，觀生法而住；又於身，觀滅法而住；又於身，觀生滅法而住。尚又對於智識所成及憶念所成，皆會『有身』之思念現前。彼當無所依而住，且亦不執著世間之任何物而住。」〔註11〕

　　知息出入觀，即是對呼吸與身體有內在觀照和外在覺知，使身體和內心均自在清淨，就可以對身體做進一步考察。首先是從外在對行、住、臥四威儀觀的考察，就是從生活動態中來對身體的行為來做考察。修習四念住的前提是要具足身、口、意三業，而修習四威儀觀，也是從行、住、臥處考察自身的行為，避免自身造種種的不善行。佛陀指出：「諸比丘！比丘不論行往歸來，亦由於正智而作；彼觀前、顧後，亦由於正智而作；彼於屈、於伸，亦由正智而作；彼於著僧伽梨（袈裟）衣、缽，亦由於正智而作；彼於食、飲、

〔註11〕《長部第二》，通妙譯，《漢譯南傳大藏經》第 7 冊，元亨寺妙林出版社，1996年，第 276 頁。

咀嚼、嘗味亦由於正智而作；彼於大、小便，亦由於正智而作：彼於行、住、坐、臥、醒、語、默，亦由於正智而作。」〔註12〕就是要真正做到在動中修，時時處處能夠不離本心觀照，進而除去起心動念處的種種癡迷妄想。其次是不淨觀，通過對自身髮、毛、爪、齒、皮、肉、筋、骨、髓、腎臟、心臟、肝臟、肋膜、脾臟、肺、腸、腸間膜、胃、排泄物、膽汁、痰、膿、血、汗、脂肪、淚、淋巴液、唾腋、黏液、關節液、尿的觀察，而滋生出身體種種不淨的觀念，進而顛倒以身體為淨的不淨觀，不再執著於對身體的種種癡迷。而接著從地界、水界、火界、風界四個層次來考察身體構成的虛妄性，也是為了說明佛教的無我真諦。

在觀身處最後的修習中，修習者首先觀察屍體被拋棄山野被各種動物殘食的場景，「比丘恰如得觀遺棄於冢間之死屍，被鳥所啄、或鷹所啄、或鷲所啄、或犬所食、或豹所食，乃至各種生類之所食。」接著觀察屍體的顏色變化和屍體的腐敗過程，「比丘恰如得觀遺棄冢間之死屍，由於具有血肉而筋連結於骸骨……乃至……無肉之附著血而筋連結骸骨……乃至……無血、肉，唯筋連結骸骨：乃至……關節解散，手骨於此處，足骨於彼處，踝骨於此處，腿骨於彼處，盤骨於此處，背骨於彼處，頭蓋骨在彼處，骸骨散在四五八面。」〔註13〕最後看到屍體變成一堆白骨，直到粉碎歸於塵土。「比丘恰如得觀遺棄冢間之死屍，初如螺色之白骨……乃至……經過一年，骸骨堆高……乃至……骸骨粉碎敗壞。」〔註14〕最終通過對屍體的變化，知道肉體再怎麼樣美麗也無法常駐，不再貪戀身體之種種。最終就是參悟佛陀所講的觀身不淨和無常、無我的真諦，才能消除因執著而生的種種苦。

第二步是觀受處，也就是通過對我們的感受的觀察，來考察我們內在的心理感受。從我們的認識機制來看，我們的眼耳鼻舌身意六根通過對外界的接觸接受外界的訊息。由於各自內心積澱的心理底色不一，對相同的事物會做出不一樣的反應機制，也因此而產生不一樣的心理情緒。而佛陀在《念處經》裏也就是通過觀察內心因外緣刺激所作出的反應，考察自己被什麼樣的

〔註12〕《長部第二》，通妙譯，《漢譯南傳大藏經》第 7 冊，元亨寺妙林出版社，1996年，第 277 頁。

〔註13〕《長部第二》，通妙譯，《漢譯南傳大藏經》第 7 冊，元亨寺妙林出版社，1996年，第 280 頁。

〔註14〕《長部第二》，通妙譯，《漢譯南傳大藏經》第 7 冊，元亨寺妙林出版社，1996年，第 281 頁。

負面心理情緒所控制，並對這樣的感受保持覺知。就是知「我在感樂受」，「我在感苦受」，「在感不苦不樂受者」，能夠如實觀照，並在內和外覺知我在承受這樣的苦樂。

通過這種內在的覺知和觀照，我們將考察到這些不過是過去的心理積澱對外緣所作出的反應，而自己竟把這一切當作了真實的「我」：「通過對或於內受，觀受而住；於外受，觀受而住；又於內外受，觀受而住。或於受，觀生法而住；於受，觀滅法而住；又於受，觀生滅法而住。尚又智識所成及憶念所成，皆會「有受」之思念現前。彼當無所依而住，且不執著世間任何物。」〔註15〕如此也就不再認同因為過去錯誤的認識行為所形成的業力，了知觀受是苦的真諦，並最終能夠勘破這樣的心理原型，不隨外界而萌發苦受或者其他不實感受。

第三步是觀心處。佛陀講觀心處，是因為心理的種種雜染是引起諸多苦受的原因。《大念處經》也指出三毒也會產生貪婪、嗔恨和癡迷執著等不同的情緒和心理原型。佛陀講觀心無常，早就指出萬物起起滅滅，如果執著於無常無住，就必然會心生諸苦。佛陀教習觀心處，就是教我們留出心靈空白，能夠如實觀察自己的心，看看我們因什麼外緣而產生什麼樣的喜樂憂悲。平時我們只是在意識層面作用，用我們的思想去投射、作用於外界，心意識一發動，就落入自身舊有的習氣和模式之中。觀心處就是在起心動念處考察、發現自己被什麼樣的心理原動力支配，並且能夠用覺照工夫，不再給它種種的力量和助緣。當心理原動力被阻斷時候，我們自然就不再認同它，也就是不會因此而生嗔恨、憤怒，心就遠離了種種污染。而平時離亂散漫的心，也能夠收攝安歇下來，一心只用在當下，制心一處，無事不辦。

第四步是觀法處。南傳《大念處經》的觀法處主要有觀五蓋、五蘊和六處組成。從貪欲、嗔恚、內睡眠（愚鈍）、內悼悔、內疑惑五個方面，內在考察五種覆蓋眾生心識，說明眾生因為這五蓋而不明了正道。接著是對外在的考察，首先是分別從色、受、想、行、識五蘊來指明世界並沒有什麼永恆不變的事物存在，一切不過是五蘊和合而生的。接著則從六處來考察眼、耳、鼻、舌、身、意怎麼樣去感知外界事物，並獲得對外在事物的感知和認識。而觀法處就是指出對內在導致內心昏沉愚鈍的五蓋，保持覺知，能夠清除遮

〔註15〕《長部第二》，通妙譯，《漢譯南傳大藏經》第 7 冊，元亨寺妙林出版社，1996
　　　　年，第 282 頁。

蔽正道的蒙昧。明瞭萬物不過是五蘊隨因緣而合，也就體證了佛陀所講的觀法無我。

這是南傳佛教早期《大念處經》中的關於四念處禪法的修行方法，「至於修四念處觀之目的，其實是了知自我生滅而虛妄以後，用於斷除對五陰自己之執著；若現觀五陰之一一陰悉皆非常、是苦、無我，亦現觀一一陰之功能——色陰能致寒熱饑渴，受陰能致苦、樂、不苦不樂覺，想陰能具了知塵界之知，行陰能造善、惡、無記業行，識陰能產生六塵韻味領受之知；而此了知心意識的了知性，都應該永遠除滅，才是真正的無餘涅槃境界。」〔註16〕修行四念住不僅是進入其他次第的基礎，同時也是解決解除眾生之苦樂憂悲，淨化心靈，提升生命質量的必由之路。故佛陀在長部《大念處經》裏指出：「諸比丘！實不管任何人，七年間如是修此四念處者，得二果中之一果，即於現法得究竟智……此為眾生之清淨，為度憂、悲，為滅苦惱，為得真理，為證涅槃，唯一趣向道，即四念處，」〔註17〕不管任何人修習四念住，只要按照佛陀的教法如實觀察自己的心，最終都能獲得心的清涼自在。

隨著南傳佛教的發展，四念住禪法也得到進一步推進。在優婆底沙和覺音尊者的著作裏，依然可以看到他們對早期南傳四念住禪法的繼承，並最終豐富完善了南傳佛教的禪法，使四念住禪法延續至今。

《解脫道論》由優波底沙所作，相較於《大念處經》集中具體的闡述，《解脫道論》關於四念住禪法僅僅是對「念安般」有一點說明：「長出入息所，初四處成身念處；知起所初，成受念處；知心所初，成心念處；見無常所初，成法念處。如是修念安般，成滿四念處」。其他相關內容則都具體散在屬於定學的三十八行門及屬於慧學的「五便門」中。在《解脫道論中》念身（十隨念之一、屬身念處）及對心識生滅過程的描述有相當突出的地方。〔註18〕也就是說，《解脫道論》裏並沒有相對完整的四念住修行次第，但卻在《大念處》的基礎上對禪法修行有了更為細緻的描述和劃分，並針對不同的問題提出了更為細緻的解決辦法，在傳統四念住修法的基礎上有了推進。後來，《解脫道論》中的三十八種修行法門在《清淨道論》中被全部吸收，〔註19〕使《清淨

〔註16〕蕭平實：《阿含概論》，四川大學出版社，2011年，第112頁。

〔註17〕《長部第二》，通妙譯，《漢譯南傳大藏經》第7冊，元亨寺妙林出版社，1996年，第297～298頁。

〔註18〕哈磊：《四念處研究》，巴蜀出版社，2006年，第77～78頁。

〔註19〕《解脫道論》全書共12卷，依據「戒、定、慧」三學的次第，在初品中介紹

道論》中的止觀體系和四十業處成為南傳上座部最為流行的修證體系而沿用至今。

　　覺音著作《清淨道論》被看作是南傳佛教的「百科全書式」經典，其內容系統介紹佛教戒、定、慧三學，不僅系統講解了禪定方法，並結合佛教原理，確立了可供參考的禪定理論，是南傳佛教最好的修行指南。全書共二十三品，前二品說戒的定義和種種規定，中間十一品是講定的定義、種類、修定的各種方法、修定的目的和功德。後十品則是講慧的定義、種類、修習方法等。身念處禪法主要歸於四十業處中；受念處和心念處主要歸於慧學部分的第十四章《法蘊品》中，法念處除了五蓋、七覺支在定品中外，其餘的都歸入慧學部分各章。覺音《清淨道論》專門講四念住的地方僅在第二十二章「智見清淨的威力」一節中涉及到各自觀修的內容：「（四念處）因為進入彼等所緣而現起故為『處』。念即是處故為『念處』。因於身、受、心、法而把握不淨、苦、無常、無我之相，及由於捨離淨、樂、常、我之想而轉起，故分為四種；是故名為四念處。」〔註20〕《清淨道論》裏把四念住禪法分為世間觀和出世間觀。

　　基於《清淨道論》對《解脫道論》三十八種修習方法的直接傳承，此處對覺音尊者《清淨道論》四十業處的修習方法做簡單地梳理。覺音指出為了防止在禪思中不讓心外斥，必須把心收攝住，並把注意力凝聚在身體或者特定的客觀事物上，對這些觀察對象，《清淨道論》主要講「四十業處」，即：（1）十遍：地、水、火、風、青、黃、赤、白、光明、限定虛空；（2）十不淨（人死後屍體的）：膨脹相、膿爛相、斷壞相、食殘相、散亂相、斬斫離散相、血塗相、蟲聚相、骸骨相：（3）十隨念：佛隨念、法隨念、僧隨念、戒隨念、捨隨念、天隨念、死隨念、身隨念、入出息隨念、寂靜隨念；（4）四梵位：

五種解脫。第2、3品解釋戒學，第4～9品為定學，第10～12品為慧學。在定學的部分中具體的介紹了三十八種修行方法：謂十一切：地、水、火、風、青、黃、赤、白、空處、識處一切入；又十不淨想：膨想、青淤想、爛想、棄拋擲想、身肉分張想、斬離散想、赤血塗染想、蟲臭想、骨想；又十念；念佛、念法、念僧、念戒、念施、念天、念死、念身、念數息、念寂寂；又四量心；慈、悲、喜、捨；觀四大，食不淨想，無所有處，非非想處。斯謂三十八行處。覺音在此處完全繼承了《解脫道論》的觀點，並且在此基礎上發展成為四十也處的修定的方法。從而使得《清淨道論》成為南傳佛教中百科全書式的經典，並為後世各派的修行所沿用。

〔註20〕覺音：《清淨道論》，醒悟譯，亨寺漢譯南傳大藏經編譯委員會：《漢譯南傳大藏經》第69冊，元亨寺妙林出版社，1996年，第679頁。

慈、悲、喜、捨;(5)四無色:空無別處、識無邊處、無所有處、非想非非想處;(6)一想:食厭想;(7)一差別:四界差別。〔註21〕《清淨道論》中看似龐雜的修習系統,針對種種人的心理弊病和模式,直指人心,對治心病。而覺音大德的禪法,在南傳佛教諸派中至今仍有修習、傳承。

以上是南傳佛教從早期《大念處經》到《解脫道論》再到《清淨道論》中四念住禪法的發展。從這一源流也可以看出南傳佛教的修行體系中還是一直保留著佛陀所傳的一乘道。首先,南傳佛教諸多先賢對繼承保持其禪法做了重要努力。其次,四念住是內觀禪修習中較為常用的一種基礎性修習法門,它在南傳佛教中被很好地保存,使得很多南傳佛教寺廟把它當作日常修習課程。故而甚至有人感慨,在北傳的佛教中能夠修習四念住禪法的人已經沒有了,而在南傳中卻不乏其人。〔註22〕現代南傳佛教內觀禪法裏,四念住的修行方法依然至關重要,生生不息。

第二節　內觀禪:南傳佛教禪定方法的現代演繹

內觀,梵語為 vipaśyana,巴利語為 Vipassana,音譯為「毗缽舍那」、「毗缽捨那」,意譯為「觀」,既指內觀,也指外觀,由於譯介入漢語界的時候,是從英譯 insight meditation 翻譯過來,故常將 vipassana 譯為「內觀」。所謂的「內觀」,簡單來說,就是往內觀察自己身心的實相,通過如實地觀察自身,淨化身心的一個過程,是印度最古老的禪修方式之一。葛印卡曾這樣簡要地概括說:「內觀是對身心現象每一剎那的運作,作客觀的觀察;它是一種如實體驗真理的智慧。內觀禪修便是在實證的層面上,客觀觀察自己的實相的一個法門,觀察它的如實的面目,而不是它的表相。」〔註23〕在北傳漢地、藏地以及韓日各國的佛法中也有豐富的記述,其實「止觀」法門中的「觀」就是內觀禪修。〔註24〕不過,南傳和北傳的內觀之中還是存在著很多差別。

一、內觀禪的起源和發展

當代南傳佛教的修行傳統常常強調內觀是佛陀獨有的成就,一些文獻經

〔註21〕黃夏年:《覺音的〈清淨道論〉及其禪法》,《南亞研究》,1989 年第 1 期。
〔註22〕林崇安:《內觀禪修的探討》,《中華佛學學報》,2000 年第 13 期。
〔註23〕《訪問葛印卡導師──談內觀禪修》,《內觀雜誌》,第 8 頁。
〔註24〕林崇安:《內觀禪修的探討》,《中華佛學學報》,2000 年第 13 期。

典就明確強調「四念處」是一乘道（a path which is ek yana），這通常被理解為
通向覺悟的「唯一的道路」（the only way），如此一來，就必然把對「止」的
修行推至佛陀以前。一些學者還認為對禪那的修習是典型的佛教實踐方式，
至少佛陀本身很可能是曾經修習過禪那的。Lance Cousins 是歐洲最負盛名的
佛教學者，他所持的卻是另外一種意見，他認為大體上，今日（在緬甸的）
內觀修行傳統似乎不可能追溯到十九世紀以前——他的理由是內觀作為一種
修行方法，可能是在某種程度上以典籍為依據的一種復興活動。更明確地說，
就是內觀禪修的主要出處是覺音（Buddhaghosa）的注釋書，尤其是《清淨道
論》（Visuddhimagga）。雖然一些具有影響力的內觀禪師相當精通阿毗達磨，
而且也常常引用三藏經典（canonical Buddhism）來教導內觀，但是內觀的理
論本質上卻是建立在《清淨道論》的模式上的。〔註 25〕這種說法是比較符合
歷史事實的，我們或許可以這麼說：19 世紀以前的「內觀」是一種「文本式」
的內觀，而 19 世紀以後，真正修行意義上的內觀才出現，這才是「修行式」
的內觀。

　　據一些內觀禪師自述的師承說，內觀是由釋迦牟尼佛所發現的。〔註 26〕
佛陀入滅以後，到了公元前 254 年左右的阿育王時期，由須那迎（Sona）及
郁多羅（Uttara）二位尊者傳至緬甸。印度本土的佛教卻由於內部的分裂，形
成了許許多多的部派和分支，雖然公元 350 年左右，無著編集了一百卷的《瑜
伽師地論》，保留了內觀法門的許多重要資料。但是，也就是從這一時期開
始，唯識宗的觀修法門也開始興起了，公元 600 年左右，密宗的修行法門也
在印度開始傳播。如此一來，真正能指導原始的內觀法門的人就愈來愈少。
公元 1200 年，印度受到回教軍隊的侵入，印度佛教全面式微，內觀法門也淹
沒無聞。

　　具有現代修行意義上的內觀禪修其實起源於緬甸。十九世紀初期，緬甸
出現了很多用緬文撰寫的有關內觀修行的著作。這些著作的作者包括烏波萊
（U Hpo Hlaing，1829～1883）、迪隆尊者（Thilon Sayadaw，1786～1860）、
圖考尊者（Htuth-Kaung Sayadaw，又譯作突高尊者，1798～1880）、雪進尊者

〔註 25〕Lance Cousins, "The Origins of Insight Meditation", *The Buddhist Forum*, vol.IV,
　　　　London: School of Oriental and African Studies University of London, 1996, pp.
　　　　42。溫宗堃譯有該文，載《正觀雜誌》第十三期，2004 年 9 月 25 日。
〔註 26〕與之不同的意見則認為，內觀是佛陀對印度早已失傳的古老禪法的重新發
　　　　現。

（Shwe-gyin Sayadaw，又譯瑞金尊者，1822～1893）、涅敦尊者（Hnget-dwin Sayadaw，183～1910）、澎豆吉尊者（Hpondawgyi Sayadaw，又譯作朋多基尊者，1829～1883）等等。〔註27〕正是這些作者的內觀著作，成為了近代緬甸內觀修行的開端。

　　二十世紀初期，緬甸出現很多名聞國際的內觀禪修老師，其中的代表性人物為雷迪尊者（Ledi Sayadaw）和明貢尊者（Mingun Sayadaw，1869～1954），因為二十世紀中後期的大多數指導內觀的老師都是其二人的弟子，或是直接受益的弟子，或是受益於其二人的禪法，總之二十世紀以後的內觀禪法基本和他們二人都有某些程度的傳承關係。雷迪尊者和明貢尊者的道場分別在緬甸北部（上緬甸）和南部（下緬甸），形成近代緬甸「北雷迪、南明貢」的兩大修行傳承。

　　雷迪尊者將此法門依次下傳於鐵吉老師（Saya Thetgyi，1873～1946）、烏巴慶老師（Sayagyi U Ba Khin，1899～1971）、S.N.葛印卡（S. N Goenka）等；明貢尊者則傳此法門於唐卜陸尊者（Taungpulu Sayadaw，1897～1986）和馬哈希尊者（Mahasi Sayadaw，1904～1982）等。在這些禪師的積極推行下，內觀禪修逐漸形成了一種全國性的修行風氣，不僅出家眾修習內觀，在家眾也投入到了這種修行的熱潮當中，形成了所謂的「在家眾禪修運動」。在緬甸政府的支持下，由雷迪尊者、明貢尊者等禪師開啟的內觀修行風氣，在馬哈希正念內觀修行的傳佈中達到頂盛。在這種熱潮的鼓動下，內觀禪修也被傳播到了世界各地，形成了獨具特色的一個佛教系統。以美國言之，南傳佛教的內觀修行與禪宗（特別是日本的禪宗）的修行、藏傳佛教的修行一同構成了當今本土美國人信仰佛教的三個傳統。〔註28〕

　　1989 年以後，泰國、緬甸、錫蘭等地的內觀法門在臺灣翻譯和出版後，開始引起了臺灣的注意。最初出版了一些南傳大師的傳記和法語，例如阿姜查禪師的《我們真正的歸宿》《以法為贈禮》《森林裏的一棵樹》《靜止的流水》，佛使比丘的《菩提樹的心木》《人類手冊》，摩訶布瓦的《尊者阿迦曼》等。林崇安認為「這些譯著的通行，使國內學佛者發現竟有一種『新』而實用的

〔註27〕關於這些禪師的生平，可參考溫宗堃：《當代緬甸內觀修行傳統的興起與巴利學界對於「乾觀者」的評論》一文，見《普門學報》，2004 年第 27 期，第 221～268 頁。

〔註28〕肯尼斯‧K‧田中，張雪松：《美國佛教的新發展》，《中國民族報》，2013 年 7 月 2 日第 6 版。

禪修方法，可以使佛法與生活結合起來：只要在日常生活中時時觀照自己當下的身心，在行住坐臥中時時保持正念正知，便可以遇到安詳自在，而非採用一般習見的消災、拜懺、加持、求神保祐的方式。這些譯著促使不同背景的學佛者往泰國、緬甸等地區去參加內觀禪修營，並學習不同傳承下的內觀法門。」〔註29〕臺灣對內觀禪修的研究可以林崇安為代表，林崇安本人對內觀的接觸是看到了葛印卡禪師的英文內觀資料後，於1995年2月至尼泊爾參加了十日內觀禪修營開始。同年8月，林崇安便邀請葛印卡禪師於中壢圓光佛學院校本部舉辦了臺灣第一期的十日內觀課程，此後在不同的地方舉行了五十多期的內觀課程。另外一個對內觀極有研究的學者是溫宗堃，他不僅著有多篇內觀研究的文章，而且翻譯了許多內觀著作。

　　和臺灣相比，內觀修行傳入大陸的時間要滯後一些，但是傳入後隨即受到了修行者的重視，參加的人也越來越多。很多法師積極倡導內觀修行法門，甚至親身指導內觀禪修，試圖融攝內觀於圓融的佛教觀。現今開展內觀禪修活動的主要地方有：福建華南內觀中心、福建漳州內觀中心、遼寧丹東雙靈中心等。如果把內觀禪修作為一個整體來研究，會發現這個體系內部又可以劃分為異彩紛呈的子體系，各個子體系間又充滿了交叉性和複雜性。康菲爾德在《當代南傳佛教大師》（Living Buddhist Master）中，介紹了東南亞上座部佛教概況及12位禪修大師。〔註30〕雖然這部書過多地注重南傳內觀修行，而忽視了其他一些不一定以內觀為基礎的禪修方法，比如緬甸的一些森林道場，教導一種遍處的修法（ka si abh van），即注重對顏色和四大特質的觀想。又比如，阿姜摩訶布瓦（Acharn Maha Boowa，1913～）所描述的內觀禪修，只是為了自己的純淨和力量，與內觀修習完全分開。

　　從普遍流行於當今世界各地，又具有影響力等多方面因素來考慮，雷曉麗把內觀傳統劃分為四大派別，分別為：馬哈希與教法禪修中心、葛印卡與國際內觀中心、帕奧與帕奧禪林、隆波田及其正念動中禪。〔註31〕筆者接受這種體系的劃分，但對各派別的內容進行了補充和改正。

〔註29〕林崇安：《內觀的法流》，《林崇安佛學論文選集》，內觀教育基金會，2004年。

〔註30〕該書是傑克‧康菲爾德於1967年至1972年間在東南亞修學上座部佛教時整理出來的，出版於1977年。1997年，曾由新雨編譯群譯出，臺北圓明出版社出版。

〔註31〕雷曉麗：《當代南傳佛教內觀禪修四大體系之對比性研究》，《中國佛學》，中華書局，2011年。

二、南傳佛教內觀禪四大體系

（一）馬哈希法師與教法禪修中心

馬哈希（Mahasi Sayadaw，1904～1982），出生於上緬甸，自幼出家。1929年到唐淵寺（Taungwainggale taik kyaung）後，開始研究《大念處經》及其注釋。1931 年，在明貢禪師（Mingun Sayadaw）的指導下，開始修習內觀。1932年，跟隨緬甸南部的明坤傑打汪西亞多（Mingun Jetavan Sayādaw，1869～1954）密集禪修四個月。此後，一邊從事佛典教學，一邊自我練習禪修。1938年，第一次在家倡導念處內觀禪修。1947 年，緬甸總理烏努（U Nu， 1907～1995）和烏屯爵士（Sir U Thwin）在仰光創立「佛教攝益協會」和「教法禪修中心」（Sāsana Yeiktha）。1949 年二人敦請馬哈希西亞多住持教法禪修中心，馬哈希時年 45 歲。1952 年，泰國政府邀請緬甸政府委派業處阿闍黎到泰國教導念處禪修，馬哈希法師應政府的請求，隨即派遣兩位弟子阿沙巴法師（Achaan Asabha）與英達旺沙法師（U Indava□sa）前往泰國，建立了泰國的馬哈希禪修中心。1955 年 7 月，馬哈希法師應斯里蘭卡總理的請求，派遣以蘇迦塔（U Sujāta）為首的三位弟子前往錫蘭教導念處內觀。馬哈希還曾親自前往錫蘭、日本、美國、印尼、歐洲等地傳授內觀禪法。在緬甸，馬哈希的內觀禪法是最為普及的內觀傳統之一。據 Jordt 研究，1994 年，全緬甸已有332 座馬哈希禪修中心，仰光的馬哈希禪修中心從 1947 年開幕至 1994 年止，估計參與禪修的人數總計約有 1,085,082 人，[註32] 其弟子在世界各地建立的內觀道場和禪修中心就更多了。

馬哈希的禪法和著作通常被稱為「念處內觀禪法」（satipa□□hāna vpassanā meditation），這是因為其禪法是建立在四念處的基礎上，而其目的則在於求得「內觀智」。「念處內觀禪法」分為三大部分：坐禪（sitting meditation）、行禪（walking meditation）、日常活動的正念（mindfulness in daily activities），每一個部分都運用了《念處經》中的四念處。這種禪法又屬於上座部注釋書傳統中所謂的「純觀」或者「乾觀」的禪法，是一種不強調「奢摩他」而直接以「內觀」入手的禪修方法，在修習正念的同時修習正定。這種提倡內觀而不相信定的禪法，被 Lance Cousins 認為「可能是較極端的一個派別」

〔註32〕Jordt, Ingrid. *Burma's Mass Lay Meditation Movement: Buddhism and theCultural Construction of Power*. Athens: Ohio University Research in International Studies, 2007.

〔註33〕。與之相比，在緬甸同樣具有強大影響力的烏巴慶（U Ba Khin）就相對比較中庸。

馬哈希的禪法還鼓勵長期的密集禪修，一般都連續密集禪修兩個月或更長的時間，禪修日程也採取密集的訓練方式。另外，馬哈希提供的坐禪時「觀察腹部起伏」，經行時「分段觀察」，用於一切時的「放慢動作」和對身心現象進行「標記」的方法又極為實用和有效。正是依據這些特徵，溫宗堃先生指出馬哈希念處內觀禪法的特色在於：（1）完全立基於巴利《念處經》；（2）純觀乘者的禪法；（3）注重密集禪修；（4）實用的禪修技巧。〔註34〕

馬哈希認為修習內觀，就是讓修習者正確地瞭解在自身所發生的身心現象。我們所覺知到的身體，不過是由一組物質所構成的（稱作色）；心理又是心識或覺知的作用（稱作名）。要清楚地察知這些身心現象（合稱名色），我們可以在看到、聽到、聞到、嘗到、觸到、想到的那一時刻，立即用觀察來覺知它們，並給予注意（即其所說的「標記」）。如有任何思想或回憶產生時，就須給予注意（或標記）。如果你想像，就對給予「想像」以標記。如果你思考，就給予「思考」以標記。如果你計劃，就給予「計劃」以標記。如果你察覺，就給予「察覺」以標記。如果你回憶，就給予「回憶」以標記。如果你感覺快樂，就給予「快樂」以標記。如果你感覺無聊，就給予「無聊」以標記。你感覺高興，就給予「高興」以標記。你感覺氣餒，就給予「氣餒」以標記。注意所有這些心識的活動，就稱作「心念住」。我們要注意這些心識的活動並清楚它們是什麼，當給予它注意時，它就消失了。在內觀禪修中，名稱及所說的並不重要，真正重要的是去知道、去覺察。但事實上，初學者又是不可能對每個發生的現象都給予注意的，所以首先得注意那些顯而易見的、便於觀察的現象，比如改換姿勢的欲望、注意腹部的起伏等等。

觀察腹部起伏是馬哈希禪法的一大特色，但這並非馬哈希的發明，而是承自明貢的傳統。馬哈希認為每次呼吸時腹部就會上升及下降，這種運動一直很明顯，這就是物質的性質，稱作風大。禪修者應用心觀察，自然地呼吸，

〔註33〕Lance Cousins, "The Origins of Insight Meditation", *The Buddhist Forum*, vol.IV, London: School of Oriental and African Studies University of London, 1996, pp. 42.

〔註34〕溫宗堃：《二十世紀正念禪修的傳承者：馬哈希內觀傳統及其在臺灣的發展》，《福嚴佛學研究》，第 7 期，2012 年，福嚴佛學院，第 221～224 頁。

並注意腹部上升和下降的運動。當吸氣時會發覺腹部上升，呼出時腹部便下降。腹部上升時，內心要注意「上升」，下降時，內心要注意「下降」。如果這運動不明顯時，可以用手放在腹部上，但不要改變呼吸，不可故意減慢或加快呼吸的速度，也不可太用力呼吸。

馬哈希禪法要求禪修時必須要有耐心，甚至認為「忍耐即是涅槃」。在禪修中，如果生起了改變姿勢的想法，那就是對這個「想法」予以注意，然後再注意身體上的緊繃、冷熱等感受。如果經常變動姿勢，就會影響「定」的培養，所以禪修者必須忍耐住各種難以忍受的感受。在忍受身上的不悅時，應該耐心地對「緊繃」、「冷熱」給予注意。如果能耐心地注意這些感覺，這些感受就會慢慢消失，而當注意力強而集中時，那麼就算很強的感受也會消失。之後，就需要把注意力又放到腹部的上升與下降上。如果注意一段時間後，這感受依然沒有消失或實在無法忍受這種感受時，當然須要改換姿勢。這時就應開始注意更換身體的每一個動作，並且要輕柔地更換姿勢。如果沒有改變姿勢，只是靜止休息時，就要回到注意腹部的上升與下降。注意之間不可有間斷，只有一個注意接續另一個注意，一個定力接續另一個定力，一個智慧接續另一個智慧。只有這樣，禪修者的智慧才能持續並逐步地成熟。只有這種積聚的動力，才能獲得道和果的智慧。禪修的過程，猶如努力不停地磨擦兩塊木頭，以獲得所需的熱力來生火。

馬哈希西亞多是二十世紀正念禪法的重要傳承者，其禪修傳統上承 19 世紀以來緬甸境內的內觀禪修運動，又開啟了 20 世紀東南亞上座部佛教及歐美佛教的內觀禪修風潮，二十一世紀初，馬哈希內觀傳統正式傳入臺灣及中國大陸，被學者認為是「標誌著這股源自初期佛教的內觀／正念運動的新里程碑」〔註 35〕。

（二）葛印卡與國際內觀中心

葛印卡所傳內觀方法通常被追溯到十九世紀末、二十世紀初著名緬甸內觀法師雷狄‧薩亞道（Ledi Sayadaw），而雷狄所傳內觀方法又得自佛教初入緬甸的遠古時代。葛印卡師承薩亞吉‧烏巴慶（U Ba Khin，1899～1971），烏巴慶又師從薩亞‧烏鐵（Saya U Thet）處學得，烏鐵又從雷狄處學得。總體來看，這一系的傳承比較明朗。

〔註 35〕溫宗堃：《二十世紀正念禪修的傳承者：馬哈希內觀傳統及其在臺灣的發展》，《福嚴佛學研究》第七期，2012 年，福嚴佛學院，第 227 頁。

烏巴慶出生在緬甸首都仰光，他是一位在家禪修大師，受過高等西式
教育，又曾任緬甸高官，任職期間即開始跟隨烏鐵吉（U Thet Kyi）和偉部
（Wei Bu）學習內觀禪修。1937 年，緬甸與印度分立而治時，他被任命為首
任特別署署長。也就是在這年，烏巴慶第一次學習靜坐。隨後，烏巴慶即至
仰光正南方的保維吉村向薛吉尊者學習觀息靜坐法，這是烏巴慶第一次參加
完整的禪修課程，收益很大，此後烏巴慶皆持續修行。1941 年，烏巴慶與偉
部尊者相遇，偉部尊者十分欣賞烏巴慶的靜坐體驗，並勸說他開始教授禪修，
但直到十年以後，烏巴慶才正式教授靜坐。1948 年，緬甸獨立，烏巴慶被任
命為會計部長。接下來的二十年間，烏巴慶都輾轉不同的部門。1950 年，烏
巴慶在會計部創立內觀協會教授內觀靜坐。次年，烏巴慶成立了「財務省長
官內觀研究協會」（Accountant-General Vipassana Research Association），還設
定了沿用至今的 10 天內觀課程。1952 年烏巴慶在仰光成立了國際禪修中心
（International Meditation Centre），為信眾提供禪修指導。1967 年，烏巴慶才
從公職退休，此後四年間，烏巴慶完全投入到了靜坐的教授中。

烏巴慶認為內觀的最初目標是啟發自身內的「活化無常」。所謂「活化無
常」指當完全經驗真正無常時，即身心連續體快速融化，像「掉落在湖面的
雨水」，這時心靈產生的淨化力，烏巴慶稱之為「涅槃元素」。要達到這一目
的，需要全神貫注於身內無常。烏巴慶常會敦促禪修的學生將注意力集中於
鼻底上唇處，調和呼吸進出的動作，靜觀吸入呼出，藉此來培養專注力，使
心專注於一境。其實這也是啟發自身內的「活化無常」的前期準備。

葛印卡（S. N. Goenka，1924～）也是一位在家禪修大師。1924 年，葛印
卡生於印度瓦城一個傳統印度教家庭，年輕時患有嚴重的偏頭痛，卻又遍尋
良醫不遇。1955 年開始追隨烏巴慶學習內觀。此後十四年，他持續如法修行。
葛印卡本是退休的企業家，曾經是緬甸的印度僑領。在追隨烏巴慶尊者學習
後，他發現內觀不僅可以超越肉體的疼痛，甚至可以超越文化與宗教的藩
籬。接下來，葛印卡在烏巴慶尊者的指導下開始練習和研究內觀，內觀從此
成為了他生活的一部分。1969 年，葛印卡老師由烏巴慶尊者授權，成為了內
觀法的指導者，被指派前往印度教導十日內觀課程。葛印卡是少數在印度和
西方都極受尊敬的精神領袖之一。當他在印度教導內觀——將這在印度久以
失傳的禪法帶回其發源地時，很多西方人也被這種實用的方法吸引，有的還
參加了內觀課程並將之介紹到西方。1976 年，在印度首都孟買附近的伊迦埔

里，他成立了一座名為法崗（Dhammagiri）的國際內觀中心（Vipassana International Academy），可容納 600 人同時進行禪修，成為該內觀流派的國際內觀總部。1982 年，葛印卡開始派遣助理老師到世界各地開展十日內觀課程，此後美、日、緬、英、法、澳、泰等國相繼成立了內觀中心。1997 年，葛印卡在孟買附近籌建大佛塔，進一步推動了佛法在印度的復興。

葛印卡認為修習內觀就是培養洞見，禪修者依靠漸進的方法，可以獲得直觀的洞察力。內觀的「觀」指一種特別的「看」：對自身實相的觀察。這種「看」要把自身的感受作為專注對象，對其進行冷靜而系統地觀察。透過「感受」可使我們更直接地體驗真理，而且因為「感受」和心理狀態息息相關，任何一種心理狀態的變化都會生起相應的感受，借由觀察身體上的感受，我們同時也觀察了自己的內心。

在培養洞見的同時，葛印卡非常強調維持平等心的重要，甚至更為簡潔地指出：覺知與平等心就是內觀。所謂平等心指對每個感受，都不再產生新的習性反應，而是智慧和洞見。簡單來說，這種智慧或洞見就是體會到：所有感受都是無常的，一定會生起滅去。他把二者比喻為雙翅與雙輪，不僅缺一不可，一大一小或一強一弱也不可。內觀修行必須能夠覺知整個身心最細微的本質，如果僅僅專注於身心的表面現象遠遠不夠，還必須對全身的感受保持平等心。

葛印卡開創的十日內觀課程規定以十天的時間傳授內觀法，十天當中，學員只能在規定範圍內活動，不得與外界聯繫，也不可以閱讀或寫字，並且要暫停一切宗教儀式或者其他的禪修練習，只能按照所教之法用功。在學習課程期間，需遵守獨身生活、戒絕麻醉物品、保持靜默等等基本規範。前三天半的內容主要讓學員練習心的專注，這是進入內觀法前的預備工夫。進入第四天時，開始介紹內觀法，接來下每一天都會依次介紹內觀法的下一個步驟，直到課程結束前內觀法的綱要就介紹完整了。第十天，解除禁語，學員稍作休息，準備返回。第十一天早晨，課程全部結束。

葛印卡教導學員，「唯一能夠直接體驗真理的方法，就是向內觀照，觀察自己」。我們早已習慣向外看，卻很少檢驗自己的身心結構，因此我們對自己其實始終一無所知，「我們不瞭解無明（avijja）對我們造成多大的傷害；也不知道，我們一直都被自己內在未覺知的力量所奴役。」葛印卡認為要擺脫這種受奴役的狀態，領悟真理，「我們必須洞察自身的本質，才能瞭解存在的本

質。」因此，佛陀所指出乃是一條向內觀照、自我覺察的道路。〔註 36〕葛印卡認為「我們的身體是真理的見證」〔註 37〕，強調對身體的感知覺受十分重要，因為只有在身體層面體會到無常，才能體會無常的本質。佛陀摒棄所有成見，透過對其自身本質的研究觀察人的現象，領悟到每個人都是五蘊的聚合體。〔註 38〕葛印卡認為禪修其實就是「心的開發培養」，禪修之道始於修定，這是八聖道的第二階段。〔註 39〕修習正定的目的在於把心練得專注，用以體認自身的實相和袪除導致痛苦的習氣。除了修定，還要修慧，葛印卡認為佛陀發現的「內觀」其實就是「智慧的訓練」，這引導佛陀走向覺悟。

總體來看，葛印卡的內觀法較為重視靜坐觀照，強調觀察身體的感知覺受，通過對身心究竟實相的直接體悟，粉碎原有的幻覺、設想和謬見，最後清淨的覺知和智慧便會留存下來。葛印卡認為實際練習內觀比著述立說更為重要，所以寧願採取口耳相傳的方式來傳播內觀。《生活的藝術：葛印卡老師所教的內觀》〔註 40〕是第一本在他指導和認可下出版的有關內觀的完整著作。

（三）帕奧禪師與帕奧禪林

帕奧禪師（Pha Auk Sayadaw，1934～ ）生於緬甸中南部興達塔鎮（Hinthada Township）雷鍾村（Leigh Jhyaung），10 歲受沙彌戒，20 歲受比丘戒。1956年，帕奧禪師參加僧伽會考，取得法師資格，獲達摩阿闍梨（Dhamma-acariya）資格。1964 年，帕奧禪師開始禪修實踐，潛心研究和實踐四界分別、入出息、業處等禪法。

此後 17 年間，帕奧禪師在塔東鎮（Thaton）尼明達拉山（Nemindara Hill）達溫居（Tawaing Gyi）森林、召特隆山（Kyauk Talon）樂心寺（Citta Sukha Monastery）及葉鎮（Ye Township）附近的阿馨叢林寺（Ah Sin Tawya）等處

〔註 36〕威廉・哈特編著：《葛印卡老師所教的內觀：生活的藝術》（東方佛學文化資料叢書），成都文殊院印贈本，2001 年，第 31～32 頁。

〔註 37〕威廉・哈特編著：《葛印卡老師所教的內觀：生活的藝術》（東方佛學文化資料叢書），成都文殊院印贈本，2001 年，第 265 頁。

〔註 38〕威廉・哈特編著：《葛印卡老師所教的內觀：生活的藝術》（東方佛學文化資料叢書），成都文殊院印贈本，2001 年，第 46 頁。

〔註 39〕威廉・哈特編著：《葛印卡老師所教的內觀：生活的藝術》（東方佛學文化資料叢書），成都文殊院印贈本，2001 年，第 127～128 頁。

〔註 40〕威廉・哈特編著：《生活的藝術：葛印卡老師所教的內觀》，海南出版社，2009年。

隱居修行，期間又依據巴利聖典及注疏研究禪觀理論，兼習頭陀行（dhutavga）。1981 年 7 月，禪師接任帕奧禪林（Pa-Auk Forest Monastery）住持，開始教授內觀禪修。不久，慕名求法者逐漸增多，歐美、韓國、日本、尼泊爾、斯里蘭卡等國的禪修者也相繼加入內觀課程中。1996 年，帕奧禪師受到政府肯定，獲頒「業處大阿闍梨」稱號。1998 年 4 月至 6 月，帕奧禪師應臺灣新竹壹同寺、桃園雙林寺的邀請，首次到臺灣指導禪修，臺灣由之掀起了一股修習原始佛教佛法的風氣。1999 年，政府又為帕奧禪師頒發了禪修教授方面的最高頭銜「至上的業處大導師」（Maha Kammatthanacariya）稱號。

帕奧禪師所授禪法，嚴格依照巴利三藏及其注疏，特別是佛音尊者編著的《清淨道論》（Visuddhi-magga），故有人譽此禪法為《清淨道論》的傳承。帕奧禪師教導禪修者應依據《清淨道論》中三學、七清淨及十六觀智次第修行，強調禪修者應把「戒清淨」作為定、慧學的基礎。依據人的根器和需要，通常以「安那般那念」（出入息觀）或者「四界分別觀」入門，遍修入禪業處及三十二身份、白骨觀、十遍（白遍、褐遍、黃遍、赤遍、地遍、水遍、火遍、風遍、光明遍、虛空遍）、四護衛禪（慈心觀、佛隨念、不淨觀、死隨念），得具色、無色界八定之後，又以「色、名業處」、「緣起」、「相、味、現起與足處」修習內觀。

禪修者可以選擇安般念作為入門，也可以修完四界分別觀後又修習安般念。安般念是專注於出入息的修行法門，四界分別觀則是通過辨識身體乃是地、水、火、風四種元素組成的法門。修習四界分別觀時須逐一照見推動、硬、粗、重、支持、軟、滑、輕、熱、冷、流動及黏這十二種特相。當開始觀照任一特相時，須先在身體的某個部位照見它，然後再嘗試將之擴至能夠遍照全身。當禪修者達到強固和穩定之後，可以轉修三十二身份，進而經白骨觀轉白遍處。當修白遍證得第四禪後，可以轉修其餘的遍禪或進修四護衛禪。四護衛禪中，慈心觀可以散播慈愛，佛隨念可免於遭受危難、干擾，又可使心清晰，當恐懼、退失及心攀外緣時應修習死隨念，當貪欲生時則應修不淨觀。修完十遍禪之後，又須先證得無色禪完成八定，接著觀察名法，之後則進一步觀察緣起。

修行安般念是為了達到近行定（upacara）或安止定（appana），前者是接近禪那的定，後者就是禪那。在近行定階段，禪者還有微細的分別心，為了

避免落入分別心，還需要通過平衡五根以及七覺支來使心更加專注。五根是信（saddha）、精進（viriya）、念（sati）、定（samadhi）、慧（pabba）五種控制心的力量，五根能使心不偏離通向涅槃的正道。當五根得到充分培養後，禪者的定力就從近行定進入安止定。修習安般念達到第四禪後，且修成五自在時，禪者就可以根據自己的意願轉向對「觀」（vipassana 毗婆捨那）的修習。如果不願意進入「觀」的修行，也可以繼續修習其他「止」禪法門，如三十二身份、白骨觀及白遍等。對於觀的修習必須通過逐步培育十六種觀智（bana）進行。十六種觀智依次為：1、名色識別智（namarupa-pariccheda-bana），主要在於辨識和分析五取蘊；2、緣攝受智（paccaya-pariggaha-bana），主要在於辨識五蘊的緣起；3、思惟智（sammasana-bana），即以分組的方式覺照無常、苦、無我三相；4、生滅隨觀智（Udayabbaya-Bana），觀照諸蘊的因緣生滅以及剎那生滅；5、壞滅隨觀智（Bhavga-Bana），主要觀照五蘊的壞滅；6、怖畏現起智（bhaya-bana），觀照五蘊持續壞滅的怖畏；7、過患隨觀智（adinava-bana），觀照五蘊持續壞滅的過患；8、厭離隨觀智（nibbida-bana），生起對身心的厭離感；9、欲解脫智（mubcitukamyata-bana），生起脫離諸蘊的意願；10、審察隨觀智（patisavkha-bana），審察諸蘊之無常、苦和無我；11、行捨智（savkharupekkha-bana），捨離五蘊或名色法的培育；12、隨順智（anuloma-bana）：為從對五蘊的觀智向對涅槃的觀智過渡做準備；13、種姓智（gotrabhu-bana）：該智取涅槃為所緣，尚屬於世間智；14、道智（magga-bana）：第一種出世間觀智，次第地斷除煩惱，取涅槃為所緣；15、果智（phala-bana）：此是道智的結果，生起下一個心識剎那，取涅槃為所緣；16、省察智（又稱返照智，paccavekkhana-bana）：在道果智之後生起，以省察道智、果智、涅槃、已斷煩惱和殘留煩惱。

帕奧禪師的禪法特色，在於重視聖典依據以及修學經驗的次第性。其修止禪的目的在於達到安止定或近行定後為觀禪打下基礎，其觀禪則又以「三遍知」（知遍知、度遍知及斷遍知）貫穿慧學。他指導禪修者從五蘊的過去、現在、未來、內、外、粗、細、劣、勝、近、遠等十一項觀所緣下手，如實知見此蘊、處、界（身心）無非名色，既無作者，又無受者、主宰等。此後又以緣起法正觀過、現、未的前後因果關係，確知雖無作者但有因果業報。接下來則通過觀察色法、名法及緣起法的相、味、現起與足處，建立「此有故彼有」的緣起中道。此時，此知解名色、緣起即為「知遍知」，從生滅隨觀

無常、苦、無我的聚思惟至生滅隨觀即為「度遍知」，從壞滅隨觀智怖患起厭、離欲、入三解脫門，現見寂滅涅槃得道即為「斷遍知」。

帕奧禪林修學的目標是「現見涅槃」，即「斷遍知」。帕奧禪師認為所謂「涅槃」就是精神（nama 名）與物質（rupa 色）的止息，要證悟涅槃必須完全息滅以無貪、無瞋、無癡為根的善名法（精神）以及以貪、瞋、癡為根的不善名法。這些都會造成生、老、病、死輪迴之苦，要息滅之，需要培育觀智（vipassana-bana），直到證悟可以知見涅槃的「四道智」（magga-bana），意即體悟四聖諦。只有斷盡所有煩惱，證四果阿羅漢不受後有，才是真正的究竟解脫。

帕奧禪林位於毛淡棉市東南 14.5 公里處的帕奧村（Pha-Auk Tawya），創建於 1926 年，是一所不僅注重教導，同時注重實踐止觀禪修的南傳上座部佛教寺院，也是一所目前世界上頗具規模和盛名的禪修中心。上座部佛教寺院一般分為經教寺院和禪修寺院，帕奧禪林屬於後者，其僧團屬於緬甸的水金派（Shwekyin Nikàya）。這裡的戒律是身體力行的行為規範，所有的生活規範也都以戒律為準則，有些道場甚至不持金錢。自帕奧禪師接受禪林後，禪法詳盡有序聲名遠播，世界各地的參學者紛至沓來。據報告稱每年帕奧禪林雨安居的參學眾有時多達三五百人，僅 1997 年來參學的外國人數高達八十餘人，其中華裔弟子不少於五六十位，足見其禪法之影響深廣。

（四）隆波田禪師及其動中禪

隆波田禪師（Luangpor Teean，1911～1988）所傳的動中禪（Dynamic Meditation）是一種特別的內觀法門，該法門主要通過有規律的手部動作、行走，時時處處培養覺性，讓自己的一舉一動和念頭生滅都歷歷分明。進而，通過體驗身心的生滅變化，熄滅內心的煩惱無明，從而超越生死，得大自在。由於該法門具有動態性，論坐禪、行禪、立禪皆可從容修習，其顯著特點是簡單直接，人人可學，日常受用〔註41〕

1911 年 9 月 5 日，隆波田禪師生於泰國東北邊境洛伊省的布宏鎮。11 歲時，在當地寺廟成為沙彌後，開始學習 18 個月的佛教經典和禪修方法。20 歲

〔註41〕關於動中禪可參看《內觀雜誌》第 13 期（1999 年 4 月）的簡單介紹，另外隆波田的部分著作已有中譯可以參看，諸如《動中禪》（*Dynamic Meditation*，臺北奧克南禪修中心，1995）、《自覺手冊》（*A manual of self-awareness*，內觀教育基金會）等。

時，受比丘戒，又學習禪修 6 個月。後還俗回家，仍然堅持禪修。後來隆波田移居江翰鎮，有了更多的機會接觸禪修大師，隆波田也在這一時期堅定了探究正法的決心。1957 年，隆波田決定尋找正法，到農蓋省的摩尼光寺追隨老撾禪師阿姜潘・阿難陀（Achan Pan Anando）學習。阿姜潘禪師教導方法是通過簡單的肢體動作，心中配合默念「動─靜─動─靜」。隆波田改善了這一方法：不默念，只是覺知身心的動作。1957 年，隆波田禪師終於獲得了證悟。其後，他先向親戚和家人傳授動中禪，後決心出家弘法。1988 年 9 月 13 日，隆波田禪師在泰國東北的洛依省安詳離世，享年 77 歲。隆波田的後半生都在不遺餘力地傳播動中禪，他曾多次到老撾、新加坡等國家指導禪修，並且建立了多所專供修習動中禪的中心。隆波田的重要弟子有康懇長老、阿姜達、隆波通、安嘉利老師等。〔註 42〕

　　隆波田禪師認為禪修就是一種以覺知和智慧如實地觀察事物的藝術，他的禪法主要通過對有規律的身體動作進行觀察，從而培養內心的覺知。他提倡適宜的規範動作，反對極端的靜禪，要求在禪修中不能靜止不動，應該連續不斷地做規律動作。因此，他的禪法又被稱作「動態內觀」。有人概括該禪法的特色在於以下五點：

　　（1）禪修時，自然地張開眼睛。

　　（2）保持自然的呼吸。

　　（3）禪修時，不斷移動肢體的一部分。

　　（4）直接應用到日常生活當中。

　　（5）訓練持續不斷的覺性如環鏈，不因行住坐臥的姿勢改變而間斷。
　　　〔註 43〕

　　動中禪首先要求培養內心的覺知能力，也就是處處、時時做到清晰地覺知當下。在念頭生起的時候，看見、知道、瞭解「它」，只要覺知，念頭就無法作怪；同時，也要做到清楚地覺知身體的每一個微小的動作，眨眼要覺知，呼吸要覺知，念頭生滅都要覺知，隆波田禪師稱這種修法為「培養自覺」。「自覺」的培養可以通過規律的動作、往返經行來達成，他認為持續不斷地動作就是為了喚醒覺性（佛性），但是在動作中又要強調有動有停，這樣覺性才易生起。動作是修行的手段，身體也是修行的工具，只是幫助我們看見念頭的

〔註 42〕《隆波田禪師簡傳》，《內觀雜誌》，1999 年第 13 期。
〔註 43〕《動中禪（動態內觀）介紹》，《內觀雜誌》，1999 年第 13 期。

一種方便。隆波田禪師還教導要在日常生活中培養自覺，時時刻刻持續不斷地聯繫，做到「使覺性如環鏈」。

隆波田把內觀的目標分作三個階段：（1）基礎階段：身心目標；（2）看念頭階段：勝義目標；（3）生盡階段：苦滅。第一階段就是體認身心目標，包括身、心、身動、心動、身病、心病、苦、無常、無我、世俗（假名）、宗教、佛教、過失、功德等等方面。第二階段，就是在領悟「身心目標」的基礎上，繼續深入觀察念頭，體悟念頭所依的事物、勝義的實際存在以及變易等等。第三階段就是見到實相，痛苦解脫。

隆波田禪師強調內觀修行的簡單性和直接性，他甚至指出修習佛法就是培養覺知，正如他說的「這是捷徑：當念頭生起時，立即覺知，這就是真正的修習佛法。」〔註44〕

三、南傳內觀禪修四大體系比較

內觀禪修的技巧本有慧解脫與俱分解脫兩種趨向，在南傳大師的傳授中也同樣呈現這兩種區分，前者以正念與智慧為要點，後者則以先修禪那作為根基。當然，各家仍有所專長而各有不同之處，不過不管怎麼說，佛教修行不外乎「止」（samatha 奢摩他）與「觀」（vipassana 毗婆捨那），雖然內觀一般是作為「止」的進階被修行者所實踐，但二者又都必須以「戒」作為基礎。正是基於此，林崇安才把今日在泰國、緬甸、老撾、斯里蘭卡等國家中所傳授者內觀禪法分為兩種：（1）純觀行者的方式，這又分二種：不用入出息念和採用入出息念作準備的工夫。（2）止行者的方式，這也分二種：在入出息念中，透過禪相及不經過禪相。〔註45〕比如葛印卡所傳的禪法為了訓練內觀，禪修者必須參加至少一次十日內觀課程。在這十天裏，禪修者要與外界隔絕，並發誓謹慎遵行五戒。最初三天，通過觀察自然的呼吸使心念集中。這個過程中，要將注意力集中在鼻孔入處的小區域內，觀察自然的呼吸：氣息的自然吸入以及氣息的自然呼出；觀察呼吸的時候也要如其本然：它是長就是長，它是短就是短。接下來的六天，要求學員觀察身上的感受，體驗身心現象的無常、苦、無我，獲得智慧。最後，還要傳授「慈悲心」，發展出對一切眾生

〔註44〕上述觀點總結自《內觀雜誌》第13期關於隆波田禪師動中禪的相關介紹及《自覺手冊》摘要和開示。
〔註45〕林崇安：《內觀禪修的探討》，《中華佛學學報》，2000年第13期。

的慈悲與愛。這些都是建立在採用安般念為修習基礎之上的。

傳統的南傳內觀禪修基本都把安般念作為修習的基礎，這也被認為是最符合佛陀教導的「正法」。比如緬甸的孫倫法師要求採用強烈的入出息法作為內觀的準備，指導禪修者要注意氣息碰觸鼻端或上嘴唇的感覺，在警覺地念住下，維持強烈、猛重而快速的呼吸。他甚至認為禪修者應該屏息來觀照苦受，這樣才能發揮出更強的覺醒和更嚴密的念住。葛印卡所傳的內觀禪法也要求把入出息法作為修行的前導，之後再觀察身上的感受。但是他又提醒禪修者不要刻意控制呼吸，而是有意識觀察呼吸的真實面目——或長或短，或輕或重，或深或淺，盡可能將注意力放在呼吸上，而不要因為分心而中斷覺知。泰國阿姜查和阿姜摩訶布瓦則把觀察全身的呼吸與感受作為禪修的前階，等待心寧靜之後又觀察身體的感受和內心的念頭，同時也要求在一切姿勢中保持正念。

同傳統的內觀禪不同，有的禪師教導的內觀法門不採用入出息法或不嚴格要求採用入出息法。比如隆波田禪師所傳的正念動中禪就是一個較新的法門，它主要是一種觀察手部規律性運動的禪法，已經算是脫離了傳統性的內觀禪法。他認為禪修者不能靜坐不動，而是一直要有規律地動作，因此隆波田禪師十分強調經行的重要性。泰國阿姜念也主張要正念於行、住、坐、臥各種姿勢，比如站的時候要覺照站姿，認知此是站的色身；坐的時候也要覺照坐姿，認知此是坐的色身等等。除此之外，在做其他事情時也要如理作意觀照。另外一位泰國的禪師阿姜達磨多羅也教導在行、住、坐、臥中不斷覺知感受的生滅，認為修習的要點是禪修者在所有姿勢中保持感受的持續覺知，這樣，禪修者就能直接體驗在身觀身、在受觀受、在心觀心、在法觀法，通過感受、接觸和心所依處發展剎那的覺知是內觀禪修的關鍵所在。緬甸的帕奧禪師教導的禪法也不需要先經過入出息法，而是經由觀察自己身體的四界入手，要求了知身中有地界、水界、火界和風界。馬哈希教導的內觀也同樣重視對身體動作的覺知，而且特別需要注意腹部隨著呼吸的明顯升降，他認為這屬於物質的性質，即風大或風界。風大的作用即是運動，當它強烈時，就會從一處運動到另一處，使得身體彎曲、伸展、坐、起、去或來。

南傳內觀禪修之所以非常重視呼吸在修行中的作用，這是因為：第一，呼吸是比較明顯粗重的實相，故而成為踏上這一旅程的較好的起點。第二，

呼吸能完全摒除宗派之見和文化界限。第三，呼吸是溝通已知到未知的橋樑，呼吸這項身體機能兼具意識與無意識、刻意與自然運作的模式。第四，呼吸的本質與人的心理狀態緊密相連，所以觀察呼吸的同時，也在觀心察意。可見，呼吸就是一個探討自身實相的工具，一大修行進步的動力。每個人進入內觀禪修的人，首先被教導學習的就是覺知和觀察呼吸，內觀並不要求調息，也不要求任何的持名或者觀想。因為內觀的最終目的並不是集中心念，而是為了淨化內心，消除內在的負面情緒，從痛苦中解脫，得到完全的證悟，所以心的專注只是助力而已。

南傳內觀各派別雖然各有不同的教法，但都不約而同地把《大念住經》作為修行的經典依據。帕奧禪師《觀呼吸與觀四界》一書教導禪修者在入出息念中利用禪相以進入禪那而後再修內觀的方法，以及修習內觀時，禪修者必須輪流覺察三相（無常、苦、無我），一時於內五蘊，一時於外五蘊，一時於色法，一時於名法的方法，都是依據《大念住經》所說。其他各派的禪師也大略如此，都把《大念處經》作為修行的經典根據，至於為何依據同部經典卻產生各個派系間存在的客觀差別，沙夫（Sharf）認為這是因為《大念處經》語言表達上存在的問題導致了各派的不同詮釋，進而產生了各式各樣的內觀方法和體驗過程。〔註 46〕不管如何，分歧的各派都把內觀作為純正的佛教「正法」卻是毋庸置疑的，我們完全沒有必要把不符合傳統內觀標準的禪法都排斥在「內觀禪修」之外。

在所有的南傳內觀傳統中，馬哈希的正念禪觀也許是被論述最多，這是由於其純禪的特質以及高度的哲學性決定的。馬哈希禪法屬於一種四念處禪法，它的特點是從簡易處下手，但是深貫下去，也可直接由這個方法證得阿羅漢。該禪法的特點在於強調儘量將注意力和觀察力放在腹部的起伏活動上。正是這一特點使得馬哈希禪法成了眾矢之的。造成這種現狀的原因首先在於觀察腹部的做法與將入出息法作為「正法」傳統內觀禪法相違背，因此被斥為「新式的緬甸方法」。其次，馬哈希禪法中未得禪那便直接修習內觀的理論也與傳統內觀禪法思想相乖離，因為傳統內觀禪法強調必須依據巴利佛典所說：至少在證得初禪後才能修習內觀。

總體來看，帕奧一系的禪法修行起來最嚴格也最困難，但也最符合南傳

〔註 46〕 Sharf, H. Robert. *Buddhist Modernism and the Rhetoric of Meditative Experience*, Numen Vol.42. 1995, p.260.

佛教的正統性。帕奧禪師所傳禪法重視禪那，認為修行就是培育乃至完全開展八聖道。所謂八聖道指正見、正思惟、正語、正業、正命、正精進、正念以及正定。正見、正思惟合為慧學，正語、正業與正命為戒學，正精進、正念與正定為定學。八聖道的展開需要依照戒、定、慧的修行次第進行，持戒清淨後必須培養定力，定力深固之後必須修行慧。帕奧禪師所傳禪法修習困難的另一個原因還在於其較為重視緊密結合上座部阿毗達磨的教理，溫宗堃指出這也正是帕奧禪法相較於其他內觀傳統的一個重要特點。〔註47〕

第三節　南傳內觀禪修的生命關懷本質及其實踐特色

在上座部佛教看來，禪修法門可以分為止禪（samattha bhāvanā）與觀禪（vipassanā bhavanā）兩大類，前者是培養定力的法門，後者是開啟智慧的法門。二者的關係十分密切，止禪是觀禪的基礎，觀禪是止禪的成就。儘管內觀修行的前階有不同的技巧，但後面的階段又都有極大的相同之處，即都要求在行、住、坐、臥中保持正念正知，時時觀照內心，不執著身心為「我」，以智慧之心面對無常的人生，這就是南傳內觀禪修的生命關懷本質。

一、南傳內觀禪修的生命關懷本質

在內觀修行過程中，禪修者需要觀察身心現象每一剎那的運作，這也是葛印卡稱內觀為「一種如實體驗真理的智慧」的原因。內觀修行首先是在經驗層次上對「真理」的體會，這個真理可以概括為：當我的心中產生不淨時，我變得非常痛苦；當我不生起任何不淨時，我的心中是多麼安詳與和諧。經由內觀訓練以後，在經驗的層次上，自然的法則變得愈來愈明顯。這時所獲得的不再只是感性或是理性的知識，而是實際的體驗。雖然葛印卡的禪法並不排斥向外尋求宇宙真理的做法，認為內在的真理與外在的真理其實一樣，但他也指出，往內直接體驗真理比往外容易，因為往外觀察真理極容易落入理性思考的陷阱，而往內觀察，卻可以直接體驗真理。

葛印卡禪師認為對佛陀的教導，不能只停留在感性或者熱誠的層面上接受，也不能只在理性的層面接受，而必須是在實際的、體驗的層面上接受。然而熱誠又扮演著一個重要的角色，因為經由熱誠才能使我們有信心進入第

〔註47〕溫宗堃：《當代緬甸毘婆捨那修行傳統之間的一個諍論——觀察過去、未來的名色》，《福嚴佛學研究》，2007年第2期。

二步：在理性上瞭解佛陀的教導。理性地瞭解佛法也很重要，因為它幫助我們進入下一步：去體驗佛法。然而只停留在這兩個層面，還不能真正得到佛法的利益。要想獲得佛法的利益必須不斷進行修習，並將其運用於自己的生活之中。〔註48〕在生活中不斷地修行內觀，使得禪修者對於人的生命結構進行豐富地探索，擴展對於生命境界的追求，也積累了禪修實踐的技術和方法，而這一切都緊緊基於對人生命本質的關懷。

（一）對生命結構的揭示

通常所說的「內觀」其實囊括了內觀和外觀兩方面，外觀就是針對經典中的「於外身（受、心、法）之觀身（受、心、法）」「於內外身（受、心、法）觀身（受、心、法）而住」產生出來的，是與「內觀」相對的一個概念。

內觀主要揭示人內在的生命結構，而外觀則揭示人生存的社會性。前者最為形象的說法莫過於葛印卡所說——內觀就是解剖潛意識的手術。葛印卡常常稱內觀禪修是一項深入人心潛意識的手術，很多人面臨負面情緒的時候，可能會變得焦躁，但靜坐就是化逆緣為助緣的有效方法。進入對內觀的修習，等於開始對潛意識的手術，雖然這一過程讓人覺得不適，但卻是能消除膿腫、去除不淨的唯一辦法。葛印卡之所以極為強調觀察身心現象的重要性，是因為他認為「唯一能夠直接體驗真理的方法，就是向內觀照，觀察自己」。隆波田也認為每個人要做的就是觀察自己規律的身心運動，培養覺性。

然而，另外一些禪師極為強調「外觀」的重要性。馬哈希一系的禪法認為僅僅持續觀照自己的身心現象是不夠的，還要觀察他人身心現象的無常、無我和苦。但是，要直接觀察他人的身心現象是不可能的，因而馬哈希指出唯一的途徑是「推論了知」，指根據自己的身心經驗來推論他人的身心經驗。實際上，馬哈希也認為「外觀」是次要的，畢竟「外觀」的重要性不及「內觀」。客觀地來看，雖然直接觀察自身的名色，便足以證得所追求的觀智、道、果，但是對於身心之外世界的觀察有助於揭示人類生存的結構和本質。或許這正是馬哈希禪法高度的哲學性所在。

（二）對生命境界的追求

內觀修行首先必須是一種「道德的生活」，即依循戒律而生活。每個修行

〔註48〕《葛印卡老師於中壢圓光寺的開示》，《內觀雜誌》，第 3 頁。

者都應該奉持「五戒」，不應該在身體或語言上對別人作出任何傷害。當然如果佛陀的教導只停留在這些教誡上，那佛法就不完整了。正如葛印卡說的：「佛陀知道得非常清楚：眾人都想過著道德的生活，但他們卻不能這麼過著。」〔註49〕之所以不能過上道德的生活，原因在於他們還不是自己心靈的主人，尚不能自由控制自己的生命運作。因此，對禪定的修習變得非常重要，其意義在於學會瞭解自身的生命結構，掌握生命的運轉流程。當你掌握了自己的生命運作結構，你就能奉行所有的道德行為規範，過上合乎戒律的生活，安頓生命。

修習內觀是一種追求生命境界的方法。禪修者通過修習實踐可直接體驗生活的本質和藝術。葛印卡認為，佛陀的教誨不外乎是「生活的藝術」——對內活得安詳和諧，對外也使別人活得安詳和諧。他指出學習內觀，其實就是學習生活的藝術。所謂生活的藝術，更圓滿的表達就是：

> 學著如何過內心安詳和諧的生活，同時帶給別人安詳；學習一天天快樂地過日子，同時進一步提升心靈，達到完全清淨自在的最高喜樂，心中無私無我、充滿慈悲，樂見別人的成就，心境平等不二。〔註50〕

要習得生活的藝術，首先就要找到不和諧的原因，但是這個原因總是內在的，因此就必須借助「向內省視」來探索真相。要認識真相當然莫過於直接體悟實相，但是究竟實相又是超越心物之上的，並不是一進入內觀禪修就立馬能通達實相，這就需要一個不斷修行和經驗的過程。這一過程可以被這樣簡單描述：首先從浮面、明顯、粗重的實相入手，然後到比較細微的實相，乃至心物最細微的實相，經歷這一切以後，就能進一步去體驗超越心物的究竟實相。

因此，可以看出把修行作為一種生活方式，追求圓滿、和諧、安詳的人生境界，其實是內觀禪修的至高目的。

（三）對禪修實踐的總結

內觀禪師們依據經典修行，同時與自身的修行經驗相互參證發明，總結

〔註49〕林崇安譯：《葛印卡老師於中壢圓光寺的開示》，《內觀雜誌》第1～11期（摘要），第4頁。

〔註50〕威廉‧哈特編著：《葛印卡老師所教的內觀：開示集要》，2001年，第11～12頁。

出了大量實踐生命本質的體驗和技術，這是解脫人類生命苦痛的寶貴財富。經由這些禪師的著作，後繼的禪修者不僅獲得了修行的法門和技巧，也不斷加深了內觀探索的深度。《清淨道論》（Visuddhimagga）載錄止禪法門四十餘種，初學者一般都從安般念入門，安般念即覺知出入息以培育定力的法門。修行安般念需要遵循一些基本原則：首先要保持身體端正，做到舒適、自然、正直，坐正之後，就保持不動。接著開始放鬆身體，從頭到腳一部分一部分放鬆，不能讓任何地方繃緊。全身都放鬆之後，微閉眼睛，內心告訴自己在靜坐時要保持身體不動，眼睛不睜開。下此決心後，便將身體忘掉，猶如本不存在一般。這時還需要拋開所有掛礙，讓思慮澄淨猶如清水一樣。接著將心安放在鼻孔與上嘴唇之間的四方形區域裏，輕輕地留意正在流動的氣息。留意氣息時應該像旁觀者一樣，讓氣息自然出入，自己只是靜靜地欣賞而不干涉，只是保持正念，單純地知道氣息而已。當專注力變得強勁且穩定時，就可以持續不斷地覺知氣息，即在同一個地方覺知每一次呼吸從頭到尾的氣息。這就是佛陀在《大念處經》中提到的「覺知息的全身」。

到了二十世紀，內觀禪修從新獲得了發展的時候，很多法門都被創生出來，並且被禪修者積極地貫注於生活之中。在眾多內觀法門中，動態內觀或許是比較另類的，它並不要求禪修者修習多麼複雜的技術，而是專注於手臂有規律的動作而已，其特色在於：1、禪修時，自然地張開眼睛。2、保持自然的呼吸。3、禪修時，不斷移動肢體的一部分。4、直接應用到日常生活當中。5、訓練持續不斷的覺性如環鏈，不因行住坐臥的姿勢改變而間斷。〔註51〕不管何派的內觀，最終都會要求禪修者落實到生活當中來，在生活中保持清清楚楚的覺性，正念正知。多數內觀禪師都非常重視用經行來培養覺性，而一旦覺醒得到提升後，禪修者對自己的感受、念頭等等都能做到了了分明，既不被苦樂纏縛，也不被自己的情緒牽引，保持真正的平等、自在之心。

禪修實踐經驗的累積有助於我們更加深入地瞭解人類的生命世界，也有利於推動人類生命意識的覺醒，提升人類生命的品格和境界。近年來，漢譯內觀著作越來越多，研究者也逐漸龐大。《內觀雜誌》第12期（1999年1月）曾介紹了35位法師80餘種內觀著作，這些著作是禪師們修行實踐的總結，我們由此可以瞭解南傳內觀修行的整體面貌，值得深入研究和吸收利用。

〔註51〕《動中禪（動態內觀）介紹》，《內觀雜誌》，1999年第13期。

二、南傳內觀禪修的生命實踐特色

內觀禪修關懷生命，追求大自在的生命境界，揭示生命運作結構，因而總結出了豐富的禪修經驗。其關懷生命的途徑主要以教化和修行的形式開展，盡力迴避宗教、文化、種族等帶有差別性的價值觀，希望通過平等性的終極性體驗把人類帶到至高的靈性境界，滅盡諸苦，得自在解脫。實用性、平等性、終極性，這可以視為南傳內觀的三大生命實踐特色。

（一）實用性：非宗教的生命教化形式

佛教從創生之日起就是傳教型的宗教，禪修者若想繼承佛陀的教導、獲得智慧，就必須努力實踐內觀禪修。內觀具有非宗教、非種族、非階級、非性別的基本原則和平等精神。內觀法雖然長久以來保存於緬甸的佛教團體中，但其本身不含有絲毫的宗教色彩，不同背景的人都願意接受和實踐。比如葛印卡所倡導的內觀法就極為強調禪法的簡易性和貼近生活。他在追隨烏巴慶學習內觀時發現——內觀不僅超於肉體上的疾病，而且超越了文化與宗教的藩籬。在後來的研修過程中，他更把內觀當作一種生活，一種改變內在深處的方法。

威廉·哈特在編著《內觀》一書時，也十分強調內觀的非宗教色彩。他認為內觀「本身不含絲毫的宗教色彩，任何背景的人都可以接受它、運用它」，而且「所有練習內觀的人，都能得到相同的利益，並不會因種族、階級或性別而有所不同。」〔註52〕他還在編著文字的過程中刻意規避帶有性別色彩的詞語，認為這是一種分別心，同內觀的基本教導和精神背道而馳。

隆波田禪師也十分強調自身所傳禪法的平等性、非宗教性和非國別性。他說：「我所說的法（真理），人人有份。它並不特別屬於某一宗教，不論佛教、婆羅門教或基督教；也不專屬於任何國籍，不管是泰、中、法、英、美、日或臺灣，任何人證悟了它，就擁有它。」〔註53〕葛印卡禪師也認為修行內觀法需要注意兩點：第一是打破心中意識與無意識之間的藩籬。第二是保持平等心。〔註54〕

如果對南傳內觀的實踐方式進行檢討，我們就會發現內觀禪其實更加強

〔註52〕〔美〕威廉·哈特：《內觀：葛印卡的解脫之道》，臺灣內觀禪修基金會翻譯小組譯，海南出版社，2009年，第1、5頁。
〔註53〕《隆波田的〈自覺手冊〉摘要》，《內觀雜誌》，1999年第13期。
〔註54〕威廉·哈特編著：《葛印卡老師所教的內觀：開示集要》，2001年，第54頁。

調當下的實用性、實效性，對禪法背後的政治、文化、社會意涵反倒多所迴避。比如馬哈希一系的禪法在未經禪那便直接修習內觀的問題上，其闡釋就更加傾向於現代實用主義。葛印卡所傳的內觀法被認為與佛陀對內觀的指導是一致的，與最簡潔的佛語原意也是一致的，最重要的是其方法提供的結果是有益的、切身的、具體的、立即的。1995 年 7 月 3 日，在中壢圓光寺的一次開示中，葛印卡這樣講道：

> 佛陀的教導具有「當下得果」的性質，這意思是說它可使你此時此刻就得到結果。任何一個人修習佛法將此時此刻就得到利益，而且延至死後。佛陀當時，以及其後，許多導師們都聲稱如果你們習他們的教導，在死後你將得到這個或那個。但是，佛陀說你當下就能得到修習的利益。〔註55〕

所謂「當下得果」，實是為了說明內觀修行的當下受用性。因此，我們也可以大致認為南傳內觀禪修以非宗教形式傳播與教化。

（二）終極性：離苦得樂的生命關懷目的

通常都把止滅一切諸行的道路稱為「聖道」，但是倘若沒有內觀，聖道自身也將無法證入涅槃，因而內觀是「聖道」的前導者，應被視為是「趨苦滅道」。內觀禪修就是一種實踐生命本質的活動，經由這種活動，我們覺知內在，從而活在當下。林崇安認為「內觀就是往內觀察自己的身心，使自己跟外界互動的當下，清楚而不起晃動。」那麼怎樣才能做到清楚而不晃動呢？這當然就要有待內觀禪修的訓練。「內觀禪修就是使禪修者經由一段時間的訓練，培養出一種開放而穩定的往內觀察的能力，使自己真正的活在當下，時時照顧好自己這一顆心」。〔註56〕

修行內觀可以從焦慮中獲得解脫，從而提高生命的境界和價值，達至離苦得樂的終極目的。葛印卡指出，欲從焦躁不安中尋求解脫，首先就要找出苦惱的原因，即找到導致痛苦產生的原因。當我們細心觀察負面情緒或不淨念頭生起的時候，我們就會變得焦躁不安，因為安詳與和諧是不能與負面情緒共存的。〔註57〕為了維持安詳與和諧的心理狀態，就要找到解決「人類所

〔註55〕林崇安譯：《葛印卡老師於中壢圓光寺的開示》，《內觀雜誌》第 1～11 期（摘要），第 3 頁。

〔註56〕林崇安：《培養內觀的能力》，林崇安編《內觀教育集：林崇安內觀論文選》，內觀教育基金會，2004 年。

〔註57〕〔美〕威廉・哈特：《內觀：葛印卡的解脫之道》，臺灣內觀禪修基金會翻譯

面對的苦」的辦法。一些前賢大德給出的方法是：當負面情緒產生的時候，即刻把注意力轉移到別處。葛印卡則指出，這種辦法雖然行得通，但該辦法事實上只能在意識表層發揮功效。當注意力被轉移的時候，負面情緒同時也被推到了潛意識層面，這就好比內心隱藏了一座休眠火山，積壓著的負面情緒終究會爆發。但如果透過體驗自我的生命實相，就會發現轉移注意力不過是在逃避問題而已。

面對死亡，人人都會產生畏懼之心，但是經由內觀的修行可能就會產生另外一番境界。比如葛印卡認為，修習內觀同時學習的就是「死亡的藝術」。人總會死，修習內觀者亦然。但是，一個人如果有規律地修習內觀，那麼在臨死的時候，他就能夠全面覺察，死得非常安詳，微笑著、覺察著、感受著死去，而不會有對死亡的恐懼。

（三）平等性：散播慈愛於人類的無差別視域

所有的南傳內觀禪修都要求通過有步驟的修行，以及持續性的教化幫助人類解除生命的痛苦。舉例言之，泰國隆波田的動中禪，要求練習時透過規律而重複的手部動作，並配合走動，培養出覺性，在行、住、坐、臥中，自己的一舉一行以及念頭都能歷歷分明，體驗生命現象的生滅變化，由此滅除內心的執著與煩惱，最後確證生命的實相，解除生死的束縛，得到真正的自在。〔註 58〕可見，得到終極的自在，解脫生死的纏縛，這才是內觀禪修的終極關懷所在。

除了解脫自己的身心，獲得終極的自在，內觀禪還積極關注他人，希望藉此來傳播愛和悲憫，這是內觀禪人道主義平等觀的一種表現。如果我們稍加注意內觀著作中禪師的語錄，就會發現很多禪師都會強調慈心觀的重要性。修習慈愛觀就是讓禪修者依次散播慈愛給自己、喜愛者、中立者及怨敵。內觀禪修者只有對他人、對人類充滿悲憫之情，才是一位值得敬仰的人。威廉·哈特說葛印卡是一個內觀特質的最佳例證，「他是一個實事求是的人，能機智敏銳地處理日常事務，又能在任何情況之下，保持超凡的平靜心。平靜之外，並對眾生深具慈悲，對任何人都能悲憫其情。」〔註 59〕

小組譯，海南出版社，2009 年，第 3 頁。
〔註 58〕《動中禪（動態內觀）介紹》，《內觀雜誌》，1999 年第 13 期。
〔註 59〕〔美〕威廉·哈特：《內觀：葛印卡的解脫之道》，臺灣內觀禪修基金會翻譯小組譯，海南出版社，2009 年，第 2 頁。

　　內觀禪修從緬甸傳到其他南方佛教國家不久，便開始向西方國家傳播，今天，在美國、英國、德國、印度等等國家都能找到指導內觀禪修的老師、團體或者研究中心。雖然這些老師或者團體未必出自同一個體系，但是幾乎大部分都源自緬甸的內觀禪修傳統。很多有名的禪師不僅親身到西歐國家傳法，而且培養了一批有能力的弟子。近幾十年來，醫學、心理學都對內觀禪修進行了介入式的研究，甚至很多高等教育乃至小學教育都開始採用內觀訓練學生的專注力等等，內觀禪也因此走進了主流學術圈。比如「正念減壓」（MBSR）課程和麻省理工大學醫學院「正念中心」的創立者喬·卡巴金博士就認為「正念減壓」是為了把法帶入主流脈絡裏的無數善巧方便之一。〔註60〕正是借助於多樣化的傳播手段，內觀禪在全球各地都獲得了極大的發展，但是這也離不開內觀禪修所具有的平等性作用。相信內觀禪所蘊含的智慧在改善人類的身心環境方面將會越來越發揮出其固有的優勢和魅力。

　　雖然南傳內觀體系林立，各派間的差別也不易區分，但是整體來看，內觀就是一種止觀雙運，以培養正念正知、覺照智慧的修行方法，該禪法極為強調在生活中保持正念正知，在當下覺知生命的實相，進而改變錯誤的觀念和想法，最終徹底斷盡煩惱，獲得終極解脫。基於培養覺照智慧、解脫生死的終極性要求，內觀禪強調禪修的實用性和平等性，實用性有助於淡化內觀禪的宗教色彩，平等性則有助於傳播禪法，吸引更多信眾。

〔註60〕Jon Kabat-Zinn (2011). Some reflections on the origins of MBSR, skillful means, and the trouble with maps. *Contemporary Buddhism*, 12 (1), 281.

第四章　南傳佛教生命觀影響下的生態觀及其在現實中的人文關懷

　　當今世界，生態和環境問題日益成為全社會普遍關注的焦點，正在成為人類社會所遭遇的十分棘手的「麻煩」。某種程度上可以說，生態的惡化是人類發展史上的一場危機，是由於人類對自然不合理的開發利用，導致生態系統結構的破壞，從而嚴重威脅人類的生存和發展。或者是從科學技術的層面，或者是從思想認識的層面，或者是從政治立法的層面，很多人都在思考如何解決這個緊要的問題。導致生態危機的重要思想根源是人類中心主義，「人類中心主義」造成人和自然環境的緊張關係。「人類中心主義」是工業革命以來成為思想哲學領域佔據統治地位的思想觀念，它強調人是這個社會的主宰，把人的位置提到至高無上的地位。「人定勝天」、「人是萬物的尺度」、「人是萬物的靈長」、「人為自然立法」等理念是「人類中心主義」的典型代表。人成為了主宰一切的中心，任何活動必須以人的需求滿足為目的。人能戰勝一切，人似乎顯得無所不能，特別是在工業革命轟轟烈烈的進行的時候，人的力量似乎被無限的誇大，人們製造然後駕馭各種機器，以極快的速度改變著我們的世界。

　　當代生態批評家威廉‧魯克爾特指出「在生態學中，人類的悲劇性缺陷是人類中心主義（與之相對的是生態中心主義）視野，以及人要想征服、教化、馴服、破壞、利用自然萬物的衝動」，他將這種衝動稱作「生態的夢魘」。以征服掠奪自然為目的，以科學技術為手段，以物質財富的增長為動力的傳統發展模式，在一定程度上破壞了人類賴以生存的基礎，使人類改造自然的力量轉化為毀害人類自身的力量。人們在試圖征服自然的同時，往往不知

不覺地變成了被自然征服的對象。例如，水土流失，土壤沙漠化，資源浪費、城市缺水、物種滅絕、氣候變暖等一系列問題都向人們發出警示：人類的行為如果一味只求滿足人類的需求，而不考慮自然的承受能力，人類將面臨災難。

南傳佛教的生態實踐理論包含著真如一體的宇宙統一論、因緣和合的世界和諧論和眾生平等的生命慈悲觀、戒殺素食的行為道德論、共存共榮的佛國淨土論的命題。佛教的生態觀和生態學理論對維護生態平衡、維護世界和平、促進社會文明具有不可取代的價值。佛教生態思想就是當今生態建設與環境保護的觀念來源之一。作為一種應對當前生態環境問題的思想資源，其整體生態觀、因果報應的生態責任倫理、眾生平等的生命價值倫理以及其戒殺、放生、素食的行為規範和行為實踐，可以治癒現代價值觀的扭曲以及自我欲望的過度膨脹，從而培養一種善待自然、愛護環境、保護動物的生態文明，倡導一種樸素、和平、和諧的生活態度和生活方式。

中國佛教分為漢傳佛教、藏傳佛教和南傳佛教支系。目前從生態與佛教的研究主要集中在漢傳佛教或者說是籠統佛教與生態方面，具體到小的支系的研究不算多，特別是南傳佛教生態觀的研究少之又少。國內學者的研究大多圍繞「佛教與生態」這個大的主題進行，2008 年 10 月 25 日，由上海玉佛寺主辦的「佛教與生態」學術研討論會會代表圍繞會議主題進行了廣泛而熱烈的討論。主要研究範圍集中於由「緣起論」、「眾生平等」、「因果業報」、「戒殺、護生」等方面，其主要內容為眾生平等、戒殺護生、心淨土淨等。

具體到論文方面，以下的這些學者均從不同的角度對佛教生態觀及其生態實踐提出了自己的看法和理解。魏德東在《佛教的生態觀》〔註1〕一文中，從佛教生態觀的哲學基礎、佛教生態觀的基本特徵、佛教生態觀的具體內容和佛教的生態實踐等四個方面做過比較詳細論述。肖平漢在《佛教慈悲思想與環境生態保護》〔註2〕中指出從佛教的慈悲思想，對淨化人類心靈、提高道德水準、美化社會將起到積極作用。慈悲思想體現出佛教對人類生命的珍惜，對自然環境的深切關注。張一方在《佛學為體科學為用──從佛教文化生態學和循環經濟到現代社會》〔註3〕一文中談到佛教強調緣起說，緣起說認為世

〔註 1〕魏德東：《佛教的生態觀》，《中國社會科學》，1999 年第 5 期。

〔註 2〕肖平漢：《佛教慈悲心與環境生態學》，《世界宗教文化》，2003 年第 3 期。

〔註 3〕張一方：《佛學為體科學為用──從佛教文化生態學和循環經濟到現代社會》，《香港佛教》，2006 年第 549 期。

問萬象互為緣起，大自然對人類有天覆地載和養育之德，因此人類對大自然應懷感恩之心，反對無度的佔有、浪費、破壞。在實踐上，佛教充滿戒殺護生的慈悲思想，並把殺生戒作為第一大戒，同時極力稱讚放生、護生功德。佛教要求信徒善待一切生靈，戒殺、放生，認為這樣做會有極大的功德。其他相關的論文還有王雷泉在《佛教思想與生態哲學》、釋傳道的《菩薩社會關懷的兩大任務──莊嚴國土、成熟眾生》、釋恒清的《草木有性與深層生態學》等。

　　目前，國內學者研究南傳佛教的生態觀方面的文章有兩篇，一篇是鄭筱筠《試論南傳佛教的生態文明》〔註4〕，另一篇是高徽南的《南傳佛教與傳統傣族生態觀》〔註5〕。另外是兩篇國外學者的文章，見於安樂哲主編的《佛教與生態》〔註6〕一書，分別是唐納德‧K‧斯威勒的《當代泰國的佛教生態詮釋學介紹：佛世尊者與法藏長老》、萊斯利‧E‧施蓬澤爾、波拉妮‧納塔德查－施彭澤爾寫的《泰國僧團促進綠色社會建設之潛在貢獻的理論分析》。另外，許多南傳佛教大師的著作也為我們研究南傳佛教與生態提供了寶貴的材料，例如阿姜查禪師的《我們真正的歸宿》、《以法為贈禮》、《森林裏的一棵樹》、《靜止的流水》，摩訶布瓦的《尊者阿迦曼》，法藏長老的《泰國人與森林》，佛使比丘的《佛教徒與關愛自然》、《來自自然的呼喚》、《菩提樹的心木》、《人類手冊》等。佛使比丘生態闡釋學的核心把「佛法」與「自然」視為同義詞語，他認為自然就是顯現佛法的自然，擁有令人解脫的能量，這種理念激勵佛使在泰國蘇拉塔尼省猜耶小鎮邊上建立了解脫自在園作為教學和修行中心。對佛使來說，他的森林寺院的自然環境就是個人轉依佛法的環境。南傳佛教世界觀：生態整體論、沒有暴力、心理調控、需要和存在、心智和成長、自我調解，最後形成生物多樣性。

第一節　南傳佛教生命觀影響下的生態觀

　　南傳佛教在其長期的生活實踐過程中，形成了自己的整體、無我的生態觀，這種生態觀引導著他們對自然和生命的理解，同時根植於他們的日常生活之中。

〔註4〕鄭筱筠：《試論南傳佛教的生態文明》，覺醒主編：《佛教與生態文明》，宗教文化出版社，2009年。
〔註5〕高徽南：《南傳佛教與傳統傣族生態觀》，《海內海外》，2009年第10期。
〔註6〕安樂哲：《佛教與生態》，江蘇教育出版社，2008年。

一、南傳佛教的生命觀簡述

生命是開展一切活動的根基，是一切存在得以呈現的前提，生命的重要性無須贅述。以一種什麼樣的態度對待生命，這在任何時代都是至關重要。通常我們關注的生命都指向人的生命。在如何看待生命理解生命應對生命方面，筆者提出了「大生命觀」這個概念。在《〈壇經〉大生命觀論綱》〔註7〕一書中，筆者認為：「大生命觀」指從生命的本源視角來審視生命現象，突破個體生命的侷限，將對生命存在的認識領域延伸到「本源」境界。當下很多對於生命的認知都沒有延伸到「本源」境界，很多對於生命的認知僅只是把生命從萬物中孤立出來，在人的生命與其他物種的生命對立面或者是人的生命受到威脅的境況下談生命。

魏德東認為佛教生命觀的基調是「眾生平等，生命輪迴」。〔註8〕在這一基礎上，佛教提出不殺生的生命實踐。佛教的生命觀對當代生物保護運動頗具啟迪佛教對生命的理解十分廣泛，佛教的眾生平等不僅是不同個人、不同人群、不同人種的平等，而且超越人的範圍，是宇宙間一切生命的平等。魏德東將佛教生命觀與施韋澤的「敬畏生命」主張相聯繫，施韋澤認為不僅對人的生命，而且對一切生物的生命，都必須保持敬畏的態度。這種對生命的敬畏的認知與佛教從不殺生的戒律、尊重生命、愛惜生命的精神有內在的一致性。

佛教在關愛生命、尊重生命這方面有更多的借鑒意義，他們關注的生命範圍更廣，不限於人的生命，他們眼裏的生命是眾生，眾生平等。這在很多宗教經典中都有體現，戒殺是南傳佛教五戒之一。

《四分律》卷二、《十誦律》卷二、《善見律》卷十、《摩訶止觀》卷九以及《雜阿含經》卷第二十九都記載了一個故事，那就是在佛陀靜修期間，有些比丘在修不淨觀時，他們見到自己的身體是如此的無常、肮髒，由此對自己的身體感到羞慚、厭惡，覺得生不如死，再加上外道魔神的誘惑，「極厭患身，或以刀自殺，或服毒藥，或繩自絞，投岩自殺，或令餘比丘殺。」有些比丘來到鹿林梵志子所，對鹿林梵志子說：「賢首！汝能殺我者，衣鉢屬汝。」在魔神的鼓動下，「鹿林梵志子即以利刀殺彼比丘，次第乃至殺六十人。」等佛陀從靜修中出來，於十五日為諸比丘說戒時，發現出席布薩的比丘人數明

〔註7〕吳正榮、馮天春：《〈壇經〉大生命觀論綱》，人民出版社，2014年。
〔註8〕魏德東：《佛教生態觀》，《中國社會科學》，1999年第5期，第111頁。

顯減少，「比丘轉少、轉減、轉盡。」這是佛經典籍裏記載的一次比較嚴重的自殺事件，其背後是對肉身的懺悔和放棄。肉身是生命的載體，也是意識的家園，這種異常的自殺現象引起了佛陀的驚覺，佛陀因而制定了「不殺生」戒：「若比丘手自殺，人斷其命，是比丘得波羅夷不共住。」

南傳佛教《律藏·附隨》中有很多相關規定，對於挖掘土地、砍伐樹木、在草地上傾倒有生命的水、燒火取暖、飲用有生命的水等行為，因為均會傷害到生命，因而都要求向清靜比丘懺悔。因為水中除了細菌外還有比較高等的生命，所以佛陀要求比丘喝水前需用濾水囊將這些微生物過濾掉。〔註9〕

淨因在其《尊重生命，慈悲不殺——五戒的現代意義系列講座之一》中梳理了五戒的「制戒因緣」，任何比丘，如果故意自殺、殺害他人，或者勸導他人自殺，就犯了不共住之罪。戒律訂立之初，不殺生戒僅是對人而言，即不殺人。隨著人類文明的向前發展，不殺生戒被擴展到不殺動物和毀損植物，現在更是把生命的範圍擴展土地、水文等周遭事物上，萬物皆有佛性，都有生有滅。在巴利文《中阿含》第九十八經 Vasettha Sutta 中，佛陀把生命存在的形態分為三種：植物、動物和人類。〔註10〕

這種生命觀是一種整體性生命觀，並沒有把人的生命和其他的生命對立起來，是一種破除主客體二元對立的生命觀。破除人與物的生命對立的單一的生命觀乃是生態思想的哲學基礎。這涉及到關係的改變，把我它關係變為我我關係。以這樣的關係成為看待人與萬物的關係是一種對自然對象充分的理解和尊重。

二、南傳佛教的深層生態觀

（一）整體性

整體性是指一種立體視角的思維和看問題理解事物的方式。缺乏整體性是現代學科分化的弊端，從某一個特定的理論出發或者是侷限某一個學科之內的視野，都是缺乏整體性的表現。關於佛教的生態觀，魏德東在其論文《佛教生態觀》一文中指出佛教生態觀的基本特徵是整體性和無我論。「在緣起論的基礎上，佛教建立了獨特的關於人與環境關係的理論，這就是佛教的生態

〔註9〕陳紅兵：《佛教生態哲學研究》，宗教文化出版社，2011年，第211頁。

〔註10〕淨因：《尊重生命　慈悲不殺（上）——「五戒的現代意義」系列講座之一》，《法音》，2000年第11期。

觀。其基本特徵集中在兩點：整體論與無我論。」〔註11〕南傳佛教的整體觀的哲學基礎是緣起法。佛教常用「此有故彼有，此生故彼生；此無故彼無，此滅故彼滅」來說明緣生緣滅的道理。

何謂緣起法？淨因的闡述簡潔明瞭：

> 所謂緣起法，即諸法由因緣和合而生起，宇宙萬有都是由種種關係或條件──即因緣組合而成，事物與事物之間又是相互依存、互為條件的。若用現代語言來描述，即我們所處的地球，是由有情眾生和無情的物質世界組成。有情眾生包括人類和動物。人類、動物界和無情的物質，因緣和合，形成了世界的整體。三者不可分離，互為因果，互為條件。個體的命運與全體的命運休戚相關，牽一髮而動全身，一榮俱榮，一損俱損。〔註12〕

「緣起論」是構造佛教全部教義的理論基石，是一切佛法的源泉，所有佛教理論都是依據緣起論的根本原理建立起來的。所謂緣起，也就是說「一切事物或一切現象的生起，都是由相待（相對）的互存關係和條件而決定的；離開了關係和條件，就不可能生起任何一個事物或現象」。佛教根據緣起的理論來觀察和分析人生現象，認為人是物質與精神的組合體。人的肉體是物質的，是由地、水、火、風四大元素構成的，人的精神是由多種心理要素，如受、想、行、識等構成的，一旦四大元素和各種心理要素分離，生命則立即消亡，精神世界也隨之消失。所以佛教認為人生具有生、住、異、滅，世界具有成、住、壞、空，世界上沒有獨立不變的永恆實體。緣生緣滅是事物變化發展的客觀規律，是生命新陳代謝的自然過程。佛教還根據緣起的原理將人生命的全過程分為十二個不同的階段，稱為「十二因緣」。從十二因緣的序列構成來看，從「無明」到「老死」，人生經歷了由無明引發的處於同一生命序列上的互為因果關係的十二種變化現象。佛教從分析人生過程出發，繼而又聯繫發展到整個宇宙，認為世界上的一切事物或現象都處於相互關聯、相互依賴的因果關係之中。因此，在緣起論的基礎上佛教提出了「諸行無常，諸法無我，一切皆苦」的三大命題，被認為是揭示人生本質的三個基本論點，也是佛教在理論上區別於其他宗教和哲學的根本性標誌。

〔註11〕魏德東：《佛教的生態觀》，《中國社會科學》，1999年第5期，第107頁。
〔註12〕淨因：《尊重生命，慈悲不殺（上）──「五戒的現代意義」系列講座之一》，《法音》，2000年第11期。

從這個意義上講，我們的生活世界裏面的任何一種事物都不可能不依賴於其他事物而獨立存在。「儘管這些分離個別的構成元素既沒有被空間中的彌漫質料聯接起來，也未由時空上的連續性聯繫起來，但它們之間仍然存在某種聯繫。它在時間上和空間上的顯現都遵循著確定的因果性法則。這些法則有一個總的名稱：相依緣起。」〔註 13〕人與人、人與自然萬物形成了一張相互依賴的生存之網，這張大網下面又有很多環環相扣的鏈條。這張網是一個整體性的存在，在這個整體裏面，沒有任何物種是孤立性的存在，任何存在都與他物的存在為前提。

（二）共生性

共生性的生態觀破除了人與自然、主體與客體的對立。人與我們生存的環境是一個共同的、不可分割、生死相依的生存空間。我們不可能獨立環境而存在，我們只能在這個共同的空間中存在。美國學者小約翰・B・科布認為深層生態觀強調生態系作為一個共生的整體，具有相互依賴和統一的特性。「價值存在於這個完整的體系中，而不是存在於每一個單個的造物中。個體是作為這個整體的一員存在的，只有它們投身於整體的複雜關係網中才是有價值的。順從這個整體，一種強烈的聖神感會油然而生。若背離這個整體，便會產生強烈的負罪感。」〔註 14〕科布認為在理解人的位置這一問題上，深層生態觀反對強調人與自然分離的觀點，認為人類的自命不凡是一種錯覺。

共生是生態文明發展的一個特徵，生態是一個彼此平衡、共同繁榮的狀態，是一種能夠可持續的發展狀況，體現的是一種「共生」的態勢。這不同於工業文明中的「競生」關係，這種關係突出了人與自然環境的對立，這種對立導致了今天的生態危機。南傳佛教的生態觀一開始就超越了這種人與自安然的對立狀態，在其萬物互為緣起、無我性空的思想導引下，南傳佛教形成了一種平等共存共生的生態觀，他們把自然看作是一個整體，人只是自然中的一份子，人並沒有高於其他的生命體。在人與自然，人與其他物種面前，人沒有任何特權。

〔註 13〕〔俄〕舍爾巴茨基：《小乘佛學》，宋立道譯，中國社會科學出版社，1994 年，第 55 頁。

〔註 14〕〔美〕大衛・格里芬編：《後現代科學：科學魅力的再現》，馬繼方譯，中央編譯出版社，2004 年，第 148 頁。

三、南傳佛教自然觀

（一）自然是一個互為緣起的平衡體，存在多樣性和多層次性

　　一般地講，自然被我們認為是一個客體對象，我們改造自然，利用自然。自然也有自然而然之意，強調的是隨性隨意。泰國的高僧佛使比丘對自然有獨特的理解，他在其著作《法的社會主義》中說：「更有趣的是，佛使尊者視生命的這種互動關係為自然的本質（dhammajati）。本質上，自然是一種彼此間互為因緣的平衡狀況，你也可以稱它為『本質』（Prakati）。根據佛使比丘的見解，Prakati 有二層意義：一是本體意義，即自然或事物自然的真相——緣起法；二是道德意義。」〔註 15〕佛使比丘認為自然（prakati）有兩層意思：一是自然的本質，是以遵循自然法則為準則，例如要身體處於自然的狀況，就要順其自然地吃飯、站立、行走、睡覺、沐浴和排泄；另一種則關係到人類要以合作的方式來解決問題，人類應該互相合作，世事才能順其自然地運行。歸納下來，自然就包含了兩個方面的內容，一是自然自為的本質層面，二是社會層面的自然關係。

　　「對佛使比丘說來，一切都是法（Dhamma）一切也都是自然。」他說過：「法就是自然。它可以分為四個方面：一、法之本性自身（法性／法相）；二、自然法則，真法／實法）；三、一切命有情者依自然法則而來的責任義務（法式／法軌）；四、遵循法則而得的結果，法果／見法／證法）。」在泰語中「自然」一詞意為「那從自然秩序中生成者」。這同中國哲學中的「自然自爾、自生自化」是一樣的。整個地看它指「自然（界）」，局部地說，它指「自然中的事物」，本質地說，它指「稟賦於自然之性」。」〔註 16〕佛使比丘的自然的概念來自於自己親身的體驗和實踐，他離開曼谷，來到偏僻的家鄉，住到森林裏，從而對自然有最本真的體認，認知到生命相互依存的實相。只有把人放到一個自然之所，才能去掉我執的成見，就好像去掉隔離自己、反對他人的藩籬，使人豁然開朗。所以說在佛使比丘這裡，自然包含了整體性的內容，也包含了德性的內容。自然不是一個單獨的存在對象，而是一種互為因果的存在。自然既顯示一種本質的存在狀態，也顯示一種存在的關係。自然性包

〔註 15〕佛使比丘：《法的社會主義》，顯密文庫 http://read.goodweb.cn/news/news_
　　　　view.asp 跡 newsid=58933。

〔註 16〕宋立道：《傳統與現代——變化中的南傳佛教世界》，中國社會科學出版社，
　　　　2002 年，第 456 頁。

含關聯性和相互的依賴性，由此，佛陀達莎引出了人與人之間的、人與社會的以及人與自然（界）的關係，因此他才強調了社會和諧、自然和諧以及生態平衡的合理性必要性。

（二）自然不是死物，自然在流動

自然是動的自然，是運用自然規則周行不止生生不息的自然。自然不是一個無作為的對象，它跟人類的道德、社會活動息息相關。在《解脫自在園十年》中佛使這樣說道：「從智者的觀點來研究道德時，就必須從更深的意義去理解它，也就是從正常的（prakati）身、口、意中去體解它。Prakati（本質、自然或正常）不是寂靜無聲、不言不語或靜止不動，而是表示不與人（包括自己）衝突、不打擾清淨的祥和狀態，不與人起衝突就是不與別人衝突或不打擾別人平靜的狀態，這是根據『道德法』去解釋 prakati（正常狀態）。」〔註17〕在佛使比丘這裡，自然的概念跟道家所講的自然有共通之處，最基本的是指自然物或者是自然對對象，其次是自然法則。

佛使比丘認為法即自然，自然即法。自然它代表著一種正常的狀態，而這種狀態是動態的存在，是發展變化中的正常狀態。自然界的本質與平衡就是這種正常的狀態，而其運行的法則就是自然。這裡有一種還原的味道，可以這樣說，自然就是它自己，不是別的什麼，就是自生長，自運行的正常狀態。如果個人的內部，人與人之間，人與社會之間均處於這種自然滋長的正常狀態，那就是平衡，就是人類的和諧。佛使比丘自 1932 年成立解脫自在園開始，至 1993 年圓寂為止，大半生都在森林中度過，他認為修法必須選擇自然的環境，因為森林是心靈全新感受的泉源，森林是最自然的所在，在這裡才能夠融入自然之中。他對自然的體悟，充分表現在對自己生命的態度上。他在大自然中觀察到萬事萬物本來如是，一切都只是緣起，包括生、老、病、死也是大自然中的一部分，只是「自然」，只是「法」，他最常講的一句話是：「如是！如是！」

第二節　南傳佛教的生態實踐

生態實踐在南傳佛教中有著重要位置，這種實踐是對人的異化的回歸，

〔註17〕佛使比丘：《法的社會主義》，顯密文庫 http://read.goodweb.cn/news/news_view.asp 跡 newsid=58933。

它既不單獨指向肉體，也不單獨指向心靈，而是指向一種人的綜合的生活世界。實踐是人存在的方式，實踐既是改造世界的活動，同時也是改造自己的活動。改造世界和改造自己在人身上得到統一。實踐意味著以我們的行為打開一個個生命的空間，無論是知識空間還是審美空間。《漢典》裏「實踐」有兩個意思，一是指改造社會和自然的有意識的活動，二是指實際去做、去履行。在中文語境裏，實踐基本上就是去做的問題，與之相關的踐行實行踐履等都和具體的行動有關聯。

在西方哲學史上，很多人都把實踐的產生分類追溯到亞里士多德。實踐，西文有三個詞語表達：Practice、Practise、Prakitik，三者都源自於古希臘文 Praxis。Praxis 出現很早，在早期古希臘文獻中就已使用。據有關考證，Praxis 的最原始含義是指一切有生命的東西的行為方式和運動方式，它可用於一切生物和生命體，包括上帝、眾神、宇宙、星星、植物、動物和人，甚至有生命體的器官，以及政治共同體。亞里士多德在《尼各馬可倫理學》中說到「實踐是使靈魂獲得平衡狀態的具體的活動」。亞里士多德從目的與趨向、目的與活動的關聯方式上，找到了實踐與生產的根本分隔。這個分隔就是：「製作的目的外在於製作活動，而實踐的目的就是活動本身。」日常的生產勞動的目的體現在產品上面。而實踐不同，「它本身就是目的，而不是達到目的的手段；實踐的目的內在於趨向而不假於外求，不是作為外在目標懸於活動與趨向之外」。

南傳佛教的生態觀，它為人類充分認識生態環境的重要性，解決當代生態危機提供了一種精神資源，生態問題也為佛教與現代社會的融合開闢了嶄新的通道。持有什麼樣的人生觀和價值觀非常重要，但對於促進我們人類社會的發展對於解決人類社會發展中遇到的各種各種難題而言，怎麼做才是最重要的，因此這一部分的內容其實主要探討信仰南傳佛教的教徒在生活中如何身體力行他們的生態環保觀念。

南傳佛教的生態實踐主要指的是其生態環保的實踐，包括了生活起居、生產等方面，具體指向其生活方式、生活環境、生產方式、文化教育等方面的內容。在生活方面，宗教生活主要是禪修、持戒、布施等。以下從幾個方面分別論述南傳佛教的生態實踐。

一、珍愛生命、尊重生命

隨著經濟的發展，物質生活逐漸豐富，我們的基本生存問題得到解決。

可是另外的社會問題出現，自殺、兇殺等一系列的問題日益凸顯。這種問題的背後是對生命的不尊重和不珍惜的表現。戒殺是佛教徒的戒律，體現在其修行中是對生命的珍愛和呵護。戒律是對生活中不去做的強烈規範，反面的要求就是對生命的尊重和珍愛。這種行為體現南傳佛教生態實踐中就是其日常生活中護生、放生和素食主義的踐行活動。

持不殺生戒是出於對我們自身的一種保護。換句話說，保護動物和植物，就是保護人類自己，不殺生戒的第二個方面要求我們不殺動物。

香港野生動物基金會南茜女士編寫過《生命之樹——佛教和自然保護》一書中引用了泰國「白廟」的故事：離曼谷不遠的地方，有一座佛教寺廟。每逢秋冬之季，便有數千隻鸛來這裡越冬。它們拉下的糞便，把森林和寺廟都塗白了。但寺廟的和尚本著慈悲的信念，並不厭棄它們；鳥類愛好者「愛屋及烏」，也很喜歡這一特殊的景觀。結果這種泰國特有的鸛類在別的地方都已經絕跡，唯獨這裡的卻得以保存和繁衍下來。後來進一步知道，因為有了這種鸛，才有效地控制了食稻蝸牛的危害，有效地保護了農業。否則，必須使用農藥來消滅蝸牛。這是生態平衡的一個典型案例。

另外是一個是相反的例子，美國著名的生態學家卡遜寫過一本書叫《寂靜的春天》，裏面寫道人們為了殺死農田裏的種子而大量的使用 DDT，結果這些蟲子的屍體被鳥吃了，把周圍的鳥全部給殺死，從而形成了「寂靜的春天」這種死寂的現象。春天是充滿生機和活力的，可是因為殺死蟲子這樣一個行為，其實也嚴重的破壞了當地的生態平衡，把春天也給殺死，其最終很可能把人類自身也給殺死，這是一個嚴重的惡性循環。

兩相對比，我們可以看到愛護生命的重要性。這種意義上說，佛陀是世界上最早、最偉大的生態學家。佛教徒不殺生，護生的慈悲行為，不僅保護動物界和自然界的和諧，同時也保護了人類自身的生存。

二、愛護自然環境、建設和諧家園

愛護自然環境和建設和諧家園其實是一個問題，自然環境是我們大的生存空間，是大家，而我們的家園則是相對小的生存空間。自然環境一旦被破壞，我們將無處安身。

筆者曾在泰國呆過兩年，泰國只有兩個季節，雨季和旱季。下雨的時候持續不斷，而乾旱的時候持續不雨。這種氣候下如果自然環境遭到破壞，那將是泰國人生存的災難。泰國百分之九十的人信奉佛教，泰國在自然環境保

護方面有很多可以稱道之處，每到一處，都會見到鬱鬱蔥蔥的樹木，特別是寺廟周圍，綠樹與寺廟依稀掩映，給人自然和諧之感。泰國自然環境保護的成功，有其氣候方面的原因，但是其背後的環保生態理念與其信仰的南傳佛教有很大的關係。

南傳佛教戒律中有很多規定都體現出佛教對大自然的慈悲思想。例如，《律藏・附隨》中有很多相關的規定：對於挖掘土地、砍伐樹木、在草或泥上傾倒有生物的水、燒木取暖、殺害動物、飲用有生物的水等行為要懺悔。雖然傷害的對象不是人，但無論是殺害動物，還是因某種行為，間接傷害到動植物，都屬於殺生的行為，都歸為懺悔罪，犯者必須向清淨比丘懺悔。

《泰國大藏經律藏・戒律綱要》對此就有很多規定。他們在佛教徒的日常生活中的很東西如「資具」、「坐臥具」方面嚴格規定，比如說禁用動物皮來做皮鞋：

> 第十二品。資具：禁用獅子、虎、獺、貓、鹿、麝、鷗等皮鑲鞋緣。禁飾禽羽，孔雀羽。禁令（鞋尖）聳起如羊角，蠍子鉤。坐臥具：坐臥布：即坐臥褥，美飾者不許用。氍毛長四指量者、羊毛製者、繡者、有紋者、有花者、有獸形者、純白者、毛聳立者、廣大可容十六無姬者、金與絲混織者、純絲者、柔毛者、麝皮者、上有架之臥床披象背布、披馬背布、敷車座布、皆不許用。……第十八品。細行，非行。……四、毀壞物品，如無故焚燒林木。〔註18〕

這些細緻的規定，落實到具體的生活實踐中，其對自然環境的保護無疑具有非常大的作用。

這種狀況在雲南的西雙版納及其他信仰南傳佛教的地方也很常見。西雙版納是雲南生態環境保護比較好的地方，西雙版納有中國唯一的熱帶雨林自然保護區，氣候溫暖濕潤，樹木蔥蘢，蔓藤盤根錯節，可以說這裡就是動植物的天堂。傣族諺語說：「森林是父親，大地是母親，天地間穀子至高無上。」「毀林三年，山禿窮幾代。」「這種樸素的生態觀，鑄就了傣族敬畏自然、崇尚自然、尊重自然、愛護自然的心理特質和文化，使其能夠在長期的歷史發展中，始終與自然和諧相處，使得西雙版納這片熱帶雨林得以保存。至今，整個西雙版納仍然保持著良好的生態系統，堪稱人與自然和諧發展的典範。」

〔註18〕鄭筱筠：《試論南傳佛教的生態文明》，覺醒主編：《佛教與生態文明》，宗教文化出版社，2009 年。

〔註 19〕良好健康的自然環境是人類生存的一個前提，有這個前提，人類建立和諧家園，建設生態文明的夢想才可以成為可能。

　　和諧家園的建設主要指向信仰南傳佛教地區的人與自然、社會的和諧關係的建立，這些地區受南傳佛教生態自然觀的影響，構建起一種和諧的關係。「南傳佛教的生態觀，塑造了傣族民眾敬畏自然、愛護自然的精神品質，實現人和自然的共生共榮。我們常常引用的一句傣族格言『有樹才有水，有水才有山，有田才有糧，有糧人類才能生存。』在貝葉經中就有多處表述，強調這是人類生存的基本規律。人和自然的關係，就是這樣密不可分。貝葉經中還說到『人要愛護動物，不要把小鳥捉來關在籠子裏，說不定將來有一天，鳥也會把人捉來關在籠子裏』。這很精闢地說明了人如違反自然規律，必然要受到大自然的懲罰這一真理。類似的記載還很多，它可以使我們看到傣族民眾是如何與自然界和諧相處的。」〔註 20〕

三、生態文化傳承

　　任何一種寶貴的思想文化，都必須經由教育得到鞏固和繼承，從而形成一種良性循環和良好的文化傳承。南傳佛教的信徒除了正式的僧人以外，還有其他的民眾，這些民眾的日常生活與南傳佛教密不可分。這些地區信仰南傳佛教的民眾從生到死，都與佛教打著交道。比如說與南傳佛教關係密切的傣族，過的幾乎是「半僧半俗」的社會生活。

　　「傣族男孩在 7 歲時就要入寺做『嘎比』（學僧），屆時由父母帶到佛寺，向長老說明來意，若被准予，則由比丘剃度。」〔註 21〕吳之清先生對學僧的生活有著細緻的描述：「當學僧期間，食宿均在寺廟，身穿俗服，日食三餐，主要學習傣族文化、佛教知識、信仰禮儀，做早晚功課，並負責挑水做飯，打掃衛生，劈柴種菜等雜事。」〔註 22〕可以說這是一種寄宿制的正規教育生

〔註 19〕刀世勳編：《貝葉文化與傣族和諧社會建設》，刀林蔭：《弘揚傣族生態文化觀，建設生態文明的和諧家園——淺談傣族生態文化觀對促進生態文明建設的作用》，第 5 頁。

〔註 20〕秦家華：《南傳佛教與傣族社會和諧》，刀世勳編：《貝葉文化與傣族和諧社會建設》，第 11 頁。

〔註 21〕吳之清：《貝葉上的傣族文明——雲南德宏小乘佛教社會考察研究》，四川大學博士論文，2006 年，第 73 頁。

〔註 22〕吳之清：《貝葉上的傣族文明——雲南德宏小乘佛教社會考察研究》，四川大學博士論文，2006 年，第 73 頁。

活，其教育的環境就是典型的寺廟生活環境。小孩子從小就接受這樣的教育薰陶，佛教的思想觀念不但通過文字傳頌的方式深入他們的內心，而且同時體現在他們的日常生活裏面。這些信仰南傳佛教的地區的人對孩子的教育、成長以及「出家」等環節持嚴肅態度。一般他們都將「受佛教洗禮」視為人生重要一課。

德宏傣族對孩子（男孩）的重大教育，就是慎重對待他們的「出家」，否則，他們就「成不了人」，儒家講「子不教，父之過」，所以父母深感責任重大，直到將自己孩子送進寺廟受完教育之後，才會鬆一口氣，否則就認為自己沒有完成父母職責。〔註 23〕

這使每個家庭中的男性都能通過佛寺直接學習佛教知識。對於女性，則通過做賧、雨安居等活動及家庭內男性成員的潛移默化，間接地學習佛教知識，實現了教化的全民性。另外，除了子女的嚴格的寺廟教育以外，南傳佛教信仰者還把自己獲得人生意義、功德的方式與南傳佛教聯繫起來，他們認為「俗人獲得功德的方式基本上有三種：賧（有功德的供奉）、特信（持守戒律）和巴瓦那（坐禪，巴利語 bhavana）。三種做功德的方式當中，大多數西雙版納傣泐村民最熱衷的也許是賧，賧是作為大眾化的佛事。」〔註 24〕

「賧」是巴利語 D·na 的音譯，漢譯為布施、施捨、供奉，是佛教的十波羅密之首或六度之一。在傣族頻繁的宗教慶典中，被冠之於「賧」的集體性的佛事活動有 11 個之多，賧新年、賧關門、賧開門、賧星、賧坦、賧崗、賧帕這七次是必須做的，內容都與尋求「供奉」、「贖罪」、「造業」相關聯。每次做賧，都是到佛寺中接受一次佛教文化的再教育。「『賧』是南傳佛教的專用名詞，是傣族所有敬佛活動的總稱，內容豐富、形式多樣。主要包括拜佛、祭獻供品、聽佛爺講經等。從為佛寺、和尚作『賧』到為村落、為民眾做善事，從宗教到俗世，『賧』的思想貫穿了傣族全部的社會生活。『賧』是信徒與佛寺的特定聯繫方式，也是信徒由世俗空間進入佛教聖城的且主要方式。」〔註 25〕

〔註 23〕吳之清：《貝葉上的傣族文明──雲南德宏小乘佛教社會考察研究》，四川大學博士論文，2006 年，第 75 頁。

〔註 24〕譚樂山：《南傳上座部佛教與傣族村社經濟──對中國西南西雙版納的比較研究》，雲南大學出版社，2005 年，第 77 頁。

〔註 25〕田玉玲：《人、神、自然的和諧共聚──西雙版納傣族傳統村落空間格局研究》，載《貝葉文化與民族社會發展》，雲南大學出版社，2007 年，第 137 頁。

這種對南傳佛教思想虔誠的踐行，對於這些地區的民眾的思想觀點有突出的潛移默化的作用，因為這些都深入他們日常生活之中，變成了一種行為習慣。此外，佛教僧侶作為傣族小掌握文化、傳承文化的代表，也將反映人對自然的認識以及持續利用自然的指導原則著成貝葉經書《壩興麻版》〔註26〕，通過佛教節日傳播下去，讓蘊涵其中的生態觀為人們所認識和接受。

佛寺中的和尚接受的是長時期的佛教文化教育，當他們還俗後，還要在每年的雨安居時與村民們一起到寺中聽佛爺講經、說故事，其效果是一年一度對全體民眾（無論是還俗的和尚還是女性）實施了定期培訓。這種入佛寺當和尚長期學習與例行定期的雨安居培訓及不間斷的、短暫而頻繁的做賧相結合的安排，實現了教化的連續性。

南傳佛教對傣族地區的潛移默化的影響，形成了傣族的生態文化的多樣性，包括生態行學觀、生態束教觀、生態經濟觀、生態生活現、生態審美觀等方面。傣族認為人類與自然是相互依存、相互聯繫的整體，人是自然的一部分，人離不開自然，且依賴於自然。

第三節　南傳佛教生態實踐關懷的現代意義

本課題緒論裏面已經指出，人類對自身的關注、關懷、觀照尚存在許多可反思之地。而現行人文關懷體系並不足以代表人類生命的最高安頓層次、有效解脫方法和正確行進路徑。而南傳佛教的生態實踐關懷正好可以對現行的「人文關懷」的缺位作出彌補和拓伸，「實為『新人文』視域」。所以說，南傳佛教的新人文視域對現代社會的發展有著極為重要的意義。大體來說，人類文明發展已經經歷了原始狩獵文明、農業文明和工業文明三個階段。隨著工業化進程的加快，人與自然、人與人之間的矛盾對立變得越來越尖銳，在這樣的背景之下，必須發展一種更高級的文明理念和形態，以便克服和解決工業文明發展帶來的一系列矛盾和問題。生態文明就是基於這種狀況提出

〔註26〕參見黃映玲著《生態文化》第 44 頁：「傣族學者把反映人與自然關係的認識，以及持續利用自然的指導原則著成貝葉書《壩興麻版》，由傣族中掌握文化、傳承文化的代表階層——佛教僧侶，通過佛教節日一代代傳播，對傣族以至於整個西雙版納的社會影響很大。同時，家長也通過家庭教育對子女進行生態保護的教育。因此，無論在乎壩還是在河谷，凡是傣族居住的地方，都把保護生態環境看得與生命同樣重要，普遍重視環境建設。」（黃映玲：《生態文化》，雲南教育出版社，2006 年。）

來的新的文明形態。「生態文明所提供的基本觀念是全球生態環境系統整體觀念和系統中諸因素相互聯繫、相互制約的觀念。它以尊重和維護自然為前提，以人與自然、人與社會和人與人和諧共生為宗旨，以建立可持續的生產方式和消費方式為內涵，引導人們走上持續和諧的發展道路。生態文明強調人的自覺與自律，強調人與自然的相互依存，相互促進。建設生態文明、追求人與自然和諧的過程是人類不斷認識自然、適應自然的過程，也是人類不斷修正自己的錯誤、改善與自然的關係的過程。」〔註27〕生態文明強調整體性、共生性和可持續性。如今，生態文明建設已經明確的寫入國家章程，這種尊重生命、追求整體性與長期可持續發展的文明形態是人類文明發展的必然狀態。在這樣的背景下，南傳佛教的生態實踐凸顯了其重要的時代價值和意義。

一、南傳佛教的生態實踐與自然環境保護

南傳佛教的生態實踐必將極大地改善人與自然環境的對立矛盾關係。踐行南傳佛教對自然環境，對生命的尊重的行為，有利於自然環境的保護，有利於消解人類中心主義。南傳佛教的生態實踐是現代生態觀和環保理念的踐行，這種踐行克服思想與行動的分離狀態，強調人的參與性和人類社會對生態環境的依存關係，以實際行動展示其對自然環境的愛護。生態環境作為一個整體，我們無法外位，無法把我們生存的空間環境僅僅當做一個可以隨意置換和處置的對象。我們周圍的空氣、草地、樹木花草乃至水塘，我們無法說這些東西外在於我們，我們總是存在於一個整體裏面，從這個意義上說，保護環境也是保護人類的將來。

王亞欣在著作《宗教旅遊與環境保護 宗教文化旅遊與民族地 I 式乍態環境保護研究》的第一節「佛教文化中的生態觀和生態實踐」中談到：「在傳統佛教生態實踐上，佛教形成惜福、節約、素食、放生、綠化環境等生活方式，這對今天的生態環境保護，仍然不失其價值。」〔註28〕其實這些生態實踐，不但不「失其價值」，而是對我們今天所面臨的生態危機的解決有重大的價值。可以說南傳佛教的生態實踐關懷為當下的生態危機的解決提供了解決的

〔註27〕鄭筱筠：《試論南傳佛教的生態文明》，覺醒主編：《佛教與生態文明》，宗教文化出版社，2009 年。

〔註28〕王亞欣：《宗教旅遊與環境保護：宗教文化旅遊與民族地區生態環境保護研究》，中央民族大學出版社，2008 年，第 17 頁。

思路。生態危機的實質是人與自然、社會、自我的關係的惡化，而南傳佛教的生態實踐恰恰有助於改進這些關係。南傳佛教的生態觀彰顯了其對生命自然的特殊理解，與其相一致的實踐關懷走出了一條人類社會和諧發展、可持續發展的生態文明之路。面對當下的危機，南傳佛教僧侶更加活躍，積極的行動，對現代社會中的諸多問題作出有力的回應，力求改善當下的一些不利於人類發展的狀態。這些回應包括積極幫助失學兒童、看望貧困患者、幫助貧困群眾、積極捐款援助受災群眾，以及積極參與生態環境保護宣傳活動。面對當下的社會問題，南傳佛教僧侶們並沒有「獨善其身」，而是積極行動，為解決當下的社會問題，呼籲奔走，積極盡力。

二、南傳佛教的生態實踐與社會和諧

在泰國，一部分學者、高僧表現的特別活躍，他們對社會中的一些現象提出了批評意見。宋立道在其《傳統與現代——變化中的南傳佛教世界》〔註29〕詳盡分析了泰國佛教界對現代社會問題作出的激烈的回應，比如佛陀達莎（Putthathat Phikkhu）的佛教運動。佛陀達莎一生中大部分時間都在泰國南部的差耶（Chaya）度過。他在那裡有一個靜修園供他講學冥想，組織他的學說體系。佛陀達莎的一些居士弟子在泰國已經形成了一個宗教社團，其中最有影響力的是當今泰國的著名自由知識分子素拉司瓦·拉差（Sulak Sivaraksa），他在泰國是著名的佛教傳統的維護者，也是它的批評者。針對現代的價值觀，他一方面抨擊了西方的以消費主義為核心的生產觀、生活觀。另一方面肯定了南傳佛教佛教的宗教倫理精神對於處理人與社會、自然方面有重大意義，尤其是其生態觀、環境保護意識等等，都是人類應付現實問題所不可或缺的。

鄭筱筠在《內斂與外顯：全球化語境下的當代中國南傳佛教》一文中談到南傳佛教在已有的傳統生態實踐之上的突破，第一是突破自身理論體系限制，積極從事社會慈善事業，在發展中完善自；第二是仿傚東南亞禪修中心，舉辦中國南傳佛教禪修中心，滿足世俗社會的需要，這是對南傳佛教固有的布薩羯磨製度和禪修製度的突破。這些突破顯示了南傳佛教在新的社會形勢下對自身提出的更高的要求。這些應對和突破同樣在現代社會的發展中顯示

〔註29〕宋立道：《傳統與現代——變化中的南傳佛教世界》，中國社會科學出版社，2002年，第428頁。

了其實踐意義。她在文中總結了當代中國南傳佛教這樣的弘法利生的宗教慈善實踐活動的意義。她認為中國南傳佛教在宗教教理上開始有所調適，逐漸適應社會的發展，根據社會和時代的需要來發展自己；「它標誌著南傳佛教僧侶開始從追求自我解脫的境界轉而為社會服務，為芸芸眾生服務；它標誌著南傳佛教更趨於理性思考，不斷地完善自己；它表明中國南傳佛教不再囿於自身區域性的限制，而是主動走到全球化、一體化的社會中，去主動地尋找自己與外界交流溝通的發展軌跡。」〔註30〕

三、南傳佛教的生態實踐與人的回歸

本課題的題目是「南傳佛教的人文實踐關懷研究」，的確，人文實踐關懷中的重中之重乃是人的關懷，這是對於人應該怎麼樣的深度關切。隨著人類社會的發展，人的豐富性日漸完滿。但是也隨之帶來諸多的問題。人類的道德、信仰，人類的善與真並沒有隨著社會物質的豐富和文明的積累而極大的提高。相反，隨著工業化和商業化，隨著社會物質生活的豐富。人類的道德倒錯，貪欲、物慾膨脹日漸成為問題。對此，南傳佛教的生態實踐能夠重建一條人與人，人與自然萬物整體共生的道路，改善人與人的對立矛盾關係。這條路也是人類異化後的回歸之路。

隨著社會的發展，南傳佛教的生態實踐意義也不斷豐富。當生態還不構成一個嚴重的社會問題的時候，南傳佛教教徒及其信仰南傳佛教的信徒們的生態實踐活動也僅只是一種生活態度和一種生活方式。然而當社會經由農業文明進入工業文明，進而向生態文明過渡的時候，其簡潔人性環保的生活態度在緩解人與自然環境的尖銳關係的重要作用得以凸顯出來。並且南傳佛教積極的參與到社會生活中來，不斷擴大自身在生態實踐關懷的影響，在很大的範圍獲得了人們對其理論與實踐方面的認可與贊同。

〔註30〕鄭筱筠：《內斂與外顯：全球化語境下的當代中國南傳佛教》，《佛學研究》，2010 年第 00 期。

第五章　南傳佛教生命教育實踐中所體現的人文關懷

　　南傳佛教自傳入中國以來，就以教育的形態傳播其博大精深的義理、智慧。教育，是一種引導、啟發並挖掘人內心潛在能力的活動，教育的根源和主體是人，教育是人追求生命價值的重要方式。錢穆先生說：「中國的教育，實亦可謂是一種宗教事業。」淨空也認為：「佛教就是佛陀對眾生的教育，也是一種對宇宙人生智慧的教育。」顯然，從廣泛的概念上來說佛教是一種教育，而且是立足於生命的教育。然而，在當今物質文明極度發達的社會裏，現代教育也難免被「物質化」，成為一種實現物質欲望的工具。現代教育在實施過程中缺失了人的主體性地位，缺乏人文精神，缺少對生命的終極關懷，南傳佛教的教育彌補了這個缺漏。南傳佛教教育以佛教生命觀為根本，以修行學習佛法為基礎，試圖讓人達到最完美的生命境界，解脫人的痛苦，健全人的品格，最終實現對生命的終極關懷。因此，佛教是以教育為核心，教義為內容，修行為方法，覺悟成佛為目的的宗教教育。南傳佛教是異於漢傳、藏傳且保留了原始佛教文化精髓的一支，從對原始佛教宗旨的保留和傳承上看，南傳佛教的教育是純正的佛教教育，重現佛陀教育眾生的要旨：解脫人的苦難，喚醒人的生命意識，回歸到人的生命本體上去追尋完美的生命境界。

　　據筆者考察，先賢對南傳佛教教育的研究取得了豐碩的成果，他們試圖從對佛教教育的研究中探索一條適合人類教育發展的出路，以彌補現代物質社會對人類生命關懷的缺失。但是，大部分學者只是研究了近現代以來佛學院的學校教育，或對南傳佛教的寺廟教育現狀做過少量調查研究。其中，對南傳佛教生命教育的研究較少，並且不夠全面和具體，呈現出片面性和概念

化的特點，還停留在對表面現象的研究和對歷史資料整理的層面，沒有真正從南傳佛教生命教育的觀念上給人類一種人文關懷的啟示。對人類發展有重要意義的探究，應該持續在不斷的創新和發現中，所以，南傳佛教生命教育實踐中所體現的人文關懷是一個十分前沿也很有價值的研究，對解決現代人類的精神危機和提高人文修養具有重要意義。本研究從南傳佛教的生命教育實踐中發掘南傳佛教的人文關懷價值，立足於佛教大生命觀，從生命的視角來探討南傳佛教教育。主要以南傳佛教的生命教育為主線，突出對南傳佛教教育內容、教育思想、教育發展以及具體生命教育實踐的探究。最後，還闡釋了南傳佛教生命教育實踐所體現的人文關懷在當代具有借鑒價值尤其是南傳佛教的生命觀對青少年生命教育的人文關懷補位作用。

第一節　南傳佛教的生命教育

　　南傳佛教保留了較多的原始佛教成分，保存了釋迦牟尼佛的根本教法，是最為純正的佛教宗派之一。它產生之時就是指向人的生命的，它讓人類意識到自己的生命如何存在，生命存在的本原是什麼，生命為什麼是苦的，人們如何在佛法的指引下實現「離苦得樂」。南傳佛教實質上是以佛法為根基，以倫理實踐為指針，以生命淨化為目標的生命教育體系。從某種意義上講，南傳佛教教育更能體現生命教育的實質。本研究旨在探究南傳佛教生命教育體現出的濃厚人文關懷，當然，我們不能簡單孤立地從教育形式上考察其人文價值，還要對南傳佛教的教育做一個系統、全面的分析。因此，筆者主要從教育內容、教育思想、教育發展三個方面來闡釋南傳佛教的生命教育實質。

一、南傳佛教生命教育的內容

（一）承載教規教義的貝葉佛經：南傳佛教生命教育內容的載體

　　西雙版納地區的傣族全民信仰南傳佛教，隨著佛教文化和佛經的傳入，人們迫切需要把佛經內容結合本土的傣族文化轉化為自己的文字，以便理解和傳播。於是「一種獨特而神奇的由中原文化和本民族原始宗教文化以及佛教文化大融合後的新型文化——貝葉文化誕生了」[註1]。由貝葉文化應運而

〔註 1〕秦家華主編：《貝葉文化與民族社會發展》，雲南大學出版社，2007 年，第 175 頁。

生了傣族文字和貝葉經，將佛經寫於西雙版納當地一種名為貝葉樹的植物上，稱作貝葉經。由此，貝葉經成為西雙版納傣族地區南傳佛教教育的普及性教材。根據傣族經書《尼坦帕召》（關於佛經歷史的經書）和《坦蘭帕召》（佛祖的經）的記載，貝葉經的使用和傳播已有 2700 多年。〔註2〕貝葉經不僅歷史悠久，而且承載地方特色文化，在傣族人心中具有崇高的地位，成為傣族人民的一種文化信仰。著名學者秦家華先生經過對現存貝葉文獻的整理，將其內容歸納為佛教經典、哲學、法律法規、神話傳說、史詩、敘事長詩、民間歌謠、漢語言文學、農業、曆法、醫藥、建築、音樂、舞蹈、繪畫等十幾個方面，且每一個方面的內容都非常豐富。〔註3〕在貝葉文獻上所記錄的所有內容中無一不與南傳佛教相關，且關乎傣族人民現實生活的各個方面。特別是裏面的教義、戒律，告訴弟子可以做什麼，不可以做什麼，規約著生命行為，將人的生命境界從「動物性」培育成「人性」，直接指向人的生命教育。

（二）佛經故事：南傳佛教生命教育的內容呈現

南傳佛教部分典籍是宗教故事類的，講述佛經故事，傣語稱為「蘇坦」，又稱「經藏」。有的佛經故事通過故事描繪的景象，讓人產生畏懼心理，讓人敬畏生命、敬畏自然界，才會皈依宗教。比如《蘇帕雪》中就有這樣的描述：大地遭到了劫難，被大火連續燒了六十萬年，沒有一滴雨水，連蟬尿那樣的一丁點兒雨水也沒有。秧苗、藥材、藤蔓、樹木都快枯死了，連池塘裏的水也快幹了，龜和魚蝦都快死光了。《維先達臘》中則有更寫實的描寫：有個名叫伽利伽蘭的猛，久旱不下雨，遭大旱，全猛境內，田地顆粒無收。人人挨餓，鬧饑荒，人們因飢餓難耐而吵鬧，為一口食而相互爭奪、拼殺。餓殍遍野，竊賊四起，到處搶劫殺人，全猛之內，沒有一天寧日……〔註4〕通過故事，人們瞭解到地球萬事萬物可能出現的可怕的局面，旱災、水災、火災等恐怖的場面會讓人產生憂患意識，認識到生命的生老病死，認識到人類可能面臨的嚴峻的挑戰，從而加深對未知世界和未知事件的擔憂。有了憂患意識，就能全面地看待自己的生命及周圍一切事物的生命，就會自覺地愛護和尊重生

〔註2〕秦家華主編：《貝葉文化與民族社會發展》，雲南大學出版社，2007 年，第38頁。

〔註3〕秦家華主編：《貝葉文化與民族社會發展》，雲南大學出版社，2007 年，第34頁。

〔註4〕高徹南：《南傳佛教與傣族傳統生態觀》，《海內與海外》，2009 年第 10 期。

命。第二個故事的場面提示了人在自然災害面前會遇到的各種問題，世界會變得邪惡和面目全非，人在自然災害面前露出的醜惡人性，使人意識到人自身意識深處的罪惡感，從而就會產生恐懼，皈依宗教信仰。通過這些故事來喚醒人的生命意識，表達對生命存在的看法，規勸人們不要盲目地開發自然生命，不要貪婪追求物質來滿足無底洞似的內心，否則就會受到自然的處罰。這從根本上說是在淨化人的生命：將人的欲望控制在合理的範圍內。佛教中一草一木都有生命，傣族古話裏說不要去傷害一草一木，否則死後喝不到水，永遠這樣。如此既樹立善惡觀，其實也是通過懲戒的形式來發揮作用。這對於愛護自然尊重生命有較好的規勸作用，而且能將這種生命意識和生命價值觀植入意識深處，實現生命教育。

《維先達臘》在信仰南傳佛教的地區廣為流傳，它既是一部具有代表性的佛經，也是一部重要的傣族民間文學作品，它講述了釋迦牟尼佛十世輪迴中第十世的故事。在所記錄的故事中有鮮明的傣族地域特色，直接指向傣族文化中的倫理道德教育，勸導世人一心向善，誠心向佛，告誡世人因果相成，以和為貴。而且宣揚了珍愛生命、修行證悟、樂善好施、因果報應的佛教理念。這樣的故事無疑是起到積極正面教育作用的，完全可作為南傳佛教教育的範本。

（三）宗教活動：南傳佛教生命教育內容最直接的體現

傣族地區民眾的宗教活動往往是由「安章」來組織的，安章由於曾經在佛教寺院這一神聖空間中有過一段時間的傑出修行，在世俗空間裏仍然具有某種神聖性權威，曾經在神聖空間中的生命聖化經歷仍然使其能繼續分享著一種超越性的生命價值。因此他可以在神聖空間與世俗空間中進行規範化交融，他可以參與管理佛寺寺院經濟，負責組織信徒每天的供養以及大的宗教活動的經濟開支等事務。他甚至可以在佛寺這樣的神聖空間裏進行短暫的佛教神聖存在模式與原始宗教存在模式之間神系的溝通。「安章與世俗社會的關係是非常和諧的，他是南傳上座部佛教在世俗空間的信眾的組織者和管理者，他要負責組織和管理群眾參加賧佛祭祀活動，同時他還得監督信眾在進行宗教活動時要嚴格執行佛教戒律。」〔註5〕安章角色體現的是世俗社會與南傳上座部佛教的和諧關係。佛寺中的和尚接受的是長時期的佛教文化教育，

〔註5〕鄭筱筠：《人類學視域下南傳上座部佛教的中國閾限理論分析——以南傳上座部佛教管理體系中的安章現象為例》，《思想戰線》，2010年第2期。

當他們還俗後，也會將修行期間的儀式活動帶入世俗的生活中，一直堅持修行宗教功課。

傣族地區的宗教儀式活動有很多，雨安居和「毫窪」比較具有代表性。在每年的雨安居時與村民們一起到寺中聽佛爺講經、說故事，其效果如同對全體民眾（無論是還俗的和尚還是女性）實施了一年一度的定期培訓。另外，傣族一年中做賧的節日很多，其中賧新年、賧關門、賧開門、賧星、賧坦、賧崗、賧帕這七次是必須做的。每次做賧，都相當於到佛寺中接受一次佛教文化的再教育。這種入佛寺當和尚的長期學習與例行定期的雨安居培訓及不間斷的、短暫而頻繁的做賧相結合的安排，實現了生命教化的連續性。而在「毫窪」期間，有一項重要的活動就是連續性的聽經誦經，除了高僧帶領僧侶們用巴利語、緬甸語誦經外，僧侶們為適應廣大信教少數民族群眾文化水平偏低的現狀，把南傳上座部佛教的宗教教義、宗教教規、宗教倫理等翻譯成民族語，甚至採用故事、傳說、戲劇等。通過『毫窪』強化了眾多信徒的宗教意識，形成了一定的宗教文化心理，影響著人們的性格和行為。」〔註6〕宗教活動有效促進了信教群眾對現存道德關係、道德規範和道德準則的接納認可與維護遵守，對整個信教社區群眾的道德建設起到了不可低估的作用。久而久之，宗教倫理道德便深入人心，表現為一種日常生活理念，外化為一種人格力量，讓人的生命實現社會化和倫理化。

（四）民俗節日：南傳佛教生命教育內容的生活化

南傳佛教的生命教育內容並不是空洞抽象的，而是融入在具體的生活中，集中體現在民俗節日活動上。比如南傳佛教盛行的傣族地區「元旦這天各家各戶還要送飯給老年人。各家輩份最晚的人要把自家做得最好的飯菜送到老人跟前，並跪著請老人吃飯，祝老人節日快樂，健康長壽。同時，伸出雙手，掌心向上，接受老人祝福。」〔註7〕這個儀式傳達出濃濃的生命關愛，一方面是年輕人通過送食和跪拜行為表達對老人的愛意和尊敬，另一方面也是老人也給年輕人帶來祝福，這是生命之愛的雙向交流，也是傳統孝道的傳遞方式。生命倫理道德的傳承就在這個儀式中凝固下來，一代代傳承下去。

〔註6〕趙玲：《我國南傳上座部佛教倫理的作用與影響》，《法音》，2004年第5期。

〔註7〕王郁君：《南傳上座部佛教和原始宗教的有機融合——芒景村布朗族桑刊、茶祖節活動一瞥》，《思茅師範高等專科學校學報》，2009年第5期。

另外，南傳佛教信仰地區的婚禮儀式必履行的幾個重要程序，都要由佛寺的佛爺、和尚或是波章來決定，並主持儀式，如結婚的日子多半由波章占卜而定。「舉行婚禮時要請親戚中曾當過和尚的老人主持婚禮和『拴線』儀式。過去，在舉行婚禮時還要請『贊哈』來演唱，演唱的內容多與佛教有關，具有傳播佛教文化，對人們進行佛教洗禮的社會功能。」〔註8〕結婚、成家立業是個體私人化的行為，是一種世俗生活，但是卻在儀式中融入濃濃的宗教因素，讓結婚雙方兩個生命體都變得神聖。在這樣的洗禮下，婚後雙方互敬互愛，很少有離婚現象出現，也讓信南傳佛教的傣族社會比較穩定。由此觀之，民俗節日及其儀式是直接指向生命本身的，在潛移默化中關懷著個體生命。

（五）布施與持戒：將生命的道德認知轉化為生命教育實踐

南傳佛教通過行為來改變態度的方法有很多，比如布施、持戒、禪定等。在日常生活裏，布施可以說是舉手之勞，但是實現布施卻不容易，因為將自己的東西送於他人，在這個過程中，人的內心肯定會猶豫，會衡量付出的程度，所以布施的重點不在於自己付出了多少，而是通過這種給予的行為，放下了自己的執著，人心在這個慈悲的過程中得到了淨化。「持戒並不是要治療什麼心理障礙，而是磨磨煉心志的一種方法，它是對自己情緒的一種警覺，就是用行為來影響態度。南傳佛教在持戒上有一個正強化的過程，它把戒分成了若干種，由少到多，修行差些的只需持五戒，等到修行高了，身份高了，持的戒也就越多，也就是說持戒可以幫助減少信徒犯錯誤的機會，持的戒越多，犯錯就越少，心理也就越安逸。」〔註9〕互助、同情心、仁愛都是倫理生命的表現，這些內容就是通過布施的行為方式彰顯出來的，也是通過這樣的活動形式內化成個體的品格修養的。

二、南傳佛教生命教育的主要思想

「佛教的教育思想旨在啟發人的智慧，有其豐富的內涵和獨特的功效。」〔註10〕佛教的教育思想出自佛教經典，這些經典多是釋迦牟尼教導眾生時由

〔註8〕金少萍：《南傳上座部佛教與傣族的村社生活》，《西南民族大學學報》，2010年第9期。

〔註9〕秦竹、馬定松：《傣族南傳佛教心理調適方法與現代心理療法的相關性研究》，《雲南中醫學院學報》，2011年第6期。

〔註10〕邵之茜：《佛教教育思想的當代價值》，《西安電子科技大學學報》，2006年第6期，第16卷。

他的弟子記錄彙編的言論，在佛教中被稱為「法」（「法」指一切事物和一切
現象），釋迦牟尼在菩提樹下涅槃時便教導弟子「以法為師」，「法」是佛教所
信奉的宗旨，是佛教的思想結晶。南傳佛教在實踐生命教育過程中「以法為
師」，並形成了獨特的、體系化的教育思想理論。

（一）「元素論」：南傳佛教的生命構成觀

南傳佛教的「五蘊四塔」思想蘊含著對生命的哲學認識，五蘊包括色蘊、
受蘊、想蘊、行蘊和識蘊。四塔即土、水、火、風四要素，南傳佛教認為人
的身體由四大元素構成，身體就是自然界的一部分，這就引導我們從大自然
的元素「地、水、火、風」來認識人的身體與生命，具有宏觀指導意義。「地」
是構成身體的基礎元素，「水」起黏接作用，將其他元素黏起來，使人類的身
體是一個整體的生物體，而不會分散。「火」與冷熱有關，人的身體中有自然
的溫度。「風」表現為物質的移動現象，是身體中「色法」的移動。能認知事
物的是心，而身體只屬於色法，它由四大元素組合體而成。這種認識既把身
體看作一個整體，又可以細分為不同的物質，就讓分析生命現象有了更深更
細膩的視角。「在古印度流行於民間的（順世派的）觀點，認為唯有地、水、
火、風四種元素（四大種）才是世界統一的物質基礎，是無機世界和有機世
界（包括人）存在的最終的原因，人死以後，四大分散，意識消亡。佛教亦
認為世界上一切物質是由地（土）、水、火、風四種元素結合而產生，人體也
是由此四塔而構成，依賴四塔而生存。」〔註11〕這些思想教會人認識自己的
身體構成，瞭解生理生命有「顯老」、「隱老」、「無意老」的變化，就會更加
自如地應對生命的變化。

在南傳佛教看來，有身體並不等於有了生命，在四大元素構成軀體之外還
必須有心，才能合成一個生命體，很好地闡釋了生命的身心合一現象。這對宗
教修行是有指導意義的，因此南傳佛教主要通過先修身（修行），再修心，然後
才能超脫生命。這也告訴我們生命教育是有層次性的，有軀體的層面，有文化
心理和精神層面。通過關注身體的生存狀態，再關注心理狀態和精神狀態，最
終才能實現離苦得樂，實現生命淨化，實現南傳佛教追求的終極目標。

（二）「苦」：南傳佛教對生命存在本質的認識觀

「苦」是南傳佛教最重要的教義，也是佛教實踐生命教育的核心思想，

〔註11〕方廣錩：《印度文化概論》，中國文化書院，1987年，第71頁。

也是南傳佛教教育的核心思想。佛陀教誨世人：人生一切皆苦。苦的種類很多，佛經中作了詳細的講解，《大智度論》上說：「四百四病為身苦，憂愁嫉妒為心苦，合此二者，謂之內苦。外苦亦有兩種，一為惡賊虎狼之害，二為風雨寒熱之災，合此二者謂之外苦。」〔註 12〕世人所說之苦，是人們遭遇不順心的事情時所表現出來的身心的痛苦感受。而佛教中通常講人生之苦有八種，分別是：生苦、老苦、病苦、死苦、愛別離苦、怨憎會苦、求不得苦、五陰熾盛苦。

生苦：人出生時，有冷風觸身、猶如刀刮、陌生驚恐，隨之呱呱落地。諸多痛苦只有初生嬰兒知道。老苦：人由少年到青年，由中年至老年，精力有旺盛逐漸衰落，身體狀況愈下，髮白齒落，五官失靈，行動遲緩，生命日促，十分痛苦。病苦：人生在世，從頭到腳，從裏到外，難免百病叢生，非常痛苦。死苦：有生必有死，是自然規律。當人們面對遲早到來的死亡時會有無限的恐懼和痛苦。憂悲惱苦：人遇到困難或挫折時，內心憂愁悲切，痛苦萬分。怨憎會苦：心中充滿仇恨怨氣的人自身本來就很痛苦，當與冤家對頭狹路相逢，憎怨劇增，苦不堪言。恩愛別離苦：每個人對父母、兄弟姐妹、配偶、子女及其所愛之物都有恩愛之情，若分離告別，痛苦自然生。所欲不得苦：人的要求、欲望無止境，得不到滿足的時候，失望、痛苦常伴隨而來。

前七種苦都是人們在現實生活中必然會遭遇的各種苦痛，第八苦中「五陰」指五蘊，即人體的色、受、想、行、識。五陰熾盛指五蘊集聚全身，如火一樣熾熱，極其痛苦。八苦詮釋了人生的自然過程就是不斷產生痛苦的過程。

既然人生一切皆苦，當人面對各種苦痛的時候，不管從內在還是外在來看，人的生命都是沒有價值的，只是在苦痛中煎熬，然後消亡。當人們無法從苦痛中解脫出來的時候，佛陀教誨人要看清苦痛的根源，找到脫離苦海的方法。佛教教會世人認識宇宙生命的真相，走出無常的夢幻泡影之相，提升自己的生命境界，智慧清明地面對人生，最終解脫痛苦，獲得永恆的真正的幸福。這正是立足於佛教大生命觀，對生命的終極關懷。佛陀作為宇宙真理的覺悟者和眾生的教師，只因他明白了生命的實相，達到了不生不滅的境界。可見，佛教是一個教育的宗教，佛陀就是教師，眾生就是學生。而認識到人

〔註 12〕吳信如：《佛法之根本與佛法之分類》，《法音》，1994 年第 6 期。

生是苦，於是找到痛苦根源，斷滅世俗苦因，消除一切煩惱和同苦，通過努力修行實踐，證悟生命真理，最終實現極樂無為的「涅槃」境界，獲得精神上的徹底解脫。這是佛教對眾生如何脫離苦的認識，也只有這樣才能實現生命的價值，獲得心靈和精神上的自由。這無疑是從人生命的深度出發的一種教育實踐，所以說，南傳佛教的生命教育具有終極人文關懷的深度。

（三）離「苦」得「樂」：南傳佛教生命教育的過程觀

　　人的一切煩惱憂愁、艱難困頓都歸結為「苦」，要實現「離苦」，首先必須對精神生命之「苦」源進行分析。人為什麼會苦？為什麼肉體和精神上都受折磨？南傳佛教認為從根本上講都是由人的「欲望」引起的。要識苦，就要全面地認識人的欲望。「四法印之『有漏皆苦』中的漏即煩惱的意思，而煩惱的種類極多，貪（貪欲）、嗔（仇恨）和癡（不懂道理）是三毒，加上慢（傲慢）、疑（無端懷疑）、惡見（不正確的見解），合在一起為六大根本煩惱。」〔註13〕南傳佛教認為人往往被「貪」、「嗔」、「癡」所困擾，當然就會生活在「苦」中，覺得不快樂。佛教對信徒的精神治療就是要讓他們認識到「貪」、「嗔」、「癡」三毒才是讓人處於苦海的根源，要改變這種錯誤的認知，最根本的方法就是要覺悟，就是要看清楚自己，明白自己的心，最終獲得智慧。也就是說獲得智慧的人才能夠看清楚自己的各種欲望，才能認識到自己精神痛苦的根源，才能夠找到離苦得樂的有效方法。

　　由此看來，南傳佛教對人精神生命的關懷，最根本的方式是幫助信教群眾認識自身，認識苦的根源，進而改變。然而改變的有效途徑是什麼呢？重要的方式是「納福」，所謂的納福即是受戒，納五福、八福就是受五戒和八戒。五戒即：不殺生、不偷盜、不邪淫、不妄言和不飲酒；八戒則在五戒基礎上再加三戒，即：日中一食、不化妝打扮和不睡高大的床，不斂金銀財物。選擇納五福或八福是信眾們虔誠程度的一種體現。或許悟性高的信徒能夠在指導下認識自己的內心，但是許多文化水平有限或者悟性弱的信徒卻未必能夠看到這一點，如何才能讓他們改變貪嗔癡呢？就是通過受戒的形式讓他們加深生命體驗，從而識苦。比如「不殺生」，這是對他者生命的愛護和尊重，讓人內心充滿愛，才能把惡壓制住；不偷盜，是要控制內心裏非正常的欲望，告誡信徒要通過自己的雙手去獲取物質資料；不邪淫，就是要控制生理生命的非正常欲求，讓人擺脫「物性」，達成「理性」；不妄言，是要將自己真實

〔註13〕參見王曉朝：《宗教學基礎十五講》，北京大學出版社，2003年。

的生命展現在世人面前，做到心中坦蕩，也就是心中無私欲；不飲酒，避免酒精麻醉激發人的非理性，避免激發本能的各種欲求。信徒在修行這五戒時，肯定會經歷一個過程，這個過程中充滿動搖和矛盾、會有不適應，但是卻在這樣的體驗中認識到自身的欲望。當五戒能夠成為生活習慣，那說明許多貪婪的不合理的欲求已被消滅，內心的苦就少了很多。日中一食讓信徒的身體處於飢餓狀態，才能認識到食糧物質的重要性，才會從內心深處對養育自己的外界環境充滿感恩之情；不化妝打扮和不睡高大的床，讓人不貪圖享樂和安逸，懂得「惜福」；不斂金銀財物，讓他們合理地使用和支配物質財富，不貪婪求財富，而且還能疏財共享財富，實現功德圓滿。這些戒律從物質到精神各方面的欲望都能夠有效控制，讓人生活儉樸，沒有貪欲私欲，自然就減少了內心的苦楚，讓人更容易快樂，更容易獲得幸福，這就是南傳佛教關懷生命的方式。

（四）「空」：引導生命脫離執著的生命價值觀

《金剛經》上說：「一切有為法，如夢幻泡影，如露亦如電，應作如是觀。」佛教認為，世間一切事物皆如夢似幻，轉瞬即逝，但人總是妄心不止，念頭重生，前念熄滅，後念隨生，不得停止，而人心的攀緣卻給人帶來無盡的煩惱。人生如夢似幻，人的念起即滅而在生念，這樣永無止盡的千變流轉自佛法上稱作無常。因此，世事無常，一切法皆在瞬息萬變之中，這是宇宙間一切現象的真理。《雜阿含經》說：「一切行無常，一切法無我，涅槃寂靜。」這是南傳佛教繼承原始佛教的修觀無常行，認為宇宙萬物生滅無常，這一真理也正是無常。既然世事無常，那不管過去的，現在的，還是未來的一切終將幻滅，就像人，終究會經歷嬰兒時期、青年時期、中年時期、老年時期，最終走向死亡。然而，人們並未看透無常，活在不斷變化的妄念中，不斷產生困擾和煩惱，出現貪念、嗔恨、癡想。活在幻相之中，便不知道人生的意義何在？生命的價值何在？出現了世間的種種煩惱和苦痛，人的生命飽受摧殘和折磨，當人們不明白生命真正價值的時候，被貪欲所掌控，求而不得則痛苦萬分，即便得到又膨脹了貪欲，使人生命的毀滅來得更快。世間萬物，緣起緣滅，找不出永恆和長存，也找不到真實的自我，沒有本質的實體存在，這就是「空」。當人們不明一切皆空的本質，就會執著自我，於是佛教教誨世人看清事物的真相，不要執著和迷妄。如果眾生能夠看清「空」，看清生命的本質，便自然而然的破除「我執」，達到轉迷成悟、離苦得樂的生命境

界。佛教對世人證悟生命真相的教誨立足於人的生命，是充滿人文精神的生命教育論。

（五）「三學」教育：個體生命內省內修的主要方式

「三學」是指學佛者必須修持的三種學業，即戒學、定學、慧學。南傳佛教以「戒」、「定」、「慧」構成獨特的教育思想理念，「戒」、「定」、「慧」也是南傳佛教修行實踐的指南，是一種自我的修養教育。

「戒為諸德的根本，一切罪惡的破壞者。」〔註14〕「戒」是持戒修行之意，是佛教的德育思想，也是修行的基礎。「戒」也是有自律意味的修習方法，用來防非止惡。在此，正語、正業、正命構成了佛教的行為準則（戒），也是佛教的倫理學大綱。我們可以很清楚看到佛陀制定的行為準則不但禁止心存惡念、說惡話、做惡行，而且還要堅決做好事，當好人，努力創建一種有益全人類幸福、安樂的善良願望的生活。佛教的戒律可以說是一種德準則，其目的在於促進大家的團結與和睦，給精神帶來穩定和安靜，使眾生安寧。

「『定』即禪定，『定』是生定、修定之意，指一種精神狀態，『禪』意譯靜慮，靜慮是修悟的心理活動，《瑜伽師地論》卷三十三云：言靜慮者，於一所緣，繫念寂靜，正審思慮。」〔註15〕「定」，要求修行者靜慮息念，使心消除雜念、專注一境，以達到修行的境界，覺悟心願。強調了由人內心靜修。在此包含著正精進、正念和正定，稱之為精神修養的定。正念幫助正精進，這些道的因素是互相依靠、互相合作，發展已有的、好的、健康的思想，警惕自己的語言、行動、身體與心理，思想上是不能懶惰、因循苟且的。正定加強心理安定，保持心和心所的平衡狀態。好比無風處一盞不閃動的燈火。

「『慧』是使人深入思慮，真實把握現象形態的作用，認知諸行無常、諸法無我、涅槃寂靜的正信覺悟，因此是信仰。」〔註16〕「慧」是推理、認識、判斷事理的精神作用，同時也指佛教的智慧。意味著通過修行所達到的明辨真理，覺悟、解脫的認識能力。這些原則意思是如實理想生活。根據佛陀教

〔註14〕劉岩：《南傳佛教與傣族文化》，雲南民族出版社，1993年，第145頁。

〔註15〕李利安：《論藏名著選編·瑜伽師地論》，西北大學出版社，2005年。

〔註16〕邵之茜：《佛教教育思想的當代價值》，《西安電子科技大學學報》，2006年第6期。

導的道理來看，一個可能是聰明的、有學問的人，假如他缺乏正確的思維，那他算是一個蠢人，而不是有理智的人。可見，我們用冷靜的眼光去看事物，就會懂得仇恨、暴力、自私的欲望是不能與真正的智慧同時存在的，正見或真正的智慧總是從正確的思維而來。一個人有了正見就不會對現象有糊塗的看法，因為他已經沒有污染而且還獲得了不動心的解脫。

以上三學中，「戒」是嚴格修行，莊嚴操守，為「定」「慧」的基礎，再通過禪定，而升起大智慧。「慧」是根本，以「慧」為主體，「戒」、「定」為方便。「戒」、「定」、「慧」三學相互融合，相輔相成，只有持戒修身才能入定生慧，得到生命大智慧，「戒」、「定」、「慧」三者合一形成了獨特的佛教教育體系。「三學」是一種體系化的教育思想理念，可以在實施教學的過程中形成模式化的學習方式，「三學」最終達到「慧」的教學目的，「慧」正是，獲得生命圓滿、人生幸福的大智慧，是對生命的終極關懷。

（六）「緣起論」：生命的因果輪迴教育觀

佛教有一名言「諸法因緣生而探苦因」。佛法的根本就是因緣法。「緣起論」是佛教的思想核心，也是南傳佛教教育思想的根本宗旨。「緣起論」所述一切生命都由因緣聚合以及因果聯繫而存在，世間萬物皆由一定的條件和因緣而產生和消亡，事物之間相互依存，相待而有。因果輪迴和相互依存的緣起，產生了大千世界，當人執迷於因緣所現的無常之相時，痛苦就產生了。佛教認為，一切生命的顯現都是因緣聚合而生，因緣盡則散，有生必有死，一切都是無常的，這是亙古不變的客觀規律。正如《阿含經》所說：「此有故彼有，此生故彼生；此無故彼無，此滅故彼滅。」此外，佛教認為萬物有生死輪迴，「有情生命」是有限的。正如人一樣，總會死亡，但是一世生命的結束，並不意味著「永恆生命」的結束，「有情生命」有前生、今生、來世，在「六道」中反覆輪迴，只有成佛才能了脫生死，超出輪迴之苦。佛教中講六道輪迴，就是由於個人業力所感，所報。同時，也由於輪迴觀念的引入，因果才不會空。我們可能會在這一生看到有人惡因招善果，也有人善因招惡果，而佛教告訴我們，這是因為我們錯會了因果。也就是說，這個果報之因可能並不在他今生所造之業，惡人的善果可能源於前生或者多少劫所修之善因。而此善果消盡，則今生所造之惡業或遲或早，或現世，或來世，或千百劫，終必有惡報。反之，善人的惡果亦然。這就是俗話所謂「不是不報，時辰未到」。深信因果，則個人的行為舉止必有所節制，有所警惕。雖然，六道

輪迴、三世因果這些觀念是有理論基礎的。我們還是應該承認其所具有的威懾力能夠引導人向善，並踐行「諸惡莫作，眾善奉行」，那因果教育的效果就達到了。

　　人的「有情生命」一直在六道中永無止境地輪迴，使人嘗盡無數苦痛，人們解脫痛苦，超越輪迴的唯一道路，就是證悟佛法，解脫成佛，看清真相，實現永恆生命。永恆的生命即是「生命的本體」。這在哲學上是一個形而上的概念，「生命的本體」是萬物產生的第一推動力，它無形無相，但永恆存在於萬事萬物中，通過萬事萬物而顯現。由此可見，佛教認為眾生的生命本體皆相同，萬事萬物皆是平等的，眾生與佛也是平等的，這是佛教的大生命觀。佛教的教育內容立足於生命的本體來解釋人生，從最初和最本質的觀念上解決人的困惑。可以說，它站在一個更高的角度來窺探人的生命，充滿了對人生命的終極關懷。這種觀念，消除了世俗的階級概念，消除了「小我」的利益，是一種無我境界的人文關懷。《阿含經》還說「人身極為難得，如大海盲龜，百年一現，有浮軛木有孔，在海上隨風飄動，當盲龜浮出水面，其頸正好穿入孔中。」佛經所述，用形象的比喻教導眾生人身難得，人的生命是如此可貴，人生在世一定要珍惜生命。立足於人的根本，教導人珍愛生命，這是最為直接的對人的生命的關懷。

三、南傳佛教生命教育的發展和變遷

　　據相關史料記載，南傳佛教約公元前 7 世紀初從緬甸傳入我國雲南西雙版納地區，一直到 12 世紀後期，南傳佛教才在西雙版納傣族地區得以形成和發展，並產生一定的影響。12 至 14 世紀期間，南傳佛教雖然在西雙版納傣族地區有一定的規模和影響，但並未成為正統的宗教，占主導地位的還是傣族本土原始宗教。這個時候南傳佛教處於與原始宗教的鬥爭與融合階段，但是佛教的傳入確實引起了社會的變化，這個時期的南傳佛教佛寺教育還未成形，教育的發展並未起步，以僧侶間口口相傳佛經的形式傳承佛教理念。

　　15 世紀，雲南傣族地方史志對南傳佛教有了記載。《西南夷風土記記載》：「俗尚佛教，寺塔遍村落，且極壯麗，自緬甸以下，惟事佛誦經，凡有疾病視佛，以僧帶之，或一年二年三年，募人為之。」《泐史》記載西雙版納第十二代召片領三玻傣即位時（公元前 1457 年）的情景說：「推選既定，人們群詣佛寺，面對佛像、佛經、主持三個佛主代表宣誓，並將誓言銘刻寺中。」

〔註 17〕從這些記載的內容可知，大約在明代，上至傣族國王，下至平民百姓都普遍信仰南傳佛教，南傳佛教基本扎根在雲南西雙版納，並形成了相當的規模和影響。這是南傳佛教佛教經歷變革和發展的時代，所以這個時期，隨著西雙版納傣族地區的地域和文化差異，南傳佛教的教育發生了很大的變化。傣族地區的佛教教育主要是通過把佛經、教義寫到貝葉上來進行傳播，後來被稱作「貝葉經」。這個時期的教育開始以佛寺作為教育公共場所，以貝葉經為主要的教育內容，並擔負起教材的作用，當地出家為僧的和尚僧侶也逐漸增多。

在 17、18 世紀，南傳佛教的在雲南傣族地區的發展達到鼎盛階段。出現了傣族全民信仰南傳佛教的壯觀局面，南傳佛教的宗教文化全面普及，影響力達到了最高峰。這不僅促進了傣族地區的社會生產發展和經濟繁榮，而且人們在文化和精神方面也受到了洗禮。這個時期，當地的土司制度盛行，土司們為鞏固對地方的統治，需要南傳佛教作為自己加強統治、鞏固政權的工具，而南傳佛教的發展又依託民族上層的支持才可布教。因此，傣族地區的佛寺組織系統與其土司行政系統相交融，形成了獨特的封建領制。南傳佛教僧團與當地土司行政機構相輔相成，平行相對，使南傳佛教成為了當地的宗教現象和傳統習俗。這個時期，僧團有嚴格的等級制度，「以西雙版納為例，最高一級佛寺設在召片領所在地——景洪宣慰街，稱為『窪龍』，即大佛寺。『窪龍』統領西雙版納境內所有佛寺，領導全境的佛教事務。」〔註 18〕以下各區域乃至各村寨的佛寺又由該寺的佛爺負責管轄，村寨佛寺的佛爺一般稱為「烏巴塞」。此時，南傳佛教傳播進入正軌，佛寺教育也開始興盛發展，經當地土司的提倡，建立了許多佛寺，於是出現了村村有佛寺、月月有佛節的局面。佛寺中的佛爺帶著僧侶日夜學習誦讀佛經，學習佛教知識以及傣族傳統文化知識。且規定當地的男子必須出家為僧，過數月甚至終生的修行生活。所以，這個時期，南傳佛教的佛寺教育成為了傣族人民接受文化知識和宗教知識的唯一途徑，對當地教育文化的發展具有重要影響。

清末民國時期，世俗學校教育在西雙版納產生，據資料記載「十二版納之小學教育，在民國二十至三十年（公元 1931 年～公元 1941 年）之十年當

〔註17〕秦家華主編：《貝葉文化與民族社會發展》，雲南大學出版社，2007 年，第 410 頁。

〔註18〕秦家華主編：《貝葉文化與民族社會發展》，雲南大學出版社，2007 年，第 384 頁。

中，最為發達。各縣有縣立小學，又有邊地小學，全境在校人數，月三千餘名。日軍南進之翌日五月……邊地小學，多數解體。戰後，民生疾苦，恢復不多。」〔註19〕資料所述可知，世俗學校的建立並沒有使學校教育在西雙版納地區得到較為可觀的發展。由於傣族地區一直接受佛寺教育，即使出現學校教育，也很少有傣族家長願意把孩子送去學校念書，在加上大多數傣族孩子只會傣語和傣文，懂漢文的人較少，所有這個時候，佛寺教育依然佔據主導地位。

　　新中國成立後，南傳佛教進入規範化的發展模式，信仰佛教的各地區由佛教界組織成立了地方性佛教團體——佛教協會。在 1957 年，雲南西雙版納成立了「中國佛教協會西雙版納分會」，於 1996 年更名為「西雙版納傣族自治州佛教協會」，會址位於西雙版納總佛寺。發展至今，雲南西雙版納傣族地區整個民族都信仰南傳佛教，佛寺教育也已經有相當悠久的歷史，隨著義務教育的普及以及佛學院的興辦，一定程度上影響了傳統的佛寺教育，但西雙版納傣族地區依然保留著男童進入佛寺接受佛寺教育的習俗。南傳佛教的教育隨著時代的變遷而發展，不變的是生命教育的宗旨，它的發展立足於人的需要、社會的需要、生命的需要。

第二節　南傳佛教生命教育實踐所體現的人文關懷

　　普遍意義上的生命教育是指：以教育的方式開展一種有目的性和組織性的社會活動，活動過程中，有意識地對活動主體傳播生命知識，喚醒人的生命意識，開發人的生命潛能，提升人的生命質量，最終實現生命價值的昇華，找到生命存在的意義。南傳佛教的生命教育站在一個更高更全面的角度，是一種大生命觀，體現對眾生生命至高的尊重和關懷，南傳佛教的生命教育喚醒人類的生命意識，昇華人類的生命價值，探索人類生命的終極意義，最終達到完美的生命境界。南傳佛教的生命教育充滿了人文關懷，並且體現在實踐活動中。

一、佛寺教育：獨具特色的生命教育形態

　　南傳佛教至今還保留著獨具特色的教育形式——佛寺教育，佛寺教育將宗教教育與文化教育合二為一，它不同於一般的世俗教育，它的目的不是單

〔註19〕江應梁：《擺夷的生活文化》，雲南大學出版社，1951 年，第 285 頁。

純傳授知識技能，而是培養一種價值觀和生命觀，並實踐這個觀念，形成對人品行、道德的教化和生命精神的進化，所以說，佛寺教育是最有代表性的生命教育實踐。

以雲南西雙版納傣族地區的南傳佛教教育為例，西雙版納傣族地區受南傳佛教文化影響較深，整個民族全民信仰南傳佛教，寺廟教育成為傣族男子接受文化教育的重要途徑。據文獻記載「十二版納，以佛教為『國教』，凡擺夷及蒲蠻聚居之村鎮，均有一座，或一座以上之佛寺，亦即擺夷、蒲蠻兩族之學校，唯一作育人材之教育機關。凡年滿九歲之兒童，必須入寺剃度為僧，接受宗教式之教育。每日早晚，除跟隨大佛爺二佛爺到佛前拜誦經咒而外，並由寺內負責教授之和尚，如二佛爺之類，教以文 330 拼音及文法。俟能閱讀，在教以經典戒條及故事史地算術等學科……女子一律不許入寺為學，可請人到家教授文，或有父兄親授。」[註20] 由此可見，傣族佛寺不僅是傳播南傳佛教的聖堂，而且是傳播教育文化知識的學堂。在信仰南傳佛教的西雙版納地區，男人一般都要到佛寺內過數年甚至終生出家修行的生活。沒有出家修行的男人，在當地會被人們視為沒有教化的「岩黑」，在社會生活中會受到歧視，甚至沒有參與社會活動的資格，難以找到生活伴侶。直到今日，年滿 7 歲的傣族男童，仍會被父母送入寺內當預備和尚「科永」，學習傣文和南傳上座部佛教禮儀，接受出家修行前的教育。南傳佛教的佛寺教育自始至終都貫穿著生命教育實踐，主要表現在以下幾方面：

首先，佛寺教育保證無論貧富貴賤的生命都能夠接受教育，給人們提供的教育機會就體現出生命平等的價值理念。「寺廟裏的佛爺客觀上成為了知識文化傳遞的教師。拜師時，一般用帶著些枝葉的茄子花和針菜花，它隱喻著讓孩子的智慧早日像茄子花一樣綻開，讓孩子的子思想像針菜花一樣敏銳。他們在接受教義的同時，也學習文化知識。而且，不論其家庭的貧富，均可獲得受教育的機會。」[註21] 人類歷史上很多時期教育是掌握在貴族階層的，平民子女只能從事繁重的體力勞動，沒有機會享受教育，沒有機會改變生活現狀。而南傳佛教打破了門第和階層觀念，無論出身與貧賤都能平等地接受教育，體現出極強的吸引力和優越性。知識文化讓信徒從更大程度上擺脫了物性，增加了智慧，更有悟性，這些因素都內化到傣族地區的信教群眾中，

〔註20〕李佛一：《十二版納志》，正中書局，1955 年，第 178～179 頁。
〔註21〕岳蓉：《泰國上座部佛教文化述評》，《雲南師範大學學報》，1996 年第 3 期。

讓大家的生命進入到更新的境界，這就是南傳佛教對個體文化生命關懷的集中體現。

其次，學習南傳佛教的禮儀，是對人道德行為的約束和教化，學習傣文不僅傳承了傣族地區民族文化，而且能夠提高人的文化修養。從這些基礎的教育內容來看，佛寺教育著重於德育和文化的普及，給予人精神文化上的薰陶。不同於世俗教育通過學習知識和技能去滿足生存需要，幫助人實現物質欲望。人的生命不是動物性的吃飽喝足即可。物質只是基礎，而精神文化才是人實現生命價值的根本，可見，寺廟教育從人的生命的根本出發，充滿人文精神。

再次，寺廟教育在男童正式受戒後便出家為僧，傣族地區信仰南傳佛教的僧侶，至今還遵守佛陀當年所教導的行為規範，過著剃除鬚髮、三衣一缽、半月誦戒、雨季安居等等如法如律生活，寺廟僧人這樣簡單樸素的修行生活形成了一種特異的文化現象和歷史現象。僧人用肉體生命的一生在踐行佛教教育，也在這個過程中給予人類一種獨特的文化現象，本身就具有人文關懷價值。

最後，南傳佛教佛寺廟教育的僧人，有少部分會終身修行為僧，而大多數僧人在出家教育時間圓滿之後，會選擇還俗。還俗後的僧人因為受過佛教文化的薰陶，會擁有一顆慈悲的心，以眾生為本，尊重生命，行為上自然受到價值觀的約束，不隨意殺生，對生命的充滿關愛。並且，受過數年佛教教育的僧人學習過坐禪修行，能夠保持心境澄明，從人生煩惱的執著裏解脫出來，還俗之後，會不自覺的形成一種高尚的精神境界，面對人生苦樂也會不足為懼，比一般人更有智慧、更幸福的過完一生。

綜上所述，寺廟教育就是頗具代表性的生命教育實踐活動，也是南傳佛教最主要最特殊的教育形式。寺廟教育是完善人格生命的最主要途徑，是對人肉體生命的關愛和回報，還是對人的精神價值上的追求和實現，而在以寺廟教育為代表的生命教育實踐過程中體現了對人生命的關愛和尊重，對道德的教化，對精神文化的薰陶，體現了深度的生命意識和人文關懷。

二、以戒為師：生命教育中的深層規範

《華嚴經》中講：「戒為無上菩提本。」戒律是南傳佛教道德規勸和行為規範的集中體現，也是南傳佛教教育實踐的範本。細究其根本，戒律也是生

命教育的體現。在西雙版納傣族地區的南傳佛教佛寺中，僧侶入寺後的第一課就是「三皈十誡」。「三皈」即：皈依佛、皈依法、皈依僧。顧名思義，就是皈依佛陀，遵守佛教教義，歸順僧眾的意思。

皈依佛，佛是覺的意思，我們自性本覺，要明瞭自性是佛性，從迷惑顛倒回頭。皈依法，法是正的意思，要瞭解宇宙人生的真相，從邪知邪見回到正知正見。佛不是說「『我的知見正，你們都是錯誤的，都要跟著我』。佛從不牽著人鼻子走，佛是教我們把一切妄想分別執著統統放下，這是正知正見。」〔註22〕皈依僧，僧是淨的意思，我們的自性本來清淨，我們要從六根接觸六塵所受染污中回過頭來。「心不清淨，會被外面境界影響；心清淨，不受外面境界影響。不受境界影響，你就會影響境界，你能影響外境，這就叫轉境啊！」〔註23〕也就是要讓我們在現實生活中，真正做到覺而不迷、正而不邪、淨而不染。試想一個內心覺悟的人，他的見解怎會不正確、心念怎會不清淨。

「十戒」即：離殺生（不殺生）、離不與取（不偷盜）、離非梵行（不淫邪）、離妄語（不妄語）、離飲酒（不飲酒）、離非時食（過午不食）、離歌舞伎樂（不視聽歌舞、離鬘香塗飾（不塗香飾鬘）、離寬廣高床（不臥高廣大床）、離接受金銀（不接受不積蓄金銀）。契籬法師把前五戒比作五德說道：「夫不殺仁也，不盜義也，不邪淫禮也，不飲酒智也，不妄語信也，是五者修則成其人顯其親，不亦孝乎！是五者有一不修則棄其身辱其親，不亦不孝乎！」由此可見，前五戒可上升到孔子「君子人格」的教育。前五戒在南傳佛教中是最根本的戒律，絕不能破戒。

不殺生。所謂：「『不殺生』，除了人之外，且包括『一切有形、蠢動、含靈，皆不得加害。」〔註24〕不教他人殺，不支持世界上、自己的思想上和生活方式中任何一種殺生的行為，應該認識到毀滅生命會造成的痛苦。所以人要放生，培養悲心。學習用各種方式來保護他人、動物、植物和礦物質的生命。這「不殺生」跟儒家「仁」相同。「仁」即愛人之心，「仁」是立身處世的基本準則，以形成相親相愛的和諧人際關係。它不僅要求人們對大眾有強烈的愛心，人與人之間要互助互愛而且還要求人們對整個社會有至誠的關懷。

〔註22〕淨空：《淨空法師，答學佛疑問》，悟有整理，和裕出版社，2011年，第50～51頁。

〔註23〕淨空：《淨空法師文集》，四川省宗教文化經濟交流服務中心，1992年，第62頁。

〔註24〕勞政武：《佛教戒律學》，宗教文化出版社，1999年，第195頁。

　　不偷盜。即為尊重他人的財產所有權,所以不盜竊。不將任何屬於他人的物品據為己有,包括用不正當的手段、方法來佔有他人的財物。「盜」包括偷、騙、胡(強力去搶)、脅取。這一項跟儒家的「義」相同。所謂「義」,在《先秦語彙》中,是指適宜、應當、合理的意思。儒家提倡人們依據道德義務來確立自身追求的價值目標,在處理「義」和「利」的之間關係時,不僅應堅持「以義為先」,「以義為上」,「以義制利」,而且在義與利發生矛盾,不可兼得之時要勇於捨生取義。「捨生取義」與「殺身成仁」則為儒家追求的最高境界。

　　不邪淫。指的是不作淫亂之事,包括出家信徒不得婚嫁、成家,在家信徒不得和自己配偶以外的人發生性行為,如「《智論》云:除己妻外,餘諸男女鬼神畜生可得淫者,悉是邪淫。雖有自妻不犯,然須避於非處。謂非道及得娃已,亦緊之,恐傷胎故。」〔註25〕在此與儒家的「禮」相同,所謂「禮」就是指禮儀、禮制和禮則,這指人與人交往時最合理、最適宜的行為方式。大家實踐「禮」時,不但使大家互相尊重、彼此謙讓,而且使社會秩序井然,安寧和諧。

　　不飲酒,是鼓勵正當的飲食和消費。所謂「飲酒多放逸,現世常遇癡」。《大薩遮尼乾子所說經》卷六也說:「酒不是葷,但它是一切罪惡的開端,一喝酒,殺盜淫妄都在神智不清中登生,等酒醒已成定局,故必須停止,因此叫遮戒(遮為停止之意)。」這是人類必須永遠加以防範的惡行。此外,飲酒容易亂性,在飲酒至醉、神識不清、自制力差的情況下,容易做出各種惡行,這裡也可以說是人類永恆的道德信條。這項與「智」相似,「智」是指知識與理性。儒家要求人們不但掌握道德知識,增強道德理性,具備區分善惡、明辨是非的能力。使人們理解和認同社會道德規範。

　　不妄語即不打妄語,不用謊語欺騙別人,包括不惡口:即不說粗言穢語,不惡意攻擊,不尖刻批評,不冷嘲熱風;不兩舌即不挑撥離間,不搬弄是非;不綺語即不花言巧語,不唱豔曲情歌,不說淫穢的話;不妄言謂不口是心非,不虛偽不實。這項與「信」相同,所謂「信」是指守承諾、不虛偽、不欺詐。在道德規範的「信」中,它要求人們在人際交往中要真實?妄、不欺人欺己,要誠信、有禮,這樣就會遠離恥辱了。反之,假如人們不講信譽、無禮,當然就會自取其辱。

〔註25〕勞政武:《佛教戒律學》,宗教文化出版社,1999 年,第 197 頁。

可見，上面五條戒律與孔子的「君子人格教育」相同。變現出積極的慈悲、護生、布施等對生命的尊重，它還勸他人應當保護資源及生態等所有生存環境，絕不能為了私利傷害到其他人，不然會使社會、人們受到損失。

「過午不食」是佛教的古規，為減少僧侶的出門次數，每天只允許吃一餐，午飯後就進行修習。現在，由於沙彌學習任務繁重，還要從事打柴、化緣等體力勞動，除了宗教節日要嚴格遵守之外，已經不要求他們只吃一餐，均食一日三餐。其餘戒律要求僧侶禁止去娛樂場所，反對奢靡生活。《梵網經》說：「一切男子是我父，一切女人是我母，我生生無不從之受生，故六道眾生，皆是我父母，而殺而食者，即殺我父母，亦殺我故身。」佛教教會人生命平等的同時，也反對殺生。不殺生、不偷盜的戒律不僅針對於佛教僧侶，已經形成了中國普遍的道德規範。道德上的約束，是為了減少對生命的傷害，利人也利己。不邪淫、不飲酒正是對肉身的愛護，保證身體健康。其餘戒律要求遠離娛樂場所，反對奢靡生活，是尊重生命的表現，不縱慾享樂，使生命清靜自然，實現對生命的真正養護，是養生的表現。戒律是對生命教育最直接的實踐，它教會人珍愛生命，體現了人文關懷。

三、修行為本：生命價值提升的教育理念

南傳佛教的教育注重實踐，修行是最切實有效的實踐方法。「廣義上說，修行是指人們意識到自身有不完善之處，主動地以自己認同的方式，在行為、語言、意念方面進行類似於心理及行為矯正一樣的自我療愈。」〔註26〕「佛教認為，修行的目的在於覺悟現實的虛幻迷妄，實現對迷妄現實的超越。」〔註27〕持戒修行成為南傳佛教僧人的生活方式，也只有通過修行，才能看清自我，與本自清淨具足的「自性」融為一體，實現生命的至高追求，達到不生不滅的涅槃境界，這是每個佛教僧人終極願望。修行甚至是衡量一個僧人佛法是否精深的標準，也是解脫煩惱，達到涅槃境的唯一途徑和方法。簡單具體地來說，「佛教徒禪修較低層次的目的是為了檢討自己以往的過失，清洗自己的靈魂，消除不善心，追求精神解脫境界。」〔註28〕「人們沉淪於現

〔註26〕李音祚：《佛教修行的現代含義——心理及行為矯正》，《法音》，2009 年第 10 期。

〔註27〕左志南：《層層破除，直體真如——〈圓覺經〉關於佛教修行的論述及其影響》，《中國宗教》，2011 年第 9 期。

〔註28〕劉岩：《南傳佛教與傣族文化》，雲南民族出版社，1993 年，第 154 頁。

象之我而找不到真正的我，人們需要更多更切實的人文關懷，更需要認識自我的本來面目，只有通過修行才能看清真正的我。」〔註29〕

　　修行是南傳佛教教育的實踐，可以說，教學與修行是一個內在統一的過程，二者不可偏取其一。教學是對修行主體施加的一種由外而內的教育影響，是教、學雙方在互動過程中的彼此修正；而修行則是要求修學者將不斷確證的教學內容內化為個體的自覺，進而實現由內而外的人格昇華。這樣，便將教與修完美的結合，從而實現「自度度人」的教育目標。因此，我們說修而無教，是盲目的；教而無修，則是虛假的。至今，南傳佛教仍保存了比較完整的修行方法和系統的修行內容，因為修行的本體是人，所以佛教是一個以人為本的宗教，從修行的實踐中能夠使人更加完善的認識自身，看清自我，實現生命的完美境界，在修行的實踐中充滿了人文關懷。

四、南傳佛教生命教育對當代教育的啟示

　　生命的產生、存在及其價值實現問題一直伴隨在教育過程中，因為教育的目的直接指向人的發展。但是今天我們的教育卻產生了異化現象：第一，在教學內容上注重知識的識記而輕視理解和運用，注重技能訓練而忽視了學生的意願和態度問題，注重理性思維訓練而忽視生命體驗；第二，在教學方式上，重灌輸而輕理解，重分析而輕感悟；第三，在教學的價值取向上，重結果而輕過程，重考試對於將來生活的重要意義，而輕視學生當前生活的獨特意義。在這樣的教育價值取向下，學生成為知識的容器，訓練的工具，思想和情感被忽視，生命價值被漠視。因此，在課程改革背景下實施生命教育具有重大意義，而南傳佛教的生命教育內容及方式給我們諸多有益的啟示。

（一）當代教育應該轉變教育觀，直接指向學生的生命成長

　　教育的目的是讓人追求真理，找到人生的意義，有了這種超越功利的精神，才會使人不惜奉獻一切去追求、創新，才會產生偉大的成就。從某種意義上來說，作為人應該疑惑並首先思考的問題是生命的價值和人生的意義。沒有這樣的疑問就不會去探尋真理，只是人云亦云，對於學習也就不會激發出最大的熱情和潛能，就不會有創新和奉獻精神。當一個人不明白人生意義時，所謂的學習也只是一種任務，所以，當前教育形式培養出的人才「有知識，沒文化」。然而現行的教育卻忽視了我們要培養什麼樣的人，人才觀迷失

〔註29〕樓宇烈：《中國佛教與人文精神》，宗教文化出版社，2003年，第384頁。

導致教育目的陷入迷茫，學校教育口號目標定得高，其實是以考試升學為導向，以知識的灌輸為主要內容的，導致一系列的教育失敗問題就出現，比如學生沒有真才實學，大學生畢業就業困難；教育偏向知識，一部分學生的特長沒有發揮出來，對今後的人生發展造成了消極的影響；甚至很多學生有知識卻沒有智慧和能力去應對生活中的種種問題，導致空虛、絕望，甚至走上自殺的道路。急功近利的模式化教育，難以培養出真正的科學家和創新人才。現行教育只是模式化的以教材為最主要的內容，缺乏一種探索真理的精神，中國當前的教育，試圖在追求新的教育理念、完善的教育內容，達到知識創新和人才創新的目標，但卻一直沒有實現這個目標。

南傳佛教教育是一種生命教育。在教育內容上立足於大生命觀，探索生命的本源和人生的意義，南傳佛教獨特的教育思想理念對當前教育的發展具有重要的借鑒意義，告訴我們要調整教育目標，要培養身心健康人格健全的人。為了實現育人目標，就需要借鑒南傳佛教教育的有益因素來調整教學內容。南傳佛教的教育內容很廣泛，還包括倫理道德，也會有一些關於天文地理、歷史文化、傣醫、藝術、工藝等。這些內容中除了基本知識，還有醫學健康、道德倫理、社會經驗、生活技巧等。目前，我國義務教育的普及，教育內容也應該多樣化，除了知識的教學以外，還要教學生基本的生活常識、倫理道德，做好人格培育工作，將學生培養成複合型人才、知識型人才、技術性人才、實踐型人才、品德型人才，這樣才會滿足社會教育發展的需求。南傳佛教的教育內容為中國的習慣教育提供了有益的借鑒，探索了一條未來教育的發展之道。

（二）學科知識教育應該與生命教育融為一體

雖然生命教育越來越多地受到教育研究者的關注，但是如何實施生命教育卻沒有形成一致性的觀點，也沒有科學化地實施論證。有的地方開設專門的生命教育地方課程或者校本課程，比如雲南省的「三生教育」。有的研究者認為最好的方式是將生命教育融於各學科的教學之中，滲透是最好的方式。其實我們應該站在課程的角度來理解這個問題，從課程內容體系建設上體現生命教育。南傳佛教是在一系列教規教義中體現生命教育的，但是又將教規通過誦經、做早晚課、睒佛等宗教活動體現出來，甚至融入民族民俗節日中，成為生活的一部分。這樣的做法既有生命認知，又有生命實踐過程，直接建構人的生命世界，塑造完整的人生。

從根本上講，南傳佛教的教育實現了教學知識內容的生命化，這就啟示我們應該將當代教育的教學內容進行生命化整理，學科知識教育應該與生命教育融為一體，讓教學內容體現出生命的溫度，在體現知識性的同時體現生命意義，讓學生學習知識的過程同時也是體驗生命的過程。這樣就能避免教學的枯燥乏味而被學生厭棄，增加學習積極性，又能夠指向學生所面臨的生活問題，體現教育的本質意義。

（三）故事教育法是最直接最有效的方式

說理式的教育是枯燥的，當信徒沒達到一定的文化修養時也無法產生良好效果的，而故事教育法卻避開了說理的枯燥與理性，通過有血有肉的生動的事件來說明道理，更利於大眾的接受。南傳佛教對信徒的生命教育方式是多樣的，但是影響範圍最大效果最好的還是故事教育法。南傳佛教部分典籍是宗教故事類的，講述佛經故事，傣語稱為「蘇坦"，又稱「經藏」。西雙版納總佛寺編製的《釋迦牟尼佛傳》進述了佛陀一生。從入胎、出生、出家、成道、降魔、引法、入涅槃。佛曰：「一切眾生，皆有佛性；有佛性者，皆得成佛。」這類佛陀傳記故事中蘊含著豐富的生命教育意義——從佛者的人生榜樣關注自身。可以讓大眾通過間接感受佛陀的生命歷程，瞭解佛陀一生經歷，世間空、苦、無常及佛教傳承與發展，對多樣的人生有認識，把握生命的規律。只有宏觀把握生命才能豁達地看待生命，更自如地面對生命中遇到的各種困境。

南傳佛教的教育思想重在啟迪人的智慧，喚醒人的生命意識，培養人的覺性能力，使人更有智慧的面對人生。總之，南傳佛教的生命教育有完善、正確的教育思想做指導，有豐富的教育內容供參考，還實施一系列的教育實踐活動，可以說，佛教就是一種教育，在其貫徹實施教育理念的過程中，立足於大生命觀，注重生命教育，具有人文關懷價值，所以，南傳佛教生命教育的理念、教育內容、教育方式對當前現行教育都具有借鑒意義。

第三節　南傳佛教人文關懷對青少年生命教育的補位

前幾年我們還在嘲笑美國黑人青年犯罪，卻沒想到近兩年來國內中學青少年犯罪暴力事件已充斥國內媒體新聞報端。當我們還停留在暴力事件多為男性所為時，卻沒發現女性暴力在不經意間突然已走入大眾視野，女生群毆

同學的事件層出不窮。我們不禁驚呼：現在的青少年是怎麼了？背後卻是對青少年所接受的教育問題的批判與反思。民間認為應試教育只注重知識傳授、應試能力訓練，卻忽視對學生健全人格的培育，忽視了生命教育，才導致了許多青少年漠視生命、不尊重他人生命、情感冷漠等問題的發生。

在這樣的歷史背景下，生命教育開始走進教育管理部門的視野，雲南省教育廳開始全面推進「三生教育」，其他省也在研究如何在學科教學中滲透生命教育因素。雖然很多地區的中小學增設了青少年生命教育課程。但是，依據網絡、電視新聞報導可知生命教育課程的收效甚微，而生命教育課程對人文關懷的不夠重視是課程難以達到預期效果的一個重要原因。因此，當前青少年生命教育需要進行人文關懷補位。在這方面，倡導以佛性為生命的根本、認為生命無常、追求提升生命境界的南傳佛教生命教育可為我們提供重要的啟示。

一、佛性為本與生命教育內容的確定

（一）南傳佛教以佛性為本的生命觀

佛性是一個內涵豐富的概念，它主要包括兩方面的內涵。首先是「人身難得」的生命教育觀。南傳佛教以佛性為本的生命觀體現在「人身難得」的教育思想上。《阿含經》上說「人身極為難得，如大海盲龜，百年一現，有浮軛木有孔，在海上隨風飄動，當盲龜浮出水面，其頸正好穿入孔中。」佛教經典《佛說四十二章經》也說：「佛言：人離惡道，得為人難；既得為人，去女即男難……。」佛經中的論述，告誡人們人身極為難得，教導人應該珍愛生命。「百年」、「浮軛木」等修飾詞，在時間和程度上說明人身難得，佛家認為六道輪迴中「得為人難」，可見人生命的難得和高貴。既然，人身難得，作為人應該尊重和熱愛生命，體現在對肉身的愛護上，不自殘，不自殺。其次，從南傳佛教佛性文本的視角看，人身難得，還在於「人有佛性」，人人皆有佛性，人通過修行證悟即可成佛，佛的境界是最終極完美的生命境界。此時，成為佛，則為人的生命找到一種存在和發展的意義。

（二）南傳佛教「眾生平等」的生命教育觀

佛經中說：「一切眾生，無不具有覺性，靈明空寂，與佛無殊。但以無始劫來，未曾了悟，妄執身為我相，故生愛惡等情，隨情造業，隨業受報，生老病死，長劫輪迴。然身中覺性，未曾生死。如夢被驅役，而身本安閒，如

水作冰，而濕性不易。若能悟此性，即是法身，本自無生，何有依託。靈靈不昧，了了常如，無所從來，亦無所去。然多生妄執，習以性成，喜怒哀樂，細微流注。」〔註30〕可見，佛教認為一切眾生，與佛無殊，皆有佛性。既然，眾生皆有佛性，則眾生皆是平等的，一草一木都是生命，作為人，不僅要珍惜愛護自己的生命，也要愛他人，兼愛萬物。

南傳佛教立足於佛性為本的「人身難得」，「眾生平等」的生命觀對當前青少年的生命教育具有重要啟示。當前青少年生命教育收效甚微的現狀和實際，筆者認為，青少年的生命教育應該基於以下三點：

第一，珍愛自我生命。南傳佛教認為，因果輪迴中，人身最難得，但人的生命是短暫的，人生是充滿痛苦的。青少年生命教育課程，就當前青少年群體中存在自殘、自殺，荒廢時間、浪費生命的問題，要引導和教育青少年尊重、熱愛自己的生命，為生命找到活著的意義和價值。把珍愛自我生命作為生命教育的主要內容。人生來就要承受痛苦，佛教把人生之苦總結為八苦，即：生、老、病、思、憂悲惱、怨憎會、恩愛別離、所欲不得。既然，人生如此之苦，人應該找到解脫苦痛的方法，實現生命價值的最大化，對自己的生命負責。

第二，尊重他人的生命。人的個體生命是依託於整個人類社會而存在，人不可能單獨存在。人與人的關係，最基本的倫理觀念就是彼此尊重，而人與人的平等與尊重的立足點是對他人生命的尊重。青少年打架傷人的事時常發生，少數青少年甚至會走向殺人犯罪的地步，普遍存在漠視他人生命的現狀。對家人冷淡、缺乏關愛，對社會缺少關注，等現象無一不是漠視他人生命的表現。生命教育課程要注重教育青少年學會尊重他人的生命。

第三，愛護他類生命。人的生命自然可貴，但其他動植物的生命也值得我們尊重和愛護。南傳佛教經典《律藏二》云：「六群比丘知水中有蟲而飲用。諸比丘中少欲者非難：『何以六群比丘知水中有蟲而飲用耶？』佛世尊呵責：『愚人，汝等何以知水中有蟲而飲用耶？愚人，此非令未信者生信。諸比丘，汝等當知如是頌此學處：任何比丘知水中有蟲而飲用者，婆逸提。』」〔註31〕在南傳佛教裏生命的概念和範圍得以泛化，所有生命與人的生命具有同等

〔註30〕普濟輯：《五燈會元》卷二，《新纂續藏經》第 80 冊，第 62 頁。
〔註31〕《律藏二》，通妙譯，《漢譯南傳大藏經》第 2 冊，元亨寺妙林出版社，1994
　　　年，第 166～168 頁。

性。南傳佛教中眾生平等的觀念，告訴我們，不管以何種形式存在的生命，都應該受到尊重和保護。目前青少年中存在濫殺動物、虐待寵物等現象，缺乏對他類生命的保護意識。

南傳佛教中生命的概念包含自我的生命、他人的生命以及同類的生命，南傳佛教的生命教育即是圍繞著此三大部分而展開的。目前青少年生命教育課程存在教育內容不明確，把生命教育與思想教育、心理健康教育相混淆的情況，青少年生命教育課程的開展應以對自我生命的珍愛、對他人生命的尊重以及對他類生命的愛護為內容。

二、生命無常與生命教育態度的引導

南傳佛教以為，萬事萬物都是因緣聚合而成，遵循因果規律，因緣具足則成，因緣不足則壞，因而一切現象都處於無常地變化之中，人的生命也不例外。南傳佛教的經典《後五十經》有言：

> 諸比丘！汝等於意如何，色是常耶？是無常耶？
>
> 大德！是無常。
>
> 若無常者，是苦耶？是樂耶？
>
> 大德！是苦。
>
> 雖不取無常、苦而有變易之法，而起如是見：此有我、此有世間、我死後有，常、恒、永住而應有不變易之法耶？
>
> 大德！不也。〔註32〕

無常是一切事物存在的基本規律，然而人們對無常的事物往往會生氣貪欲、執著之心，造成諸多不滿和苦惱。對此，南傳佛教主張人們要內心清淨、捨去欲望，處世要隨順因緣。

佛祖教導諸比丘說：「諸比丘，凡無常者，汝等對此應捨欲念」〔註33〕；「諸比丘！法只是有為或無為，於彼等諸法中，離欲稱為最勝，即驕的粉碎，渴的調伏，阿賴耶（執著）的破滅，輪迴的摧碎，愛的除去，離欲、滅、與涅槃。」〔註34〕捨去貪欲，以清淨平和的內心和隨順因緣的人生態度去面對

〔註32〕《後五十經》，雲庵譯，《漢譯南傳大藏經》，元亨寺妙林出版社，1993年，第263～264頁。

〔註33〕《五十經（品）》，雲庵譯，《南傳漢譯大藏經（相應部四）》，元亨寺妙林出版社，1993年，第198頁。

〔註34〕覺音：《清淨道論》（中），法論佛經流通社，2000年，第88頁。

外在的無常變化，無疑是一種智慧的生活態度。

「對成長中的青少年，生命教育應該引導他們在面對各種生活境遇特別是身處困難、貧窮、挫折等惡劣環境時，泰然處之，正確應對。」〔註35〕以內心平和、隨順因緣的生命態度去面對無常變化的人生。

第一，用積極樂觀的態度看待生活的挫折、逆境。人生是一個漫長的過程，一生之中會有成功得意，也難免挫折逆境。人生的成功和順境自然人人都是求之不得，然而不如意事十之八九，「挫折、困苦是每個人在生命過程中都會遇到的不幸，也是引起青少年自毀、墮落的重要原因」。〔註36〕在青少年的生命教育課程中，可以用南傳佛教人生無常的觀念來引導和教育青少年對生命的認識，當人生遇到挫折，處於逆境時以積極樂觀的心態去面對，並加以克服所遇到的困難。而不是自甘墮落地逃避現實，或怨天尤人地抱怨社會人生。

第二，以變化動態的眼光對待生命的貧賤富貴。「隨著我國社會階層的分化，不同階層對社會資源的享有程度發生巨大變化，貧富差距過大問題凸顯，造成了一部分青少年的人生觀、價值觀和心理上的嚴重失衡。對於家境貧困的青少年來說，要承受生活的壓力，甚至還要遭受來自世俗的勢利歧視；對於家境富裕的青少年來說，要經受各種物質享受的誘惑，更要避免誤入歧途。這兩種情況，都有可能影響青少年美好品行和價值觀念的形成。應該說貧富有差距是難以根除的現實，靠自己的奮鬥改變家境的貧困也非常艱難，但我們可以以不卑不亢和泰然自若的態度去對待嚴酷現實，消除自卑心理，釋放心理壓力。」〔註37〕不管目前的家境如何，都應以不卑不亢、不驕不躁的心態面對現實。社會上貧富差距的懸殊，造成了青少年中部分人的優越感和自卑感，物質的攀比心理嚴重，而這一問題的解決，落到了中小學青少年生命教育課程的肩上。南傳佛教萬事無常的觀念，給青少年生命教育課程提供了

〔註35〕蔡志良、杜維超：《儒家生命觀對青少年生命教育的啟示》，見於《紀念孔子誕辰2560週年國際學術研討會論文集》，國際儒學聯合會出版，2009年，第1060頁。

〔註36〕蔡志良、杜維超：《儒家生命觀對青少年生命教育的啟示》，見於《紀念孔子誕辰2560週年國際學術研討會論文集》，國際儒學聯合會出版，2009年，第1060頁。

〔註37〕蔡志良、杜維超：《儒家生命觀對青少年生命教育的啟示》，見於《紀念孔子誕辰2560週年國際學術研討會論文集》，國際儒學聯合會出版，2009年，第1060頁。

一個理論的基礎，課程可以以此教育和引導青少年以變化動態的眼光對待生命的貧賤富貴。

三、阿羅漢果與生命教育品質的提升

在南傳佛教看來，現實人生和世界都不是完美的，人生充滿了種種悲苦和缺陷，現實的娑婆世界也是充滿了種種「苦」，人們在此狀況下的「樂」是苦中作樂。基於現實人生的不完美，南傳佛教建構了「涅槃佛性」的終極生命境界，追求「阿羅漢」境界。生命教育不是獲得生存資本的技能教育，也不是簡單的心理健康教育，而是生命意義和提升生命層次的系統教育。南傳佛教的教育正是致力於人們生命意義的需求和生命的層次，佛祖的成道之路給我們提供了一個完美生命境界的榜樣。「經過六年脫胎換骨般的苦修，35 歲的苦行僧喬達摩，沒有超人外物的指導，完全依靠自己的努力和智慧，去除了一切煩惱，斷絕了所有愛取，以如實智，如理如量的知見方法，而成為佛陀——覺悟者。……他不是天生的佛陀，而是通過自己的精進成就了佛果。」〔註 38〕「他現示了人類如何通過自己的不懈努力，可以獲得無上智慧和究竟覺悟，而不是把看不見的萬能之神凌駕於人類之上，也沒有把人類安置在順從神祇之地。這樣，他提高了人的價值。他說，無需依附外在的神或媒介作用的神祇人員，人類完全可以從生命的病苦中得以解脫，達到涅槃的永久快樂」。〔註 39〕

南傳佛教追求的「阿羅漢」境界即是「涅槃的永久快樂」，《法句經》指出所謂的阿羅漢即是「有為路盡無憂患，一切（煩惱）已解脫，斷盡一切之繫縛，此人已無憂苦惱」〔註 40〕。要達到阿羅漢的境界，便要通過修行，要專心致志，心不放逸：

> 諸比丘！不攝護眼而所住者，其心為眼所識之色境所染，彼心
> 為所染無喜樂，若無喜樂則無歡悅，無歡悅則無輕安，若無輕安則
> 所住皆苦，有苦者之心不得定，心若不得定，則諸法不現，諸法若
> 不現者，則稱為放逸住者。諸比丘！不攝護耳根……不攝護鼻根……
> 不攝護舌根……不攝護身根……不攝護意根而住者，其心為意所識

〔註 38〕那爛陀長老：《覺悟之路》，學愚譯，山東人民出版社，1999 年，第 22 頁。
〔註 39〕那爛陀長老：《覺悟之路》，學愚譯，山東人民出版社，1999 年，第 25 頁。
〔註 40〕《法句經》，悟醒譯，《漢譯南傳大藏經》，元亨寺妙林出版社，1995 年，第 22 頁。

之法（境）所污染，心為污染者，彼無喜樂，無喜樂者即無歡悅，
若無歡悅者即無輕安，若無輕安之住即苦，有苦者之心不得定，心
若不得定則諸法不現前，諸法若不現者，則稱為放逸住者……如何
為不放逸者耶？諸比丘！攝讓眼根而住者其心，不為眼所識之色境
所染，彼心不染生喜樂，於有喜樂者，生歡悅，於心歡樂者，則身
有輕安，於身有輕安者，則住安樂，安樂者之心得定，心得定者，
則諸法現前，諸法現前則稱為不放逸住者。〔註41〕

　　在青少年生命教育中，要重視青少年生命意義的重要性。「當代青少年所
處的社會是一個物質主義、商業文明狂飆的時代，人們日常生活日趨物質化、
功利化，利益幾乎成為現代人現實生活中的唯一追求目標，隨之而來的則是
人的精神世界的失落。人在追逐物質利益的過程中，漸漸喪失了對生命自我
的關注、缺失了對人性完善的養護、放棄了對崇高道義的追求，將『物』作
為衡量生命價值、人生意義的首要標準。與此同時，我們的思想道德教育因
為害怕沾上『假、大、空』、『抹殺個性』、『強制灌輸』等等『罪名』，而不敢
理直氣壯地講理想、信仰、人生價值、崇高人格，使得思想道德教育平面化
了，甚至以心理健康教育來替代，失去了自身的本質。殊不知，一個具有理
想、信仰，追求崇高人格的人，才會珍惜自己和他人的生命，因為這樣的人
才真正懂得生命的美好和意義。反之，一個自毀生命或作踐他人生命的人，
往往是缺乏理想、信仰的。」〔註42〕因此，南傳佛教阿羅漢的境界，無疑給
目前生命意義教育缺失的青少年生命教育課程提供了一個補充。

　　目前，青少年群體中大量存在以自我為中心，人生虛無感的普遍蔓延，
無所事事的現象，部分青少年不學無術，自甘墮落。諸如此類的問題都是因
青少年生命意義的缺失所造成的。「生命教育不僅要教會青少年保護自身的
安全和健康，尊重他人的生命與尊嚴，愛惜他類的生命，更重要的還要指導
他們懂得如何超越生命的有限性，提升生命意義。我國目前開展的生命教
育，重視的大多是人身安全、防災防病、防止自殺、心理衛生等等生命自
保的內容，如果生命教育停留在這一層次，則容易使生命教育膚淺化和庸

〔註41〕　《葉捨品》，雲庵譯，《南傳漢譯大藏經》，元亨寺妙林出版社，1993 年，第
　　　　　102～103 頁。
〔註42〕　蔡志良、杜維超：《儒家生命觀對青少年生命教育的啟示》，見於《紀念孔子
　　　　　誕辰 2560 週年國際學術研討會論文集》，國際儒學聯合會出版，2009 年，第
　　　　　1061～1062 頁。

俗化。所以應該從終極關懷的角度引導青少年追尋生命價值，達到生命的昇華。」〔註43〕

近年來，青少年生命教育問題不僅引起了社會、學界的關注和談論，並在各地的中小學校中陸續開設了青少年生命教育課程，但青少年不學無術，流連各種不良娛樂產所的事時常發生，漠視他人與自我的生命，生命價值觀混亂等問題並沒有因此而得以緩解，此類問題仍然呈現日益嚴重之局面。青少年生命教育課程開展至此，我們不得不對課程做出全面的反思和全新的探討。由上文可見，南傳佛教以佛性為本的生命觀，確立了「自我」、「他人」、「他類」的全局生命概念，在當前青少年生命教育中確立了「珍愛自我生命」、「尊重他人生命」和「愛護他類生命」的生命教育內容。南傳佛教對生命狀態為「無常」的認識，以及對「阿羅漢」果位的生命境界追求，可以引導青少年對生活積極樂觀的態度，提升青少年的生命層次。

〔註43〕 蔡志良、杜維超：《儒家生命觀對青少年生命教育的啟示》，見於《紀念孔子誕辰 2560 週年國際學術研討會論文集》，國際儒學聯合會出版，2009 年，第 1062 頁。

第六章 南傳佛教人文關懷實踐對改善心理狀況的獨特價值

　　現代心理學面對人類的心理問題，已能夠作出相當深刻的分析。[註1] 心理諮詢也想努力對此作出有效的解決。但通過一百多年來的努力，收效甚微。人類的物質生活水準普遍提高了，幸福指數卻不升反降。現代心理學無疑遇到了人類普遍存在、日趨嚴重又難以根治的心理問題瓶頸。而南傳佛教長期的修行實踐，遺留下來的心理治療和對生命的整合價值是不言而喻的。從傳統的四念處禪法再到適應現代的內觀禪法，南傳佛教的修行實踐無疑留給我們一筆豐厚的可資借鑒和使用的資源。南傳佛教的修行實踐及一系列方法，直指人心、對治心病，不但對治療心理疾病有著實際的效果；而且還對解決現代人類精神危機，實現生命超越的本懷，有著不可估量的價值。本章旨在梳理南傳佛教修行實踐中的心理治療價值，並對其獨特性作出些許的發掘。

〔註 1〕心理學經歷百年的發展，已經對人類心理作出了深刻的分析，在心理治療學方面也卓有成效。然而從現代人類自身面臨的心靈困境來看，人類對自身的關懷、關注、觀照還明顯不足。物質文明的高速發展，隨之而來的是對生命的荒誕、空虛、焦灼之感。現代心理學旨在改善現代人的心理困境，然而現代心理學的蓬勃發展卻難掩心靈愈加焦灼的悖論，生命無法獲得真正的休歇與安頓。南傳佛教豐富的理論和實踐體系無疑為生命之安頓構建了一套行之有效的理論和實踐方法。南傳佛教豐富的理論和實踐體系，不僅認識生命實相、實現對主體的超越；並最終從本心的深度來統攝、灌注整個實踐系統，真正實現對生命觀照，改善現代人類的心理狀況。本章的立題依據也在於從現代心理學發展的瓶頸的入手，來反思現代心理學的困境；從深層發掘出南傳佛教中解除人類心靈困境、實現生命安頓的內涵，並論解實現途徑及其獨特的現代價值。

第一節 現代心理學面臨的困境與反思

現代心理學經歷了精神分析學、實驗心理學、人本心理學、後人本心理學等階段，至今僅百餘年發展史。〔註2〕眾所周知，心理學對人類社會的貢獻是巨大的，不但將生命研究深入到了潛意識層，還建立了一個龐大的心理治療體系，一定程度上使現代人漸行漸偏的心理得到了矯正。然而，心理學又是無奈的，它在實踐中的治療效果並不樂觀。某種程度上講，現代心理學的發展面臨著前所未遇的困境。——其困境集中體現於「治不斷根」現象。〔註3〕

毫無疑問，對於絕大多數心理疾病，如自卑、自閉、狂躁症等，心理治療具有非常明顯的功效。又如人格分裂、焦慮症，甚至是被稱為「心理疾病中的癌症」的抑鬱症，治療之後，都會有所減輕。但令人難以接受的是，特定語境下，這些心理疾病經常會「死灰復燃」，甚至還愈演愈烈。這是心理治療者彼此心照不宣卻又難以坦率承認的事實。既然「治不斷根」，是不是心理學出了問題？還是作為心理學研究者的主體自身沒有做到最好？哪些方面又待反思、改進呢？在特定環境下心理治療之「無效」有著極其深刻、複雜的原因。

一、終極觀照者的缺失

現代心理學體系「以心理而觀心理」，缺乏一個「心理之外」的終極觀照

〔註2〕 自1879年心理學之父威廉·馮特在德國萊比錫建立了一個心理學的實驗室，把心理當作一門真正意義上的學科來進行考察時，心理學的發展似乎一直面臨著這樣一個困境：「心理諮詢工作者究竟把人心理苦惱、痛苦和不適應等作為一種『疾患』，作為『治療的對象』來處理，還是從心理學的立場來對人的問題進行理解、共感、教育的援助，使其得到心理上的幸福感，從而讓其過一種更有意義、更具適應性的生活」？（徐光興：《心理佛——東方的智慧與啟示》，安徽人民出版社，2013年，第137頁。）

〔註3〕 心理學在西方的興起，最初旨在建立一門嚴格的研究心理的科學。從心理學的研究對象來看，心理學把整個生命意志的活動當作自身的考察對象，它包括人的意識和潛意識。心理學在發展初期，主要以人的意識領域作為研究對象，研究側重的是人類的生化反應，並以此來探討人類的認知等問題。早期心理學研究比較重視對實驗和數據的分析，把人的心理當作一個可供測量、計算、分析的客體，其弊端顯而易見。一、研究對象過度精細，反而脫離了人的生活；其次，把心理現象對象化、把人碎片化，根本無法從源頭上解決人類的心靈困境。人本主義、後人本主義心理學顯然深入到了人的潛意識，並對潛意識理論作了深刻的研究分析，又苦於無具體可行的治療方法，亦無法根治現代日益繁雜的心理疾病。

者。這是最核心的問題。就心理而研究心理，實際上是就現象而研究現象。很多問題由此而生：沒有根本的超越心理的「觀照者」、「參照物」，我們憑什麼將心理判定為「心理疾病」或「正常心理」？又依據何物來治癒心理疾病？心理疾病是沒由來而生的嗎？又有沒有一種東西決定著心理的動向呢？這些都成了懸而未決的問題。

　　而所謂「正常」的劃分標準，往往也帶有某種虛假性。福柯在《瘋狂與非理性：古典時期的精神病史》一書的原版序言中，強調「現代精神病的治療法只是一種通過法制建立的姿態，而不是以科學的態度對待精神病，因此，一旦履行這種稱號『合法性』的治療法，就形成了真正的沉默；在精神病人與正常理智的人之間，再也沒有共同的語言相互溝通，精神治療把瘋子們在其瘋狂狀態中隔離起來。〔註4〕

　　在此問題上，佛洛依德造出了一個「本我・自我・超我」的三層結構模式，大概認為心理疾病發生在「本我」、「自我」兩層，而「超我」的發生，就是生命價值的最大化，意味一切心理問題的解決：「超我是一切道德限制的代表，是追求完美的衝動或人類生活的較高尚行為的主體。」〔註5〕無形中，「超我」成了判斷心理疾病的標準。然而，其理論缺憾顯而易見。

　　榮格看清了這一點，他說：「弗洛伊德雖然也看到了無意識這一概念具有古老和具有神話色彩的思想形式，卻仍然賦予無意識以完全個人的特性。」〔註6〕言下之意，弗洛依德建立在「個體無意識」層的標準並不能涵蓋更深的「集體無意識層」，而心理疾病之根源，無疑是深植於集體無意識的。如此，弗洛伊德理論用以治療心理疾病之深層有效性值得推敲。然而，榮格立足於集體無意識層，是否就意味著能夠徹底治癒心理疾病呢？榮格用「原型說」來挖掘一切心理的產生根源。最初，原型大約是理念層面的形而上所指：「在柏拉圖那裡，原型卻被賦予了極高的價值，它被視為形而上的理念，作為理式和範型，而真實的東西卻被認為僅僅是這些東西的摹本。」〔註7〕從此角度看，似乎「原型」可以作為「心理疾病」的參照物。但是榮格又承認：

〔註4〕　高宣揚：《當代法國哲學導論・上卷》，同濟大學出版社，2004年，第359頁。
〔註5〕　〔奧地利〕弗洛伊德：《精神分析引論新編》，高覺數譯，商務印書館，1987年，第52頁。
〔註6〕　〔瑞士〕榮格：《榮格文集》，馮川、蘇克譯，改革出版社，1997年，第39頁。
〔註7〕　〔瑞士〕榮格：《榮格文集》，馮川、蘇克譯，改革出版社，1997年，第8頁。

生活中有多少典型環境，就有多少個原型。無窮無盡的重複已經把這些經驗刻進了我們的精神構造中，他們在我們的精神中並不是以充滿意義的形式出現的，而首先是「沒有意義的形式」，僅僅代表著某種類型的覺知和行動的可能性。〔註8〕

如此說來，「原型」並非唯一的、終極的、超越的觀照者，而是決定心理模式的「河床」，其自身就包含著心理疾病之元素，對於更為深層的心理疾病「根源」還是束手無策。

現代心理學發展史上，「終極觀照者」一直缺失。後來的實驗心理學在該問題上並無建樹，人本主義心理學則進行了更深一層的探究。很多研究者發現了一切心理的「符號化」或「本質化」，例如拉康：「主體就是無人。他是被分解了的，破碎的。他被迷惑人的、同時又是被賦予了現實性的他人之相，或者同樣被其自身相所擠壓、所吞噬」。〔註9〕他們看到了心理的「虛無性」，於是就要求解構「主體」，以期發現某種「不虛」、「終極實存」。但是，解構之後，卻發現「什麼也沒有」，理論上再也無法更加深入。〔註10〕

〔註8〕〔瑞士〕榮格：《榮格文集》，馮川、蘇克譯，改革出版社，1997年，第90頁。

〔註9〕轉引自黃作：《不思之說——拉康主體理論研究》，人民出版社，2005年，第11頁。

〔註10〕這種理論缺憾，在後人本主義心理學處得到了一定程度的解決。這種解決，實際上已非現代心理學的舊有體系，而是借用東方文化尤其是佛教為理論框架的「理論嫁接」，即從佛教的視野去審視心理學。實屬「心性學」之範疇。如德國艾克哈特·托爾即以「大我」和「小我」之概念來詮釋人類之心理：「當每一個思想完全霸佔你的注意力，當你如此的認同腦袋裏的聲音和伴隨他的情緒時，你就在每個思想和情緒中迷失了自己，於是你就完全地與形體認同，完全受制於小我。小我是不斷重複的念相和被制約的心理——情緒模式的集合體，我們在這些念相和模式中，投注了很多的自我感。當你的本體存在感和形相相搞混在一起時，小我就升起了，這就是認同的意思，這就是遺忘了本體，這個主要的錯誤，就是絕對分離的幻相，把實相變成了夢魘。」（〔德〕艾克哈特·托爾：《新世界：靈性的覺醒》，張德芬譯，南方出版社，2008年，第41～42頁。）引文的「本體」、「實相」就是「大我」，托爾說清了心理疾病的產生原理：心理疾病其實就是「小我」突破一定的「度」而表現出的明顯的功能紊亂。「以大觀小」，則可以看清心理疾病的發生與運作，乃至治癒。「大我」就是絕對純淨層。只有以「大我」作為參照標準，心理疾病的正常與否、運作原理等才會得到最終解決。而美國肯·威爾伯則更是以佛教大乘之「不二理論」來解決、圓融心理問題：「安住於這『一味』中，超越於塵囂之上，世界從最純粹的解脫之光中升起。樂在無限，迷失於永恆，在本來面目無情的奧妙下，放下了所有希望。萬物來自『一味』，萬物亦返歸『一味』

二、治療方法的不徹底

某種程度上講，現代心理學的治療方法具有不徹底性。實際上，方法的有效與否、徹底與否，是由該學科體系有無理論終極性而決定的。心理治療方法的不徹底性其實是上文所謂「終極觀照者缺失」的延伸：

沒有終極的生命存在，自然不可能創造出靈活透徹的治療方法。現代的心理學已經深入到集體無意識，應該說是已經能夠發現人類心理中的一切問題。但關鍵是怎麼解決？現代心理學經常發現，一個心理問題的產生，或許根源可以追溯到家族、種族、甚或是人類集體共有的某種信息。但是，既然這麼久遠，還如何治療呢？它引出了問題，但無法從根本上解決問題。心理學的治療方法永遠也不固定，可以變化出很多，但是一個問題今天解決了，明天卻又反覆，甚至變化出其他的面目來。〔註11〕

如何從根本上解決這種現狀，以建構、補全現代心理學的方法論體系？據筆者看來，核心在於對「終極觀照者」的發掘。有了「終極觀照者」，一切方法運用就具有了最終的理論支撐和現實的實踐效用。

上文從現代心理學所遭遇的困境加以論述，意在引出南傳佛教對現代心理學的補充與超越。在南傳佛教的修行禪法中，不但具有心理學最為缺失的終極觀照者——「空性」，並且還通過「理論論證」與「實踐修持」之雙向路徑來保障「空性」作為終極視野的可實現性。意即，既有「終極觀照者」，又有一系列行之有效的心理治療方法，即可從根本上解構心理疾病之存在。故而在現代社會，南傳佛教的心理治療價值毋庸置疑，值得我們好好挖掘與利用。

第二節　南傳佛教視野下的心理治療原理

心理學的發展旨在矯治「心病」、解決心靈危機。南傳佛教以清淨本體觀照生命，識清心理運作結構，並勘破造成這一切心理現象的根源。意即，南傳佛教從理論和實踐的層面保障了「心理治療」的可行性。南傳佛教的「心

——存在其中的，就是當下這一刻的故事。一切只不過是南柯一夢或是噩夢連連，無論如何，我們終將從其中覺性。」（〔美〕肯·威爾伯：《一味·自序》，胡茵夢譯，深圳報業集團出版社，2010 年，第 1 頁。）從宏觀的心理學上來說，這是非常重大的理論與實踐突破。

〔註11〕吳正榮、馮天春：《〈壇經大生命觀〉論綱》，人民出版社，2014 年，第 268 頁。

理治療」原理在於：一、始終以「心理」之外的「終極觀照者」作為統攝，深入考察人的心理意識，指出生命「本來面目」；二、以無染空性重新審視、清理傳統心理學對心理疾病的界定和認知；最後，南傳佛教為勘破心理幻相，治療心理疾病提出可供參考的手段。這些無疑對現代心理學的研究提供了新視角、新方法。

一、無染本性：終極旁觀者的如實存在

在考察、反思現代心理學的誤區時，我們不難發現，若始終就「心理考察心理」，始終在心意識層面作用。不僅無法透視產生這一切心理現象的根源，更無法療愈反覆無常的「心病」、回歸生命源初面目。若以「心理」之外的「終極旁觀者」作為參照，既從生命內在的廣度和深度考察心理意識，也能透照到一切現象背後清淨無染的生命本體。

著名的實驗心理學家艾賓浩斯曾指出：心理學有著漫長的過去，但是卻只有短暫的歷史。雖然在古代就已經關注到人對事物的感知、意識問題和瘋癲。但是也無法做出一個合理的理解和解釋。現代心理學把千變萬化的人類心理現象當作研究對象，通過考察人的意識和潛意識，來解決人類的心靈危機，但還是無法解決發展迅速的現代心理治療方法和現代人日益嚴重的心理疾病之悖論。

誠然，在現代心理學中，弗洛伊德和榮格已經走到了潛意識和集體無意識的層面，大大推進了對人類意識和心理分析的深度和廣度。現代心理學也對各式各樣的心理現象作了分析，並且指出各種心理現象的背後可以追溯到童年創傷經驗、家族乃至集體無意識的心理原型。從這個層面來說，現代心理學無疑是深刻而又卓有成效的。

南傳佛教從內在的幾個層次或緯度來考察人的心意識，大大拓寬了現代心理對心意識的認知。〔註 12〕在巴利文佛教裏，依照性質將心分類為「八十

〔註12〕可以說，早在原始佛教時期就對「心意識」和與之相對的心理類型作了細緻的劃分。大致可以劃分為：五蓋、七結、九結、五下分結、五上分結、四暴流、四漏、四取、四系、三求、十六心垢、二十一心穢十二類。雖然原始佛教細分了不同的心所及其與之相對的心理現象，不過究其根源，也不離《阿含經》所講的「貪、嗔、癡」三毒，凡夫的心念起起落落，念念相續之間總不免生出種種的攀緣之心。無明生三毒，眾生的萬千煩惱和心理現象不過是根植於此根源罷了。後期唯識宗把意識劃分為「眼、耳、鼻、舌、身、意、末那識、阿賴耶識、阿摩羅識」之九個層次或維度，從內在考察人的心理和

九心」。亦將世間的心分為欲界心五十四心、色界心十五心、無色界心十二心，而出世間心八心，合計八十九心。如在《攝阿毗達摩義論》裏就提出五十四欲界心、十五色界心、十二無色界心、八出世間心、一百二十一心的分類方法。有學者指出：

> 把心分類為善心、不善心、無記心等、自《阿含經》時代就已經可見，將此再配合欲、色、無色的三界及出世間，而分類為十心、十二心等，也可見於其他部派，但是分類到八十九心那樣細的，是其他部派所無，而是巴利上座部獨有的特色之說。〔註13〕

現代心理學的發展也意識到過去的經驗會積澱成固定的模式，影響和支配我們的行為。南傳佛教也從「業」的角度對意識心理作了進一步的分析。〔註14〕作為現象，過去的行為和經驗已經消失了，但是作為生命信息，它被儲存了下來，成為我們紛雜心理意識的一部分。佛經指出「諸有情之流轉、輪迴，歿去、生來，我及世界之恒存常在」〔註15〕。意即，生命流轉生死，背負、累積了過去世世代代的信息，並全部儲藏在我們的意識裏。哪怕生命

意識，大大推進了原始佛教對人的心理分析。在本書「南傳佛教時期的人文關懷思想考察」一章中，第三節「南傳佛教對人意識的研究」就是從南傳佛教的典籍中，梳理出南傳佛教時期對意識的研究。而這一時期對「心」或者說是「意識」的研究在原始佛教的基礎上已經有所推進。不僅豐富了佛教的心意識學說，針對不同的心理現象提出了更為具體的對治方法，對現代心理學的提供了更具體、實用的心理治療理論和方法。具體可參考《南傳佛教時期的人文關懷思想考察》一章中，「南傳佛教對人意識的研究」一節。

〔註13〕〔日〕平彰川：《印度佛教史》，莊昆木譯，商周出版社，2004年，第157頁。
〔註14〕從整個佛教的視域來看，人類的「心理」主要由四個層面構成：第一層、全人類的。從人類最初產生有了生命的活動開始，它就會作為一種信號在人類的意識之中永久的積存下來。它能夠刻在人類的基因中支配人的活動。第二層、種族的。隨著人類的遷徙會形成獨立的生活群體。而每個群體和宗族由於各自不同的觀念和生活特性，並原封不動的積攢在人類的心靈意識中。第三層、家族的。社會的分化，更多以血緣關係為紐帶的結構產生。在這個範圍內積澱的「心理」較之前幾層的更為強烈，心理活動越來越遠離生命的本來面目。第四層、個人的。個體的存在已經帶上了人類的、種族的、家族的烙印，再加之個體的經歷不同，所積澱的信息和「業」也不盡相同。故而個體是「心理內涵」最為豐富的階段。這四層的劃分也是旨在加以說明人類意識形成的基本原理。雖然弗洛伊德和榮格發現了生命受到潛意識和集體無意識心理的支配，而從整個佛教的意識領域來看，而這些也不過是生命中積澱（業）的一小部分而已。具體參見吳正榮、馮天春：《〈壇經〉大生命觀論綱》，人民出版社，2014年，第269～270頁。
〔註15〕《梵網經》，通妙譯，《漢譯南傳大藏經》第6冊，第12頁。

肉體作為現象消失，但是過去的經驗會作為一種生命信息被儲存下來，還會影響和支配我們的行為。從人類的發展來看，人類的意識早就被刻上了各式各樣的生命信息。當「業」積攢到一定的程度，就會變成一種下意識的慣性衝動力量，支配人的行動。從這個層面來看，整個生命在意識領域早就負重累累，個體在理智控制之下潛藏了更深的意識「種子」，生命也總受困於種種焦灼和不安，流轉生死，不能看清生命的「本來面目」。

「西方應用社會科學一直普遍關注著人類行為和情感的消極和問題層面、壓抑、焦慮、暴力和自私的基因與生物化學基礎」。〔註16〕現代心理學始終就心理考察心理，殊不知心理現象不過是我們巨大心理積澱所顯化出來的「冰山一角」。再者，傳統心理學的研究方法也使心理學成為介於生物學和物理科學之間的學科。〔註17〕哪怕可以調適心理情緒，卻依舊無法看清、瓦解小我的舊有模式。

南傳佛教對心、意識細緻入微的分析，可以說是極其深刻的。不僅從幾個層次與緯度考察了心意識，擴大了意識的廣度；從業力的角度來闡釋和論解了生命在意識領域早就有了各式各樣的「病因」，豐富了意識研究的深度。但僅僅是從意識的深度和廣度來考察南傳佛教的心理意識學說，我們依舊逃不出「就心理觀心理」的藩籬，始終無法透視生命本體、超越繁雜的心理現象。那麼南傳佛教的「心理治療」原理也很難立住腳跟，不免落入自身的反諷。

南傳佛教之所以能為現代心理學提供一種新視角、新眼光，其根本依據在於南傳佛教能透過起起伏伏的心念，認清意識的形成和運轉，從而突破心理現象的種種侷限性，認識和體證空性、運用和顯化空性之智慧。佛經指出有這樣一種生命境界：

> 阿羅漢，而諸漏已盡，修行圓滿，所作已作，已捨業重擔，到達彼岸，斷存在之結，正智而解脫。彼亦從地以知地，從地以知地而不思維地。不思維於地，不從地而思維，既不思維「地是我所有，

〔註16〕Eleanor Roses, Book review for Western Seientists and Tibetan Buddhists Examine Human Nature., in *Analyzes of Social Issues and Public Policy.* 2002.Vol.2. No.1.

〔註17〕瑪欣德尊者指出：無論是物理學還是心理學、或者的現代的人體科學，都是近一百多年才發展出來的科學，但是佛教對身心的研究已經有2600多年的歷史了。科學家們所研究的不過是事物的現象，但是佛陀直接指向我們身心的本質。我們甚至可以說世間學科所分析的幾乎只停留在事物的表象。瑪欣德尊者著：《阿毗達摩講要》上，雲南省佛教協會等印行，第49頁。

　　隨不喜悅地。其為云何？乃已減盡貪欲。脫離貪欲故也。〔註18〕

　　也就是說，生命本來就有一個清淨無染、自在圓融的存在境界。眾生的種種煩惱在於我們在意識層面背負了太多的「重擔」。所謂業力，其實也不過是我們過去行為經驗所固化的一種心理反應模式，其歸根結底不過是一場心理「幻相」，並不是我們的生命本質。當我們執著於假有的心理幻相，並且把這一切固置顯化為「我」的本質的時候，就會執假為真，並且把它所產生的一切當作是「我」的真實感受。但是「我」的一切皆是攀緣而起的種種虛假幻相，本不常駐。心念起起落落，外物流轉、無常，我們也會產生一切的苦樂無常感受。心理意識也會產生、積澱下更多的「病因」，生命的本性也就蒙蔽的愈加嚴重。

　　南傳佛教指出，當證到圓滿自在的「阿羅漢」果位時，也就活在了超越是非善惡評價的生命層面，生命也復歸到了本位。一切皆是空性的顯化，自然也就不再受業力、煩惱的牽引和支配了。也就是說，當生命跳脫舊有模式，回歸本真時，產生種種煩惱的「因子」不過是一個個虛假的幻相，始終不能撼動自在清淨的生命本體。生命中累累的負重，也能被瓦解、粉碎，不能再影響和支配我們的心理、行為。

　　南傳佛教從對人心理意識的考察鍥入，不僅發掘出心理意識的多維性和豐富性，也透過雜多的心理意識現象，指出一切現象背後的「終極旁觀者」的存在。〔註19〕立足於此「終極觀照者」，雜多的心理原型是「小我」對舊有經驗、模式的認同而產生的種種心理反應模式，而這些陳舊的意識模式又掩蓋了「我」的本來面目。當生命回歸本然，也就卸下了頑固、沉重的心理負擔，心閒自在。

〔註18〕《中部第一》，通妙譯，《漢譯南傳大藏經》第9冊，第5頁。

〔註19〕南傳佛教以「終極觀照者」為立足點，從內在的深度和廣度來考察了人的心理意識，從外在對心意識因外緣刺激產生的心理情緒作了分析。這三個層面的考察，也恰恰落實了南傳佛教對生命的多維性的理解和觀照，並非非此即彼的二元對立模式。以「終極觀照者」作為統攝，再考察人的心理、外緣、累世積業等的相互關係，不僅可以看清我們心理情緒的緣起、變化、幻滅的過程，也指出了回到生命源初的可能性。例如在《人事設施》中，首先通過論述蘊、處、界、根、諦、人「六設施」中的「人設施」，再論解出有一種類的「人」到十種類的「人」的增支法，說明一百四十二種人的不同類別和心理觀象。其思路是：先梳理出心的分類，論解身心之間的相互交感和影響，分析出形式各異的心所和心理現象、心理的活動規律和結構，再從生命本體的高度認識到心理情緒的「虛幻性」，繼而勘破心理的幻相。

二、虛幻迷執：南傳佛教對心理疾病的認識

既然南傳佛教從「空性」的高度來觀照生命，指出所謂「心理問題」不過是生命被蒙蔽障礙的表現。那麼我們很有必要從生命本體的高度，來釐清現代心理學對所謂「心理疾病」的種種謬見。傳統的心理學把偏離理性可控範圍內的種種心理現象或者行為，稱之為「不正常」。然而，所謂的判斷標準也無非是人自身所設定的。首先，這樣的「劃分標準」，無不帶有我之色彩，不能客觀如實；其次，所謂「理性」，早就沾染了人偏狹、虛幻的意識，只產生虛假的「標準」，不能當作「正常」與否的標準。而正常「理性」掌控之下，隱藏著更大的蒙蔽和障礙。南傳佛教以「終極觀照者」作為前提，擺脫自我以意識、理智、思維對心理正常與否的界定，從本源上看清了心理疾病的「虛妄性」。

現代心理學認為當人類的認知、情感等一些正常程序出現混亂時，就會出現輕度的人格障礙或重度的神經症，就是所謂的「精神疾病」。什麼是精神病？庫伯指出：

> 精神分裂症乃是微觀社會的一種危機，在這種狀態中，某些人的行動和經驗，被另一些人所傷害，而由於某種特定文化或微觀文化（主要是家庭）的原因，首先將這些人被選定、或被界定為「精神病患者」；然後，又根據某種專門的、然而又是非常專橫的手段，通過醫學或類似醫學的專家，確認為「精神分裂症患者」。維特根斯坦也曾經詼諧的說：精神分裂症就是「我們的被語言引誘了的理智」。〔註20〕

弗洛伊德把瘋狂和精神分裂看作是不正常的現象。但拉康和福柯認為，對於人來說，並不是要硬性地把精神分裂確認為一種精神病態，因為精神分裂本來就是人的正常精神狀態。對人來說，也不存在精神正常和不正常；問題並非人為地區分正常和不正常，而是分析精神活動的各種複雜表現。所以，精神分析學說應該從傳統的心理學中解脫出來，對人的精神世界重新進行分析和說明。〔註21〕

從南傳佛教的視域來看，現代心理學對「正常」的判定是模糊不清的。

〔註20〕高宣揚：《當代法國哲學導論‧上卷》，同濟大學出版社，2004 年，第 418～419 頁。

〔註21〕高宣揚：《當代法國哲學導論‧上卷》，同濟大學出版社，2004 年，第 357～358 頁。

拉康和福柯也已經看到界定「正常」與否,並不是解決心理問題的關鍵,而在於能否從傳統心理學的固化模式中,來重新認識、界定、分析人的精神世界。誠然,現代心理學為此做出了巨大的貢獻,並富有成效。但是從上文的考察中我們也不難發現,如果只是就「心理考察心理」,我們很難從紛雜的心理現象裏找到解決問題的辦法。最終還是不免遁入「正常」與否的論證之中。問題的根子始終還是存在。

《梵網經》指出我們經歷累世的生死輪迴,也就有了污染,生命也被障礙和遮蔽住了。生命受到業力的支配,舊有的心理模式一發生作用,生命就只能按照它的指令來運作,身不由己。哪怕生命裏積澱的業不深,這些「病因」還會潛伏下來。在理智可控範圍之內,表現出「正常」的行為。但過去的心理創傷不會因此沈寂,也會因為外緣的刺激而產生瘋狂過激的行為舉動。從這個角度來看,現代心理學所設定的「正常程序」未必也是正常的。哪怕現代心理學用冥想、回憶、追根的方法,找到造成一切心理問題的根源,但是如果不能把造成問題的根源拔除,只要還有「病根」存在,一旦受到外緣的觸動,就會喚醒沈寂在潛意識深處的某些心理原型。必然又會產生種種「不正常」的意識和行為。

南傳佛教指出清淨無染的「空性」,就是自足、自由、圓滿的生命本來面目。佛經也不止一次的論述了清淨之空性存在,在《論事》裏指出:今稱空性論。此處,言空性有二種空性,是蘊無我相與涅槃。於此中,先是無我相,一分或依方便說,應為行蘊繫屬,但涅槃唯無繫屬。〔註22〕其次在《論事》裏這樣論述空性:一為在五蘊中不執著於物相之緣起空;另一為永恆自足、不與物相關聯之涅槃境,不屬緣起之法。但不論從哪一層意思來說,空性都是自由的、自足的、永恆的。〔註23〕《無礙解道》第十品也云:「此句是最上,此句是最勝,此句是殊勝,謂一切行之寂止,一切取之定棄,渴愛之滅盡、離欲、滅、涅槃。此是最上空。」〔註24〕

也就是說,若從空性的高度來看,不難發現,當我們活在舊有的心理模式中時,就會與大腦中喋喋不休的聲音、念念相續的意識、小我外在的形相認同,並形成自我的意識。自我又必然在外界形相中尋求意義價值,人的一

〔註22〕 《論事》,郭哲彰譯,《漢譯南傳大藏經》第 62 冊,第 324 頁。

〔註23〕 《論事》,郭哲彰譯,《漢譯南傳大藏經》第 62 冊,第 324 頁。

〔註24〕 《無礙解道》,悟醒譯,《漢譯南傳大藏經》第 44 冊,第 91 頁。

切行為也會導向自我存在價值的確證。故此,就有了諸多的衡量和評價的標準。殊不知世俗的評價標準終究不能脫離物質、利益的纏縛,終有一死者不免在紛雜的現象世界中,迷失自身。這在本質上就已經混淆了本體與外在形相。而對於「心理疾病」,在沒有確證到靜定不動、不生不滅的「空性」之前,所謂的「正常」也只是一個虛假的預設,不過是小我「心念」的評價,所有的心理問題、疾病也不過是因緣觸發而起的形相,不是終極的生命境界。

現代心理學有自身的侷限,缺乏對生命終極的審視和關懷,始終無法立足於終極根本而真正使人獲得心靈的安頓。首先,無論是「正常」還是「不正常」都是自我的一個評價標準,都是在理性層次對「心念」的一個評價。其次,當「心念」超乎理性的規範,我們就企圖矯正它、治療它。而這種治療也是小我自身的迷失和偏執,我們還是被「心念」左右,非生命本位的觀照。超個人心理學也認識到現代心理學應該回歸到東方的道和寂靜涅槃,找到心理現象之外的終極旁觀者。南傳佛教無疑為超個人心理學的發展提供了廣闊的新視野。

三、徹見本心:南傳佛教心理治療的可能性

南傳佛教的心理治療方法,也是對心理之外「終極觀照者」的延伸。當立足於此「終極觀照者」時,生命因積澱雜染了太多的負面信息,始終只能在心意識層面打轉,日益偏離了生命的本質。現代心理學對改善、轉化心理有一定的效果。但是,這些都只是從「心理現象」上下工夫,現象本無常,剎那間又會有其他的苦樂感受。南傳佛教以生命終極的空性為統攝,再識破心理的虛幻性之後,又以具體可行的實踐方法,為生命的復歸提供了可能性。

若以心理之外的「終極旁觀者」觀之,心理的困境在於生命陷在了舊有模式的迷霧。調整、治癒心理疾病就是讓生命脫離陳舊的心理模式,認清生命本體,整合我們的生命信息。既然一切心理問題不過是一場幻相,若能活在自在的生命本位,以無染的本心觀照起起滅滅的現象,也就無須調治「心理疾病」。顯然,現代心理學已經考察到造成心理疾病的多重根源,卻無法以恰切而徹底的方法根治心理疾病。那麼如何擺脫對形相的執著?如何清除障礙、整合心理,成就對生命的終極關懷?南傳佛教指出關鍵在於我們要參悟實訓,識見本心。否則做再多對心理的分析和解說也是枉然。

　　在南傳佛教看來，治療的先決條件就是要覺知、認清心理疾病構成之「虛妄」。但是自我由經驗、思維固化形成，也早就習慣用思維來界定、評價外物，並執假成真，根本無法意識到自身的限定。哪怕從原理上弄清「空性」乃人之本真存在，在意識層面偶偶察覺，也很擺脫業力的強大力量，更無法超越虛假的自我限定。這就要求我們反覆訓練心理能力，深化意識對本心的認識和覺知，體證空性的真實不虛，進而才可以從根源上擺脫業力的束縛，療愈心理疾病。南傳佛教提供的一整套修行方法並非傳統意義的心理治療學，但其解除煩惱、對治心病的本質又無意間觸及到了心理治療學的根底。

　　可以說，南傳佛教的修行實踐就是通過禪定、內觀等方法，確證到「空性」的真實不虛。再從「空性」的高度，逐一辨清造成心理困境的根源，識破心理的自我幻相。只是不同的修行法門有不同的側重點。以南傳四念住禪法為例，修習者從觀身、受、心、法四處入手，看清一切現象的無常本質，並透視、體證現象背後的「空性」。〔註25〕通過修習不同的禪法，心自在清涼，並在一段時期內處於清淨平和之中。但是，當覺知力浮現時，舊有的業習也會繼續侵擾我們的心理意識。為了穩固、強化這種覺知力，必須重複不斷地練習和強化。南傳佛教「戒定慧」一體的修行方法，以及內觀禪的修習無疑是很好的實踐系統。

　　當我們通過禪定、內觀訓練出內在的覺知力時。可以說就對自我的心理、情緒有了內在的感知力。才能在起心動念處考察我們起了什麼樣的心念，又被什麼樣的情緒所控制。內觀禪法教導我們針對不同的心理情緒，從不同的觀察對象入手，只是以覺知力如實地察看它的起滅。通過標記、識別、命名的方式，體察心理情緒的產生和運轉模式。當覺知力升起時，即是在本心層面作用，就有了處理情緒的能力，心也不會隨物流轉。

　　以「空性」考察生命意識結構，並非意味著對生命理性、非理性層面的否定。若通過否定生命的豐富性、多元性，來空談靈性，也就落入了對生命

〔註25〕《大念處經》云「諸比丘！為眾生之清淨，為度憂悲，為滅苦惱，為得真理，為證涅槃，唯一趣向道，即四念處。如何為四念處，諸比丘！比丘於此，於身觀身而住，精勤，正知正念，捨離世間之欲貪、苦惱，——於受觀受而住，精勤，正知正念，捨離世間之欲貪、苦惱，——於心觀心而住，精勤，正知正念，捨離世間之欲貪、苦惱，——於法觀法而住，精勤，正知正念，捨離世間之欲貪、苦惱。元亨寺漢譯南傳大藏經編譯委員會：《中部第一》，通妙譯，《漢譯南傳大藏經》第 9 冊，元亨寺妙林出版社，1996 年，第 73 頁。

本身的否定。南傳佛教關懷生命、整合心理的智慧在於，通過修煉讓「空性」顯化，認識到生命自身的侷限，再以切實可行的方法，彌補生命自身的缺憾。超個人心理學的興起，就是企圖超越主體、個人的限定，從生命全面而完整的高度，來徹底療愈和整合我們的心理創傷。而南傳佛教的實踐體系，無疑為超個人心理學乃至現代心理學提供了可資借鑒的方法。南傳佛教修行體系龐大，下文我們將從南傳佛教具體修行實踐入手，並論解其對現代心理治療學積極深遠的影響。

第三節　南傳佛教修行實踐中的心理治療綱要

　　徹底根治、療愈現代人的心理疾病，克服心理學的繁盛與日益繁雜的人類心理問題的悖論，是現代心理學最急迫、最嚴峻的問題。誠然，現代心理學的發展已經意識到禪修技術對改善、調整乃至治癒心理疾病的巨大作用，並企圖糅合禪修實踐與心理治療方法。例如，現代心理學中著名的「正念治療法」，就是通過禪坐、冥想等方法，對心理疾病進行追根、溯源，並通過正念觀想，去除心理中負面的成份，達到對心理疾病的治療。〔註26〕

　　但是，「心病」中包含了累世的業因，需要層層地剝離意識假象，沒有經過系統的方法訓練，是很難徹底療愈的；其次，假若把禪定、冥想當作治療

〔註26〕心理學界從 20 世紀 60 年代末開始提出「超個人心理學」，試圖將心理學的高度、全人而整體的深度，從那以來，就有各式各樣嘗試整合心理與靈性的學派與治療方法，其中很重要的一部分就是將東方的智慧與禪修方法，與西方現代心理學的理論與務實相結合。有些人把禪修的方法，運用到心理治療中，得以改善許多的「症狀」與「疾病」；也有些人運用心理學的方法，使禪修的內容更為豐富。但是能夠將心理學、心理治療提升到與靈性修行對等的地位，切實以整合的觀點來看待人性與人生追求之路的人，實在不多，傑克‧康菲爾德堪稱其中的翹楚。（〔美〕傑克‧康菲爾德：《踏上心靈幽徑‧序言》，易之新、黃璧惠、釋自鼎譯，深圳報業出版社，2009 年。）也即是說，現代心理學的發展已經從考察到禪修對心理學治療方法的巨大彌補作用，並把禪修技術結合到心理治療中，產生切實可行的療效。首先，現代心理學面對的是形式各異的心理問題，並對不同心理疾病背後的創傷記憶有詳盡的瞭解，在治療過程中就有很強的針對性。但是，心理創傷的根源，始終必須以空性去看清、照破。只有意識中揚起強大的覺知力，才能真正不認同、不評價、不餵養那些陳舊的心理模式，並最終讓心靈澄澈、寧靜。這一理念在現代超個人心理學中得到巨大的實現，除了傑克‧康菲爾德之外，肯‧威爾伯、艾克哈特‧托爾、康斯菲爾德、克里希那穆提等，都是這一理念的踐行者，且卓有成效。

的唯一途徑，而無智慧作為統攝，很容易進入心理意識的誤區；再者，心理本就虛無，療愈、整合心理在於對當下心理、情緒的覺知。復歸本心，就必須有一些能夠調節心靈或徹底回歸生命本來狀態的實踐方法，否則現代心理治療就會流於表面。若以南傳佛教的視野，來重新審理現代心理治療學，並對心理學治療方法作補位，必須重新回到南傳佛教具體的修行實踐中，並作深層的挖掘和考察。南傳佛教對「心病」的治療次第可以概括為：覺起、照破、追根、轉化。

一、觀照，識見心理之虛妄與運作

治療心理疾病的關鍵在於認清疾病的虛幻性，前提是體證空性的真實不虛。佛經不止一次地談論到空性，以及體證涅槃、阿羅漢果位時，心的寂靜平和。從這個層面看，「心念」確實是虛幻的。然而，我們不能僅僅靠佛經義理去理解、推論、評價空性的真實性，這樣既無法徹見本心，也無法識破心理幻相。空性不生不滅、寂靜無染，若以思維描述、空談空性，又偏離了空性的本質。那麼我們是否無法與內在空性建立聯結？

佛經云：「然，諸比丘！約略而言，五取蘊之苦者何耶？如次之色取蘊、受取蘊、想取蘊、行取蘊、識取蘊，諸比丘！約略而言，此等名為五取蘊之苦。諸比丘！此亦名為苦聖諦。」佛教指出，我們以六根來接觸外界，建立與世界的聯結。六根有自身的侷限，再加之我們各異的業因，對世界產生了迥異的反應。而這樣的聯結方式，注定了我們會因形相而產生得失、苦樂之心，也就侷限、束縛在自我的意識世界中。從另一個側面來說，苦樂只是在現象層面的感受，還有另一個超越現象的空性存在。空性並非意味著你的信念、理解，而是對當下的覺知。當我們意識到自我在受苦、執著時，就是本性的揚起。「我」看清、認識到心因外緣刺激，產生的一連串的情緒、反應、行動。

佛經進一步指出：「坐於一面之彼都提之子波斯學童，如是白世尊言：尊瞿曇！有何因、何緣，種種人存在之間，有優、劣之性耶？……世尊曰：學童！種種有情，各有各之業，為業之相續者，有業為胎藏，被縛於業，以業為所依。以業分別種種之有情，即有優、劣之性。〔註27〕生命積澱、雜染的

〔註27〕《小業分別經》，通妙譯，《漢譯南傳大藏經（中部經典四）》，元亨寺妙林出版社，1993年，第204頁。

業力不同，在世間就顯化出意識、行為、品質的優劣好壞。生命源初的「空性」卻是圓滿自足的，並無優劣的區分。我們戴著「業」的有色眼鏡看外界，因緣而生情緒，又用各種理由來認同、餵養思維情緒，證實自我的正確性，並付諸行動實踐。當情緒、思維積澱到一定的程度，就會固化形成了所謂的性格。

首先、看清意識「虛幻性」，就是不認同、不評價心理情緒。當情緒升起時，只是如實地看著它的升起，看「小我」給了它什麼樣的理由，說服、強化自我對情緒的認同。當我們不帶任何評價、只是如實的觀看時。情緒不過是因緣而起的現象，本身就是無常不定的，我們只需客觀地觀看這場心理默劇。

其次、不餵養、不給心理動力。無論何種情緒升起，都意味著背後有意圖、心理驅動力。當我們認同小我內在的聲音，舊有反應時，情緒就有了動力，就會逐漸控制我們的意識和行為，產生許多破壞性的活動。當我們只是如實地觀看情緒時，我們對意識就有了內在地覺知，意識到情緒對自我的掌控。那麼，我們也就不再從情緒、行為上再給它理由，來餵養、支撐這些老舊的心理情緒和反應模式。才能從源頭上杜絕火上澆油，增長、促進我們對心理情緒地認同，才能真正地看清心理現象的虛幻。

空性本自空無，現象界又是無常多變，無法用現象來找到那個不變的「我」。當內在覺知力產生時，生命就自然建立起與內在自我的聯結。生命因為執念、妄念，蒙蔽、割裂了與本性的聯繫。心念起起浮浮，自然生種種分別心。而心的攀緣就產生種種的煩惱，也成為我們獲得正確認知的障礙。

如果從本性的層面來看，認知、感覺、情緒是時時升起、破滅、不定性的，覺知力和觀察力能剎離虛假的幻相。起落的現象都不過是心念的種種造作，只要空性如如不動地觀照，自然照破煩惱心念之虛。不被心魔所縛，也就獲得了通達無礙的解脫心。以本心觀照，心念還會升起，卻始終有一個不動如實的觀照者，它再侵擾你，也不過是在心念上激起的水花。我們已經具備看清情緒升起、影響、支配思想的覺察能力。自然不再認同它，接受它的指令，也就無法撼動影響你靜定不動的本心。所有因本心蒙蔽導致的心理、認知的紊亂，也可以獲得治療、解脫。所有不善的污染心，也就回歸到清淨一心處。

二、追根，找出心病產生的根源

任何「心病」的產生，都有各自不同的原因。當覺性之光升起時，心病不過是虛幻無常的。但是「心病」蘊含了豐富雜多的業因，當我們如實地觀看心理情緒時，潛藏在意識領域的「病因」會慢慢地浮現。也就是說，通過禪定、內觀禪法培養、訓練出覺知力時，心理情緒可以得到一定的調試。心理疾病並非不可治療，但是「心病」來源繁雜，必須從「病根」上勘破才能夠獲得解體。否則「不傷深固根，雖伐樹再生，愛欲不斷根，亦然（苦）再生。」

「心理疾病」的產生，是因為生命裏有造成這一心理問題的「因子」存在。這就意味著我們要對「病因」進行分析和追根。現代心理治療學通過催眠冥想等辦法，企圖通過對患者心理意識的干涉，從而讓患者回憶起過去的種種經歷，找到心理疾病的根源，從而對心理問題進行干預和調試。

從這個角度來看，現代心理學與南傳佛教的初衷是不謀而合的，但是南傳佛教顯然又是超越的。心理學通過催眠去干預患者潛意識，僅僅是觸及到意識河流的一小部分。哪怕現代心理學觸及到了最深處的「病因」，還是逃不脫「治不斷根」的尷尬局面。傑克・康菲爾德形象地指出：

> 他們可能想像自己躺在診療椅上。一周又一周地自由聯想和重複童年故事，持續數年之久；或受到分析師鼓勵去深化過去的怨恨和憤怒，把怒氣和職責發洩出來。……只能調適生活中的問題，卻永遠無法超越自身渺小而侷限的身份認同而得到自由。〔註28〕

而所謂的「病因」會改頭換面，也會以一種虛假的形式呈現出來，誤導和影響心理學的診斷和治療。通過禪定修習，會產生清淨、平和的心理狀態，心理就會造出一種虛假的幻相，以為已經療愈了心病。實際上，造成心病的根源卻依舊存在。因為：

> 個人生命的議題通常是自身最大的痛苦與神經質、最深的執著、最巨大的妄想的來源，所以我們會害怕面對它們，可能不自覺地以靈性修行來躲避它們。〔註29〕

「病因」通過意識的改造、強化、偽裝，可能表現出更複雜面相。這也

〔註28〕〔美〕傑克・康菲爾德：《踏上心靈的幽徑》，易之新、黃璧惠、釋自鼎譯，深圳報業出版社，2009 年，第 261 頁。

〔註29〕〔美〕傑克・康菲爾德：《踏上心靈的幽徑》，易之新、黃璧惠、釋自鼎譯，深圳報業出版社，2009 年，第 257 頁。

是現代心理學始終面臨「治不斷根」的根源。

平時心念起伏，處在緊張的防衛當中。南傳佛教通過深層的禪定，層層剝離防衛層，從起起滅滅的現象裏，透視到潛意識深處造成這一切心理問題的根源。修習禪定，意味著我們逐漸放下對外在地防衛和覺知力的升起，心理情緒也會慢慢地失去動力。馬哈希尊者指出：

> 在禪定中，心智的狀況很容易地被瞭解。因為心智不能同時集中而又擴散。當人處於禪那，他不會接觸到與感官相應的色相；若與色相相觸，即離禪那。因此處於此境之人可以隨時觀照心智的邊流變化，並藉此由止心靜慮，將心智鎖定在禪那之中。圓滿的禪那即是居於自性（亦即是居於「彼」的形式之內）。〔註30〕

通過深層的禪定，觀照心智流轉，所有的心念也就歸於一處，萬念歸一就是本性反觀自照的時候。找到了心理問題產生的根源，也就不再執著和貪戀它。萬念斷絕，徹見本來面目，心理也就回到了正常的軌道上面。

誠然，造成「心病」的本質根源是空性的蒙蔽。但是，「心病」在現象上呈現出多樣性，也就意味著我們在追根溯源時，也應該有各自不同的側重點。南傳佛教追根、對治「心病」的獨特性，就在於其「專業性」。佛教已經考察出不同的心念往往產生不同的認知，心生不同的煩惱。〔註31〕「心病」顯化出各異的樣式，但是終究不離「貪、嗔、癡」三種原型，只是雜染的比重不一。而南傳佛教的追根、對治的思路是這樣的：從不同的觀察對象入手，觀察自己被哪種負面原型掌控，再考察產生的根源，轉而轉化我們內在的意識。覺音大德的《清淨道論》就是這一思路的實踐體現。

《清淨道論》體系性地記錄了南傳佛教修行方法。「禪修者首先洞察自己的性行（品性行為），看自己的在貪、嗔、癡、信、覺、尋六種性行的人中屬於哪一類？然後『順適自己的性行』採取對治的辦法」。〔註32〕覺音大德指出

〔註30〕〔印〕馬哈希：《回到你心中》，陳建志譯，中國長安出版社，2010年，第26頁。

〔註31〕例如在《攝阿毗達磨論》裏就指出「不善〔心所〕中，疑、無慚、無愧、掉舉，此等之四名為共一切不善心所，得於一切之十二不善（心）中（生起）。貪唯得於八貪心中〔生起〕。見是於四惡見相應（心）中（生起）。慢是於四惡見不相應（心）中（生起）。嗔、嫉、慳、惡作之此等四心所是於二嗔恚相應中〔生起〕。昏沉、睡眠是於五有行心中〔生起〕。疑是唯於疑俱心中〔生起〕。

〔註32〕黃夏年：《覺音的〈清淨道論〉及其禪法》，《南亞研究》，1989年第1期。

以四十業處隨想來遍觀，即：十遍、十不淨、十隨念、四梵位、四無色、一想、一差別。修習者通過觀察身體不同部位分，來考察自己的心理類型，以及現象的根源。〔註33〕才能轉化以不淨為淨，以苦受為樂受，以無常為常，以無我為我的四顛倒想。從根源上斷除其原動力，最終能夠超越憂傷、消除悲苦，通往真實之道，到達涅槃的清淨境界。

三、實訓，培養駕馭心理的能力

心理疾病經由雜染的業因形成，也就意味著其內在的頑固、反覆性。哪怕我們從本相上看清它的虛幻，追根溯源到其產生的根源，但是並不意味著心病的徹底療愈。心理情緒有內在的驅動力，這股力量驅使它反覆侵擾我們的心理。哪怕我們通過禪定的方式，培養出覺察力，但是並非就能解決所有的心理疾病，徹底清理、轉化所有的負面情緒。在根源上「治癒」心病，就意味著我們要培養、訓練、強化高度的覺知力、觀察力。對每個念頭有當下的覺知，形相無法讓我們產生沉重的心理感受。

南傳佛教提供了一種禪定的方式，來深化、培養我們的洞察力，可以從深層次來整合我們的心理。然而，禪定是一個逐次深化的過程，簡單坐禪對調整身心有很好的作用，但是並無法徹見本心，徹底根治心理疾病。必須經由不斷地堅持、練習、強化，進入深定。有學者也明確指出「坐禪的活動並不是一次完成後就可以一勞永逸地獲得解脫，而是要不停地坐禪、修煉、經歷若干個階段」〔註34〕。其次，心理疾病會重複出現，哪怕你認清了心理疾病產生的根源也未必能夠獲得痊癒。

這是因為，過去積澱形成的業會形成一種慣性的力量來支配我們。我們的心早就已經習慣了游離、散亂，腦海中時時有控制不住的語言、念頭出現。

〔註33〕可以說覺音大德是沿襲了巴利文《大念處經》的修行實踐。《大念處經》的修習內容和次第為：1、知息出入觀；2、四威儀觀；3、念茲在茲；4、不淨觀；5、地水火風四大觀；6、九墓墟觀。漢譯《中阿含經‧因品‧念住經》則將四威儀觀列為最先，後面依次是：念茲在茲，以善治惡觀，以心治心觀，知息出入觀，初禪，二、三、四禪觀，光明想，善受觀相，三十二物不淨觀，地水火風空識六大觀及屍骸殘滅觀等十三種。漢譯《增壹阿含經》中列身中二十七物不淨觀、四大觀、諸孔漏出不淨觀、屍骸殘滅觀等四種觀法。（具體可參看鄭筱筠著《中國南傳佛教研究》，中國社會科學出版社，2012 年，第79～83 頁。）

〔註34〕黃夏年：《覺音的〈清淨道論〉及其禪法》，《南亞研究》，1989 年第 1 期。

哪怕我們已經看清造成這一切的根源，但是卻無法擺脫對思想的依附。必須用反覆的坐禪、參修、觀心、修心，訓練我們的心理能力，培養我們的覺照工夫。在時時處處、心心念念間，察覺我們心念的變化，卻又只是如實觀看，不評價、不認同、不餵養。才能妄起即覺，覺即妄離。現象升起，世界依舊，心卻處在平和安詳中。

南傳佛教認為經由不斷地練習，才能進入深定，生發出強大的覺知力和洞察力。馬哈希尊者就指出：

> 借由不斷的練習禪那與參問來斷滅心智，以成就自性的了悟。
>
> 心智的熄滅即是一切努力皆止息的境界。立足此境之人，永不退轉。〔註35〕

意即，業力、心念頑固反覆，只有重複的修習、依次推進，訓練、淳化我們的心理能力，讓智慧顯現，轉化我們的心性品質，進而能徹底治癒種種頑固的「心理疾病」。

再者，南傳佛教認為，假若我們只有在坐禪時，才能保持高度的覺知和洞察力。當坐禪結束後，心卻依舊煩亂，那麼我們就割裂了空性與日常生活的聯結。坐禪時，心會變得纖細、敏感，能夠產生出定力和覺知力。但是，若想在根源上斷絕「病因」，應從生活下手，從而避免再造更多的業因。那麼，覺知力的培養就應該擴展到生活的每時每刻。而非在心理、行為出現偏差時，才想去矯治它。南傳佛教指出只有在起行坐臥處，發現心的散亂，繼而用覺照工夫，轉化心理的障礙，除去心理的塵垢，才能真真養心、護心、修心。這在南傳內觀禪禪法裏尤為突出。

內觀禪法要求我們反觀自心，把心安住在當下。當心攀緣於外在的事物時，心念就會飄飛、散亂，再生攀緣心。當我們收攝心念，進入禪坐時，把心安放在一處並非難事。如何在生活時時處處還能保持內在的覺知，始終有一個「靜定不動」觀照者，才是修心的關鍵和難點。南傳佛教中很多尊者在教授內觀禪法時，並不主張空心靜坐，而是修在一切行動當中。修習內觀禪法時，對出入息有一個覺知，知道我在「呼吸」。當我們走路時，有一個覺知在覺知「我在走路」。始終把心安放在當下所做的事物上，對舉手投足都有內在地覺知，不放逸、不散亂。

〔註35〕〔印〕馬哈希：《回到你心中》，陳建志譯，中國長安出版社，2010年，第27頁。

當我們活在空性層面時，心自然呈現出空靈、自在的狀態。心空空明明，無「病根」可追，?妄想可斷。雜念、妄想偶偶升起，也不過是一個影子，稍縱即逝。不用「理性」去克制、強壓心念（否則又會因「壓抑」而產生「心病」）。一用即用，不用即歇，心無須攀緣、依附外物，自然也就不升起種種不善心，哪裏還有治療「心病」一說。

第四節　南傳佛教視野下優質心理狀態的體現

拉康曾明確指出，所謂「人格」本來就是分裂的。現代心理學闡明，我們潛意識裏總有連續不斷的念頭、聲音。南傳佛教也認為當空性被障蔽無法顯用時，我們就生活在念念相續的意識流中，並把這些念頭當成我們的「癮頭」，反覆咀嚼、餵養。意即，我們所謂的「正常」狀態，其實也潛藏著巨大的心理隱患。時刻活在起起滅滅的念頭之中，心意煩亂、心不得解脫，這都成了我們現代人的心理寫照。從此種意義上講，我們每個人都有必要調治我們的心理，改善心理狀況。學會觀心、調心、歇心、放心。南傳佛教把覺知本心體現在生活的時時處處，這無疑對改善現代人普遍的心靈危機、提升心靈品質有重要啟示。

一、調整心理，回歸本真

真正的「心理治療」，是從生命本心的角度，來調節、整合我們的心理，修改、去除生命中種種雜染的因素，讓生命從本心的角度來運作、方顯化生命圓融之美。也就是說，並非我們的生命或者意識出現「心理疾病」，而是我們的心靈出現了「錯位」，需要經過調整，讓心靈復歸到「本位」。現代人普遍的焦灼、壓抑、無家可歸感，可以說就是生命的「錯位」的表現。從這個意義上說，在碎片化的時代，調整心理、尋求歸宿是人人必不可缺的。現代心理學的發展，已經對現代心理問題的防治做出了巨大的貢獻，然而卻始終無法改變人類普遍的離異感和異化感。

誠然，現代心理問題呈現出錯綜複雜的狀態，也使得現代心理治療學很難「下手」。但是問題其實也很明晰。現代人錯綜複雜的心理問題之下，其實掩蓋了「人類集體的心智」失調這一實相。生命因為過去的種種積澱和行為，生命的本然被遮蔽起來。當這些錯誤的信息，成為我們生命的指令時，我們的行為和意識也難免產生錯位和偏差。如果不從失調的根源入手，而在現象

和行為上進行干涉和調治，始終不過在意識層面打轉。無法徹底調治現代人諸多的心理疾病。

而南傳佛教就指出生命有一個不生不滅的清淨心的存在。所有的生命煩惱不過是我們心沾染了善惡，而生出種種癡昧之心。困於無明，心生煩惱。但這並非生命的實質，只要找到心靈的「主人」，所有失衡的一切，自然而然也就回到了原來的位置。佛陀作為證得無上智慧的覺悟者，其修行實踐就是一個讓心靈找到「主人」，復歸生命本來面目的過程。

煩惱不僅僅是障礙我們心性的屏障，也是我們觀心的下手點。沒有煩惱，也就無「解煩惱」一說。「經過六年脫胎換骨般的苦修，35 歲的苦行僧喬達摩，沒有超人外物的指導，完全依靠自己的努力和智慧，去除了一切煩惱，斷絕了所有愛取，以如實智，如理如量的知見方法，而成為佛陀——覺悟者。……他不是天生的佛陀，而是通過自己的精進成就了佛果。」〔註36〕佛陀就是從自身的煩惱困惑入手，探求造成苦的根源，通過實踐參修，顯化智慧，拔除造成諸多苦難的根源，活在了自在無染的生命本體層上。

從清淨本心的角度來看，所謂「心病」不過是「心智」失調的結果。正因為本心的迷失，我們人人需要讓生命層層的雜染落盡，顯化出其自在面目。佛陀不僅顯化出圓融無礙的生命之美，也用自身的實踐指明，人人皆可以通過修行，調整心理、提升心理品質、淳化心性。

二、返觀覺照，自主調節

調整心理，並非一定要通過醫療方法來「治療」、干涉。當生命回歸到本來的面目，本心顯化、如實觀照時，就能治癒「心病」。南傳佛教並沒有專門的「心理治療學」，但對心念時時刻刻的覺知，無疑又是最高級的心理治療方法。「佛陀顯示了人類如何通過自己的不懈努力，可以獲得無上智慧和究竟覺悟，而不是把看不見的萬能之神凌駕於人類之上，也沒有把人類安置在順從神祇之地。這樣，他提高了人的價值。他說，無需依附外在的神或媒介作用的神祇人員，人類完全可以從生命的病苦中得以解脫，達到涅槃的永久快樂。」〔註37〕返觀自心、時時覺照，也是人人可以踐行、實現的。

現代人外向型的思維，人們習慣用外在事物來確證自我存在價值。首先，

〔註36〕那爛陀長老：《覺悟之路》，學愚譯，山東人民出版社，1999 年，第 22 頁。
〔註37〕那爛陀長老：《覺悟之路》，學愚譯，山東人民出版社，1999 年，第 25 頁。

我們通過對外在的身份、面子、原型，來確立「我」的身份認同，但卻迷失了「我」的本質。心意馳騁、雜念紛雜。小我迷失在怨恨、抱怨、憤怒、憂鬱等的負面情緒之中。除了被這些負面情緒掌控，誘發心理原型，產生錯誤的行為之外，也很難把心安放在當下。心物分離，也就脫離了心的本質，身心自然會生出普遍的「不快樂」感受。

我們迷失在紛擾的現象中，把這一切都當作是「我」的本質去體會。調整、改善心理的第一步，首先是對心念的覺知。平時雜念相續，我們早已習以為常，無法察覺。當把心沉靜下來，反觀自心時，就能對心理情緒有覺知，也就意識到自身迷失的狀態。

當意識到自己被過去經驗形成的負面情緒掌控時，就要對這些負面情緒保持內在的覺知，即保持高度的「臨在」。而「臨在」，按照托爾的意思來看，就是出現一個「觀察者」。不過，這個「觀察者」並不是執著出來的一個幻相，更不是「在意識控制下的覺察力」。而是「本體」的自然顯現。雖然說「觀」、「照」，但其本質上，應該是「自我顯現在本體中」。這種本體的視角，才能夠完全「察照」出生命的一切運作模式。〔註38〕

只是如實的看著這些情緒，而不起任何是非判斷，就從根源上截斷了支撐這些負面情緒的心理原動力。進而不認同這些負面情緒，也就無法支配我們的心理原型。托爾舉了一個很生動的例子「當她停止認同於那個感覺──就是住在她裏面的那個老舊的痛苦情緒，並且把注意力直接放在情緒上而不試圖去抗拒它的時候，它就無法再控制她的思想，繼而和心智編造的所謂『不快樂的我』的故事攪混在一起了。另外一個超越她個人過去向度（就是臨在的向度），就進入到她的生命中。如果沒有一個不快樂的故事的話，你是無法不快樂的，所以這就是她不快樂的終結。」〔註39〕

三、歇心放心，安頓生命

現代人普遍想歇心、安心。靈修課程的興起，旅遊休閒的繁盛。其最終目的不過是想放鬆身心、調整心靈。馬哈希尊者就指出「覺悟者在看見世界的同時，也看見自性作為所有一切可見之物的底層；而未悟者不管是否看見

〔註38〕吳正榮：《〈壇經〉與〈新世界：靈性的覺醒〉的實證解脫觀比較》，見於《2010禪宗六祖文化節研討會論文集》，宗教文化出版社，2011年，第196頁。

〔註39〕〔德〕艾克哈特‧托爾：《新世紀靈性的覺醒》，張德芬譯，南方出版社，2008年，第129～130頁。

世界，都無知他的真實存在、自性。」〔註40〕也就是說，當心還在忙亂時，是無法在日常生活中獲得真正的安寧的。心在外緣的刺激下，很容易馳騁和散亂。所謂的休閒旅遊，難掩心物分離的窘境，很難安頓自心。

把心安放在當下一切事中，才能真正的自在、不煩亂。本心自具，把心投放在當下時，這一切就是本心的顯化，就是真正的自在和圓滿。也就沒有了普遍的離異感、分化感，只是一心的忘我、投入到當下的事情之中。南傳佛教的日常生活，無不是本心的自在顯化。

南傳佛教的「安居」活動，既是人們休閒放鬆的節慶，也是修心、養心的好時機。在傣族傳統裏，安居期間，修習禪定（帕瓦那）是必備的功課。〔註41〕過去對於禪定的要求也較為嚴格，需要有初禪到四禪四個程序。時至今日，一般的要求還是要到達初禪。所有人都要參加坐禪訓練，只要收攝心念，一般人都能夠進入初禪。正是這樣寓休閒、修心為一體的生活實踐，淳化和訓練了心性。一切皆是我的顯化，一切皆自在圓滿。只有真正心物合一，把心安放在當下時，才能真正安頓心靈、打破「休而不閒」的現狀。真正調整我們的心理，提升現代人的精神品質。

總而言之，社會的發展，人心的需求催生了學科意義上的現代心理學。但從總體上來看，現代心理學自身還有很多的問題，其理論也顯得不成熟。從南傳佛教的修行實踐視野來建構現代心理學是一種值得嘗試、借鑒的思路。南傳佛教並不是專門化、現代學科意義上的「心理學」，但它牢牢抓住了幾乎所有學科都試圖實現的理論核心：即生命於本心層面的安頓。徹見本性，消除生命的障礙。其中也包含了現代心理學整合心理，解決生命的憂悲苦惱的追求。正因乎此，南傳佛教的四念住禪法和內觀禪可以為現代心理疾病的治療提供行之有效的實踐方法，並對推動現代的心理治療及對生命的整合產生積極的影響。

〔註40〕〔印〕馬哈希：《回到你心中》，陳建志譯，中國長安出版社，2010 年，第 122 頁。

〔註41〕做帕瓦那的時間是每七天一輪，即頭天晚上入寺，當天一晝夜，次日晨做完。每一輪做帕瓦那七回，每回約一小時。參看劉岩：《南傳佛教與傣族文化》，雲南民族出版社，1993 年，第 153 頁。

第七章　南傳佛教人文關懷實踐對 提升幸福指數的重要作用

古今中外對幸福的界定不一，理解也有深淺。[註1] 隨著時代發展，人們進入物質文明高度發達的新時期，生活水平也有了極大地提升。然而從現行的幸福衡量標準和人類自身面臨的生存困境來看，人類對自身的關懷、關注、觀照還明顯不足。現代人似乎陷入物質充裕而幸福指數不升反降的「幸福悖論」之中，未能獲得生命真正的安頓。對幸福的理解還空泛地停留在主體欲望的滿足，並且缺失具體的提升幸福指數的方法。在這種背景下，南傳佛教

〔註1〕雖然各個時期對幸福的定義和理解各有不同，但可以肯定的是，最終目的都指向心靈的安寧、自在、圓融和自足。從古至今，人們對幸福地理解存在很大的差異，我們很難評價到底孰優孰劣，幸福論題面臨著古今之爭、古今之別。從價值混亂、人心不安的種種社會現狀來看，要在這個社會樹立某種「幸福標準」，並且落實到真正提升人的幸福指數的行動中時，我們很難照搬某種「幸福觀」，並把它們當作現代學習的典範和標準。蘇格拉底曾指出「幸福就是過有德行的生活」。誠然，想要消解現代社會的「不幸福感」，需要學習古代先賢的智慧。但是這也很容易進入虛無主義和回到古代的「還鄉夢」的兩極震盪之中。再說，一則現代人的生活結構已經與古人有了實質性的不同，不能完全按照古代的準則來規範現代人。二來所謂倫理「德性」作為終極的統攝者，需要被我們深度的發掘出來。如果僅僅停留在義理、儀式等空殼上，終究會失卻了最高的「統攝者」。毫無疑問只有通過長時間的修身養性，才能真正達到不假外求、圓滿自足的生命境界。故此，本章的立足點在於：首先，從南傳佛教的智慧中，發掘出南傳佛教視野下終極的「幸福境界」，並以此來觀照現代的種種「幸福論」，從而實現對現代幸福缺失的補位。其次，深度挖掘南傳佛教實現「自在圓融」幸福境界的實踐方法，為提升現代幸福指數找到可供參考的方法，並且真正落實到現實生活中，使提升幸福指數之論題不落空文。

的豐富資源無疑能為提升幸福指數、安頓生命構建一套行之有效的理論和實踐體系。本章先從現行的幸福觀入手反思現代文明視角下幸福觀的不足，再深層發掘南傳佛教提升幸福、實現生命安頓的重要價值。

第一節　現代生活中的幸福悖論

對幸福的憧憬、追求是人類的本能，千百年來，人類從未停止過對幸福的追問和思考。可以說，漫長的人類發展史就是一部追尋幸福的歷史。〔註2〕而幸福的終極實質就是對生命的關懷和安頓。毋庸置疑，現代化進程極大程度上提高了人的「幸福感」。然而在對現行的幸福觀的考察中，我們又不難發現，物質的高度發達，滋生出心靈的種種匱乏和焦灼，難掩普遍的不幸福。人類已經對幸福作出了深刻地考察和分析，卻漸漸背離了幸福的實質，現代人普遍陷入物質充裕與幸福兩不能的悖論之中。人何故陷入自身的反諷之中？是衡量幸福的標準出了問題？還是實現幸福途徑的缺失？下文將從現代社會的幸福觀入手，來反思現代人的幸福悖論。

一、本體性終極幸福依據的缺失

現代社會流行的「幸福觀」呈多元之勢，但普遍無法體證「終極幸福」之存在。體證不假外求、自在圓滿的幸福境界，關鍵在於是否有一個「本體性終極幸福」作為依據、統攝。當今多元化的社會價值體系對幸福的定義停留在混亂和相對主義的立場上，人人都談幸福，終不過是紛雜的意見，並非幸福的本質。是否用「意見」作為衡量幸福與否的標準？為什麼我們難免陷入「幸福悖論」之中？這一個個棘手的問題，究其根底，在於沒有一個統攝整體的「終極觀照者」作為參照。「本體性終極幸福」的缺失，導致現代人普

〔註2〕在達林·麥馬虹的著作《幸福的歷史》中，對西方從古希臘到至今每個重要時期的幸福觀做了概述：在荷馬時代，幸福等同於幸運；在古希臘哲學家所處的時代，幸福就是等同於智慧和德行；到了中世紀，隨著教父哲學和經院哲學的興起，幸福等同於天堂；在啟蒙時代，幸福等同於及時行樂；到了現代，每個人都能為幸福下一個自己喜歡的定義。在中國，儒家經典名著《尚書》將幸福總結為「五福」：一曰壽，二曰富，三曰康寧，四曰攸好德，五曰考終命，即長壽、富足、康健、平安、美德、善終正寢。儒家推崇美德；道家崇尚順應自然與天地合一的境界；佛教以超越世俗達到涅槃極樂作為自己追求的最高境界。（〔美〕泰勒·本·沙哈爾：《幸福的方法》，汪冰、劉駿傑譯、倪子君校譯，中信出版社，2013年，第3～4頁。）

遍的心物割裂的不幸福感。

　　先賢曾以各自不同的視野，探討「幸福」這一終極命題。中西方對幸福意蘊看法不一，中國儒家注重合乎德性的生活方式；道家以超然出世的智慧，追求與天地冥合的逍遙境界；佛教則超越物質和現世，達到寂靜涅槃來實現生命終極的安頓和圓融幸福。從古希臘至現代西方，也對幸福的內涵作了深刻地考察和發掘。古今中外視野不一，但最終目的卻是一致，都是企圖找到安身立命之所，獲得生命的自足無待。

　　從古今中外不同時期的「幸福論」著述頗豐，周國平指出從西方哲學史的發展脈絡來看，「幸福論」大致可以分為兩類：一是快樂主義、二是完善主義。〔註3〕然而，現代人的生存境況又無疑是尷尬的。斯賓諾莎在其《倫理學》裏指出，人類都有自己的理智和情感，每個人都用自己的情感來評估善和惡，人們通常認為的幸福不過是：財產、榮譽以及感官的快樂。正如斯賓諾莎所言，自文藝復興和啟蒙運動以來，人們愈發高揚人的主體性，開始擺脫神學和宗教的束縛，追求個體的自由和幸福。然而大多不過是物質和感官被滿足的淺俗幸福，人想通過物質來獲得幸福，反而愈發偏離了幸福的本質。個體被割裂為一個個獨立的單子，現代人對幸福的追求，變成了赤裸裸的欲望的實現。

　　愛爾維修和拉・美利特認為「人是機器」，並且提出了肉體感受論。他們認為「肉體的感受性是唯一的推動力」〔註4〕。肉體感受性的本質特徵是趨利避苦，自愛的情感產生追求幸福的欲望，對幸福的追求導致對於一切利益的追求。現代社會把物質利益當作獲得幸福的一個重要保障，那麼，對生存欲望的滿足，是否成就了終極的「幸福境界」呢？恰恰相反，當我們追尋、依附於這些外在感受的時候，我們成了激情和外物的奴隸。

　　由於「本體性終極幸福」的缺失，現階段對幸福的理解更多侷限在雜多的「意見」上，困圍於對生存性慾望的滿足。從古至今，幸福論的下行路徑也是「本體性終極幸福」的隱匿路徑。海德格爾就明確地指出，傳統形而上

〔註3〕周國平在他「幸福的哲學」中把古希臘的幸福論分為兩類，一類是快樂主義、一類是完善主義。馮駿科的《西方幸福論》中也提出對幸福的分類：禁慾主義幸福論、宗教幸福論、快樂主義幸福論、德行幸福論。這兩種分類方法，都是從主體的快樂和德性的自我完善兩個層面作為切入的。

〔註4〕北京大學哲學系外國哲學史教研室編譯：《十八世紀法國哲學》，商務印書館，1963年，第501頁。

學本體論以「存在」為研究對象。但是「存在」在顯示出來的過程中必然顯現為「在者」並遮蔽了「存在」，使「存在」的本義被遺忘了。也就是說，我們把幸福的種種外在形式，當作了幸福本身。

當先賢驚呼「為什麼有存在，而無反而不存在時」，顯然觸碰到了「終極問題」。後現代主義通過解構「邏各斯中心主義」探尋所有本質主義後面的那個「無」的本體，卻反而落入相對主義、虛無主義中。後現代的多元視角造成了意志、思想和行動的徹底癱瘓，因為相對主義也就意味著無意義。當一切走向虛無時，沒有一個終極存在的本體，人類何以詩意地棲居於大地之上？海德格爾一生致力於此終極命題，最後卻只留下「只有最後一個神能夠救度我們」的感歎。德里達就明確地指出，海德格爾最終也回到了西方形而上學的故地。後期也有哲學家觸碰到此「終極問題」，卻都淺嘗輒止，很難有所推進。故而現代人始終無法洞見、體證本體的幸福「終極境界」，無法逃離欲望之藩籬。

二、提升幸福指數方法的單維性

既然無法洞見「本體性終極幸福」的存在，對幸福的追求也就容易陷入及時行樂或對原始自然生活狀態的懷舊情結之中。誠然，人們已經認識到現代性帶來的弊病，現代科學、宗教、哲學也企圖用各自不同的方法來消解幸福悖論，用切實可行的方法提升現代人的幸福指數，並獲得了一定成效。然而，若科學、宗教、哲學無「終極觀照者」作為統攝，必然落入實踐方法的單向和一維，終究無法克服心靈危機，提升幸福指數。

首先，後現代的科學、宗教和哲學都企圖通過認識自然、社會，來達到對生命的「終極關懷」，提升幸福感。科學通過理性來認識人類社會和自然世界；宗教企圖超越有限，從無限的精神層面來安頓生命；哲學不僅從理性層面來對自然和社會進行認識，還企圖超越有限來對人進行終極關懷。然而，哲學通過理性來解釋人類存在的合理性時，卻無法超越現象和本質、有限和無限、現實和理想、相對和絕對、天國和塵世的二元對立，以致於科學可以宣稱哲學之死。理性只能證明自然科學存在的合理性，卻無法證明人類存在的合理性。工具理性的發展，導致人的物化，主體想要超越有限的願望變得遙遙無期。

其次，當現代理性不再滿足於自身的界限，企圖用自身來證明自身的合

理性時，科技理性也引發了諸多的災難。宗教以信仰為基礎對生命進行關懷，但宗教的世俗化卻易變成對神靈的崇拜。既然現階段的生命關懷似乎不能理解生命本體清淨無染的終極存在，那麼所謂生命關懷也逃不出意識和思想的範疇，更無法付諸實踐，最終不過是一紙空文。

中西傳統都有各自獨特的實踐幸福之手段，重視反求諸己的內觀方法。傳統西方倫理學追求合乎理性與德性的生活，通過節制克己以達到靈魂的安寧。中國傳統則是知行合一，道家通過「坐忘」，達到與天地冥合的境界；儒家注重修身養性；佛教諸派依據各自嚴密獨特的修行法門，達到涅槃極樂的清淨無染境界。

工業時代加劇了人的物化，外求於物取代以往反求諸己的思維。當一切價值衡量標準支離破碎時，人就會產生被拋的孤獨和異化感。工具理性使科學快速發展，社會分工的細化加速現代化的進程。然而個體在脫離早期的生產方式之後，在技術所控制的國家，個體成為系統安置的工具。工業文化消除了悲劇，個性也隨之消失，只剩下虛假的、標準化的「個性」。人只能依靠外界來確證自我的存在價值，對商品的依附可以獲得短暫的幸福感。社會彌漫的「商品拜物教」和文化工業的同質化和標準化，它除了以滿足大眾的名義欺騙大眾，加劇人的「物化」和無聊空虛之外，一無所能。〔註5〕

美國超個人心理學家肯・威爾伯指出了在後現代主義的弊病下，現代社會所面臨的困境：「隨著現代運動在西方的興起，主觀的心智和客觀世界成為二元對立的世界，神話的主題逐漸被大自然、寫實主義、印象主義、主觀主義和抽象主義所取代。後現代主義興起，這些潮流更加邁進了存在主義的世

〔註5〕誠然，西方社會已經認識到現代性引發的工具理性和大眾文化帶來的危害，法蘭克福學派也對此作了深刻地批判。阿多諾、霍克海默、馬爾庫塞、本雅明、弗洛姆等都從不同視野對現代性弊病作了分析。然而筆者認為法蘭克福學派在批判現代文明危機之後，卻還是走向了破而不立的境地。首先，所謂的「批判」，不過是從現象的層面來指出現代文明存在的種種弊端，其始終無法透視到這背後的「終極觀照者」，也無法逃出「就現象批現象」的藩籬。其次，如何用具體可行的方法來解決現代性的弊病，這也是十分重要的問題。法蘭克福學派最後認為現代性的弊病只能在審美或者宗教裏面得到解決。如馬爾庫塞的《審美之維》就提出「審美烏托邦」，他認為藝術可以：否定現實、記憶苦難、賜予希望。後期法蘭克福學派的哈貝馬斯則從交往行為理論和公共領域結構的轉型來尋找新的出路，但是卻不能根治現代性的弊病。法蘭克福學派看到了現代性危機在世界範圍內帶來的災難，顯然又對愈發嚴重的現代性危機束手無策。

界觀。一開始多元透視是創造力的源泉，但是久而久之卻變成了令人不得動彈的噩夢。後現代與存在主義的藝術瀕臨窮途末路，理由並不是藝術的本身，而是存在主義的世界觀已經江郎才盡。理性主義的現代性因為江郎才盡而讓位給了多元非透視的後現代性，但是如今現代性卻也是病入膏肓，瀕臨死亡的邊緣。陪伴在它身旁向它的棺木散花致敬的，除了無盡的冷嘲熱諷之外，再也找不到其他的東西了。後現代的骷髏在近處的地平線上咧齒癡笑。我們正卡在兩個世界之間：一個逐漸死去，另一個尚未誕生」。〔註6〕

第二節　南傳佛教人文關懷意義上的「幸福觀」

　　上文已經對現代人的幸福悖論作了深刻地分析和反思，並指出現行之幸福觀始終無法洞見終極幸福境界之存在。而南傳佛教「幸福觀」的立論依據在於：首先，現行的幸福觀無法整合「商品拜物教」時代人類集體的心理功能失調症，我們需要全新的視角來審視、追問終極幸福之存在；其次，通過南傳佛教終極幸福之視野，重新觀照生命，提升人們的幸福指數；再者，與現階段的幸福實踐手段相比，南傳佛教有其自身獨特的實踐方法。南傳佛教豐富的理論和實踐體系，不僅從內在認識生命實相，實現對主體的超越，並最終從本心的深度來統攝、灌注整個實踐系統，真正實現對生命觀照，提升人類的幸福指數。下文將從南傳佛教對幸福生命的理解、關懷、解脫等方面來闡述。

一、追求終極性、智慧性的生命安頓境界

　　趨利避害、追求幸福是人的本能。幸福生活的本質就是心靈的祥和安寧與生活的幸福美滿。誠然，現代社會已經對幸福論作了深刻的分析，並且也從現實生活入手，通過種種途徑，極大地提高了現代人的幸福指數。然而，現代人的「幸福觀」卻以追求利益為首要目標，把物質作為衡量幸福與否的標準，並未達到生命本體真正的「幸福圓滿」。南傳佛教認為，只有從本體性的幸福終極視域來統攝，才能理解生命本懷的幸福，安頓生命。南傳佛教的「幸福」意蘊在於：始終以生命本體的高度，把幸福「終極境界」作為最高觀照者，並以此透視現代性弊病下種種不幸福的實相；從本心關懷生命，重

〔註 6〕〔美〕肯・威爾伯：《一味》，胡茵夢譯，深圳報業集團出版社，2010 年，第260 頁。

新審視生命，消解現代人的幸福悖論。

（一）南傳佛教之幸福「終極境界」

　　現代人以主觀願望和意願的滿足作為衡量幸福與否的標準，而主觀幸福伴隨著人心的匱乏和不滿足，外在的欲求無法滿足心理的坑洞，其幸福感是稍縱即逝的。人在獲得短暫的快樂之後，也會面臨著更大的心靈空虛。偉大的哲學家海德格爾這樣描述人的生存狀態：「寓於上手事物的存在，共他人的存在，都同樣源始地屬於在世，而在世向來是為了它自己之故而存在。但這個自己首先和通常是非本真的，即常人自己。在世總已沉淪。因而可以把此在的平均日常生活定為沉淪著展開的，被拋地籌劃著的在世，這種在世為最本機的能在本身而寓『世』存在和共他人存在。」〔註7〕海德格爾指出，作為此在的人被拋於這個世界，常常就面臨著「沉淪」和「異化」等非本真的生活。正因為我們常常面臨著與自身「本質」脫離的「非本真」的生活，我們時常會執纏於「畏」、「煩」等生存性情緒之中。也就是說，寓居於世，我們就被迫脫離人的「本真生活」，流轉在種種人事煩憂之中，始終無法返樸歸真。

　　據此問題，南傳佛教作了更深刻地分析和探索。既然人的本性就是趨利避害，追求幸福。那麼為何「一切皆苦」成了人的存在狀態？人又何故流連苦海，難以解脫？經典中是這樣論解的：

　　　　爾時，世尊，住舍衛城。世尊曰：諸比丘！我為汝等說緣起法之法，汝等諦聽，當善思念，我則為說。彼諸比丘奉答世尊曰：大德，唯然。世尊曰：諸比丘！何為緣起耶？諸比丘！緣生而有生老死。如來出世，或如來不出世，此事之決定、決定性，法已確立，即是相依性。如來證於此、知於此，而予以教示宣布，詳說、開頭，分別以明示，然而即謂：汝等，且看！諸比丘！緣生而有老死。諸比丘！緣有而有生。諸比丘，緣取而有有。諸比丘，緣愛而有取。諸比丘，緣受而有愛。諸比丘，緣觸而有受。諸比丘，緣六處而有觸。緣名色而有六處。諸比丘，緣識而有名色。諸比丘！緣無明而有行。如來出世，或不出世，此事之決定，法已確立，即相依性。如來證知。此已知而以教示宣布，詳說，開頭、分別以明

〔註7〕〔德〕海德格爾：《存在與時間》，陳嘉映、王慶節合譯，熊偉校，生活·讀書·讀書三聯書店出版，1987年，第220頁。

示⋯⋯〔註8〕

南傳佛教從十二因緣來考察生命，十二因緣即無明、行、識、名色、六處、觸、受、愛、取、有、生、老死。佛陀所說「緣起」之法，也是生命流轉、運作結構。如果按照生命的運作結構來看，眾生始終只能按照這樣的指令來運作，無法超越這些障礙和束縛，最終也不過流轉在無休無止的欲望和苦惱之中。是什麼造成生命困囿於種種煩惱，脫離生命的「本質」呢？《法句經》作了這樣的解釋：

> 不眠者夜長，疲者由旬長，不知達正法，愚者流轉長。愚者自知愚，彼已是智人，愚者自為智，實稱真愚者。愚者求知識，反而成災厄，破碎彼頭首，毀滅其幸福。〔註9〕

這裡的「愚者」，也就是不懂得佛法真諦的芸芸眾生。也就是說，因為無明，我們無法透視這起起滅滅的一切不過是因緣而生。我們無法識別外在現象的虛妄，反執著於有，執假成真，流轉生死，始終無法看到一切現象背後的「空」，也就被外界種種所束縛，更無法超脫善惡。《法句經》還指出生命因無明而耽於欲望的境況：

> 行於放逸，愛增如蔓草，彼生而此生，如猿求林果。若於此世界，為欲所征服，憂患日增長，如毗羅得雨。〔註10〕

也就是說，人生在世，一切活動皆圍繞著人的生存展開，人以滿足欲望作為生存動力，並通過種種的途徑來滿足自身的欲望，獲得種種虛假的「幸福感受」，最終不免被自身的欲望所駕馭、掌控，成為欲望的載體，實乃愚癡的行徑。

無論從生命的運作結構，還是從現代人的生存處境來看，生命除了被欲望所縛、流連苦海之外，似乎很難獲得真正的幸福和安定。我們不僅受無明所困，很難洞見一切現象後面，有清淨無染的生命本體存在。另外，生命還受一股慣性業力牽引，生命被過去的行為、經驗所規定，更是不由自主、無可奈何。南傳佛教對生命之苦的分析深入、透徹，但這似乎又偏離了南傳佛教之「幸福觀」的真正內涵。既然生命皆苦，還有什麼「幸福」可言？此文之南傳佛教「幸福觀」立意又有何根據？又何以消解現代人的「幸福悖論」？

〔註8〕《相應部第二》，通妙譯，亨寺漢譯南傳大藏經編譯委員會：《漢譯南傳大藏經》第15冊，元亨寺妙林出版社，1996年，第29頁。
〔註9〕《法句經》，醒悟譯，《漢譯南傳大藏經》第26冊，第48頁。
〔註10〕《法句經》，醒悟譯，《漢譯南傳大藏經》第26冊，第48頁。

　　顯然，南傳佛教又是超越的。南傳佛教指出人以欲望為動力，滿足生存性慾求，造成「不幸福」的生存境域。獲得生命真正的幸福、圓融，其關鍵在於「掘愛欲之根」，從根源上看清造成不幸福的實相，並拔除產生一切煩惱欲望的根源。最終能夠擺脫無明欲望束縛，獲得「若於此世界，征服惡欲者，憂患自離去，如水滴蓮葉」〔註11〕的清淨境地。但是眾生被無明所蔽、被業力困擾，如果不能從本體的高度來關涉和勘破，不從根源上徹底去除造成一切苦的根源，實難擺脫業力的牽引和束縛。既然要從根源處入手，我們勢必就要找到生命的實相，以產生一切現象的「空」作為終極參照者。否則，我們始終只能在雜多的苦的「意見」上掙扎，憑現象去解決問題，所謂根源可能是「虛假的」，無法真正觸及到問題之根本。也很難從生命本體的高度去勘破種種虛假的現象，讓生命回歸本真。

　　南傳佛教「幸福觀」之立意，不僅從現象上論解了眾生一切皆苦的狀態。更從本心的高度，考察人的生命實相，指出無染空性才是生命本真存在。並且通過修行實踐，去除造成苦的根源，獲得生命的自在、清淨、圓融。在南傳佛教經典裏是這樣論述不生不滅的空性：「此句是最上，此句是最勝，此句是殊勝，謂一切行之寂止，一切取之定棄，渴愛之滅盡、離欲、滅、涅槃。此是最上空。」〔註12〕也就是說，生命縱然被無窮盡的煩惱障礙、束縛，但這些都不是生命的實相和終極的境界。而這不生不滅、虛空寂靜、滅盡一切煩惱的境界才是生命終極的存在。

　　當我們識見空性的不生不滅時，自然可以體悟「棄過現未來，而達於彼岸，意脫一切處，無再受生老。疑惡所擾亂，熾烈求享樂，愛欲愈增長。如是此類人，自作堅繫縛。喜靜止惡想，常觀身不淨，當滅諸愛欲，不為魔王縛。達究竟處無畏，離愛欲無罪穢，斷除生有之箭，此為彼最後身（即不更輪迴）。離愛無染著，通曉聖典語，善知法與義，及字之順序，彼為最後身，被稱大丈夫，及為大智者。我征服一切，我了知一切，一切法無染，捨棄

〔註11〕《法句經》，醒悟譯，《漢譯南傳大藏經》第26冊，第48頁。

〔註12〕《無礙解道》，悟醒譯，《漢譯南傳大藏經》第44冊，第91頁。另外，《論事》將空性分為兩層義：一為在五蘊中不執著於物相之緣起空；另一為永恆自足、不與物相關聯之涅槃境，不屬緣起之法。但不論從哪一層意思來說，空性都是自由的、自足的、永恆的。也就是說，在南傳佛教始終以不生不滅的「空性」作為統攝，當生命活在不生不滅的空性上時，也就活在了生命本體之上，自然也就獲得了真正不假外求、自在圓滿的生命境界。

於一切，滅欲而解脫，自悟誰稱師？」〔註13〕的極樂境界。當我們體悟到清淨無染的本性時，外在的一切束縛和障礙依然存在，只是再也無法侵擾你靜定不動的本體。本心不再外假於物，本自清淨無染，又有什麼煩惱憂慮可言呢？

南傳上座部佛教指出涅槃是最大的快樂，達到涅槃境界就不會執著於五欲、世俗。佛經裏也曾不止一次談到這樣圓融的生命境界。《清淨道論》也指出，所謂清淨是指除了一切垢穢之後而究竟清淨的涅槃，達到清淨的道路為清淨道：他已經遠離了一切煩惱，即是說，對煩惱已經站得很遠了，已由於道而完全去除了一切煩惱和習氣。以空性觀照，就不會再受外界現實的支配，自然也不會再有煩惱升起。〔註14〕

南傳佛教已經體證到有這樣一種終極的生命境界存在，並以此考察出眾生因無明所縛、隨物流轉，以六根去感悟外部世界；但外在的感官又恰恰制約了我們對事物的認識。我們看待事物就僅僅停留在「色」，即現象層面，並把這一切當作終極的東西去追求和感受，看不到產生這一切生命現象的空性，亦不能體悟終極幸福。

（二）以本心觀照，消解現代人的「幸福悖論」

南傳佛教指出生命本體是不生不滅的「空性」存在，若偏離「空性」，就偏離了終極的「幸福境界」。當我們以此「終極境界」來統攝和考察現代人「幸福悖論」的時候，不難發現人們普遍存在的心物割裂的不幸福感，就是「空性」被蒙蔽和障礙的結果。南傳佛教從生命的整體出發，考察生命，從本心高度來觀照、關懷生命。識清造成現代人心物割裂的原因，消解產生「幸福悖論」的根源，讓生命回歸到本位，呈現生命的清淨、空靈。現代人對幸福的追求和定義不一，闡述南傳佛教終極幸福境界的存在並非要求摒除一切世俗的生命需要，禁慾苦行。而是透過不生不滅、清淨無染的生命終極之境界，從本心上來觀照生命，不困圍種種煩惱和欲望，真正圓融幸福。

大眾文化時代普遍割裂的身心關係，造成心物一體的圓融幸福之缺失。個體假借外物來確證自我價值，人心的攀緣使人陷入種種求不得苦之中。既然人們已經認識到科技理性的發展加劇了身心割裂的二元化，那麼是否可以試著去彌合身心的二元對立呢？西方傳統一直試圖彌合超驗世界和現實世界

〔註13〕《法句經》，醒悟譯，《漢譯南傳大藏經》第26冊，第51頁。
〔註14〕參覺音：《清淨道論‧上冊》，葉均譯，華宇出版社，1986年，第3頁。

的二元對立，但是卻始終面臨破而不立的境地。

海德格爾曾經說「形而上學史就是存在的消亡史」。西方傳統並非沒有一個可供參照的「終極觀照者」，西方形而上學的發展加劇了二元割裂，使人脫離了同物與自然的聯繫，也使「終極觀照者」被逐漸遺忘。〔註 15〕理性主義通過定義、演繹、推理來解釋這個世界，並且認為理性可以給一切事物最終目的和意義。那麼「理性」是否能為我們提供安身立命的依據呢？此理論顯然立不穩腳跟。

首先，現代科技理性一味地強調人的理性層面，而淡化人的非理性層面。單純強調物質性的充裕，而忽視人的心靈需求。這實際上就已經割裂了人與自然、社會、生命自身的聯繫。各引一端是無法讓生命合一、顯化出本真的。其次，此在為人，就有了限制和束縛，就天然與生命本真失去了最親密地聯繫。這也並非意味著我們無法融入當下。世界、現象不過因緣而生，本無好壞對錯，而是我們帶著目的、欲求心去看待世界，依據現象是否符合我們的目的與否來判定其好壞。

物質財富提供的「幸福感」，在於它們滿足了我們內在的欲求，並提供了生存的驅動力。然而「喜悅來自你的作為的這種誤解是很常見的，而且它也相當危險，因為它創造了一個信念：喜悅是從其他事物當中衍生出來的，如一項活動或是一件事物。然後，你就依賴這個世界為你帶來喜悅和歡樂。但是這個世界做不到。」〔註 16〕物質的豐盈既無法滿足巨大的匱乏心理，也無法真正讓心與生命本然合一，更無法通過它而獲得最高的幸福和滿足。

南傳佛教認為當內在生命本體被遺忘時，只能憑靠外物來確證自我，獲取意義。而一味攀緣外物，就已經脫離了心的本質，心物割裂的問題也就愈發的凸顯。所謂世俗的「幸福」，並非是終極的涅槃極樂境界。若要讓生命回歸到心物合一的圓融狀態，就必須勘破蒙蔽本心的種種障礙。當認識到一切

〔註 15〕在西方幸福的歷史中，荷馬時代人的幸福與神和運氣有關。到後期幸福逐漸由神交付於人，人可以通過自身的努力實現幸福。有學者指出「隨著十八世紀啟蒙運動的興起，人的地位的凸顯，凡人企圖漫步於神的領域——或者讓他們自己成為神，或者把諸神趕走——這是一件兇險的事。希臘人稱之為傲慢、過度自大，即拒絕接受神聖和凡俗的自然區隔界限」。（見〔美〕達林·麥馬翁：《幸福的方法》，施忠連、徐志躍譯，上海三聯書店，2011 年，第 23 頁。）

〔註 16〕〔德〕艾克哈特·托爾：《新世界靈性的覺醒》，張德芬譯，南方出版社，2008 年，第 231 頁。

皆是外緣幻化，而非我的「本真狀態」時。層層虛假的「幸福幻相」就會脫落，生命也就活在了空性中，身心自然也是合一的。

身心合一，也就意味著投入、享受當下所做的事。當把心安住在當下，事物不過是你借由享受與生命合一的工具和媒介，而不是你的障礙。而這一無目的、忘我地投入，卻又獲得內在的豐盛。「當你能全然地臨在於你所做的事，不把它當成僅僅是達到目的之手段，那麼你就能享受你從事的所有活動。你真正享受的不是你所從事的活動，而是流入它當中的那個活生生的深層感受。那個活力是與你的本質合一的」〔註17〕

佛經云：「路行盡無憂，於一切解脫，斷一切繫縛，無有苦惱者。」〔註18〕當我們活在空性層面的時候，才能把心安放在當下，不再隨物流轉，假託外物，心物二元對立就被消弭了。我們才能從內在發現生命的實相，識清生命本身已是自在圓滿。也就不再認同虛假的「幸福感受」，才能真正體悟到佛陀所說的涅槃極樂境界。

二、具備多維性、有效性的提升幸福之法

南傳佛教以自身獨特的視角，考察出生命有終極的幸福境界。並以此為參照，指明現代幸福觀之種種「虛妄性」。最終以本心為統攝，消解種種不幸福的幻相，讓生命回歸本位。既然南傳佛教為現代幸福論提供了一種新的視野和方法，那麼如何用具體可行的方法提升現代人的幸福指數呢？南傳佛教用理論、實修兩個層面來踐行南傳佛教的「幸福論」，為提升幸福指數提供了一套切實可行的操作辦法，讓南傳佛教的「幸福論」落實到現實中，並且能夠產生切實的效應。

（一）南傳佛教提升幸福指數的實踐基礎

生命有種種舊有的習氣，哪怕從原理上認清有終極的涅槃極樂境界的存在，也很難拋棄固有的心理模式，很難體證生命本體極樂的境界。海德格爾就曾深刻的指出「在世即已沉淪」，也就是說，此在為人，天然與生命本體割裂，即無法避免身心二元的割裂，也無法識見本心，更無法活在空性層面。如果僅僅囿於對終極幸福的空談，而無法親自體證超脫思慮善惡的涅槃之

〔註17〕〔德〕艾克哈特‧托爾：《新世界靈性的覺醒》，張德芬譯，南方出版社，2008年，第231頁。
〔註18〕《法句經》，悟醒譯，《漢譯南傳大藏經》第26冊，第17頁。

樂，一切也是枉然。因此，我們需要用切實可行的方法，讓身心自動歸位、融合。南傳佛教作為嚴格奉持原始佛教教義的一支，自身有一套嚴格的修持實踐方法。通過修行實踐，讓生命回歸到無染的空性層面，再以本心作為統攝，來觀照、反思生活。正如有學者指出：

> 上座部與其他的宗派相比，不僅僅是在戒律方面的遵守，其次也在於在對修行問題上的遵守。然而南傳佛教的修行特色不僅僅在於嚴持戒律，嚴持戒律只是南傳佛教的表相而已。南傳佛教至今仍在傳承著完整系統的止觀禪修次第。禪修者能夠依照止觀修行，亦即在戒清淨的基礎上休習止，培育定力之後再修觀，乃至斷除煩惱。解脫生死，現證涅槃。〔註19〕

南傳佛教有一套嚴格完整的修行系統，主要以止觀禪修次第清除生命種種的束縛和阻礙，體證到涅槃空性的真實不虛，再以本心作為觀照、統攝，來照破造成諸多煩惱的根源，不再流轉生死，自在清淨。

再者，人人都追求幸福，而造成不幸福的原因卻各異。若想讓生命復歸本位，就需要通過不同的方法，去除造成種種痛苦的根源。以南傳佛教獨特的「戒、定、慧」一體的修行方法為例，《清淨道論》續篇裏就指出：

> 戒是闡明以彼分斷而斷煩惱，定是以鎮伏斷而斷煩惱，慧是以正斷而斷煩惱。戒是諸惑違犯的對治，定是纏的對治，慧是隨眠的對治。〔註20〕

從戒律來看，南傳佛教在其律藏裏對僧團和比丘必須遵守的戒律作了細緻的規定，至今還嚴格奉持。在覺音的《清淨道論》裏指出「什麼是戒？即思戒、心所戒律、律義戒、不犯戒。」〔註21〕在此基礎上，覺音又對戒做了闡述，進一步闡釋了戒的分類、功德以及對戒的淨化。奉持戒律不僅有益於身心，而且能夠獲得五種功德：

> 具戒的持戒者，因不放逸，得大財聚；具戒的持戒者，得揚善名；具戒的持戒者，無論親近的一切團體大眾，剎帝利眾，或沙門眾，在接近之時，得無怖羞慚；具戒的持戒者，臨命終時，得不昏昧；具戒的持戒者，此身壞死之後，得生善趣天界，這是持戒的五

〔註19〕林欣：《試論南傳佛教的傳承》，《內明》，1995 年第 281 期。
〔註20〕覺音：《清淨道論·上冊》，葉均譯，華宇出版社，1986 年，第 7 頁。
〔註21〕覺音：《清淨道論·上冊》，葉均譯，華宇出版社，1986 年，第 11 頁。

種功德。〔註22〕

佛教認為世間的一切都是因緣而生，沒有一個永恆不變的我的存在。通過深度的禪定，可以照見一切心念、現象之虛，體證到不生不滅的空性。若想真正讓空性顯化，需要在持戒基礎上定、慧二學融合。當佛教說戒、定、慧之三學，而在禪定上安立智慧，表示只以禪定無法發現真理之意。禪定因為是心理的心的鍛鍊，所以自身是盲目的，唯有加上智慧之眼，才得於實現之真理。〔註23〕

巴利佛經《法句》有三首重要的偈頌，講明慧學的重要性。即：

> 一切行無常，以慧觀照對。得厭離於苦，此乃清淨道；一切行是苦，以慧照對。得厭離於苦，此乃清淨道；一切法無我，以慧觀照對。得厭離於苦，此乃清淨道。〔註24〕

戒、定、慧三學是一個完整的修行系統。攝心為戒，由戒生定，因定發慧。《清淨道論》也指出既要持戒又要修止觀。覺音進一步指出：「戒是闡明以彼分斷而斷煩惱，定是超越欲界的方便；慧是超越一切有的方便。」〔註25〕南傳佛教遵循古老的止觀禪修次第傳統，並重視四念住、內觀禪等修行法門，形成自身獨特的修行實踐體系。

南傳佛教之修行實踐豐富多維，但究其根源不過以空性來考察生命，用戒律收攝心念、規範自身，再以深度禪定生發智慧，用智慧觀照生命，去除生命的障礙。最終提升現代人的幸福指數，獲得生命本體的愉悅。

（二）南傳佛教提升幸福指數的方法

從南傳佛教的視野來看，應該持「中道」之幸福觀，避免遁入極端的禁慾和享樂之中：既不割裂日常生活，強調靈性生活的神聖性，也不進入虛無主義和享樂主義的弊端。南傳佛教確立了新的幸福觀，終極幸福在於生命本

〔註22〕覺音：《清淨道論·上冊》，葉均譯，華宇出版社，1986年，第15～16頁。

〔註23〕〔日〕平彰川：《印度佛教史》，莊崑木譯，商周出版社，2002年，第44～45頁。

〔註24〕《法句經》，醒悟譯，《漢譯南傳大藏經》第26冊，第41頁。在《解脫道論·分別慧品》裏也指出：「以慧淨諸戒，入禪亦二慧以慧修諸道。以慧見彼果，般若為勝善，慧眼最無上。慧退是穢污，慧增長無上。慧破諸外論，非世至所著。有慧人最妙，顯說善語言。此世及彼世，解脫聞苦樂。諸義及精進備勇猛有慧人。悉見此諸法，因緣諸語言。教誡及名色，彼即四諦語。是有慧境界，以慧除眾惡。愛嗔恚無明，以智除生死。」

〔註25〕覺音：《清淨道論·上冊》，葉均譯，華宇出版社，1986年，第7頁。

體的圓融滿足。不幸福的實質在於我們內心的種種欲求隨外物無常變化，執著假有，生命就越來越滑入虛無的軌跡。

南傳佛教把終極的解脫稱為清淨道，首先指生命內在不執著、不焦慮、不痛苦的自在清淨。其次是在生活中，顯化出智慧，能在繁雜的日常生活中安心投入，真正的心物合一。相比較下，後現代主義形成了多元的價值觀，對幸福的定義五花八門，根本上卻消解了終極的幸福，虛無主義、享樂主義橫行。

在確立的中道的觀念之後，還要通過進一步的修行才能達到身心合一的清淨道。中國傳統注重體悟，而體悟的關鍵在於獲得正見。佛經先用大篇幅來講解和論述戒、定、慧三學的定義、種類、修行方法。其次從「四諦」、「五蘊」、「八正道」「十二因緣法」等佛教的基本原理來描述世間外界的種種名相，並從原理上講清眾生因無明遮蔽，耽於生死的愚癡狀態，並指出如何從根源上斬斷無明惑業，了悟佛法的真諦。意即，只有從原理上弄懂佛法之義理，堅定對佛法的正信之後，才能進入正念、正定，體證佛法之真實不虛。若僅僅停留在以推理、論證來闡釋佛法，根本無法進入安心法門。但是獲得正見是遠遠不夠的，《清淨道論》就指出比丘這樣請求世尊說法：

> 尊師！如果世尊為我略說法要，則幸甚矣！我聞了世尊之法後，當獨離憒鬧不放逸心，自動勤精進而住。然而此比丘以前已經聞法，但仍然住在那裡不去實行沙門之法。……是故世尊呵責他說：茲有癡人，只是請我說（說法），我說了法，他只是想隨從我（不去修行）。〔註26〕

在聽聞佛法，獲得善知識後，最重要的是真參實修。在獲得正見後，還需進入「戒、定、慧」一體的參修訓練之中。

上座部佛教特別注重戒、定、慧三學在修行中的重要性。尤其在覺音的《清淨道論》裏已經指出「思維所緣或燒盡敵對的五蓋故為禪」，就是說修習禪定是斷除諸多煩惱欲望的最重要的方法之一。若依照覺音在《清淨道論》的修行體系，進入禪定的依次分別是：奉持正語、正業、正命之戒學；覺音《清淨道論》已經系統地論述了戒律，並指出奉持戒律的原因在於「戒為諸德的根本，一切罪惡的破壞者。」針對現代人放逸、沉溺於物慾的行為，奉持戒律，規範自身的重要性尤為突出。

〔註26〕覺音：《清淨道論‧上冊》，葉均譯，華宇出版社，1986 年，第 142 頁。

　　覺音尊者認為入禪定而修觀。就是說，在禪定中生發、訓練自身的覺知力，再針對自身不同的習氣，以身體的不同部位作為觀察對象。向內反觀，識見本心，顛倒癡迷妄想。然而《法句經》之「心品」也指出人心難安，舊有的習氣會反覆，很難在短時間內得到調適、改進。修習禪定雖可以斬斷諸欲，但是這並非意味著簡單坐禪是一勞永逸的事。眾生流轉生死輪迴，沾染諸多惡業，即使看清根源，也會反覆、退轉。佛陀就曾這樣訓誡比丘：「此後則指示，不要僅以此（初步的）根本定而生滿足。」〔註27〕也就是說，在進入禪坐之後，還需要多次、反覆訓練我們的覺知力，直到訓練出一種下意識的心理動作，能夠在念念相續之間保持對心的覺知，不散漫、不放逸。故而，南傳佛教又有更進一步的禪定修行。在《攝阿毗達磨論》裏這樣論述：「在此〔三十業處〕中，十遍、安般念是屬於第五禪，十不淨與身至念是屬於初禪，慈等之三是屬於〔下〕四禪，捨屬第五禪。」〔註28〕佛經又指出隨著禪法的依次遞增，「由第五禪定而〔豫想〕顧念〔神通之期間〕決定等之後，行遍作〔修習〕者緣色等之所緣而適宜於安止。而神通是：神變、天耳、他心知、宿住隨念、天眼之五種」。〔註29〕當修到第五禪的時候，會獲得種種禪定之功德。然而，佛法的真諦在於通過層層推進的禪定工夫，來訓練、淳化心性，培養出心靈的「慧眼」。用「慧眼」識破業力、心念的頑固反覆，再重複地修習、依次推進，更好地除去障礙煩惱、獲得本心自在。因此，南傳佛教不停留在空泛的傳道說教之上，而是在時時處處顯現、化用。

　　現代文化的發展導致外向型的思維模式，然而導致不幸福的癥結卻在於人心：

> 　　社會上適應得最好的人，是不死不活的人，是麻木的僵屍。你死了，就不能做社會的工作了；你全然活著時，會一直對許多現象說「不」，如種族主義、環境污染、核彈威脅、軍備競賽、不安全的飲水和致癌的食物。為了社會的利益而鼓出這些令我們遲鈍的事，讓我們忙於自己的困境，使我們麻木，有如行尸走肉。〔註30〕

〔註27〕覺音：《清淨道論‧上冊》，葉均譯，華宇出版社，1986年，第142頁。

〔註28〕《攝阿毗達磨義論》，阿那律陀著、悟醒譯，《漢譯南傳大藏經》，第70冊，第42頁。

〔註29〕《攝阿毗達磨義論》，阿那律陀著、悟醒譯，《漢譯南傳大藏經》，第70冊，第42頁。

〔註30〕轉引自〔美〕傑克‧康菲爾德：《踏上心靈幽徑》，易之新、黃璧惠、釋自鼐譯，深圳報業出版社，2009年，第25頁。

　　我們通過麻痺、上癮、逃避來割裂自我與世界的聯結，企圖逃避這些造成我們痛苦、不幸福的根源。現代物質的發展，大大超乎了古人的想像，我們把一切造成「不幸福」的根源歸咎於現代性。然而，自古人心難安，物質豐盈匱乏與否，都不是導致「不幸福」的最根本原因。

　　南傳佛教的修行體系蕭然龐大，但是卻落實到人心難安這一問題的癥結上。南傳佛教內觀禪法的興起無異於一場心靈的革命。內觀禪以原始佛教的修行法門為基礎，要求返身自照，去除這些難以破滅的執著，從根源上斷除這些痼疾。以不生不滅的空性為參照，考察生命如何被情緒、心理等負面思想掌控，產生一系列錯誤的反應模式，並把這一切當作了生命的實相去執著、感受。所謂內觀，就是以空性作為統攝，不斷反觀自身，修改生命中的錯誤信息和指令，調整心理，淨化身心，最終提升生命品質。南傳佛教內觀禪法，是一種能夠從根源上，拔除眾生一切煩惱的辦法，是淨化心靈，淳化生命的法門。

　　通過靈性修行，我們會誤以為生活將得到徹底、完全地調整和轉化，然而事實又未必如此。哪怕經過長時間地禪定修習，我們依舊難以協調繁雜的生活。在日常生活中，舊有的惡習依舊存在，我們依舊缺乏處理情緒、與他人溝通的技巧，無法以慈悲心來憐憫切近的事物。我們通過割裂、掩蓋、逃離生活來避免生活給我們帶來創傷。內觀禪修指出生活的重點在於當下時刻，意味著將生活各個層次都納入到我們的修行實踐當中，避免以「不神聖」、「無常的幻相」等來否定空性與生活的聯結。南傳佛教也指出，修行過程是一個循序漸進的過程，需要經由不同的階段：

> 修行就像坐雲霄飛車，每次達到新的高點之後，接下來通常是新的低點……就是在某些階段會覺得被拉入內在工作，只想找個安靜的地方打坐；有的階段卻想向外發展，回到日常生活。兩個階段都是修行的一部分，日常生活發生的事對你的禪修有幫助，而禪修經驗也能夠幫助你以不執著的方式投入到日常生活……一開始你會認為禪修只是生活中的一部分，但後來就會瞭解你所做的每件事都是修行的一部分。〔註31〕

　　也就是說，修行過程不能割斷與日常生活的聯繫，而是從靜態的禪坐，

────────────
〔註31〕轉引自〔美〕傑克‧康菲爾德：《踏上心靈幽徑》，易之新、黃壁惠、釋自鼎譯，深圳報業出版社，2009年，第178～179頁。

擴大我們的修行範圍。

馬哈希尊者也認為，內觀禪修的訓練，時間是從早上醒來那一刻到晚上入睡為止的。阿姜查尊者認為，單純地安住於當下，我們的心終會鍥入它原本的和諧狀態，這時，修行是自然湧現的。當我們以平和、安靜的心態來面對生活中發生的種種瑣事時，智慧和祥和就會出現。內觀的目的，就是讓心徹底地融入當下，鍥入生命本然，貪欲、嗔恨、愚癡等諸種煩惱也會自然消融。當洞見如如不動的空性時，才能真正地清除生命障礙，顯化出生命之大智慧。南傳佛教內觀禪法無疑符合了生命在時時處處地修正、完善，讓更多人受益。

現代社會的發展，人心渴望獲得真正的幸福。現代人卻始終擺脫不了幸福的悖論，無法洞見終極的幸福。南傳佛教從終極的高度來考察人類的幸福，從關懷個體、人心出發，不落空文。南傳佛教在流傳過程中，從未脫離人的生產、生活實踐，剛好契合了不離世間的精神，而現代的西方才開始剛剛研究（或者是重新研究）身心合一的重要性。

南傳佛教以清淨無染的生命本體為觀照，再以具體可操作的修行實踐，去除生命的雜染、習氣，瓦解生命的障礙、束縛，重新整合生命，最終才能真正讓生命回歸本位。從內在發現心的自足無待，才能真正消弭世俗社會非此即彼的二元緊張對立，也才能讓生命融歸到清淨的本體。以幸福的終極境界為審視，以智慧觀照自身。我們不難發現一切行無常、一切行是苦、一切法無我。世間一切物質的滿足，不過是小我匱乏，心理膚淺、短暫的滿足。只有當本體真正滿足，心不再外求時，才是真正的幸福和安寧。

第三節　南傳佛教提升幸福指數的具體表現

上文中，我們從理論和實踐兩個層面對南傳佛教的幸福意蘊作了解析。南傳佛教的「幸福觀」無疑為構建現代幸福社會，提升人們的幸福指數提供了新視角和新方法。若想真正踐行南傳佛教的幸福觀，就必須回歸到活生生的日常生活中。南傳佛教之生命關懷，並非停留在義理層面的分析，而是落實到了具體的生活之中。尤其是在南傳佛教流傳地區，通過對文化、習俗、信仰、教育等的影響，淳化了當地的民風，表現出其中蘊含著的人文的豐富性和內在張力。如何讓南傳佛教的幸福論顯化在日常生活中，真正提升人的幸福指數呢？我們或許可以從以下幾點來考察：

一、優化心靈

現代人普遍存在著孤立感、異化感，個體只能通過整齊劃一的方式，確立某種虛假的同一性。現代心理學的迅猛發展，已經對現代人的心理問題作出了深刻的解析，極大程度地解決了現代人的心理雜症。然而，在對現代人心理困境的考察中，不難發現人們普遍存在的焦灼、離異和不安。面對日益雜多的心理疾病，現代心理學似乎束手無策。〔註 32〕本文以此為著眼點，並非從南傳佛教的理論和實踐層面來論解南傳佛教對治心病，調整心理的原理。而是指出心理的種種蒙蔽，阻礙了我們去感受、體悟生命，不僅很難如實觀照生命，更無法透視到終極的幸福境界。

從南傳佛教的視野來看，生命有清淨無染的本體存在。當我們被過去的經驗、思想所固化時，我們自身很難從舊有的思維模式裏跳脫出來，重新審視自身的生命。當屏蔽、障礙一多，心念就會被種種負面情緒所左右，於是形成了我們所謂的「心理疾病」和「心理障礙」。生命困囿在念念相續之間，心不能片刻休歇。並且，當我們重新審視「心理疾病」時，不難發現，似乎每個人都活在了陳舊的思維和念頭之中，很難把心安放在當下，心猿意馬，心意馳騁。介乎於此，我們要麼活在過去的思想經驗中，要麼活在對未來的憧憬之中，心無法忘我地投注在當下之中。並且，心很容易自動形成一層防護、防衛的面具，障礙生命本體的運作。哪怕生活環境優越，我們也難以滿足，難以享受當下。

當生命本體被屏蔽、障礙時，心理會偏離正常的軌道。然而，當心念被過去消極、負面的情緒掌控之後，也阻礙我們融入自在的本體。若從南傳佛教終極生命境界來看，小我通過對腦海中的聲音、影像的認同，把虛幻的一切，當作了生命的實質。只有以靜定不動的空性來觀照，才能識破、照破一切心理幻相，讓心靈歸位。而南傳佛教獨有的修行實踐，就是一個讓心靈歸位的過程。心靈能夠安住在當下，就是空性的顯化，也就沒有了障礙和屏蔽。也就從根本上，調治了種種「心理疾病」，淳化了心性。也只有生命本心的運

〔註32〕在上一章中，我們就細緻探討了南傳佛教對治心病，解決現代人心的弊病的獨特價值。此處不再著重討論南傳佛教如何從理論和實踐層面來對治現代人的心理疾病。而是著眼於，隨著現代社會的發展，心理疾病的橫行，如果生命帶著種種的障礙去體悟生活，就帶著一層屏蔽和障礙，就無法體悟到生活本身的種種意義和價值，無論對於個體還是整體，都沒有所謂幸福可言，更無法透視到終極的幸福境界。

作，才能洞見南傳佛教涅槃極樂的幸福境界。

二、健康養生

物質作為生存之必需品，是生命必要的工具和手段。然而，當我們把追求物質利益最大化，當作我們人生目的時，難免犯了本末倒置的錯誤。就如伊壁鳩魯學派指出：「我們認為快樂是幸福生活的始點和終點。我們認為它是最高的和天生的善。我們從它出發開始有各種抉擇和避免，我們的目的是要獲得它。」〔註33〕現代人追名逐利、疲於奔命，被物質所累。終其一生，不過兩手空空，滿身傷痛。隨著社會的發展，醫療科技水平大大提升。然而我們也不難發現，高度發達的物質生活與日益繁雜的生理疾病並存。表面上，人們的醫療水平得到了提升，實際上卻疑難雜症頻發。生命實在難有什麼「幸福指數」可言。

現代人所謂的幸福享受，不過是物慾的暫時性滿足。過分追求物質，終究只能獲得暫時的心理快感，不免面臨更大的心理虧空。南傳佛教已經考察出幸福「終極境界」的存在，並指出生命只有活在本體空性層面時，才能獲得真正的圓融和滿足。誠然，並非人人都能夠體證到這樣的「終極幸福境界」，然而南傳佛教無疑給我們提供了一個很好的參照體系，個人或者共同體，可以趨向這一終極的幸福境界，導向更高的善。〔註34〕

若依此為據，涅槃極樂才是幸福的終極目的，然而，我們卻把追名逐利當作了最終的目標。假借外物，終究有待，最後不免被外物所累。拉·美利特指出「各式各樣的心靈狀態，是和各種身體狀況永遠緊密地關聯著的」。身心交感，負面情緒直接導致心理、生理疾病的產生與復發。

〔註33〕苗力田主編：《古希臘哲學》，中國人民大學出版社，1995年，第639頁。

〔註34〕亞里士多德的倫理學闡釋了最高的善。他認為：「最高的善顯然是某種完善的東西……那些因自身而值得欲求的東西比那些因它物而值得欲求的東西更完善；那些從不因它物而值得欲求的東西比那些既因自身而不因它物而值得欲求的東西稱為最完善。與其他事物相比，幸福似乎最會被視為這樣一種事物」。但是亞里士多德認為這樣並不意味著我們因為這些事物自身而去追求幸福，他認為幸福是自足的「完滿的善也應該是自足的。他指出我們所說的自足始終指一事物自身便使得生活值得欲求且無所缺乏，我們認為幸福就是這樣的事物。並且我們還認為幸福是所有善事物中最值得欲求的、不可與其他善事物並列的東西。幸福是靈魂一種合於完滿德性的實現活動。」（〔希〕亞里士多德：《尼各馬克倫理學》，廖申白譯，商務印書館，2003年，第3、4、18、32頁。）

首先，當我們產生緊張、壓抑、抑鬱、焦躁等情緒的時候，身體就會做出適當的反應，並產生相應的能量。假若通過宣洩、調整、疏導心理情緒，這些能量會得到消耗。反之，則儲存在我們肌體裏，傷害、阻礙肌體器官的運行。其次，種種的負面情緒本身就是一種消極、有毒的能量。長期被負面情緒困擾，毒素也會潛藏在我們身體中，從而傷害我們的身體。再經過長年累月的堆積，就會顯化成種種的疾病，侵害人的身體健康。再者，「小我」以蠶食負面情緒為生，本身就需要消耗能量。當心智糾纏於強大的負面心理和情緒時，生命本身的能量被大大消耗，抗擊、預防疾病的能力也大大降低。

可以說，現代人各種各樣的疾病，無非是心理問題在身體上的顯化。心理鬱結的「病根」，經過長時間的積澱，最終顯化為身體上的疾病。現代人壓抑、抑鬱、煩躁的情緒，直接顯化為身體上的種種疑難雜症，癌症的日漸頻發。「心病」導致的生理疾病，藥物治療只能提供一個良好的輔助作用，卻無法根治疾病。這也是現代醫療技術高度發達，卻難以突破自身侷限的原因。

要治癒生理疾病，就要從源頭上斷絕造「心病」的因。南傳佛教之高明，並非指出心理情緒對身體疾病的影響。而是從源頭上優化、調試、改善心理，杜絕負面情緒對「我」的掌控。再以空性本體，來發掘一切潛藏的「病根」；通過反覆的訓練，照化其根源，清理未病變的「病灶」，讓身體疾病得到治癒。實現非藥物治療身體疾病，真正做到健康養生，關懷、提升生命質量。

三、開發智慧

芸芸眾生，皆因無明障蔽，很難突破肉體、思維的侷限，無法把涅槃極樂當作我們的終極目標去追求，更無法跳脫固有的思想。生命無法有源源不斷的創造力，更無法達到佛陀的智慧。現代人本末倒置，執假為真，錯把種種不實的幸福感受當作真正的幸福去感受，並為此殫精竭慮。故而我們應該「明確地認識到一切的人能夠為獲得身體的健康和靈魂的平靜而決定自己的抉擇和避免，把身體的健康和靈魂的平靜看做是生活幸福的極致。」〔註 35〕然而，卻極少人能把此當作終極的目標去追求。

當生命被無明所侷限時，我們很難突破自身的知識結構。我們被固化成

〔註 35〕苗力田主編：《古希臘哲學》，中國人民大學出版社，1995 年，第 638 頁。

一個個板結的實體，只能用一個模式和方法去運作。終不免落入淺俗、呆板的藩籬之中。現代人對幸福的定義更是無法跳脫淺俗的理解。人人追求幸福，卻疲於奔命，活在壓抑、絕望之中。其關鍵在於我們把幸福當作一個目標去追尋，以為通過某種手段就能實現幸福，而忽略了此時此刻的感受。然而，幸福並非是一個外在的對象，如果我們用各種外在的途徑去尋求幸福，更多注重的是「手段和方法」，而非生活、幸福本身。當你只是享受生活本身，單純地安心於當下，哪怕你無意追尋幸福，生活本身卻被你賦予了當下的覺醒的力量，你自然能在當下獲得幸福的感受。經由對生活的享受與專注，熱誠地投入生活中的每件事，包括你的目標和規劃，通過制定計劃，建立與他人的聯結，激發出內在無限的潛能和創造力。這就是生命在本體運作時，顯化出的無限智慧。

在南傳佛教看來，只有通過修行實踐，訓練、淳化心性之後，才能真正把涅槃極樂當作終極的追求。也才能把心安放在當下，在日常生活的起行坐臥處，都能做到觀心、修心、放心。徹底去除生命的障礙，修改、轉化生命種種的錯誤信息。才能以本心運作，顯化智慧，生發出源源不絕的生命力、創造力。

既然宗教、哲學、心理學都在積極努力地提升人類幸福指數，並且已經卓有成效。那麼南傳佛教幸福觀的立意獨特性和自身對提升現代人的幸福指數的優勢又在何處呢？如果單純就概念和理論體系來談，南傳佛教的幸福意蘊也難以站穩腳跟，反而陷入自身的反諷之中。托爾指出：

> 靈知主義和一些神秘學派在基督教早期和中期興起的背景，伊斯蘭教是蘇菲教派，猶太教的哈西德主義和卡巴拉神秘主義，印度的不二論述，佛教的禪宗和大圓滿都是打破偶像的崇拜，去除層層僵硬的概念化和心理信念，教導強調領悟和內在的轉化。〔註36〕

由此也可以看出，南傳佛教之所以區別於一般意義的宗教，在於不囿於對神靈的崇拜，而是注重內在的「轉化」。從自身的理論和實踐體系入手，灌注其豐富的人文內涵與實踐方法，真正瓦解人類不幸福的根源，方呈現出生命的自在、圓滿和幸福。

再者，南傳佛教理論體系可謂龐大，然而南傳佛教卻始終是從個體的解

〔註36〕〔德〕艾克哈特·托爾：《新世界：靈性的覺醒》，張德芬譯，南方出版社，2008年，第12～13頁。

脫和修持入手的。在南傳佛教中，佛陀不是超驗的神靈，而是偉大的覺醒者。在南傳佛教流傳地區，學習佛法就是學習提升幸福的能力，是人人都必須具備的智慧。有人這樣描繪南傳佛教流傳地區的日常生活場景：

> 步入版納的土地，你將會看到在這樣的地方還有早期人類的農耕文化，「男挑水來女澆園、男耕地來女織布；」會看到傣家竹樓地下，擺著各式各樣的用竹篾編織的生活用品和工藝品；到小河邊，會看到去打水的傣族少女，那婷婷的姿態，柔美的細腰，那款款的步履，會讓人想到他們是穿梭在竹林裏的美麗仙女；夜晚來臨時，寨子心燃燒起了熊熊的篝火，大家唱啊跳啊，是那樣的陶醉，沒有一絲煩惱。〔註37〕

南傳佛教的幸福論不再是一種烏托邦式的理論構思，而是落實到了活生生的生活實踐當中。所有烏托邦的構想，不過是心念在意識結構裏幻化出的假象，意味著我們企圖在心智裏得到救贖。那麼，我們將繼續受困於陳舊、固化的小我。對於西雙版納地區的傣族人民而言，通過學習佛法，踐行佛陀的教誨，才能把佛陀的智慧融注到生活當中，淳化民風、民俗。可以說，南傳佛教關懷生命的精神早已滲透到了當地的思想文化、倫理道德、風俗習慣之中，呈現其豐富蓬勃的生命力。

概言之，南傳佛教的「幸福觀」不僅反思了現代社會的幸福悖論，指出哲學、宗教對人的關懷遠遠不足，整個社會還是彌漫著虛無主義、享樂主義，人類還是無法逃離物質、思想的桎梏。對幸福的理解和實現也還停留在空泛的主體觀念的滿足上。並且，南傳佛教還提供了新的生命安頓方式。從柏拉圖「理想國」、「烏托邦」的建構、再到美國夢和歐洲夢的破滅，人類從未停止對幸福的追求和建構。然而幸福不是對上帝的仰望，並非只能在藝術和想像中實現，而是一個個活生生的生活社會。南傳佛教超越二元從生命的全局視角看待生命，從本心出發，實現對生命終極的關懷、關注、觀照。南傳佛教豐富的理論和實踐體系無疑為安頓生命構建了一套行之有效的理論和實踐方法。在物質文明高速發展與心靈荒漠並行的時代，我們在反思自身所處困境的同時，也需要找到一條生命的解脫安頓之路。南傳佛教無疑為整合生命、提升幸福指數帶來一片曙光。

〔註37〕周婭、袁天娥：《貝葉文化與西雙版納旅遊業可持續發展》，見於秦家華主編：《貝葉文化與民族社會發展》，雲南大學出版社，2007年，第215～225頁。

第八章　南傳佛教的現代困境——
以西雙版納為考察中心

　　不論是教理教義還是實踐方法方面，南傳佛教都蘊含著豐富的人文關懷精神，具體來說就是含有豐富的關注人類自身存在和精神品質提升的價值、資源以及對生命的終極關切等。斯里蘭卡、泰國、老撾、緬甸東南亞各國，以及我國雲南的西雙版納、德宏、普洱等地區，因受南傳佛教的影響普遍呈現人心和樂、社會和諧的安樂「佛國」之象。〔註1〕然而，自人類社會進入工

〔註 1〕南傳上座部佛教在阿育王時期傳入斯里蘭卡，先後傳入緬甸、泰國、越南、東埔寨。七世紀又從緬甸傳入雲南。迄今流行於雲南傣族地區，成為傣族文化的主體。（吳立民：《新編漢文〈大藏經〉，編輯南傳〈大藏經〉之我見》載《佛學研究》，中國佛教文化研究所，1996 年第 5 期，第 4 頁。）西雙版納傣族「全民信奉佛教，不剃度出家的也是在家信眾。在西雙版納，男性如果不終生為僧者，也得短期出家……南傳上座部佛教這一外來宗教文化，經過本地化過程，逐漸成為了傣族民族文化和民族心理素質的基本要素」。（吳之清：《貝葉上的傣族文明——雲南西雙版納南傳上座部佛教社會研究》，人民出版社，2008 年，第 8 頁。）南傳佛教深深地影響和作用於當地傣族生活的方方面面，「為傣族人民帶來了很多精神文明成果，大大加速了傣族社會文明的進程。」（牟鍾鑒、張踐：《中國宗教通史》，社會科學文獻出版社，2000 年，第 725 頁。）傣族社會在歷史發展進程中，受南傳佛教的影響而使自己發展達到一個相對合理、全面進步的要求。」（吳之清：《貝葉上的傣族文明——雲南西雙版納南傳上座部佛教社會研究》，人民出版社，2008 年，第 14 頁。）直至「上個世紀 50 年代之前，雲南傣族地區的南傳佛教頗為興盛。村村有佛寺、家家都信佛。西雙版納等地的各族佛教徒，崇尚男子一生中必須到寺廟出家一次的原則……出家的僧人在信眾心中享有很高的社會地位，家家都樂捐願施，供養他們。每年支付各種佛事活動的費用占全年收入的 25.30%。在這些地區，佛教已經成為民族文化生活和精神生活不可或缺的重要內涵，虔誠的佛教信仰已經有廣泛而深厚的群眾基礎」（吳之清：《貝葉上的傣族文明——

業時代以後，這些深受南傳佛教傳統影響的地區出現了人文關懷精神及其實踐迅速弱化的情況，本章謂之南傳佛教的「現代困境」〔註2〕。下文即以我國雲南西雙版納地區為考察中心，從傳統與現代的關係來梳理其人文關懷精神弱化之現狀並探討相應原因。

第一節　西雙版納南傳佛教困境的表現

南傳佛教在西雙版納今非昔比，所謂「困境」，集中體現為人文關懷的弱化及隨之產生的各類個人、家庭、社會問題。以下從南傳佛教信仰的衰落、婚姻家庭的矛盾、社會治安的混亂與人們精神心理的危機四個方面來進行闡述。

一、南傳佛教信仰的減弱

傳統上，西雙版納傣族地區的男性在六七歲時都要入寺為僧，學習南傳佛教的教理教義，為一生的佛理修養打基礎，同時也學習生活必須的基本知識、技能。沒有出家當過和尚的傣族男性，被視為「未開化」者，找對象都是一件很難的事。在村村有佛寺，家家都信佛的西雙版納傣族地區，佛寺活動常年不斷，宗教觀念深入人心，有些大型的佛事已經成了全民性活動，部分村寨每年甚至多達 10 餘次。根據傳統習俗，西雙版納傣族在每年 7 月

雲南西雙版納南傳上座部佛教社會研究》，人民出版社，2008 年，第 53 頁。）可以說，因為深受南傳佛教的薰陶、影響，西雙版納的傣族人具有深厚人文關懷的理念，並在生活、生產中得到踐行。一直以來，當地信眾一度樂於布施助人、虔心行善，注重內心的安樂平和，不會因為追求物質財富而做出違背道義，讓自心難安的事情，整個社會普遍呈現家庭和睦、鄰里團結、夜不閉戶的良好風氣，甚至於對待草木山川都懷有虔誠敬畏之心。人際關係、社會風氣、生態環境等各方面都呈現和諧、良好的平衡狀態。

〔註2〕 在社會現代化的進程中，隨著物質經濟和科學技術的飛速發展，信息傳遞的空前便捷，人們的生活方式和思維觀念都發生了很大的變化，加之南傳佛教寺多僧少、缺乏高素質的宗教人員和在教義教法上有所守舊，西雙版納地區的南傳佛教出現了塌陷。西雙版納的傣族中斷了男童入寺為僧的習俗、人們的宗教觀念越來越淡化、傳統的佛寺活動也在漸漸衰落，產生了毒品泛濫、犯罪率攀升、婚戀功利化、精神心理危機普遍等社會問題。面對這種困境，南傳佛教自身和社會團體也在力求使南傳佛教在困境中進行轉型求生：南傳佛教自身結合社會服務宣傳佛法、與政府機關相互配合協作、進行教法上的現代化轉變；社會團體也正在開發南傳佛教主題旅遊，並對南傳佛教的軟實力進行搶救。

「關門節」的第一次祭祀開始到 10 月的「開門節」是不能出遠門的，要在家裏專心做佛事。但在社會現代化的進程中，西雙版納傣族人民的宗教意識發生了很大的變化，具體表現為：男童不入寺為僧，宗教觀念變淡，佛寺活動漸衰。

（一）男童不入寺為僧

現今西雙版納的傣族家長（正值青壯年）大多不願送孩子到寺院裏為僧，學習教義，他們認為在學校裏接受正規、系統的教育比在相對鬆散、組織性不強的寺院學習對孩子的將來要更好。再加上「九年義務制教育」政策在當地的落實，更是中斷了男童入寺為僧的傳統。2014 年 2 月，筆者到景洪州嘎灑鎮曼達、曼萊等多個村寨寺廟裏進行了一次實地考察，只見到唯一一個來自布朗山的布朗族男童在做小和尚，並沒有當地的男童入寺為僧。西雙版納傣族送男童入寺為僧的習俗到現在幾乎可以說是中斷了。據寺裏的佛爺介紹，偶而會有一兩個孩子短期入寺學習，但已經不是為了真心實意地學習教義，或是像以前一樣是為淨化自心和提高人格，而是另有原因：大多是孩子在學校太吵太鬧，老師和家長難以管教，就送到寺院交給佛爺，讓他們學點禮數，學習做人。即使如此，這種情況對今天的西雙版納來說也已經不再是一種非此不可的選擇了。

（二）宗教觀念變淡

深深影響西雙版納地區的南傳佛教，在現代化的過程中逐漸被人們「淡忘」了，當地各人的宗教觀念也在迅速淡化。具體的表現有：1、及時行樂思想普遍，來世觀念趨於淡薄。南傳佛教倡導今生要多行善積德，來世才會有好的福報，所以當地傣族的傳統樂捐好施，行善助人，多為自己的來世積累福報。現在西雙版納地區大量種植橡膠，人們的經濟收入迅速增長，衣食無憂，生活寬裕，滋生出了不少人貪圖現世，及時行樂的思想。當地很多人（尤其是年輕人）已經不再相信有來世，有些對來世持半信半疑態度的也覺得「即便有來世也是來世的事，現在沒必要去考慮」。2、對佛教的精神依靠在減弱。雖然依舊禮佛拜佛，但當地不少人都持有「眼見為實」的觀點，表示更相信科學，看不見摸不著的佛祖在西雙版納傣族人心中的地位在下降，已經不再是人們唯一的精神支柱。3、南傳佛教的教義逐漸喪失對人們生活的指導意義。例如，西雙版納的南傳佛教很重視「五戒」，以此來規範和引導人們的生活方式，過不殺生、不邪淫、不偷盜、不妄語、不飲酒的健康生活。但現在

的西雙版納出現了不少吸毒者、艾滋病攜帶者等，這些問題，如果遵守戒律就不會產生。

（三）對佛寺活動的態度有所「降溫」

宗教觀念逐漸淡化導致的直接結果就是人們不再像以前一樣熱衷於佛寺活動，佛寺活動漸衰，願意從事宗教事務（出家為僧）的人越來越少，僧侶緊缺。具體表現有：1、對大宗的宗教消費持有否定態度。以前在西雙版納的傣族地區佛寺祭祀活動不斷，僅是全民性的佛寺活動每年都多達 10 餘次，賧佛積德、建寺修塔是人人樂意的事情。西雙版納傣族以賧佛來向佛懺悔消業、祈求福德，有「多賧多得福」的說法。然而現在大多數年輕人對大宗的宗教消費持否定態度，不願出過多的錢財用於佛寺活動，更願意把這些錢用於建房、買車等現實的物質消費。因此西雙版納當地人出於真心敬佛禮佛而舉行的佛寺活動出現了減少和衰敗的現象，反而是外地的遊客在寺院裏旅遊觀光、燒香拜佛人數在不斷增長。2、對佛教儀式的無心和隨意。在傣族眾多的佛事活動和佛教節日中，每年農曆 6 月 15 日的「關門節」——也叫「入雨安居」是較為重要的節慶，進入雨季以後為了避免踐踏莊稼，傷害動植物，僧人和信徒們不能再出遠門，而是要在佛寺或家裏修習佛法，遵守戒律。「『關門節』期間，僧侶每天都必須回到佛寺過夜住宿。這期間，和尚安心在佛寺修習佛法，信眾家中禁止娶嫁或破土動工建新房。一些虔誠的信眾還要到佛寺進行納福活動……所謂的納福既是受戒。」〔註3〕可是近幾年嚴格遵守「關門節」的人越來越少，大多都是上了一定年紀的老人，到佛寺裏納福受戒的更是少數，即便去了也是走過場，不會太當一回事，受了戒後能嚴格持戒的更是幾乎沒有了。「關門節」對於很多傣族人來講已經不再是納福持戒、修習佛法的節日，而是成了一個普通的、好玩的節日。3、僧侶緊缺。村村有佛寺的西雙版納傣族，出現了寺裏缺僧的現象，大多佛寺裏就只有一個佛爺，並且不少佛寺的佛爺來自緬甸，或是來自布朗山的布朗族人，而非本地的傣族。傣族的緬寺裏已經沒有了以前有大佛爺二佛爺、童僧成群、信民不斷的熱鬧景象了。現在當地的傣族人願意出家為僧的本來就少，即便有也中途就還俗了，終生為僧從事於宗教事務的已經寥寥無幾。因此一人一寺已成了普遍的現象，佛寺裏僧侶緊缺。

〔註 3〕周寒麗、宋燕金：《社會文化變遷中的南傳佛教——以景谷縣大寨村南傳佛教「賧佛」為例》，《滄桑》，2014 年第 1 期。

以前的西雙版納之所以能呈現人心和樂、社會和諧的安樂「佛國」之象，是因為當地傣族全民信奉南傳佛教，深受南傳佛教的薰陶，人們關注自身的存在、重視精神品質的提升、對生命具有濃厚的終極關懷意識。對南傳佛教虔誠的信仰和奉持，是西雙版納的傣族培養和實踐人文關懷理念的根本，南傳佛教文化在當地的衰落和人們宗教意識的淡化，讓人文關懷成了無源之水、無本之木。人文關懷的喪失和南傳佛教的困境，二者間具有相互影響、相互作用的關係，人文關懷的喪失會致使人們更加不重視南傳佛教，加快南傳佛教陷入困境，南傳佛教的困境又反過來影響人們對人文關懷理念的樹立，難以在生活中實踐人文關懷精神。因此人文關懷的喪失即是南傳佛教困境的根本原因，也是其表現之一。顯然，人文關懷的喪失與南傳佛教的困境二者間如此相互影響、惡性循環的關係加快了其他問題的產生。

二、婚姻家庭矛盾的突出

傣族贍養、尊重老人，撫養、愛護孩子的家庭美德與對自我人格品德修養的格外重視：「傣族非常重視品德的修養，講究尊老愛幼，認為『父母師長宜尊重，尊老愛幼好品德』。年輕人有贍養老人、愛護撫養孩子的義務和責任。家中媳婦要侍奉公婆，弟妹要服從兄長，手足之間、夫妻之間要團結一致互相幫忙。『通吃才香，通抬才輕鬆；有難同擔，有福共享』家庭內要和睦，鄰里間要友愛，不然會遭人唾棄。」〔註4〕顯然這與南傳佛教對傣民的影響關係重大。尊老愛幼的家庭美德既是敬愛他人、關懷生命，也是人文關懷的具體實踐。傳統上，青年男子選擇對象看的是對方是否賢惠淑德、孝順父母，年輕女子看的是對方是否勤勞踏實、上進擔當，結婚後夫妻患難與共、相互扶持。然而，隨著南傳佛教在當地的塌陷，近30年來西雙版納傣族人的婚姻家庭觀念也出現了重大的改變，婚戀中的功利性越來越重，離婚率也在不斷攀升。

（一）婚戀的功利性越來越重

此處有一份十多年前的調查數據：「在1986年的調查中，男女青年均把『心好』、『勤勞』列為擇偶的首要條件，具有明顯的傳統社會擇偶觀的特點。而在1996年的調查中，女青年除了仍把『心好』列為首要條件外，『有

〔註4〕吳之清：《貝葉上的傣族文明──雲南西雙版納南傳上座部佛教社會研究》，人民出版社，2008年，第68頁。

錢』則取代『勤勞』成了僅次於『心好』的條件。他們並且表示,『最好是外地人,結婚後嫁出去』;『漢族最好,有本事,能關心人,本地村民沒有文化,沒有氣質』……由十年來的變化趨勢看,曼飛龍村女青年的擇偶觀變化最大。現在,他們把『有錢』、『外地人』列為重要條件,表明他們把家庭生活的物質基礎看得很重要,特別想通過婚姻找到一條離開傳統生活模式、通往五光十色的外部世界的道路,也即通過婚姻實現社會流動。這種功利傾向已同內地對漢族女青年擇偶觀的許多調查結果十分相類而大異於傣族的傳統觀念。」〔註5〕在這份十多年前西雙版納曼飛龍村某傣族村子的調查情況中,婚姻的功利色彩就已經非常濃重。十多年後的今天,當地人的婚姻功利色彩已經不僅僅表現在青年男女的擇偶標準上,而是充斥於整個婚姻生活。房子、車子、票子同樣成了曾經深受南傳佛教影響的西雙版納傣族結婚的前提條件,個人的經濟實力和經濟能力也成了在家庭中取得「說話權」的最重要的條件。男性沒有一技之長,不能賺得和周圍人一樣多的錢,在家裏往往會成為妻子抱怨的最大理由,也是造成家庭矛盾的主要因素之一。

(二)離婚率上升

西雙版納雖然沒有明確禁止離婚的習俗,但人們還是覺得離婚是一種很沒有面子的行為。因為有南傳佛教的基礎,西雙版納的傣族都有很強的自省能力,人與人之間出現矛盾分歧首先都是自我反省,多看到自己的不足而包容別人的缺點。因此即便在家庭中出現一些矛盾都會相互體諒、互相包容,盡可能地把家庭矛盾化解到最低,更不會輕易走到離婚的地步。然而在現代以來,尤其是改革開放以後西雙版納的離婚率卻有明顯地增長。在 1986 年,「曼飛龍村 298 名婦女中就有 41 人離過婚,但大多數是 60 年代以前離的,在六七十年代這 20 年間只有 10 名婦女離婚。後一段時期離婚率的降低主要是宣傳教育和行政手段並用的結果。一方面,離婚是一種不良行為的觀點廣為傳佈;另一方面,離婚者不僅要受到生產隊的處理,還會受到眾人的議論。80 年代以來,隨著社會的開放,傣族中的離婚率也逐漸上升,曼飛龍村在這一期間共有 20 餘名婦女離婚。」〔註6〕

〔註 5〕鄭曉雲:《社會變遷中的傣族文化──一個西雙版納傣族村寨的人類學研究》,《中國社會科學》,1997 年第 5 期。

〔註 6〕鄭曉雲:《社會變遷中的傣族文化──一個西雙版納傣族村寨的人類學研究》,《中國社會科學》,1997 年第 5 期。

三、社會治安的混亂

在南傳佛教的深遠影響之下，西雙版納的傣族社會安定和諧，互幫互助，「通吃才香，通抬才輕鬆；有難同擔，有福共享」的傣族諺語不僅對於家庭和家族成員之間，同樣針對所有傣族，甚至於外族人。在傣族寨子裏一家有婚禮喪葬等重大事情，全村人都會相互幫忙，共同歡慶、共度難關。加之南傳佛教對「不飲酒」、「不妄語」、「不偷盜」等戒律的重視，對會麻痺人神經、使人喪失心智的酒精、毒品等物品「敬而遠之」，對於不守誠信、佔用他人財物的行為不僅被人所不齒，也會深受自己內心的譴責而不去做。解人所難、度人難關是一種普遍的社會風氣。上世紀四五十年代，在傣族田間地裏的草房裏，主人都會留有一些柴米油鹽而「大開門庭」，誰經過都可以用主人的鍋灶煮食裏面的食物，但過後都會自覺地從自己家裏拿食物來，把自己吃掉的東西填充回去。甚至於在村寨裏，傣家的竹樓都是「夜不閉戶」，不用鎖門防賊。西雙版納傣族人的生活方式典型地體現出南傳佛教「布施」、「五戒」等教義思想。然而在現代化的過程中西雙版納傣族地區的社會治安越來越不如人意，傳統安定和諧的社會秩序不復存在，甚至成了毒品和艾滋病「重災區」，違法犯罪率也呈現逐年上升的趨勢。

（一）毒品泛濫，吸食毒品者眾多

以景洪附近的嘎灑鎮為例。嘎灑鎮總面積 754 平方公里，有 12 個村委會124 個村民小組，1 個種植農場 12 個種植隊，5 個鎮直屬單位，23 個中央、省、州、市直屬單位，6 個農墾單位。轄區總人口 88208 人（其中常住人口78127 人；暫住人口 10081 人）。《2013 年嘎灑派出所開展禁毒工作情況彙報》顯示：「目前，嘎灑鎮已成立禁毒工作站兩個。在冊吸毒人員共有 1025 人，現有吸毒人員 753 人，其中強戒 41 人，社區戒毒 326 人，社區康復 293 人，漏管失控 93 人。上半年，共破毒品案件 8 起，抓獲嫌疑犯罪人員 8 人，繳獲冰毒 5747.7 克，海洛因 268.1 克。」《嘎灑派出所 2013 年工作自查自評報告》顯示：「今年來……收繳各類毒品 25499.2 克，共抓獲吸毒人員 282 人。」據一份《嘎灑鎮個村委會吸毒概況》顯示，在嘎灑鎮的所有村委會中，以曼達村委會的吸毒人員最多，當地人稱之為「毒品重災區」。筆者也瞭解到曼達的緬寺最為「冷清」，一則曼達的佛爺不善於與村民溝通，很少對村民宣講教義。曼達村委會總人口數 4797 人，共 995 戶。從 2008 年至今共在冊吸毒人員 95人，現在在冊管控的吸毒人員 54 人（強戒 8 人，社戒 13 人，社康 33 人），

吸毒率大於 1.1%。基於嘎灑鎮毒品泛濫，吸毒人員眾多的情況，當地派出所也制定了不少禁毒方案，如《嘎灑鎮全面排查摸底吸毒人員工作實施方案》、《嘎灑派出所吸毒人員大收戒、大排查、大管控專項行動方案》、《嘎灑派出所「拔釘」行動方案》等。通過標語、板報等形式，在學校、人群聚焦點、毒品重災村等地方開展禁毒宣傳，僅是 2013 年上半年嘎灑派出所就共舉辦禁毒知識培訓 1 期，開展禁毒宣傳 24 場次，展板 18 塊，發放宣傳資料 1 萬餘冊，受教育群眾 2.5 萬餘人。同時也把村小組治保設為禁毒聯繫員，全鎮共有禁毒聯繫人 137 人，並對舉報吸毒人員和提供重大毒品犯罪案件線索的人給予不同的獎金獎勵，2013 年上半年，一共兌現了 38400 元的禁毒工作舉報獎勵金。

（二）糾紛不斷，犯罪率上升

西雙版納地處邊疆，民族眾多，加之傳統的南傳佛教對當地的積極作用在不斷減弱，民眾糾紛時常發生，違法犯罪率也在上升。以嘎灑鎮 2013 年的民眾糾紛和違法犯罪情況為例。據《嘎灑鎮 2013 年上半年這會管理綜合治理和維護社會穩定工作總結》顯示：「全鎮轄區內在冊刑釋幫教人員 101 人，社區矯正在矯對象 101 人……全鎮公立刑事案件 191 件，比上年同期案發率上升 13%，破獲 108 件……農村賭博遊戲機普遍存在問題……共收繳遊戲機 78臺，行政處罰 17 人，收繳賭資 42205 元。」2013 年嘎灑鎮派出所共破獲刑事案件 70 起，治安查處總數 331 起，共調解民眾糾紛 60 起。因為各種民眾糾紛、違法犯罪不斷，邪教分子時有活動，2013 年嘎灑鎮政府制定了《嘎灑鎮2013 年度綜合維穩工作計劃》，舉辦維穩綜合宣傳活動，組織學校教師學習法制課，並利用勞動節等節假日在主街道設立法律諮詢臺。

四、心理危機的普遍

南傳佛教倡導通過佛法的修持，去除心理煩惱憂慮，達到阿羅漢的境界，超出生死輪迴。不僅在世間要心理健康、沒有憂思苦惱，內心安樂，獲得幸福，直至這一世的肉體生命消亡了，都不受生生世世的輪迴之苦，對生命的終極充滿著悲憫的關懷。就如《法句經》有言：「汝宜自造安樂州，迅速精勤為智者，拂除心垢無煩惱，不復再來生與死。」〔註7〕受南傳佛教的影響，西

─────────────

〔註 7〕《法句經》，悟醒譯，《南傳漢譯大藏經（小部經典一）》，元亨寺妙林出版社，1995 年，第 37 頁。

雙版納的傣族人即便不出家為僧終生修行，也會虔心禮佛、修持佛法，保持內心的清淨安樂，賝佛布施、行善助人，為自己的來生積德修福。因此西雙版納的南傳佛教信眾相對於這一生物質財富擁有的多少，更加注重為自己積累來世的福報，而來世福報的大小取決於今生是善是惡，所以人們更加注重精神人格的修養而非物質財富的多少。而今人們的這種價值觀發生了巨大的變化，對人文、生命的關懷在不斷地喪失，人們日趨嚴峻的精神心理危機也是南傳佛教在西雙版納塌陷的表現之一。

（一）過度追求物質財富，精神信仰的缺失

筆者就西雙版納傣族人對物質財富與精神信仰之間的價值偏向做了一次實地調查，把調查對象按年齡分為 55 歲以上，35～54 歲，15～34 歲三個階段，每個年齡段隨機調查 100 人。調查結果如下：

問題 ＼ 年齡	55 歲以上	35～54 歲	15～34 歲
宗教生活能讓內心寧靜	72%	36%	24%
相信有輪迴	87%	64%	23%
因為賺錢可以缺席基本的宗教活動	21%	78%	20%

「宗教生活能讓內心安靜」的比例隨年齡的減小而減少，呈遞減的趨勢。能否在宗教生活中獲得內心的寧靜，不僅表現出信仰的虔誠度，同時也間接地說明人們平時的內心狀態，內心越平和、煩惱越少就越能在宗教生活中獲得內心的寧靜。「相信有輪迴」一項的比例同樣隨著年齡的減小而呈現遞減的趨勢。南傳佛教對終極生命的關懷——涅槃，是建立在這一世的肉體死後生命仍在六道中輪迴的「輪迴觀」上，如果沒有輪迴南傳佛教對生命終極的關懷就成了空中樓閣。而在西雙版納的傣族人相信輪迴的人越來越少，也就表明越來越多的人將不會去關注自我生命的終極關懷問題。「因為賺錢可以缺席基本的宗教活動」一項以 35～54 歲之間的中青年人最多，15～24 歲之間的比例卻高於 55 歲以上中老年人。但這並不意味著 15～34 歲年齡段的人比 55 歲以上的人更熱衷於宗教活動，15～34 歲年齡段中有一大部分是學生，甚至是未成年人，不需要自己去賺錢，並且在調查中筆者瞭解到不少人都抱有「參加宗教活動比辛苦去賺錢好玩」的想法。除了上表以外，筆者也就宗教信仰與物質財富問題進行了隨機地調查，大部分年輕人表示「宗教活動就是一種

習俗，說不上信不信仰」，「現在是經濟時代，金錢是最重要的」。

（二）心理問題增多

西雙版納傣族傳統的精神信仰逐漸喪失，人們過度地關注物質財富而忽視了自身的存在和精神品質的提升，由此滋生了當地人的種種心理問題，心理危機普遍。西雙版納傣族人的心理現狀總體呈因年齡段的不同而有所差異的現象。

1、青少年

按傳統，傣族的青少年應在寺廟裏學習南傳佛教的教理教義，修習調整自心、安頓生命的佛法。但現今青少年群體主要集中於中小學，在青少年中叛逆難管、沉迷於電子遊戲、抽煙喝酒、打架傷人等違背南傳佛教教義和戒律的事時常發生。有一大部分青少年無心向學，輟學在家無所事事，西雙版納沒有完成義務教育，輟學在家的青少年比例遠遠大於雲南的昆明、玉溪等地區。空虛無聊，無所事事，煩躁不安等心理普遍存在於青少年群體。

2、青壯年

青壯年的心理困擾主要來源於工作壓力、家庭矛盾、人際關係等方面，心理壓力過大、焦慮不安、找不到人生的意義等心理普遍。因此產生了一面瘋狂追求物質財富，一面又沉迷酒色揮霍金錢，離婚率不斷上升，吸毒犯罪，艾滋病感染者增多等社會問題。

3、老年人

老年人的宗教認同感大於青少年和青壯年群體，信仰的缺失也沒有二者嚴重，但在人們關注的重心由精神信仰轉向物質財富的社會浪潮中，西雙版納傣族的老人群體也普遍為兒孫的房子、車子等物質財富和社會地位而擔憂。在西雙版納地區，人們的心理現狀除了因年齡段的不同而有所差異的特點之外，人們精神失常、心理崩潰的現象也越來越突出。對此，筆者重點考察了西雙版納猛臘縣猛滿鎮大廣村。大廣村以哈尼族為主體，並有漢族、苗族、傣族等其他民族雜居，雖然不是傳統深受南傳佛教影響的傣族寨子，但西雙版納地區現代人們的心理危機在大廣村就可見一斑。目前，在大廣村覺得「很不快樂」、「生活沒意思」的人很多，精神失常的人有 5 個，其中年齡最小的只有 17 歲。大廣村附近的幾個村子同樣有精神病患者，還有人因為發瘋就離家出走，至今都沒有下落。據當地人介紹，2000 年前後在當地開始出

現精神失常的瘋子，近幾年還呈現上升趨勢。

綜上可見，長久影響、教化西雙版納傣族地區的南傳佛教在現代出現了全面的塌陷。南傳佛教的塌陷帶來了西雙版納地區南傳佛教文化的衰落、婚姻家庭矛盾突出、社會治安混亂、人們精神心理危機普遍等嚴峻的社會問題，重新挖掘南傳佛教中對現代有利的因素無疑是解決這些問題的出路之一。顯而易見的是，人文關懷精神在當地的喪失是南傳佛教出現坍塌的實質性因素，但南傳佛教的塌陷又促使人文關懷精神的進一步喪失，二者形成了惡性循環。當然，南傳佛教在現代出現全面塌陷的原因是多方面、多維度的，要恢復和挖掘南傳佛教的精髓，要挽救正在塌陷之中的西雙版納南傳佛教，必須先弄清其塌陷的原因。

第二節　南傳佛教在西雙版納出現困境的原因

除了人文關懷精神的逐漸喪失之外，西雙版納南傳佛教出現困境是「傳統」與「現代」相互融合、相互對話的結果，最主要的原因是現代文明對南傳佛教的衝擊、南傳佛教自身侷限以及終極人文關懷精神的缺失。

一、現代文明的衝擊

新中國成立之後，西雙版納地區的傣族社會就走向了現代化進程。「50 年代初，傣族社會的民主改革改變了封建的政治經濟體制，傣族社會進入了新的發展時期。在此之後，傣族社會變遷可分為兩大階段。第一個階段，從 50 年代初到 70 年代末。在這一階段，傣族社會、經濟有了很大發展，人民生活有明顯的改善。另一方面，這一階段也經歷了因為『左』的影響而帶來的磨難，宗教信仰自由受到壓制，民族文化受到無端的批判。當代傣族社會變遷的第二個大的階段是從 80 年代開始的。這是改革開放的新時期。這一階段，在經濟生活中，以大包幹為主要內容的農村生產責任制大大地調動了傣族農民的生產積極性，多種經營獲得較快發展，人民生活得到較大程度的改善。」〔註 8〕然而，以物質經濟的高速發展和文化多元化為特徵的現代化過程卻極大地衝擊了南傳佛教在西雙版納地區的文化主體作用和南傳佛教對人們的精神導向作用。概而述之，造成這種衝擊的原因有兩個方面：其一是現代文明改

〔註 8〕鄭曉雲：《社會變遷中的傣族文化——一個西雙版納傣族村寨的人類學研究》，《中國社會科學》，1997 年第 5 期。

變了人們的生活方式；其二是現代化的過程中社會設施得到了整體的發展和完善。

（一）人們生活方式的改變

在民主改革之前，西雙版納傣族過的是「日出而作日落而息」的傳統農耕生活，社會交往面小，信息來源單一，那時候傣族人最重大的兩件事就是種地耕田從事生產和賧佛禮佛清淨自心。民主改革以後，尤其在改革開放以後，西雙版納地區的經濟發展迅速，人們的經濟收入不斷增加，生活方式發生了很大的變化。首先，社交圈的擴大。西雙版納各個地方都修建了不同級別的公路，在景洪修建了飛機場，交通便利，打破了人與人之間的地域之隔，徹底改變了「一輩子不出大山」的狹小生活圈子。加上西雙版納旅遊產業豐富，外來人員多，人口流動量大，更加促進了當地人生活圈子的打開。社交圈的增大和接觸的人員的增多，打開了當地人傳統的思維模式，接受了不同的觀念、不同的文化，打破了人們以南傳佛教為基礎建立的傳統價值觀。其次，多渠道的信息來源。現如今的傣族村寨也已經是「家家有電視、人人用手機、個個會電腦」的信息時代了，獲取信息很便捷，渠道也是多樣化。手機、電腦等電子產品的大面積覆蓋，前所未有地加快了人們獲取外面世界的信息的速度，只要拿著一個手機就能「不出門便知天下事」了。信息的泛濫和文化的多元發展，改變了傳統做完活就聽佛爺講經傳教的「消遣」方式，現在年輕的傣族人接受外來的信息遠遠超過了接受南傳佛教教育的時間，個別的年輕人甚至完全不去暸解南傳佛教的教理教義。再次，注重物質生活享受。現在大家都熱衷於建房、買車、賺錢，「房子、票子、車子都不能少」甚至成了年輕人的口頭禪。傣族寨子傳統的竹樓越來越少，逐漸被新建的鋼筋混泥土的樓房取而代之，明裏暗裏攀比哪家的橡膠樹更多、誰的錢更多、誰的車更好是常有的事情。大多數年輕人更願意把錢花在物質生活的享受，而不願用來賧佛，更願意今生享樂，而不願為來世修福積福。

（二）社會設施的發展和完善

「在傳統傣族社會，由於社會的封閉性和相對停滯的特性，使得下一代人總是重複上一代人的生活模式，上一代人的今天就是下一代人的明天，青年人可以預知自己進入中年、老年的生活狀況。依靠自己的努力去改變命運幾乎是不可能的，也是徒勞無益的。這樣的社會，將自己的命運寄託給一種

超自然的力量具有內在的合理性。」〔註9〕就西雙版納的傣族而言，南傳佛教就是這種超自然的力量，在南傳佛教的教化引導下，傳統的傣族社會得到了合理有序的發展，個體的人生與生命也因此而得到關懷。然而，現代文明在向前發展，社會體制和基礎設施在逐步完善的過程，打破了西雙版納傣族社會傳統固有的平衡，致使南傳佛教在現代出現塌陷之狀。打破西雙版納傣族社會傳統平衡的具體因素有：

1、醫療系統的建立和完善

傣族人信仰南傳佛教的因素有很多，但其中很重要的一點是袪除疾病、求取平安，現代醫療體系的建立和完善就取代了南傳佛教對於信眾的此項功能。現在西雙版納的傣族人不管大病小病，一生病就去醫院看醫生，不像以前禮佛求平安了。長久以往佛教和佛祖在傣族人心中的地位就會有所下降，造成人們宗教觀念的淡化。〔註10〕

2、學校教育的普及〔註11〕

九年義務教育的普及不僅掃除了傣族地區的文盲，並有不少人通過接受高等教育到國家機關單位就職工作，不再像祖輩做農民，人們看到知識可以改變命運，並且這種改變是實實在在看得到的，不像賧佛積善，得到的好處並不能實實在在地看得見。除了袪除疾病求取平安之外，傣族信佛的另一重要原因是相信生命有輪迴，所以今生就要賧佛做好事，為來世積累福報。然而，現如今只要接受高等教育就可以在今生就改變自己的命運，今生就可以過上更好的生活。所以人們有一種「與其為看不見的來世修福積善，不如好好讀書今生就改變自己的命運」的想法。學校教育的普及給傣族人提供了佛教之外的另一個福祉，因而也間接地影響南傳佛教在人們心中的地位。當然，筆者不是在南傳佛教與現代的各類社會功能之間比較孰優孰劣，更不是否定現代社會功能的建構和完善，二者也不具有可比較的前提條件，它們分屬於「傳統」與「現代」之中，只是從「傳統」逐漸過渡到「現代」的過程中出

〔註9〕鄭曉雲：《社會變遷中的傣族文化——一個西雙版納傣族村寨的人類學研究》，《中國社會科學》，1997年第5期。

〔註10〕這裡並不是說現代醫療存在缺陷，而是客觀上指出現代醫療的發達取代了南傳佛教在疾病治療方面的功能。

〔註11〕醫院系統的建立完善與學校教育的普及對西雙版納傣族對南傳佛教依賴的減弱，可參考鄭曉雲《社會變遷中的傣族文化——一個西雙版納傣族村寨的人類學研究》一文。

現了對話，此消彼長而已，在現代化的過程中「取其精華去其糟粕」地對待傳統應該是最好的思路。

二、現代南傳佛教的傳播侷限

南傳佛教出現塌陷除了受現代文明衝擊的外因之外，在現代傳播過程中產生了自身侷限則是內因。「斯里蘭卡、緬甸、泰國、老撾、柬埔寨的上座部佛教形態，似乎已經歪曲了甚至根本離開了原始佛教的基本教說——涅槃、四諦、八正道……那個社會出家的年輕人，目的似乎並不是尋求智慧，而只是順從父母的意思；寺廟中禪定僧人的寧靜與平和，似乎不及擴音機中喧鬧的音樂引人注意……儘管僧人們也還禮拜佛像，也做觀想禪定或者主持驅魔除邪、禳災解難的法事，但這些都不像是為了求涅槃，多半是做給世人看的，才好得到他們的尊重，得到他們的供養。」〔註 12〕這是宋立道在《傳統與現代——變化中的南傳佛教世界》一書中對東南亞各國南傳佛教現狀的描述，但西雙版納南傳佛教的現狀更加悲觀，已經到了沒有年輕人出家，少有僧人觀想禪定的地步。南傳佛教在西雙版納之所以出現如此現狀，與現代南傳佛教自身的傳播侷限有很大的關係。

（一）寺廟多於僧人

我國南傳佛教的教育和僧侶的傳承在文革期間出現了斷層，恢復了宗教自由政策之後出家的僧人又大多都沒有受過系統的教育薰陶，幾乎是從頭開始，在加上近幾年男童為僧的幾近中斷，我國雲南的南傳佛教呈「後繼無人」之狀。據統計數據表明，自 2002 年至 2007 年，我國雲南南傳佛教的佛寺從1648 所增加為 1684 所，可是僧侶人數卻從 1597 人減少至 1450 人，1684 所寺廟只有 1450 位僧人，一所寺廟一位僧人都難以保證。「德宏州共有正式登記的南傳佛教寺院 592 所，但只有 18%的寺院有僧侶，82%的寺院均無僧侶擔任住持，平時一般由『賀路』管理，實際上平時處於關閉狀態，只有在重大佛教節日時才開門讓群眾進去拜佛。其中，瑞麗市共有 114 所佛寺，只有 17所有佛爺主持，有 97 所空寺，占總數的 86%；隴川縣 2006 年依法登記的佛寺有 120 所，只有 20 所有住寺僧人，空寺高達 100 所，占總數的 83%；盈江縣共有佛寺 124 所，27 所有主持，空寺達 97 所，占總數的 78%。畹町有佛寺

〔註 12〕宋立道：《傳統與現代——變化中的南傳佛教世界》，中國社會科學出版社，
2002 年，第 32 頁。

9 所，只有 1 所有主持，空寺 8 所，占總數的 89%……臨滄市耿馬縣共有南傳
上座部佛寺 119 座，只有 83 座有主持，空寺有 36 座，占總數的 30%；臨滄
市雙江縣 31 座佛寺中，有 13 座是空寺，占總數的 42%；普洱市依法登記的
南傳上座部佛寺有 168 座，現有 42 座空寺，占總數的 25%，其中景谷縣 78
座南傳上座部佛教寺院中就有 18 座是空寺，占總數的 23%。」〔註 13〕

（二）缺乏高素質的宗教人員

　　我國雲南省的南傳佛教本來就寺多僧少，僧人緊缺，高素質的僧侶更是
稀有，現在在寺裏宗教素養相對較高的僧人基本都是從泰國、緬甸等東南亞
國家學習回來的。南傳佛教對僧人的還俗比較寬鬆，不少國家特意送到東南
亞學習的僧人回來以後又還了俗，因此我國高素質的南傳佛教宗教人員更加
難以保證。例如「1991 年由中國佛教協會選送到泰國留學的 10 名僧人回到西
雙版納後，目前已還俗 7 人，只有 3 人在寺院工作；德宏州隴川縣 2003 年選
派了 3 個和尚去緬甸學習，學了 3 年，回來就還俗了」〔註 14〕。因為國內的
很多僧侶難以讓信眾信服，因此也有不少信眾到泰國、緬甸等地禮佛，並且
會邀請境外僧侶來國內主持佛事。「2000 年西雙版納州全州有境外僧侶 98 人
住持寺院，2001 年經過清理後還有 59 人，現在仍有 23 人。德宏州的情況尤
為突出，全州有僧尼住持的寺院總共 90 所，而緬甸籍僧尼住持的寺院就有 40
所（其中外籍比丘當住持的 29 所、外籍沙彌尼當住持或管理的 11 所），占總
數的 44.4%。2006 年隴川縣 23 名住寺僧人中，21 名是緬甸人，另外兩名也是
從緬甸學成歸來的；瑞麗市總共有 11 所由沙彌尼管理的寺院，其中有 10 所是
由緬甸人擔任住持。同時，德宏州全州 264 名僧人中，緬甸籍的僧人就有 88
人（其中比丘 43 人、沙彌 18 人、沙彌尼 27 人），占僧人總數的 32%。瑞麗
市 34 名比丘中，中國籍的只有 11 人，而緬甸籍的就有 23 人，16 名沙彌尼中
有 15 人為緬甸人。畹町 2 名比丘全部是緬甸人。潞西市的 12 名沙彌尼也全
部是緬甸人。」〔註 15〕

〔註 13〕梁曉芬：《雲南傣族上座部佛教佛寺教育的變遷與發展》，見於《雲南傣族土
　　　　司文化學術研討會論文集》，雲南民族出版社，2009 年。
〔註 14〕梁曉芬：《雲南傣族上座部佛教佛寺教育的變遷與發展》，見於《雲南傣族土
　　　　司文化學術研討會論文集》，雲南民族出版社，2009 年。
〔註 15〕梁曉芬：《雲南傣族上座部佛教佛寺教育的變遷與發展》，見於《雲南傣族土
　　　　司文化學術研討會論文集》，雲南民族出版社，2009 年。

（三）教義教法守舊

佛祖涅槃百餘年後，教團內部對戒律及教義產生了異論，以青年為主的一派主張改革，而以長老們為主的一派則堅持要嚴格遵守佛祖定下的戒律、傳統。因此產生了佛教史上的第一次分流，產生了佛教大眾部，上座部。南傳佛教是當時上座部的後傳，至今都在嚴格遵守佛祖定下的戒律，以「八正道」為根本，尊釋迦牟尼為唯一的老師。並且禁止對原始教法做任何廢除或修改，只容許添加能令原始佛教更精確的說法。南傳佛教在教義教法上對原始佛教時期的嚴格遵守，一方面成功地保存了古老純正的佛教教法，時至今日原始佛教的面目仍然依稀可見，但另一方面也禁錮了自身的發展。從佛祖在世到現在兩千多年的時間，時代發生了翻天覆地的變化，人們生活方式和所處時代的不同自然會導致思維方式和看待事物的眼光的改變，完全按照兩千多年前的方式來教化和影響現代人難免會遇到阻力。在教義教法上的全盤守舊，也是造成南傳佛教在現代出現塌陷的原因之一。

三、南傳佛教終極人文關懷的缺失

南傳佛教之所以在西雙版納出現塌陷，除了受現代文明的衝擊和南傳佛教在現代傳播中的自身侷限之外，南傳佛教終極人文關懷〔註16〕的缺失也是

〔註16〕在本研究的緒論中曾談到「大生命觀視野下的南傳佛教新人文精神」，實質上即「終極人文關懷」，此處可再展開來論述其特徵，以作補充。1、生命的恆常性。南傳佛教很重視人生無常，承認隨處可見的肉體生命的生生死死，作為肉體的生命現象無法長生不老而永駐於世。可南傳佛教和所有其他佛教支系一樣，認為生命在六道中不斷輪迴，南傳佛教地區的「賧佛」等很多佛教儀式也是為了求得來世的福報，是以生命輪迴的教義為基礎。既然在肉體生命生生死死的背後，生命還有不斷輪迴的一面，那麼參與輪迴的部分是不隨肉體的死亡而消失的。肉體死後繼續輪迴的部分，南傳佛教稱之為業力，是生前的行為所造成的結果。但業力也並非恆常不變，某種具體的業力經過修行也可將業力斷除。南傳佛教中生命的恆常性，是站在生命「空性」角度而言的。「涅槃」即是超越了生死輪迴，不受業力所控的生命的恆常存在。南傳佛教的生命觀是多維的，既有時間性的生生世世的輪迴，又有空間性的六道生命。然而，受時空侷限的生命現象都是從空性中顯化，因緣而生，緣散之日即是生命現象的消亡之時。可生出生生死死的生命現象的「空性」卻沒有生死，恆常不變。南傳佛教人文關懷的終極性，即指出了生命現象生生死死的背後，還有一個恆常的生命本質，指出生命是恆常的。除了生命的恆常性，南傳佛教終極人文關懷的內容還包括生命的自在性。2、生命的自在性。「人文關懷」一詞雖各家的解釋各異，不盡相同，但大多包含解除人的煩惱，關注精神自由的大意，但基本都是煩惱來了就解除煩惱，苦痛來了就解決苦痛

其重要的原因之一。必須言明的是，此處的「南傳佛教終極人文關懷的缺失」，並非說南傳佛教沒有終極的人文關懷，而是指在現代，南傳佛教在其傳播過程中沒有把南傳佛教自身的終極人文關懷很好地挖掘並傳達出來，是在其傳播過程中缺失終極的人文關懷，並非是南傳佛教本身缺失終極的人文關懷。南傳佛教在現代傳播中的人文關懷缺失，即是南傳佛教在現代出現困境的變現之一，同時又是造成南傳佛教現代塌陷的根本原因。南傳佛教最完整地保留了釋迦牟尼佛時期的佛教特色，傳承了解除人心的苦惱，讓生命自在安樂的佛教本意，包含著豐富的人文關懷精神價值。「人文關懷」一詞可有諸多理解，相對於精神安慰，臨終護理等內容的人文關懷，南傳佛教的人文關懷可稱之為是「終極人文關懷」。因其站在恒常生命的「涅槃」的高度，具有生命終極的自在性，並指出了一條達到生命恒常、自在的具體實踐之路。

　　南傳佛教在西雙版納地區出現現代塌陷的原因是多維的，在物質經濟高速發展，信息的傳播與交換可以瞬間完成，文化呈現多元化，人們的思維模式和生活方式逐漸「西化」的現代化過程中，西雙版納的南傳佛教受到了現代文明的強烈衝擊。同時南傳佛教在現代傳播過程中出現了僧少寺多、缺乏高素質的僧人、教義教法的陳舊等侷限。但南傳佛教在西雙版納出現現代塌陷的根本原因在於，南傳佛教在現代傳播過程中的終極人文關懷的缺失。不

的在現象上「周旋」。南傳佛教終極的人文關懷則站在生命本質的「空性」上，實現本無煩惱憂慮，實現生命的絕對的自在。南傳佛教的「安樂州」並不是想開了某個問題後的心開意解，也並非是解決了一個麻煩後的輕鬆一刻，而是「不復再來生與死」的「無煩惱」。「不復再來生與死」即是超越了生死、超出輪迴的「阿羅漢」境界，是實現了涅槃，回歸了空性的生命本質的結果。南傳佛教認為生命的輪迴即是最大的苦惱和束縛，人生中的生苦、老苦、病苦、死苦、憂悲惱苦、怨憎會苦、恩愛別離苦、所欲不得苦等諸苦都因生命的輪迴而產生。直接針對生、老、病、死、憂悲惱、怨憎會、恩愛別離、所欲不得等苦的「人文關懷」是有一個苦惱就「關懷」一個的治標，只要輪迴不斷，種種苦惱將會生生不息、無窮無盡。南傳佛教的終極人文關懷是從束縛生命、產生諸苦的根源——輪迴入手，是治根之法。唯此，才能解除束縛生命的種種煩惱、苦痛，實現生命的自在。3、斷除輪迴的實踐性。南傳佛教的終極人文關懷，都是站在斷除輪迴，回歸空性的高度得以實現的，難能可貴的是南傳佛教並非僅僅在理論上描述了一個終極人文關懷的「美景」，同時提供了一套斷除輪迴、回歸空性，真正實現生命的恒常與自在的實踐方法——南傳佛教的修行方法，而這種課實踐的修行方法也是南傳佛教獨特的人文關懷方式。南傳佛教的修行方法很多，「四念處」就是其中之一。

論是男童不入寺為僧、宗教觀念變淡、對佛寺活動的態度有所「降溫」的「南傳佛教信仰的減弱」，婚戀的功利性越來越重、離婚率上升的「婚姻家庭矛盾的突出」，還是毒品泛濫，犯罪率上升的「社會治安混亂」，過度追求物質財富、心理危機普遍的「精神心理危機的普遍」，都因人們缺乏終極的人文關懷，無法回歸生命本質的空性有關，是迷失於生命現象的結果。現如今的西雙版納的南傳佛教雖保持著村村有佛寺，人人都信佛的現象，但這些現象背後的人文關懷精神基本散失，教導人們如何回歸恒常、自在的生命本質的教義所剩無幾，寺院的作用已經「淪為」教人如何守法、如何行善的世間的道德教育。真正實踐修行，追求自我超越，斷除輪迴的人更是寥寥無幾。南傳佛教在現代傳播過程中終極人文關懷的喪失，使得南傳佛教的傳統難以抵擋現代文明的衝擊，越來越多人的宗教信念難以堅定，也產生了南傳佛教現代傳播中的自身侷限。出現了南傳佛教在西雙版納地區的現代塌陷。

第三節　西雙版納南傳佛教在困境中求生

「隨著經濟生活的變化，當代的大眾媒體和現代化交通手段的影響，合理主義的生活觀和物質主義的態度也隨著各種大眾娛樂形式滲入了農村。眾多的現代媒體手段，如收音機、電視機和衛星轉播技術，在某種程度上真正使整個地球成為村落……這樣一種前所未有的發展，使傳統的價值觀遭受了莫大的衝擊，幾乎人人都產生了『世風日下』的感覺。面對這一切，佛教僧伽除了尋求新的社會服務渠道，除了一如既往地貼近社會和人民，又能如何呢？」〔註17〕為了在現代化的過程中尋求到這種「新的服務渠道」、更加貼近現代社會和現代人，南傳佛教從宗教團體自身，到社會團體、政府機關都在實施具體的措施，挽救南傳佛教於困境之中，讓南傳佛教更適應於現代社會，實現南傳佛教的現代轉型。南傳上座部佛教以釋迦牟尼為師，嚴格遵守涅槃、四諦、八正道等原始佛教的教義，追求成就阿羅漢果位。與北傳佛教相比，傳統的南傳佛教更加注重自身修行的成就，因此也稱為小乘佛教。然而南傳佛教在現代受到了現代化物質文明的衝擊，為此自身也在不斷地進行轉型，以更加適應時代，利化眾生。

〔註17〕宋立道：《傳統與現代——變化中的南傳佛教世界》，中國社會科學出版社，
　　　　2002年，第305頁。

一、宣揚佛法與服務社會相結合

　　針對在現代化過程中出現的塌陷之狀，西雙版納的南傳佛教主動融入於社會，把佛法的宣揚融入於對社會的服務之中，為此做了不少卓有成效的工作，其中在西雙版納總佛寺「佛光之家」的成立最為典型。曼廳總佛寺於 2003 年 7 月 26 日，啟動了名為「希望與幫助」的艾滋病預防與關懷項目──「佛光之家」。「佛光之家」結合「五戒」的宣傳，弘揚佛教的慈悲精神為群眾提供艾滋病、毒品等預防宣傳教育信息，並對艾滋病感染者提供諮詢、關懷、轉介服務等幫助平臺。同時，對艾滋病感染者及其家屬、朋友進行預防宣傳教育、諮詢、關懷、護理和治療的綜合干預項目，為感染者營造一個寬鬆的生存和治療環境。「佛光之家」每個月至少召集感染者進行一次座談，瞭解他們的心理、生活和病情狀況，鼓勵他們用平常心和慈悲心面對疾病，樹立生活的信心。還會組織僧人和志願者到村寨結合佛法宣傳艾滋病知識，並用傣文編印了 1.5 萬餘冊關於艾滋病防治、治療和護理的知識畫冊，以及 1 萬餘張宣傳張貼畫。在西雙版納的艾滋病預防、疏導感染者心理情緒及幫助他們重新樹立生活信心的工作中，「佛光之家」起到了很大的作用。

二、與政府機關相互配合協作

　　「從古代階級社會以來，無論在世界的任何地區的任何國家，如果我們仔細地觀察宗教與政治國家的關係，就不難看出，宗教的生存發展是以它能否服務於當時的政權為前提的。南傳佛教社會中的宗教與政治關係也不能脫此臼巢。」〔註 18〕在民主改革以前，西雙版納的南傳佛教與當地的土司制度就有不可分割的關係，以南傳佛教為特色的東南亞各國政府與佛教的關係更是緊密。在宗教信仰自由得到恢復之後，西雙版納地區的南傳佛教與當地的政府機關在不少工作上都是相互協作相互配合來完成的。1、組織學習傣文。傣文是傣族的傳統文字，傣族傳統的文化、習俗、和經書都是用傣文記載的，可是會看傣文的人越來越少，精通的更是寥寥無幾，以傣文記載的傣族的文化也有隨著現代化的發展而漸漸弱化，甚至面臨著消亡。為此，西雙版納嘎灑鎮政府組織幹部和村民定期學習傣文，由當地有威望、精通傣文的佛爺給大家教授。大佛爺在教授傣文的同時也會穿插著講解南傳佛教的基本教理。

〔註 18〕宋立道：《傳統與現代──變化中的南傳佛教世界》，中國社會科學出版社，
　　　　2002 年，第 89 頁。

2、宣傳禁毒、防艾知識。毒品和艾滋病在西雙版納是兩個很大的社會問題，禁毒和防艾也是政府機關的工作重點之一，但政府機關強行控制的效果往往不如一個德高望重的佛爺宣說幾次佛法來的明顯。強化南傳佛教戒律中的「不飲酒」、「不邪淫」的思想是宣傳禁毒、防艾工作最有效的途徑之一，「不飲酒」即不食會麻痹自己神經的食物，自然包含不吸食毒品；「不邪淫」就能防止和控制艾滋病的感染和傳播。因此佛爺在配合政府機關宣傳禁毒、防艾的工作中往往會著重講授南傳佛教的戒律。雖然人們的宗教觀念大不如從前，佛祖和佛爺在傣族人心中的地位有所下降，「但深受佛教影響的倫理觀念還在普通民眾的日常生活中根深蒂固地發生著支配性影響。文化的傳統是一個國家和民族的精神命脈，表現為人民的集體意識。」〔註19〕因此佛爺會通過南傳佛教教理教義的講授來協助政府機關的禁毒、防艾工作。

三、教法上的現代轉變

南傳佛教作為嚴格遵守原始阿含時期佛教支系，在保留了佛教原始面貌的同時，也造成了自身對現代的「不適應」，因此教義教法的守舊也是南傳佛教在現代出現塌陷的原因之一。為此，南傳佛教也在教法上做出更加適應現代、更加適合現代人的現代化轉變，其中內觀禪運動的興起最具代表性。內觀是南傳佛教古老的禪修法門，是佛陀親示洞見生命真相的修行方式之一，在很長的一段歷史時間裏只有少數出家人所熟知，內觀禪被大眾所熟知並大面積的興起是東南亞各國淪為西方國家的殖民地時期。殖民地時期東南亞各國受到西方軍事、經濟、文化等多方面的衝擊，當地傳統的南傳佛教文化出現了塌陷，為了挽救當地的本土文化，在東南亞興起了內觀禪運動，打破了內觀法門「侷限在」寺院裏的局面而走向大眾。其後，在馬哈希、帕奧、葛印卡、阿姜查等人的倡導和傳播下內觀禪得到了興盛，如今已影響到了西方歐美國家。南傳佛教以內觀禪的方式擴大了影響。例如帕奧禪修中心，帕奧禪修中心位於緬甸毛淡棉市，2000 年以後到帕奧禪林進行禪修求法的人越來越多，帕奧禪師在此組織大眾禪修。有時參與者多達 2000 餘人，即便不舉行集體的禪修，在南傳佛教傳統的節日如夏安居之時，禪林裏的住眾也多達千人，參與者有來自臺灣、中國大陸、新加坡等的華人，有美國、德國、英國、

〔註19〕宋立道：《傳統與現代──變化中的南傳佛教世界》，中國社會科學出版社，2002 年，第 306 頁。

澳大利亞等 20 餘個國家和地區的人來到帕奧禪林參與禪修學習。自然地形成了「帕奧禪修中心」，並在緬甸的其他市、新加坡等地設立了分部，影響甚廣。人們在帕奧禪林裏以在家人的身份進行禪修，在禪林裏持戒、修定，學習《清淨道論》、《阿毗達摩論》等南傳佛教的重要經典，對南傳佛教的發揚起到了巨大的作用。可喜的是，筆者在西雙版納曼聽佛塔寺的時候瞭解到曼聽佛塔寺也成立了類似於「帕奧禪修中心」的「法樂禪修園」，據都罕聽尊者介紹，「法樂禪修園」有禪師定期對各地的信眾組織禪修，在不組織禪修期間人們也可以在寺院裏學習修行。在與筆者交談中，來自北京、鄭州等地當時在曼聽佛塔寺禪修的學習者對「法樂禪修園」也是頗為讚賞。內觀禪的興起與類似於「帕奧禪修中心」的現代禪修機構的出現，都是南傳佛教傳統方式的現代革新，不失為南傳佛教在現代轉型的一種思路。

四、對南傳佛教文化主題旅遊的開發

　　一種宗教或是一種文化能否生存和發展，取決於社會是否認同和接受。目前，南傳佛教在西雙版納就處於漸漸被越來越多的人「不認同」和「否定」的現狀中。為了改變這種現狀，讓南傳佛教中巨大的人文關懷價值更好地服務於現代社會，除了南傳佛教自身在轉型中求生之外，不少社會團體和政府機關都在以適應現代，便於被現代人接受的方式在搶救和開發南傳佛教及其資源。

　　西雙版納地處北緯約 21°10′，東經 99°55′至 101°50′之間，屬於北回歸線以南的熱帶濕潤區，為熱帶雨林氣候。獨特的地理位置和氣候類型造就了西雙版納「動植物王國」的美譽，是熱帶雨林上的「一顆明珠」，佔有開發旅遊業的天然優勢。南傳佛教特色在西雙版納得天獨厚的眾多旅遊資源中也是別具一格，大大小小的寺廟到處都是，佛塔和作為南傳佛教吉祥物的白象幾乎成了景洪的城市風格。不少佛教建築本身就是西雙版納的旅遊景點，如極富東南亞情調的曼飛龍白塔、酷似傣家竹樓的景真八角亭、歷史悠久的曼閣佛寺、曼聽總佛寺等。西雙版納旅遊業，尤其是以南傳佛教為主題的旅遊開發，對擴大南傳佛教的影響具有積極作用。1、南傳佛教向非信仰者和非信仰地擴散。到版納旅遊的外地遊客，除了少部分的信徒香客以外大部分是非南傳佛教信仰者，但在觀光旅遊的過程中多少會對南傳佛教進行一定的瞭解和接受，旅遊結束後有意無意間就把南傳佛教帶回了自己的家鄉，擴大了南傳佛

教的傳播領域。2、對南傳佛教具有保存和延續的作用。開發南傳佛教主題旅遊，需要從外相上營造南傳佛教的氣氛，修建塔寺、壁畫等南傳佛教元素，這些「南傳佛教元素」的建造在外相上保存和延續了南傳佛教。

五、對南傳佛教文化軟實力的搶救

修塔建寺，開發旅遊是從外相和硬件上保護和宣傳南傳佛教，但並非治本之法。一種宗教要延續長久，具有生命力，必須具有自身堅實的軟實力。對於南傳佛教，經典和僧人的宗教素質是其軟實力的主要部分，但在西雙版納地區兩者都遇到了難題：南傳佛教傳統的經書是用巴利文或用傣文書寫的貝葉經，然而，現在在西雙版納懂巴利文和傣文的人已經寥寥無幾，更何況經文晦澀難懂、博大精深，並非每一個看得懂文字的人都能解讀經文，只有精通之人才能解其全意。如上文所述，南傳佛教在西雙版納，甚至整個雲南都面臨寺多僧少、缺乏高素質的宗教人員的問題。對此，西雙版納相關的機關單位也在進行補救。1、組織力量整理、翻譯貝葉經。雲南省西雙版納自治州從上世紀 80 年代開始派專人在當地的傣族村寨和佛寺收集散落在民間的「貝葉經」，並在 2001 年將貝葉經進行編譯、整理、出版 100 卷的《中國貝葉經全集》，在 2010 年完成了《中國貝葉經全集》的翻譯整理出版工作。2、有系統、體制化地培養僧才。「西雙版納州佛協多年來幫助雲南南傳上座部佛教有計劃、有步驟地培養了一批中青年教職人員，切實發揮了培養佛教人才的主渠道作用……1994 年在西雙版納八吉總佛寺建立了『雲南佛學院西雙版納分院』培養僧才，在版納分院辦學經驗基礎上，雲南省佛教協會報經雲南省政府、國家宗教局批准，於 1997 年 6 月正式籌建雲南佛學院，2004 年 12 月招生開學。教學內容以成人教育漢語言文學專業規定的課程內容為主，佛教基礎知識為輔。雲南佛學院目前在校南傳佛教學僧有 90 人，畢業後可以繼續留校攻讀本科，或出國留學（如去泰國，斯里蘭卡，緬甸獲得本科文憑），或回到原寺院弘揚佛法。」〔註20〕

雖然傳統的南傳佛教在現代化過程中出現了塌陷，在其長久教化影響下的西雙版納傣族人的宗教觀念越來越淡薄，對從事宗教事務也大不如從前積極，在傣族社會裏隨之產生了婚姻家庭、社會治安、人心痛苦煩惱等諸多問

〔註20〕梁曉芬：《雲南傣族上座部佛教佛寺教育的變遷與發展》，見於《雲南傣族土司文化學術研討會論文集》，雲南民族出版社，2009 年。

題。但南傳佛教並沒有坐以待斃，而是在積極地探索轉型，便以更加適應時代、貼近社會。雖然這種轉型遠遠不及南傳佛教的塌陷，但也收到了些許成果。社會在「傳統」向「現代」過渡的過程中，西雙版納地區南傳佛教的變化是在塌陷中探索轉型，但塌陷的速度遠遠快過於轉型。可以說，南傳佛教在西雙版納的塌陷和隨之而來的種種社會問題，是西雙版納傣族地區傳統的社會結構在現代化過程中的一種失衡，是人們在物質價值與精神生命價值間的失衡。而南傳佛教在目前的塌陷之狀中尋求轉型、進行探索，卻是試圖重建一種適應現代，適合傣族社會的新的平衡方式，在注重現世的物質文明的同時，同樣關注精神價值、注重生命質量的生活方式。南傳佛教轉型的重心應該放在用新的方式重新詮釋南傳佛教巨大的人文關懷價值。但顯然，這種新的平衡還沒有重建起來，南傳佛教更大的人文關懷價值還需進一步去挖掘開發。〔註21〕

〔註21〕總的來看，南傳佛教的現代塌陷是人類社會從「傳統」到「現代」發展過程中的一種「遭遇」，是二者在相互對話和融合過程中產生的文化現象。在對待「傳統與現代」的問題上，不少人持有「傳統」會障礙和影響「現代」的「傳統障礙論」，全盤否定了「傳統」的價值，把「傳統」和「現代」推上水火不容、不可共存的兩極。也有部分與「傳統障礙論」持相反態度的學者，認為現代社會種種問題的產生就是因為傳統的缺失，堅持對傳統的全盤復古是解決現代化過程中出現的問題的方法。就南傳佛教在西雙版納地區出現現代塌陷的現象來看，「傳統」的喪失的確有不少問題隨之而來，重新發掘傳統中的某些合理因子也確實可以避免或是補救不少現代問題的產生或惡化，「傳統」顯然不是「現代」的天敵。當然，現代問題的產生不能全都歸咎於傳統的散失而主張對傳統的全盤復古。不論「傳統」還是「現代」都各有利弊，在「傳統與現代」中應該持客觀的態度，同時發揮各自的長處，避開短處，發掘「傳統」的優勢更好地服務於「現代」。就南傳佛教而言，我們應該在塌陷的現狀下重新發掘其豐富的人文關懷精神，讓南傳佛教中的人文關懷精神更好地服務於現代社會。

第九章　轉型與重建：以突出南傳佛教人文關懷實踐為特點的現代回應

　　以經濟發展和科技進步為代表的現代化進程中，政治、經濟、文化等社會各領域都發生著巨大變化，人們的生活方式、思維角度也隨之產生了很大轉變，某種程度上，東南亞各國的傳統南傳佛教也受到了衝擊。在此大背景下，南傳佛教做出了某些適合現代社會的轉型與重建，重新發掘其巨大的人文關懷價值。

第一節　南傳佛教對現代物質文明的深度反思及自身的轉型要求

一、南傳佛教對現代物質文明的深度反思

　　因人文關懷缺失而產生的各類社會問題層出不窮，這種「危機的根本表現就是社會文明的失調：它既是人的失調也是社會總失調」〔註1〕。而所有這類危機中，最嚴峻的就是人們精神心理危機，可以說精神心理的危機正在漫延於全世界。據世界衛生組織公布的一份報告顯示，全球有 10 億人精神抑鬱、不思飲食、精神分裂、具有自殺傾向，正飽受各種心理疾病的折磨。可想而知，輕度的情緒失調、焦慮不安等心理問題就更是遠遠大於這個數據，

〔註 1〕 李曉年：《現代西方文明協調發展論之我見》，《學術探索》，2006 年第 6 期，第 50 頁。

甚至幾乎人人都是如此。

社會的現代化是立體綜合的，包括經濟、政治、文化等各個方面，然而以物質經濟的發展和科技的進步最具代表性。這種現代化把人們關注的重心引導到了物質層面，而忽視了人們精神心理層面。因此，「最民主、最和平、最繁榮的歐洲國家，以及世界上最昌盛的美國，顯示出了最嚴重的精神障礙症的症狀。」〔註2〕心理疾病是歐洲除心臟疾病之外的第一大疾病，高達27%的歐洲人在生活中的某一段時間都出現過心理問題。據歐盟統計，在歐盟國家中因心理疾病自殺的人每年達5.8萬，比在車禍和謀殺案中死亡的人數還要多。心理障礙也是造成歐盟國家員工缺勤、提前退休和申領因工喪失勞動能力補助的三大原因之一。據保守統計，心理疾病給歐洲各國造成的損失相當於它們國內生產總值的3%～4%。其實，歐洲尤其是西歐和北歐國家的生活水平和社會福利制度都遠遠高於世界平均水平，但都不足以防止或減輕人們精神心理上的問題。美國和歐洲是現代文明的典型代表，美國是物質經濟富足的代表，歐洲是社會制度健全的代表，但二者都不僅無法消除人們精神心理的問題，反而更加嚴峻。因此，我們不得不對過度追求物質財富和一味地依賴於社會制度的現代物質文明作出深刻的反思，在追求物質經濟的同時還得回過頭來關注人自身的存在和生命品質的提升，對現代的物質文明進行人文關懷的補位，在傳統中尋找人文關懷的資源。

回過頭來重新審視我國的傳統文化，不難發現南傳佛教就蘊含著巨大的人文關懷資源。不可否認，南傳佛教本身在現代化的進程中也出現了一系列的問題，但南傳佛教自身的塌陷其根本的原因也正是人文關懷的喪失，以適應現代的方式重新挖掘南傳佛教中的人文關懷精神，不僅可以挽救南傳佛教於塌陷之中，還可以為現代人的精神心理問題的解決提供一個出路。因此，南傳佛教的轉型與重建，重新挖掘其巨大的人文關懷價值是非常迫切的。

南傳佛教既然需要轉型與重建，我們首先要明確：何為「轉型」？何為「重建」？所謂「轉型」，是指事物的結構形態、運轉模型和人們觀念的根本性轉變過程。不同轉型主體的狀態及其與客觀環境的適應程度，決定了轉型內容和方向的多樣性。轉型是主動求新求變的過程，是一個創新的過程。南傳佛教的現代轉變包括在傳統模式上進行教法教育的轉型、語言表達的轉

〔註2〕〔德〕弗洛姆：《健全的社會》，孫愷詳譯，上海譯文出版社，2011年，第22頁。

型、思維方式的轉型、自身立場的轉型等。關於「重建」，有學者把它分為兩層含義：「一是強調復原，即恢復到原來的狀態；二是強調重新建造和創造，是去舊迎新。恢復原價值和拆毀舊價值的過程，都令人神往，兩種建設都有其意義和價值。」〔註3〕對於南傳佛教的現代重建，則更加偏重於「重新建造和創造」，用適應現代社會、適合現代人的方式重建南傳佛教的人文關懷精神，而不是簡單地恢復南傳佛教的形式。〔註4〕當然，南傳佛教的現代轉型已經開始了。

二、南傳佛教自身的轉型要求

在人類社會現代化的進程中，物質經濟高速發展、科學技術突飛猛進，人們關注的重心逐漸偏向外在的物質財富，而忽視了人自身的問題，南傳佛教地區也被「捲入」了這場物質化的現代進程。在此大背景之下，不僅出現了人文關懷精神的喪失，人類社會出現了種種問題，東南亞各國的南傳佛教也受到了不同程度的衝擊，南傳佛教的很多傳統在此進程中越來越「格格不入」。不論是出於為了「保存」南傳佛教自身的目的，還是出於彌補和改善在現代化進程的人們偏廢了精神的不足，在過去的二十世紀，南傳佛教做出了改革變動。如宋立道先生所言：「真正的佛教徒應該首先關心人民生活中的痛苦」〔註5〕，「因而，大多數的佛教運動的目的都是向著世俗的社會的福利和進步。」〔註6〕

現代社會中的南傳佛教已經表現出了改革運動的趨向：當宗教所寄身的社會在面對現代壓力時，可能產生兩種變化：一是改革運動，一是新傳統主義。改革會造成一種實質的變化，雖然它在形式上還可能表現為復歸到原始的佛祖的教誨和經典上去。它會對抗那種干涉性的外來傳統，回到原始的解

〔註3〕夏雲陶：《命題作文「重建」導寫》，《作文與考試·高中版》，2013 年第 7 期。
〔註4〕什麼又是適應現代社會、適合現代人的人文關懷精神？對此，筆者以為趙行良先生對人文精神的回答比較貼切：「人文精神是一種普遍的人類自我關懷，表現對人的尊重、人生價值的追求，對社會政治各種現象的關切，對人類生存環境的思慮，對人類遺留下來的各種精神文化現象的高度重視，對一種全面發展的理解人格的肯定和塑造。」（趙行良：《論老莊道家的人文精神》，《廣東社會科學》，2004 年第 3 期。）
〔註5〕宋立道：《傳統與現代：變化中的南傳佛教世界》，中國社會科學出版社，2002 年，第 503 頁。
〔註6〕宋立道：《傳統與現代：變化中的南傳佛教世界》，中國社會科學出版社，2002 年，第 506 頁。

釋上去……因為它希望的是社會的變革和民族的復興。此外，這個運動也具有「對傳統的強烈的自我批判」。「至於新傳統主義，它的表現多半是限制變化，盡可能保存傳統的意識形態。它會使用現代的觀念、話語和方法重新敘述固有的文化價值觀。在新傳統主義看來，以往的傳統是遠遠優勝於任何外來文化的。」〔註7〕不管這些改革運動是主動的還是被動的，都可以看出南傳佛教正在尋求改革轉型。而南傳佛教轉型的具體原因可以歸結為以下三個方面：

（一）東南亞的現代化要求南傳佛教轉型

誠然，當今時代仍在發展，世界也正朝著全球化推進。「全球化」的內容不僅僅只是經濟的全球化，也包括文化、政治、科技、信息等諸多方面的全球化。在現代西方所引導的全球化中，東南亞國家也積極地在經濟、政治和文化各方面上積極做出相應的調整和改變，來適應現代全球化。隨著東南亞各國在各領域的改革與調整，南傳佛教也必須做出相應的變革：「現代的佛教不是山林佛教，它必須適應現代的世間需要，為眾生解決社會政治以至經濟活動中的問題與煩惱。」〔註8〕「佛教女權解放運動」的興起，是佛教參與和推動世俗社會觀念發展的典型。婦女解放是時代發展的必然趨勢之一，在近代佛教解放運動發軔之初，佛教婦女解放運動便已經開始萌芽，後來南傳佛教國家中還出現了恢復比丘尼傳承運動，特別是以佛教解放運動和婦女解放運動相交集的「佛教女權解放運動」──主張以女性立場來重新詮釋和變革佛教傳統，從而推動婦女平等和自由等各項權益的落實，從而實現社會普遍公平、自由和和平發展的必由之路。

（二）僧人角色地位的變化

二戰以來，以往的上座部佛教國家也都多半經歷了非殖民化或發展現代化的過程。「這一地區的佛教比丘們在社會中參與的活動，首先是政治活動，如果以傳統目光來看，肯定會被認為越過了出家人應守的界線。」〔註9〕在此過程中，僧人傳統的角色地位已經有所改變。在東南亞國家，佛教僧人是由

〔註7〕 宋立道：《傳統與現代：變化中的南傳佛教世界》，中國社會科學出版社，2002年，第500頁。

〔註8〕 宋立道：《傳統與現代：變化中的南傳佛教世界》，中國社會科學出版社，2002年，第317頁。

〔註9〕 羅候羅：《比丘與政治》，1999年，第343頁。

政府提供經濟扶持的，例如緬甸軍政府還會發放糧食和基本的日用品給寺廟裏的僧人，在泰國縣一級僧伽層還可以領取政府發放的薪金。這樣一來就形成一個傳統：僧伽應隨時向政府提供合法性的支持。在評價佛教僧人參與社會活動時，政客的標準也是僧人必須考慮的一個因素。這可以看出僧人處在被支配的地位。同樣，現在在東南亞的山地和叢林中，修行僧人的生活環境也發生了改革變化，更不用說那些處在鄉村和城市寺廟中的僧人了。佛教的僧人雖然仍是鄉村的精英，仍受人們尊重，但很難說他們現在仍然是處在社會生活的中心。現代學校、醫療衛生、農業技術都是政府倡導和推行的責任。這些組織從城市向鄉村延伸，逐漸將佛教僧人擠出以往的活動領域。

（三）解決現代人的精神心理危機

現代社會各種問題層出不窮，世界範圍的精神心理危機已成為當代社會發展中人類必須面對的一個普遍問題。世界衛生組織在 2001 年的年度報告《精神健康：新理解、新希望》提到：全世界有 5000 萬人患癲癇，2400 萬人患精神分裂，每年有大約 100 萬人自殺，1000 萬至 2000 萬人企圖自殺。報告還提到，就全世界範圍來看，2000 年，神經和精神疾病的負擔占全部疾病和傷害負擔的 12.3%，並且這一比例還會增加，預測到 2020 年將達到 15%。

不可否認，南傳佛教的國度裏也存在著這些問題，特別是現代人心的精神危機問題顯得更迫切。南傳佛教有豐富實用的技術與實踐，但不一定絕對適應現代社會甚或會遠離現代人心。因此南傳佛教已不可能一成不變，無所反應，也必然要做出相應的轉變來更好地適應時代的大趨勢。這種反應是雙向的：南傳佛教在轉型過程中，政府也通過各種手段來促進佛教的轉型，更好地服務於政治和社會經濟發展，這種轉型具有一定的被動性；但南傳佛教的轉型主要是從自身內部由下而上開始，因而也掌握一定的主動性。

第二節　南傳佛教在東南亞國家的轉型情況

一、以泰國為例

泰國是南傳佛教興盛的國家，全國有大小寺院 3000 多座，僧侶 30 多萬人，95%的居民是佛教信徒。因其僧侶都著黃色僧衣，故泰國又有「黃袍佛國」的美譽。泰國憲法明文規定，國王必須是佛教徒，同時必須是佛教的贊助人和保護人。泰國國旗為三色條旗，分藍、白、紅三色，其中藍色代表國王，

白色代表宗教（佛教），紅色代表民族。南傳佛教在泰國的影響之大由此也可見一斑。「即是說在泰國，佛教不僅廣為流傳，歷史久遠，更與泰國社會生活的方方面面緊密地聯繫在一起，是支撐泰國的三大支柱之一。」〔註10〕佛教在泰國已流傳了數個世紀，至今仍在人民精神生活中佔有主導地位和起決定性的作用，今後它仍會繼續發展。「但是，隨著國內各種思潮的出現，以及各國佛教界的交流，它也許會發生一些局部的變革，一些新的觀念也會被接受與採納。」〔註11〕「佛教改革運動不斷掀起，新思潮、新神學不斷湧現，佛教界力求建立新的佛教生活方式和價值體系也是泰國佛教世俗化傾向的表現。」〔註12〕本世紀初，泰國佛教曾經達到鼎盛時期。但在本世紀五、六十年代之後，泰國佛教正在起著令人矚目的變化，佛界的衰落現象日益突出，主要表現在以下幾個方面：教徒觀念改變、宗教信仰危機；受西方文化思潮影響和現代生活衝擊；「性解放與性自由」是導致佛教衰落的重要原因；政府管理不善，宗教流於自由。在泰國，按照佛戒與泰國民族習俗：男子不出家或尚未出家是不能結婚，更不能生兒育女的。但是現在未出家的那些不滿十八、九歲的青少年，發生婚前性行為或生兒育女的現象卻已習以為常了，並且導致很多婚姻離異和家庭破裂現象發生，成為當今泰國一個很嚴重的社會問題。〔註13〕「世界著名的人妖文化、賣淫合法化、高比例的同性戀群體，這些都不是虛傳。」〔註14〕

1973 泰國民主議會制度的恢復給泰國佛教界帶來了新的空氣，但是也給古老的僧伽帶來了挑戰，佛教面臨新的課題。隨著泰國資本主義化程度的提高，經濟地位的改善，物質生活的富裕，一部分青年人的宗教信仰開始變得淡薄，追求物質享受。泰國僧王痛心地指出，越來越多的年青人放棄宗教是沒道理的。「雖然現在的年青人都受過高等教育，但是他們的生活方式卻愚蠢之極，沒有高尚的精神生活陪伴，人只能是瞎子，是不能得正果的。」〔註15〕

〔註10〕張志平：《泰國佛教的政治化——從宗教禮儀、功能、習俗上分析》，東北師範大學碩士學位論文，2007 年，第 3 頁。

〔註11〕黃夏年：《現代泰國佛教的活動及思潮》，《東南亞縱橫》，1992 年第 4 期，第 52 頁。

〔註12〕李勤：《近現代泰國佛教的世俗化趨向》，《雲南師範大學學報》，2011 年第 6 期，第 16 頁。

〔註13〕趙世新：《泰國佛教現狀一瞥》，《東南亞研究》，1988 年第 2 期，第 63～64 頁。

〔註14〕覃麗麗：《泰國佛教與芸芸眾生》，《文化萬象》，2012 年第 10 期，第 387 頁。

〔註15〕楊曾文：《當代佛教》，東方出版社，1993 年，第 362 頁。

他強調：「我們並不去傷害別人的生活和他所應擁有的權利。但我們有理由說明，為什麼我們要求其他人來重視，不然，在僅僅出現了心理的要求時，我們不是變得毫無人性了嗎？」〔註16〕針對所有這些問題，泰國的有識之士將目光轉向了佛教這一傳統精神資源，希望它能夠為現代化的經濟活動提供說明或者為糾正相關社會問題提供一劑藥方。

「面對這種窘況，有人提出加強國家觀念，統一思想，特別是用中道思想鼓勵大家忍受痛苦，精進守戒，並認為這是拯救佛教的第一塊多米諾骨牌。」〔註17〕在泰國，人們已經認識到佛教轉型的必要性，所以南傳佛教在泰國的轉型已然開始。南傳佛教在泰國的轉型具備以下特徵：

其一，政治化。70年代，在泰國政局動盪，民主勢力與軍人專政的反覆斗爭之時，泰國僧人團體也發生相應的分化，因此在左派和右翼陣營中出現了僧人們的政治身影。近些年在泰國政治此起彼伏，其中以「黃衫軍」和「紅衫軍」扮演了泰國政治舞臺的兩個主要角色，但其中也可以發現在這些運動中，總缺不了泰國僧侶的身影。同時泰國的僧人們也在貧富差距劇烈、毒品泛濫、環境惡化、愛滋病肆虐，甚至婦女解放等諸多問題上，表明了自己的態度。因此李晨陽在《佛教在當代泰國政治中的地位》中把佛教在泰國政治中的作用總結為五點：1、僧侶佛教使國王在當代泰國政治中具有不可替代的作用。2、佛教僧侶在政治上是當代泰國的重要依靠力量。3、佛教被用來對付各種社會思潮，提高泰國的民族凝聚力。4、佛教有助於提高泰國的國際地位。5、「佛教觀念對泰國從政人員的思想和行為有深刻影響。」〔註18〕在張志平的《泰國佛教的政治化——從宗教禮儀、功能、習俗上分析》論文中把泰國佛教的政治化表現歸結為佛教組織的政治化、佛教功能的政治化、佛教禮俗的政治化。這些都足以說明佛教在泰國的具有一定的政治地位。

其二，世俗化。吳雲貴認為：「世俗化可以理解為部分宗教逐漸被非宗教性的社會功能取代的過程，或宗教與社會影響此消彼長的總體趨勢。」〔註19〕現代以來，泰國逐漸走向了現代化之路。今天，泰國已成為一個有一定現代

〔註16〕見《世佛聯評論》，1976年第2期，第40頁。

〔註17〕見《世佛聯評論》，1976年第1期，第2頁。

〔註18〕李晨陽：《佛教在當代泰國政治中的地位》，《東南亞》，1996年第1期，第35～37頁。

〔註19〕吳雲貴：《互動中的宗教與人類社會——關於宗教現象的思考》，《中國社會科學院研究生院學報》，1998年第4期，第48頁。

化水平的國家，經濟獲得了長足的發展。作為上層建築的佛教也不得不對此做出適應性調整。一些僧伽積極參與社會經濟生活。「泰國宗教世俗化的又一表現是宗教教育漸趨現代化。這包括兩個方面的內容：一是宗教教育大部分被世俗教育所取代，二是宗教教育日益向開放性、包容性的方向發展。」〔註20〕「佛教改革運動不斷掀起，新思潮、新神學不斷湧現，佛教界力求建立新的佛教生活方式和價值體系也是泰國佛教世俗化傾向的表現。」〔註21〕

二、以緬甸為例

上座部佛教傳入緬甸已有 1000 多年的歷史。在封建社會，佛教一直長盛不衰；在佛教受壓制的殖民統治時期，佛教民族主義是緬甸人民爭取民族解放的思想旗幟。1948 年緬甸獨立以後，在吳努政府的大力支持下，佛教又發展到一個新的高峰，緬甸和泰國、斯里蘭卡成為世界公認的現代上座部佛教復興的三大主力。時至今日，緬甸仍是一個虔誠的佛教國家。〔註22〕佛教「眾生平等」的社會理論是佛教在緬甸廣泛傳播的主要原因。〔註23〕佛教徒占全國人口的百分之八十，在緬族地區占百分之九十五。「寺廟在緬甸的經濟和社會中起著非常重要的作用，寺廟的社會作用部分彌補了軍事制度的缺陷。」〔註24〕在緬甸，寺廟不是朝拜的地方，而是人們去沉思的地方，每逢佛教節日，寺廟就成為群眾的活動中心。同時寺廟還是重要的宗教機構，也是傳統宗教與世俗教育的中心。平時，寺廟又是學校，僧侶做教師，佛經作課本。寺廟作為緬甸文化的搖籃，很多著名作家和政界要人，都是從佛門教育中脫穎而出的。

在瑪格利特·黃的《緬甸佛教與王權》論文中認為緬甸上座部佛教與東南亞其他佛教國家相比具有以下特徵：1、在早期驃人建立的國家裏，上座部佛教與印度教以及大乘佛教共同存在並相互包容。2、自蒲甘王朝始，上座部佛教成為占統治地位的宗教。3、上座部佛教與緬甸文化不可分割，它是緬甸

〔註20〕李勤：《近現代泰國佛教的世俗化趨向》，《雲南師範大學學報》，2001 年第 6 期，第 16 頁。

〔註21〕李勤：《近現代泰國佛教的世俗化趨向》，《雲南師範大學學報》，2001 年第 6 期，第 17 頁。

〔註22〕李晨陽：《緬甸佛教的現狀》，《東南亞研究》，1998 年，第 53 頁。

〔註23〕瑪格利特·黃：《緬甸佛教與王權》，《南洋問題研究》，2006 年第 2 期，第 82 頁。

〔註24〕鄭群：《緬甸映象》，《創造》，2004 年第 10 期，第 44 頁。

文化的根基。4、緬甸是一個世俗國家。5、雖然緬甸數十年淪為英國殖民地，但佛教從沒有衰落。6、國家興亡、政權更替都沒有削弱上座部佛教在緬甸的影響。7、以佛法為基礎，佛法、僧伽與王權三者之間的關係以及僧伽與俗世之間的關係一直得到良好發展。

　　「在緬甸，在以往的價值觀與當前的政治經濟發展之間，傳統的佛教也不再能夠提供有效的聯繫性和持續性了。」〔註25〕儘管佛教文化仍舊是緬甸精神文化的核心，不過為了適應現代社會的發展要求，緬甸佛教也在做出相應的轉型。

　　一方面，僧伽的改革。所謂「改革其意思不外乎是通過組織制度的整頓而克服效率低下或紀律鬆弛，使制度的情況有所改善」〔註26〕。宋立道在《傳統與現代：變化中的南傳佛教世界》〔註27〕中指出了現代緬甸僧伽的改革有「佛教經典中的錯誤是人們誤解佛教本身」、「佛教學僧的人數太少或者僧人根本不再學習經典」、「佛教僧伽中已經沒有足夠多的老師來教授說法」、「毗奈耶律不斷被違犯，人們利慾薰心」、「僧伽不斷分裂導致黨同伐異」五個方面的原因。可以看出僧伽的改革的目的是為了履行社會責任，實現社會的人文關懷，而根本目的卻是為了使佛教能夠生存下去。所以緬甸需要整頓佛教的僧人團體，使僧伽能夠如法如律，回到原初的僧伽紀律上來。同時僧伽還需要舉行結集和會頌，重新審定經典來保證佛法的純正性，續佛慧命，使佛教在緬甸的現代化建設中發揮積極的帶頭作用。自十一世紀阿律奴陀王以王家身份整理僧團開始，在此後的七八百年中間，幾乎緬甸的每位國王都在對僧伽進行整頓和改革。15 世紀的達摩悉提王，建立了緬甸國王改革佛教的固定模式。二戰期間的「一切僧伽團體大會」佛教機構也試圖對僧伽團體進行控制和整頓，但未獲得成功。50 年代的吳努政府的佛教改革也沒有成功。奈溫時期，整頓僧伽的事也最終失敗。而從 1974 以後，國家通過各種手段對僧伽團體進行改革和整頓，緬甸僧伽的改革也呈現出制度化的特點。其間，緬甸僧伽也出現了上下層的分裂。但整體來看，緬甸的僧伽一直都在進

〔註25〕宋立道：《傳統與現代：變化中的南傳佛教世界》，中國社會科學出版社，2002年，第 497 頁。

〔註26〕宋立道：《傳統與現代：變化中的南傳佛教世界》，中國社會科學出版社，2002年，第 232 頁。

〔註27〕宋立道：《傳統與現代：變化中的南傳佛教世界》，中國社會科學出版社，2002年，第 233 頁。

行著改革。

另一方面，走向世俗化。「緬甸領導人歷來都把佛教看作是使政府合法化的一種工具，用以支持某種計劃的制定與實施。」〔註28〕緬甸獨立後，佛教已走向世俗化，這裡所謂的世俗化就是指佛教教團日益強大並逐步加強它與政治的密切程度。教團世俗化的原因卻是由於得到政府對佛教的支持，而取得了一定的權威和利益。佛教評委會的設立、第六結集的召開、國立學校開設佛教課程、國教化法案的提出等等，所有這一切都是與政府的權益連繫在一起。〔註29〕所以從某種意義上說，宗教依靠政權庇護，政權尋求宗教的支撐，雙方相互依存。獨立以後的緬甸佛教民族主義除了具有反帝反殖民，還表現出團結民眾和建設國家的功能。〔註30〕

南傳佛教的現代轉型不僅發生在泰國和緬甸，東南亞各國，包括我國雲南的西雙版納、德宏等地區的南傳佛教都根據當地的實際，分別做出來各自不同的轉型。

第三節　南傳佛教人文關懷實踐的重建意識

一、南傳佛教對自身人文生命力的挖掘

20 世紀以來人類社會前所未有的發展潮流，使傳統價值體系遭受極大的衝擊，人們的精神價值觀逐漸淡化，幾乎人人都在感歎「世風日下」。面對這一切，佛教的僧伽們除了需求新的社會服務渠道，貼近社會和人民，又能如何呢？人間佛教的基本主張，不僅在大乘佛教流行地區為有識之士呼籲倡導，即使是以往被認為只講獨覺修行的上座部佛教中間，入世關懷、社會參與也正日益成為主流口號。今天的南傳佛教，在教育、社會、社會賑濟以至政治學派活動方面都空前活躍，這些充分說明了這一古老宗教，由於現代化過程，在很大程度上經歷著世俗化的過程，真正成為大眾的宗教〔註31〕。

〔註28〕姜永仁：《論佛教與緬甸現代化進程》，《東南亞》，2001 年第 3 期，第 48 頁。
〔註29〕〔日〕生野善應著：《緬甸的佛教‧下》，羅晃湖譯，《東南亞的宗教和政治》（山本達郎編，日本國際問題研究所，1969 年），第 75 頁。
〔註30〕黃夏年：《現代緬甸佛教復興與佛教民族主義》，《東南亞旅遊》，1992 年第 6 期，第 61 頁。
〔註31〕宋立道：《傳統與現代：變化中的南傳佛教世界》，中國社會科學出版社，2002 年，第 324 頁。

　　佛教能夠在東南亞流傳，並且成為一些國家的國教，在現代化浪潮中沒有而被東南亞國家捨棄，必然有其強大的生命力。「包括新老傳統主義在內的佛教運動，充分揭示了佛教這一古老宗教在世界走向現代化和全球化的歷史過程中的強大生命力。當代佛教社會運動的歷史背景是近兩百年來的亞洲殖民主義、西方化、城市化、商品化、政治壓迫不平等，還有宗教世俗化等等歷史合力的結果。換言之，今天的上座部佛教現狀是它優秀的精神傳統和現代化相互作用造成的。」〔註32〕

　　日本的創價學會以末法時代來解釋自己的政治行動；泰國的佛陀達莎則強調自己對於現代社會的道德關懷，並歸因於佛陀的原始本懷。在他們眼裏，佛教弟子的宗教生活本來就不可以離開個人修行和社會關懷二者。佛教關於「苦和離苦」的教誨，放大了看，應該包括解除社會的以至世界的痛苦。佛陀達莎表示，他放棄了傳統的僧伽教育方法，才獲得了對社會關心的理論依據。因此對他說來，不是因信仰而稱義，而是因為顯露社會關懷才稱義的。他認為自己可以從佛陀的教誨當中，從僧律毗奈耶當中，都可以發現關心社會的教導。這種主張回到原始佛教經典的真義上去的思想，也可以在利益眾生運動的出發點上看出。後者聲稱佛陀是完全主張改善社會的生存條件的。泰國的素拉也在四諦、五戒和四梵住的教義中找到了今日佛教徒應該努力改變社會不合理現狀的根據。他認為比丘集團應該以推動社會進步為自己的本分，這樣才算是回復了原始佛教的真義上。釋一行代表的越南大乘佛教徒，以《維摩詰經》為理由，要求真正的佛教徒關心世間眾生和世俗事務。創價學會也以自己的社會運動為恢復正法的必由之路。佛陀達莎認為依據「苦」和「無我」就足以發動對社會的關懷，素拉以為原始的教義中包含的「無我」、「無我所」可以推動社會改良運動。〔註33〕「只要佛教還是宗教，對於原初的根本的二學的強調就必須成為改革運動一再重中的主題。」〔註34〕可見，南傳佛教的回應是朝著更加適合現代社會、更加適應現代人的方向進行轉型的。

〔註32〕宋立道：《傳統與現代：變化中的南傳佛教世界》，中國社會科學出版社，2002年，第500頁。

〔註33〕宋立道：《傳統與現代：變化中的南傳佛教世界》，中國社會科學出版社，2002年，第501～502頁。

〔註34〕宋立道：《傳統與現代：變化中的南傳佛教世界》，中國社會科學出版社，2002年，第321頁。

現代南傳佛教充滿了生命力，在民間風俗和社會文化上，佛教總是以不同的法會的儀式為人們服務；在佛教內部也不斷湧現出改革運動，履行批判的職責。

二、對內觀禪等人文關懷實踐的重視

二十五個世紀以前，佛陀發現內觀，達到解脫，並傳授這方法，使其他人都可自痛苦中解脫。從那時到今日，內觀技巧相繼流傳下來。

內觀是一種簡單的技巧，按當下呈現的實相如是觀察，和宗教、教派無關，不涉及任何儀式或信仰。這些技巧教人依靠自己，而不依賴上師。學習的重點是要達到平衡而平等的心，以能活得快樂和充實。內觀不會令人消極，反而是練就一顆平靜、平衡的心，會以正面有效的行為取代盲目反應。而任何禪法的修習，都是要我們通過正確的觀念認知，調整身體、呼吸與心念，然後用正確的禪定法門，使我們的身心達到健康、自由、清靜、解脫的境界，最後才能圓滿地具足定力、三昧、慈悲與智慧〔註35〕。在《內觀禪法》中指出，完整的禪修，包括了三個次第：（一）正確的見解；（二）精進的修習；（三）圓滿殊勝的成果。書中提到：四念處內觀禪法是直接觀照我們的身、心、感受及一切現象的禪法，如果以廣義來觀察，我們人生中的一切生活、行為與應對的眾象，無不是是四念處禪法的觀照範圍。其中四念處（身念住、受念住、心念住、法念住）觀照我們的身體、感受、心意及諸法，以體悟這四者的實相，使我們藉由觀照身、心、諸法的真實，而圓滿地覺悟解脫。內觀佛還發現四念住有豐富的訓練方法，今以內觀禪再度興起是積極改革的典型回應。

般那無陀比丘依止南傳佛教大師阿姜達磨多羅所傳的內觀法，編寫的《內觀禪修手冊》即是對應的具體操作。書中所描寫的禪修技巧受《大念住經》正知的啟發，並依據其淨化有情的理路而來，其中有很多觀念都來自比丘的體驗與修行。因此，書中的很多建議有助於禪修者解決禪修時所遭遇的問題。《內觀禪修手冊》一書中，把禪分為四種：一、坐禪（坐時的內觀）；二、立禪（站立時的內觀）；三、行禪（步行時的內觀）；四、臥禪（躺臥時的內觀）。書中還記錄了行、住、坐、臥中禪修的姿勢，兼及示範。

馬哈希法師是二十世紀內觀禪正念禪法的集大成者，他的正念是整個內

〔註35〕洪啟嵩：《內觀禪法》，中國社會出版社，1900年，第4頁。

觀的基石。他認為有兩種禪修：寂止禪和內觀禪。四梵住，慈、悲、喜、捨，和無色狀況導至四無色禪定，以及厭食想，所有這些都是寂止禪。他認為：禪觀於十遍處只能產生寂止禪，不是內觀；正念於呼吸也是開展寂止，但是他能培育內觀，內觀始於分辨出名與色。在馬哈希法師的《內觀基礎》中內觀可分為：一、實際內觀，「所見是所緣」——這是實際內觀；二、推論內觀，即從實際內觀推論過去、未來和未曾經驗過的事物為無常、苦、無我。但在此要注意，只有實際內觀後才有推論內觀。未先知道現在是不可能作出推理〔註36〕。

　　在回答「如何培育內觀」的問題上，馬哈希法師給出的答案是：我們以觀照五取蘊來培育內觀〔註37〕。眾生的精神與物質特質為諸取蘊。馬哈希指出在習禪過程中，當人入息出息是，腹部會有特別顯著的上升和下降。我們在觀照這些動作時中，升起時，就關照它為「升起」；下降時，就關照為「下降」。同時，他還指出，名與色無常。需要關照那些無常的事物，以見其無常實相。因為它們生起與消失，並不斷壓制你，它們是可怕的、苦的。所以你需要關照它們以見其實相為苦。還需要關照以見名與色為無個人、無靈魂、無我。

　　那現在的我們為何習禪？是為了世間的財富嗎？還是獲得神通，去除病痛？顯然內觀並不以這些為目標。沒有習禪的人，當他們看、聽、觸、或覺察時，就執著於生起的名色。他們喜歡它們，由貪愛而執著它們。他們以邪見執取它們為永恆、快樂、「我」〔註38〕。我們觀照，為了不讓這些執取生起，從它們解脫，這是內觀的基本目標〔註39〕內觀禪講究即刻關照，那麼你會發現你所見的事物和所聽的聲音都會當下消失。這樣，你就可以看到它們的實相，就無從貪愛、憎恨、執著，那麼你就沒有可執著的對象，就沒有了執著和執取。馬哈希法師還提到：內觀是不間斷用功的過程——每當看、聽、嗅、觸或想都必須關照，不可以遺漏任何事物。

　　在內觀禪方面造詣很深的僧人們，為我們建構了完整的內觀修行方式。內觀禪的興起可以說是人們破除「我執」，抵制名色，追求對過去、現在和未來的解脫，離苦得樂的必然要求。這樣，正確的執取使人行善，不當的執取

〔註36〕馬哈希：《內觀基礎》，2006年校譯版，第22頁。
〔註37〕馬哈希：《內觀基礎》，2006年校譯版，第5頁。
〔註38〕馬哈希：《內觀基礎》，2006年校譯版，第21頁。
〔註39〕馬哈希：《內觀基礎》，2006年校譯版，第21頁。

使人行惡。有人以作惡為好事，就殺、偷、搶、對他人做壞事，結果他們往生惡界——地獄、畜生界、餓鬼界〔註40〕。這也是解決現代人類心理危機的借用手段，為我們的人生增添陽光。

第四節　南傳佛教與西方現代文明的接軌

一、以內觀禪為代表的南傳佛教人文關懷實踐走向西方

　　佛教（包括漢傳佛教、藏傳佛教和南傳佛教）是東方文化的精神內核之一。由於全球文化和政治的發展趨勢，佛教內部也醞釀著像基督宗教已經發生了的普世主義運動。這個普世運動的特點就是在佛教內部求同存異，消除以往的禮儀制度的分歧，謀求服務於現實世界的和平與發展的途徑。〔註41〕為了推動東西方文化的互補統一〔註42〕，豐富人文主義精神，共同約束人類

〔註40〕馬哈希：《內觀基礎》，2006年校譯版，第26頁。

〔註41〕宋立道：《傳統與現代：變化中的南傳佛教世界》，中國社會科學出版社，2002年，第323頁。

〔註42〕當然，同時，現代西方文明也醞釀著回歸，並煥發出巨大的生機。文明是由政治、經濟和文化構成的有機整體，其中以宗教為核心內容的文化是文明的靈魂和精髓。（參見陳玉霞：《西方文明的危機與出路——湯因比文明形態史觀研究》，黑龍江大學博士學位論文，2005年，中文摘要。）現代西方文明精神的基本精神實質上是一種以人為核心的理性精神。這理性精神是借助於文藝復興、啟蒙運動和宗教改革而形成的。文藝復興開創了西方的人文主義傳統，而啟蒙運動和宗教改革分別在社會的不同層面——社會的精英和大眾層面——使這一傳統得到了廣泛的發展，最終形成了現代西方文明。（參見雋鴻飛：《論現代西方文明的生成過程》，《理論探討》，2005年第4期，摘要）。由於宗教世俗化使人的自我中心和貪婪日益膨脹，導致對高新技術的利用產生了嚴重的弊端。於是，西方文明陷入危機之中。（參見陳玉霞：《西方文明的危機與出路——湯因比文明形態史觀研究》，黑龍江大學博士學位論文，2005年，中文摘要。）資本主義文明的誕生是西方文明的「癌變」，因為資本主義導致了物質文明和精神文明發展的嚴重失衡，實際上，在資本主義文化的價值導向之下，物質文明不斷瘋長，而精神文明卻相對萎縮，這便是文明機體的「癌變」。（盧風：《現代西方價值觀與人類文明危機》，《道德與文明》，1999年第6期，第20頁。）現代西方文化的價值導向是：重物質價值，精神價值。現代西方文化內蘊的功利主義（包含享樂主義）、物質主義、經濟主義以及消費主義把人類的努力引導在物質領域。（盧風：《現代西方價值觀與人類文明危機》，《道德與文明》，1999年第6期，第21頁。）現代西方人已經完全不在敬仰上帝，在大部分西方人心目中「上帝已死」，但現代西方卻在追求上帝的全知全能，相信有朝一日人類智慧會掌握宇宙間的一切知識；如果達到這

行為，讓東方的道德標準成為人類共同遵守的道德標準，給人類帶來更加光明的未來。1997 年 9 月 1 日，24 位國際著名政治家發表了《人類責任宣言》，

種境界，人類就能為所欲為。西方文明的經驗教訓是，科學技術不能解決一切問題。發展科學技術的目的是繁榮經濟，然而一旦走上這條路，結果就會是「一切都運轉起來了」，而且一個運轉推動一個運轉……人反而變成實現現代化的工具。（張志偉：《現代西方哲學對西方文明的反思》，中共中央黨校學報，2007 年第 1 期，第 24 頁。）我們的「文明」文化正在教壞我們。要改變一切，必須從我們的孩子開始，讓他們知道愛與仁慈、信心與希望、同情與非暴力的重要性，讓他們知道人必須互相尊重，不能在別人頭上獲得物質的成功。（〔美〕布萊恩·魏斯：《穿越時空的心靈治療》，黃漢耀譯，海南出版社，2011 年，第 155 頁。）在上帝缺席或退隱的後現代語境中，西方文明的出路究竟何在？西方作為現代文明的「領頭羊」，輝煌不復當年。然而為了繼續引領文明進程，現代西方人已經在積極思考總結以往發展過程的經驗和經驗，探究未來發展道路。最為明顯的表現就是現代文明的回歸，對於現代西方文明的回歸表現在：第一、認識到世界文明的多元化發展。在西方斯賓格勒就表達過他的多元文化觀：「世界歷史是各偉大文化的歷史，民族只是這些文化中的人們代以履行他們的宿命的象徵形式和容器。」（〔德〕斯賓格勒：《西方的沒落》上冊，齊世榮、田農等譯，商務印書館，1963 年，第 306 頁。）每一高級文化都是一個完整的存在，是一個文化的有機體，表現出自己獨具的特點。（李曉年：《現代西方文明協調發展論之我見》，《學術探索》，2006年第 6 期，第 49 頁。）現在的我們已經不能產生這種想法：世界歷史的發展只是西歐模式的單線系譜，而東方世界和其他民族「長期停滯」或無足輕重。因此湯因比指出：「任何一種文明至少都同西方文明一樣，是重要的，是有創造性的」。（參見〔英〕湯因比：《1968 年 9 月 12 日給日本湯因比市民之會成立的賀信》。）因此，在世界多元文化下，正確評價其他文明，加強文明之間的交流，吸收世界各民族的優秀文化，是現代西方人所必須正視的一件事。第二、堅持文明的協調發展。三次科學技術革命為現代西方奠定了豐富的物質基礎，也造就了西方的物質文明。物質文明得以巨大發展的背後卻隱藏著危機，一方面是西方精神文明的匱乏，西方現代世界正處於「精神貧乏、人性淪喪、愛與創造力衰落的下降時期」。（〔德〕雅斯貝爾斯：《歷史的起源目標》，魏楚雄、俞新天譯，華夏出版社，1989 年，第 112 頁。）另一方面是生態遭受了前所未有的破壞，人與自然分裂、對抗。在經歷過各種問題後西方人不斷反思，現代西方學者明確了一個主題：任何社會的文明都必須全面協調發展，否則會產生社會危機。（參見李曉年：《現代西方文明協調發展論之我見》，《學術探索》，2006 年第 6 期，第 51 頁。）他們提出了世界文明的協調發展觀，以此來解決資本主義文明的日益加劇所帶來的內在對抗、失調及由此而產生重重危機的現實。這裡的協調發展指的是經濟文明、政治文明、文化文明、社會文明及生態文明等等文明的一種良性發展。可見，文明的協調發展對整個現代西方的發展中佔有重要的地位。這就讓他們排除一定的文化偏見，重新審視南傳佛教文化，並用南傳佛教來解決現階段的社會心理問題。

以此來彌補《世界人權宣言》的不足。它的發表標誌著隨著東方社會文明的發展、崛起，東方文化被世界所認同，使東西文化在文化全球化進程中能夠相互容納和制衡。這就為南傳佛教走向西方提供了機遇，使內觀禪能走進西方。

「殖民地時期，內觀禪在南亞和東南亞國家隨著佛教復興的步伐而重新走進了大眾的視野，吸引了僧俗二眾紛紛修習。又由於傳統文化復興、民族身份認同，以及國家統治權爭奪等歷史使命，在內觀禪修的基礎上有發展出以受西方教育的精英分子為領導人，以在家眾為主要參與者的廣泛社會思潮，也即內觀運動。如今內觀禪修行已經在全世界範圍內流行，成為當代社會中宗教跨文化傳播的一個重要現象。而內觀禪運動在南亞和東南亞國家的政治變遷中扮演了重要的角色，並且其重要性持續不衰。」〔註43〕興起了一場內觀禪運動，內觀禪運動的主要推動者包括馬哈希、帕奧、葛印卡、阿姜查等。

在內觀禪運動的推動下，在西方國家掀起了「禪修熱」。在西方世界，今天的普世佛教表現為三個方面：在國際社會中儘量用一個聲音說話的佛教聯合體，世界佛教聯誼會（WBF）是它的代表佛教的習禪運動在歐美各地迅速發展。參加習禪的人並一定是佛教徒，禪法也不僅僅限於佛教某一宗派的禪定技巧。南傳的正觀禪同西藏的冥想法，東亞禪宗的靜慮手段一樣大行其道。但在西方，禪法大體上已經轉化為心理調試的手段，雖然對一部分西方人，它也是宗教修習手段。但它多半蛻變成了技術禪；第三，西方佛教主要是移民社會中的宗教文化形態。〔註44〕

就基督主流社會言，人們對佛教的瞭解和嘗試只是禪修實踐方面的。西方人認識坐「坐禪」，主要得力於日本禪僧的介紹，尤其是 20 世紀前期的鈴木大拙的介紹。20 世紀 60 年代，又有了西藏佛教的禪定方法。而南傳佛教中的正觀禪法最早在 19 世紀介紹到英倫等地，但它得以風靡一時卻在 20 世紀70 年代以來。阿姜查是近代最有影響力的南傳佛教大師，被公認為是泰國的阿羅漢成就者。他的國際叢林寺裏，專供西方人在修行，他也對西方人進行悉心教導。他的資深西方弟子們，積極地向世界各地開展建寺和傳法工作，

〔註43〕雷曉麗：《現代南傳佛教內觀修習及內觀運動述評》，中國人民大學碩士論文，2009 年。

〔註44〕宋立道：《傳統與現代：變化中的南傳佛教世界》，中國社會科學出版社，2002年，第 323 頁。

其他寺院也陸續在法國、澳大利亞、瑞士、意大利、加拿大和美國等地成立。阿姜查也兩度前往歐洲和北美，全力支持這些新機構的建立，指導人們的修行實踐，弘揚南傳佛教的佛法。

禪修中心的建立是內觀禪走向西方的一種最好體現，現在的禪修中心很多，今天僅美國的正觀禪修習中心就有三百餘個。著名的有全球香巴噶舉禪修中心、阿姜查禪修中心、英國的 Tara Kadampa Meditation Centre（TKMC）等等。而且在東南亞國家的禪修中心裏，其中許多已經是由高鼻深目的西方人在主持了。

二、南傳佛教與西方現代文明接軌的思路與實踐

文明是衡量社會進步的尺度，同時也是把人類歷史連接在一起的紐帶。〔註45〕世界文明具有統一性，是一個整體，文明並非是孤立存在的個體。在佛教界內部，學問僧人的治學方法也在同西方現代學術接軌，文字學、語言學、文獻學、宗教哲學、社會學都已經成為了寺院學術的內容〔註46〕。內觀禪作為南傳佛教的一部分走向了西方，但南傳佛教的很多東西仍沒有走進西方，得到發揚。為了解決現代文明發展與人的心理危機，使南傳佛教的價值進一步擴大。我們還需要探尋南傳佛教與現代西方文明如何接軌，以此讓南傳佛教的人文關懷價值最大化地服務於現代社會和現代人。

宗教的改革在泰緬兩國雖有不同的歷史經驗，但也有共同的特點：它們都對過去的宗教傳統表現了深厚的懷戀，蒙固王和萊迪長老都致力於通過改革活動，從傳統的佛教中尋出最為「基本的」、「本質的」理論原則，通過新的闡釋，使其能夠活積極推動和消極適應西方式的經濟發展目標。〔註47〕

任何文化都沒有一個固定的模式，它一定是中西合璧的產物，不能在全球化中被固化，需要一個準確的全球定位，意識到自己有所不為才可能更有作為。南傳佛教和現代西方文明都沒有其他出路，只能跟世界主流文明化、現代化和民主化的最文明的東西接軌。筆者以為南傳佛教與現代西方文明可

〔註45〕李曉年：《現代西方文明協調發展論之我見》，《學術探索》，2006 年第 6 期，第 49 頁。

〔註46〕宋立道：《傳統與現代：變化中的南傳佛教世界》，中國社會科學出版社，2002年，第 320 頁。

〔註47〕宋立道：《傳統與現代：變化中的南傳佛教世界》，中國社會科學出版社，2002年，第 497 頁。

以通過以下三方面進行進一步的接軌。

其一，南傳佛教進一步走向世俗化。在眾多佛教派系中，南傳佛教是較為「保守」的一支，堅持傳承原始時期的佛教面目，雖然較為真實地保存和傳承了佛陀原始的本意，但隨著地域和歷史時期的不同，人們的接受方式各異，完全遵照佛陀教法的南傳佛教一定程度上束縛南傳佛教自身與大眾更廣地交流。二十世紀以來南傳佛教在南亞、東南亞的現代轉型以內觀禪運動、佛教女權解放運動等方式走向了世俗，走近世俗人們現實生活，但目前的轉型只是與現代西方文明接軌的起步，南傳佛教與現代西方文明的接軌，完成二者的相互交融促進還有較長的路要走，需要南傳佛教在目前的基礎上進一步走向世俗、走近大眾。

其二，南傳佛教完成語言和思維模式的現代化轉型。佛教從佛陀在世時期到現在已達 2500 多年的歷史，傳承下來的南傳佛教經典艱澀難懂，在語言表達和思維模式上與現代人有很大的差異。南傳佛教與西方文明的進一步接軌，要實現以南傳佛教的巨大資源來促使現代社會更好地發展，完成傳統南傳佛教的語言和思維模式的現代化轉型是其中關鍵的一環。南傳佛教語言表達和思維模式的轉型可以通過兩個工作來完成：其一是南傳佛教經典的現代講解；其二是在不改變南傳佛教的教義精髓的前提下，用現代的語言和現代人能接受的方式來詮釋南傳佛教。要完成以上兩點也實屬不易，但也唯有如此，南傳佛教才能更好地實現與現代西方文明的接軌。

其三，實現南傳佛教與各學科的交融。實現南傳佛教與哲學、心理學等學科的交融也是與現代西方文明接軌的有效方式之一。南傳佛教雖是宗教，但宗教與哲學、心理學等多門學科本就相互交集，突破宗教的形態，從不同學科、不同角度來研究南傳佛教可以充分發掘和利用南傳佛教的資源。目前，心理學和哲學在南傳佛教與各學科的交融上已經走在了前列，南傳佛教的內觀法已經用於心理學的臨床心理治療，發展出了獨特的心理「內觀療法」；以哲學的角度研究佛教則更加完善和成熟了。

南傳佛教國家正在利用現代西方文明來進行政治、經濟和文化等方面的優秀文明成果來為本國服務，西方國家也利用南傳佛教的資源來解決社會問題，促進社會再進步及可持續發展。如此良性循環的狀態才是世界的未來發展出路所在，也必定將為我們的世界帶來更加美好的明天。

三、南傳佛教人文關懷對人類文明進程的意義

在過去的 20 世紀中，南傳佛教佛教經歷了許多無法否認的改革變化。所有這些變革運動無論是主動或被動的，都是佛教為了處理好與現實的關係，讓佛教為世間萬物造更多的福祉。南傳佛教的轉型與重建，就是看到了現今社會存在的各種問題，以積極的姿態來重新發掘內在價值，對世間所有一切進行終極關懷。

南傳佛教具有豐富資源，需要發掘那些能夠為現代社會服務的內容。佛教研究者都採取了非神話的態度，或者致力於客觀揭示佛教產生的歷史和社會背景，或者努力地重新解釋佛教的基本教義和精神內涵，以期服務於現代社會。〔註 48〕

首先，南傳佛教人文關懷對現代精神價值缺失的補充。人文關懷是南傳佛教的本質所在。南傳佛教的人文關懷不僅僅指對人的關懷，還包括對除人以外的所有一切有生命的還是沒有生命的事物進行關懷，倡導人們注重自身的存在，關注精神與生命的價值，提升自我的生命質量。現代社會存在諸多問題，特別是人的精神心理問題尤為突出。在南傳佛教中的「四念住」、「內觀禪法」等資源蘊含著豐富的人文關懷價值，南傳佛教經過轉型後重新發掘其人文關懷精神，就可以彌補在現代化進程中人們過度注重物質而偏廢了精神追求帶來的精神心理困境。

其次，南傳佛教的轉型與重建利於打破東西方文明壁壘。今天南傳佛教國家的佛學基本精神都尋求將佛教的基本教義同西方的經驗主義和實用主義的方法結合起來，那些用西方語言撰寫的著作中，概念往往都是直接借用西方哲學和神學。其次，佛教的理論界，尤其持有新傳統主義立場的佛教精英們，採取了謀求與基督教文化和現代哲學對話的態度〔註 49〕。至於西方學者和在東南亞教學的西方教授，更是對佛教的思想體系進行了另一理路的闡釋說明〔註 50〕。如此以來形成的東西方文化交流，將有利於東西方文明的相互尊重和接受，打破東西方文明之間差異所造成的文化壁壘。最終形成文化的

〔註 48〕宋立道：《傳統與現代：變化中的南傳佛教世界》，中國社會科學出版社，2002年，第 326 頁。

〔註 49〕宋立道：《傳統與現代：變化中的南傳佛教世界》，中國社會科學出版社，2002年，第 325 頁。

〔註 50〕宋立道：《傳統與現代：變化中的南傳佛教世界》，中國社會科學出版社，2002年，第 325～326 頁。

大一體，促進世界文明健康發展。

綜上所述，在社會現代化的進程中，人們過度注重物質而偏廢了精神，物質文明與精神文明的失衡導致了現代社會人文關懷的散失和現代人精神心理的普遍危機，同時也衝擊了傳統的南傳佛教。自二十世紀以來，南傳佛教在南亞和東南亞各國掀起了改革，做出了適應現代社會、適合現代人的自我轉型與重建，以全新的方式詮釋和挖掘其巨大的人文關懷價值，不僅有效促進了當地的現代化，還對西方的歐美國家產生了影響。〔註51〕

〔註51〕本章的寫作參考並多次引用了宋立道先生《傳統與現代：變化中的南傳佛教世界》一書，特予致謝！

第十章　南傳佛教人文關懷實踐資源的開發前景展望——以雲南西雙版納傣族地區為例

　　南傳佛教所包含的豐富人文關懷資源對南傳佛教地區[註1]民風習俗、社會風氣等的良性影響有目共睹，但這種影響是「自發」的，缺乏有意識、有計劃的主動開發。也就是說，南傳佛教人文關懷資源在現代社會中還可以發揮更大、更深遠的積極作用。本章以雲南西雙版納傣族地區為例，立足於南傳佛教人文關懷理念與實踐，具體從西雙版納旅遊文化品質的再生性、南傳佛教的休閒美學思想及其現代價值這較有代表性的兩方面來展望南傳佛教人文關懷實踐資源的開發前景。

第一節　南傳佛教人文關懷實踐對旅遊文化品質的再生性

　　南傳佛教文化旅遊已形成一個龐大的產業鏈，對南傳佛教地區的經濟拉動、文化提升有目共睹。但是，從當地生態負荷、觀念變遷以及旅遊主體的反響來看，該產業並未步入良性發展軌道，而普遍以損毀生態，利欲第一，無「回頭客」等為代價，既使旅遊資源漸近惡化，又令旅遊主體無法得到應有的身心安歇、品質提升。這從南傳佛教地區如我國西雙版納、泰國清邁、

〔註1〕指盛行南傳佛教並以之為基本文化傳統的地區，主要還是南傳佛教傳播的基本線路，如斯里蘭卡、泰國、柬埔寨、緬甸、老撾以及中國的西雙版納、德宏、普洱等地。

老撾萬象、緬甸仰光等城市的旅遊現狀可見一斑。〔註2〕如何使南傳佛教地區的旅遊文化走入良性再生？實乃社會、學界應當深思的重大問題。本節立足於南傳佛教人文關懷理念與實踐，具體透視南傳佛教地區的旅遊現狀，探討其再生之原理與可能，並作出一定的旅遊產品構想。〔註3〕

一、南傳佛教地區的旅遊文化品質分析

　　旅遊撐起了南傳佛教地區經濟的半壁江山，很難想像，如果該產業鏈出現斷裂或陷入非持續性發展將會對當地起到怎樣的綜合性打擊。為探討、實現其旅遊的良性再生，下文略對當前南傳佛教地區的旅遊品質進行述評。

　　南傳佛教地區多處於熱帶，自然資源得天獨厚，擁有大量的雨林季雨林植被、珍稀動物、海域風光。如緬甸有植物6000餘種，西雙版納有鳥獸近500種，東南亞各國海岸線總長約10萬公里。人文資源方面，曼谷是「佛寺之都」〔註4〕，緬甸是「綠色翡翠」〔註5〕，柬埔寨有名聞世界的「吳哥窟」，西雙版納、老撾、泰國一線貫穿著堪稱「母親之河」的湄公河。既有緬、泰、中等共同尊崇歡慶的「潑水節」，又有僧伽羅、傣、老聽等各自差異的多民族地方文化。當然，最為突出的文化特色還是其「南傳佛教」傳統。南傳佛教已融入當地文化血液，為自然、人文、民眾構築了一層濃厚、深邃的底蘊，又以其特殊的魅力形式顯現出來，吸引著無數遊客信眾前往。

　　這種旅遊資源深度，內中已包含了旅遊主體所需的觀光獵奇、放鬆身心、體驗生命、品質昇華等種種價值，完全可以作為一種理想歸屬。一般而言，

〔註2〕 以上所列地區一直具有南傳佛教傳統，加上濃鬱的熱帶亞熱帶雨林氣息，向來是旅遊者熱衷前往之地。其旅遊業的普遍特點是：旅遊資源絕佳，卻未形成良性的旅遊規劃、設計意識，更缺少對生命的關懷元素。旅遊活動之後，各種雜物、毀壞、抱怨叢生。這些「代價」，依賴壞境的自動癒合能力已不足以維持其平衡，實非長久之計。

〔註3〕 旅遊一直是南傳佛教地區的支柱產業，從其產品開發的單維性、文化發展的非持續性、對西方傳統的迎合性、主體對旅遊認知的淺層性來看，當地旅遊已顯多重憂患。根本原因是缺乏一種良性的文化內推力、再生力。南傳佛教作為這些國度、地區的傳統文化，其人文關懷體系從「本性」的高度來界定生命價值，具備一個全局的、和諧的、一體的自他生命觀系統。以此審視現代旅遊，並將之化入旅遊活動，提升旅遊客體、主體的文化品質與深度，無疑是當前乃至今後旅遊文化品質再生性探索的主要路向。

〔註4〕 泰國是較有代表性的南傳佛教國度，單曼谷就有400餘座佛寺，被譽為「佛寺之都」。

〔註5〕 緬甸以出產翡翠玉聞名於世。

具備如此豐厚、獨特的資源，應該是永不冷寂的旅遊旺地。但為何近年會屢屢出現「泰國客流已下滑逾 30%」〔註6〕、「東南亞旅遊遇冷」〔註7〕的現象呢？這固然涉及泰國、緬甸時局，或湄公河、柬埔寨旅遊線路安全等綜合因素，但筆者認為這些現象本身就是旅遊文化品質缺乏深度說服力的表現。「南傳佛教地區」的旅遊，明顯已有可令人深思之局面。

首先是旅遊產品開發的單維性。隨著旅遊業成為世界第一大產業〔註8〕，社會、學界對旅遊的探討極為熱心，南傳佛教文化旅遊即屬其中較受重視之專題。但從目前南傳佛教地區的旅遊品質來看，旅遊產品的開發存在明顯的單維性。主要表現為：側重動植物觀光、海濱遊覽休閒等自然產品的開發；熱衷於以宗教氣息較重的寺廟、佛塔、各種佛本生壁畫等「宗教靜物」的推出，進行觀賞、審美、信仰等層面的「旅遊」消費；強調對南傳佛教內蘊的發掘，如直接性地體驗夏雨安居、寺廟食宿生活、內觀禪修持、聽聞經論等。表面上，這是最理想的南傳佛教旅遊資源「三重境」，一切旅遊開發的大類也不外乎此。但如果親自實地體驗，考察，並沉下心來反思，我們發現的又是另一番景象：一者，自然性旅遊項目中，缺少多維延伸的文化內涵；二者，上述項目實際是以經濟獲利為最終目的，從而造成設計、實施上的單維性，基本不再顧及其餘負面影響；三者，絕大部分項目並未真正立足南傳佛教的內在精神，無法在挖掘、突出南傳佛教人文關懷的基礎上良性地獲取更大、更長遠的多維利益。這種單維性對當地旅遊資源、旅遊形象之傷害是非常大的。

其次是旅遊文化發展的非持續性。南傳佛教地區倚重自然性旅遊產品開發的主因是其開發非常直接，不需過多的後天投入。但這正是自然、生態遭受破壞的開始和見證。例如那些「宗教靜物」，多是極其珍貴的歷史遺跡、文

〔註6〕樂琰：《東南亞旅遊客流驟減，泰國客流已下滑逾 30%》，《西部時報》2010 年 8 月 27 日，第 8 版。

〔註7〕袁遠：《東南亞旅遊遇冷，韓國臺灣遭搶單》，《中國貿易報》2014 年 5 月 27 日，第 8 版。

〔註8〕據世界旅遊組織發布的數據，早在 2000 年，國際遊客數量即達 7.5 億，旅遊創收達到 7200 億美元。近日，在廣西桂林舉行的第八屆聯合國世界旅遊組織／亞太旅遊協會旅遊趨勢與展望國際論壇上，聯合國世界旅遊組織發布了最新世界旅遊趨勢與展望報告。報告統計數據顯示：2014 年全球旅遊業增速保持在 4～4.5%。2013 年，全球旅遊人數達到 10.87 億人次，比 2012 年增加 5000 萬人次。報告預測，到 2020 年，全球旅遊人數將達 14 億人次；到 2030 年，這一數據則將攀升至 18 億人次。因此而帶來的旅遊創收將難以估量。http://www.gx.xinhuanet.com/newscenter/2014-10/16/c_1112850471.htm。

物瑰寶，直接以之作為旅遊產品必然意味著一定程度的損耗。這種損耗雖然得到了現實經濟利益，但長遠來看，收支卻是「不等價」的。美國學者克里彭朵夫早就意識到，建立在近現代工業文明基礎上的旅遊業實際上也暗含著工業文明對自然生態的摧毀意向，旅遊必將面對旅遊發展和生態破壞之悖論，「非持續性」終會成為人們的棘手問題。〔註 9〕言下之意，這種「旅遊熱度」，體現了旅遊主體對南傳佛教的高度認可，展示了南傳佛教的內在人文魅力，但正是這些看似積極正面的開發形式導致了南傳佛教文化旅遊亂象的勢不可遏。絕大多數情況下，這些以「南傳佛教」為名目的文化旅遊恰好就是違背南傳佛教人文精神的「短視」行為。

再次是當地對西方傳統的迎合性。信奉南傳佛教的國家、地區基本做過西方列強的殖民地，其文化體系中包含大量西方元素，再加上對西方旅遊經濟發展的艷羨，一定程度上表現出了對西方文化的迎合。有學者已注意到：「二戰以來，東南亞國家成為西方旅遊者熱衷的旅遊目的地。而這一過程使得東南亞國家的民族傳統和地方文化發生了明顯的重構、再建現象。一些國家和地方為了迎合西方遊客的興趣和『口味』，往往會刻意強化異國情調化，給旅遊資源披上古代、鄉村與原始的外衣來突出其『他性』，以突出與旅遊者的母體文化的反差。」〔註 10〕汲取、創新是應有的開放態度，但「迎合」便意味著自身傳統之喪失。南傳佛教地區的旅遊文化想要發生質的超越，核心還得立足於其基本傳統——南傳佛教。

最後是主體對旅遊認知的淺層性。旅遊學包含旅遊客體、旅遊主體、旅遊活動等多維元素。很多時候，主體對旅遊的認知程度決定了旅遊活動的最終價值高度及旅遊活動所付「資源代價」之高低。南傳佛教地區旅遊業中出現的諸多問題，並不能一概歸咎於旅遊設計者、開發者、組織者，甚或導遊。在對南傳佛教文化旅遊的認知上，旅遊主體明顯存在「錯把一般民間傳說當成文化內涵，錯把藝術形象當成文化內涵，錯把封建迷信當成文化內涵，錯把文化符號當成文化內涵」〔註 11〕等觀念性錯誤。外行看熱鬧，內行看門道，

〔註 9〕Krippendorf, Tourism in the System of Industrial Society, *In Annals of Tourism Research*, 1986-13, P.525~531.
〔註 10〕彭兆榮：《陽光下的陰影：現代旅遊的一種價值隱喻——東南亞旅遊發展的思考與案例》，《創新》，2007 年第 3 期，第 8 頁。
〔註 11〕桓占偉：《佛教旅遊文化內涵的認識誤區與正確解讀》，《邊疆經濟與文化》，2009 年第 7 期，第 4~5 頁。

無法深刻認識旅遊對象，旅遊價值便大打折扣。另外，非常值得注意的一點是，南傳佛教文化旅遊提供給人的絕不僅僅是休閒放鬆、觀光獵奇、增補知識、體驗宗教等一般功能。最為深刻和徹底的，還是其中含有的對「補特伽羅人我」的論證與解構方法。「補特伽羅」即是受染之「主體意識觀念」，與之相對者就是無污染的「絕對清淨本性」，解構「補特伽羅」即確證清淨本性。人生之種種苦受、愚迷正是主體之執著所造成，這意味著，解構此補特伽羅主體實際上即是南傳佛教的最高價值。這一點，對當今社會對治人類心靈之苦難無疑是具有重大借鑒作用的。以此對照當前南傳佛教地區的旅遊文化，該層面的價值建構並未達成，其淺層性顯而易見。這也是南傳佛教地區旅遊業缺乏文化內推力的深層原因。

南傳佛教地區的文化旅遊一如既往地充當著主要產業，但其隱顯之種種侷限已一覽無遺。如何讓該產業提升品質，促成持續性的良性再生？這是本文所要達到的主要目的。下文將以南傳佛教人文關懷為基本視野，對此再生性展開探討。

二、南傳佛教人文關懷及其對旅遊文化品質的再生原理

何謂「南傳佛教人文關懷」？它何以能實現對旅遊文化品質之再生？從概念上看，「人文關懷」是西方文藝復興以來所倡導的關注人類自身存在和提升精神品質之價值觀。比照之下，南傳佛教可視為廣義「人文主義」。但顯然，南傳佛教具有更為特殊的生命內涵：一為超越主體侷限，與其餘生命類型一體化的全局性、和諧性生命觀；二為實現「終極生命關懷」的修持方法。這異於一般意義上的「人文關懷」，是以本文安立「南傳佛教人文關懷」之概念以達意。現代旅遊學中，從南傳佛教的文化常識、宗教義理、價值體系來探討旅遊品質之再生是極為尋常的理路，目前南傳佛教地區的旅遊設計大都屬此構架。但據筆者瞭解，從上述兩方面特殊深度即「全新的生命觀」和「具體的實踐方法」來重估現代旅遊之品質，的確還是鮮有人試筆。筆者認為，從當前乃至今後社會、學界對南傳佛教地區旅遊文化品質再生性之探索來看，這必然是主要路向。以下可分兩層來對其「再生」原理進行論釋。

第一層，從南傳佛教生命觀來重估旅遊對象之生命內蘊，重構其生態倫理。南傳佛教人文關懷的獨特與徹底，即在於從「全局性」生命視野來重估生命之存在、類屬、運作、價值、倫理。此視野中的旅遊對象，具有生命化

的特性、尊嚴，旅遊的品質因此而能拔高、昇華。

　　一方面，不但作為主體的生命是一種身、心、佛性式的多維存在，被視為「客體」的一切生命形態也有其獨特的存在方式和價值，它們和人類是平等的、相依的。南傳經典中多有體現此生命態度的記載，如《律藏二》云：「六群比丘知水中有蟲而飲用。諸比丘中少欲者非難：『何以六群比丘知水中有蟲而飲用耶？』佛世尊呵責：『愚人，汝等何以知水中有蟲而飲用耶？愚人，此非令未信者生信。諸比丘，汝等當知如是頌此學處：任何比丘知水中有蟲而飲用者，婆逸提。』」〔註12〕內中以「佛世尊」的形象來對「知水中有蟲而飲用之比丘」進行批評，足見南傳佛教義理對其餘生命形態的理解、維護、尊重、敬畏。實際上，這也是因物及人，是主體人另一種形式的自我尊重。

　　另一方面，從「涅槃佛性」視野來看，各類生命形態之間存在同一性、一體性，一損俱損，一榮俱榮。這從南傳佛教「佛本生故事」對六道輪迴、三世因果等宣講中便可看出端倪。旅遊對象是一個由「有情眾生」和「無情眾生」等多重生命形態組成的生命系統，在特定的理論條件或視角深度下，人也屬該生命系統中的基本元素。據此來看，旅遊不再是簡單的主客關係，消費與被消費，而是一種生命與生命的對話交流活動。旅遊的再生，便是這種交流和諧化從而展現出的自他、物我平衡。這種良性關係會帶來無窮的文化增值和經濟收益。旅遊品質的再生，必須通過內在的生命力量來延展，只有這些東西才是活的靈魂。故而，這種全局性的新型生命觀應該成為南傳佛教地區旅遊文化中被賦予、注入的基本生命態度和內涵。旅遊項目的開發、設計，都應以此為基本生態倫理和理論出發點，以醞釀更高旅遊文化品質的再生。

　　第二層，從南傳佛教人文關懷方法審視旅遊主體之品質提升。現代旅遊體系中，主體提供的是一種價值判斷，在旅遊活動中居於絕對主導地位，主體可選擇旅遊或不旅遊，向何處旅遊，如何旅遊，甚至以「顧客是上帝」的觀念自居。筆者認為這是需要反思的。在南傳佛教人文關懷式的旅遊活動中，並不偏向客體、主體之任何一方，而且這種關懷具體落實到主體對自身品質之反照、提升，將旅遊主體視為需要迫切提升品質的旅遊文化元素之一。我們所要達到的最終目的，是在尊重、維護旅遊對象的同時，以旅遊的形式去

〔註12〕《律藏二》，通妙譯，《漢譯南傳大藏經》第 2 冊，元亨寺妙林出版社，1994年，第 166～168 頁。

除自身生命之疲憊、焦慮、困惑、侷限等，達到心靈的絕對自由。在此意義上，旅遊，實際上是一種提升生命境界之修行手段。

那麼，如何以南傳佛教人文關懷方法來提升旅遊主體之品質？此處先對旅遊主體的價值層次做一種說明。筆者曾在《論旅遊主體的價值需求層次》一文中將此價值層次劃為「三類八種」：第一類為「確證主體的存在」，分消閒怡情、增廣見聞、文化與身份認同三層；第二類為「解構主體的存在」，分加深信解、以物觀我、修行體驗、物我一如四層；第三類為「圓滿心」一層。〔註13〕較細緻地詮清了旅遊主體在旅遊活動中的價值對應情況及對旅遊品質評判的決定性作用。詳言之，旅遊主體的品質層級可分為「三類八層」。第一類是增強自我積澱，屬於社會文化層的價值觀。第二類過渡到「損之又損」〔註14〕，是宗教超越層的價值觀。第三類是涅槃本性的自然顯化，是終極心性層的價值觀。這種類分，可以對照出旅遊主體的價值追求和所達到的境界。在筆者看來，最高級的品質自然是連「宗教相」也不執著，隨緣安住、顯現於旅遊生活中的心性價值觀。

在此基礎上，我們便可詳談提升主體品質的方法。「人文關懷方法」是南傳佛教中最為豐富、獨特的元素。其體系非常龐大，此處可借「四念處」觀法來加以詮說。四念處者，身念處、受念處、心念處、法念處。它實際已超越宗教修持的侷限，具體落實於生活中的實用心性煉養，是南傳佛教人文關懷實踐的代表性方法。大意是：身、受、心、法概括了生命之一切處一切時，應時時處處念念不忘「觀照」。南傳中部《念處經》詳述了其法之運用：於「觀身」，「或行而知『予在行』，或立而知『予在立』，或坐而知『予在坐』，或臥而知『予在臥』。」〔註15〕於「觀受」，「受樂受而知『予受樂受』，受苦受而知『予受苦受』，受不苦不樂受而知『予受不苦不樂受』，受物質之樂受而知『予受物質之樂受』，受非物質之樂受而知『予受非物質之樂受』。」〔註16〕於「觀心」，「有貪欲心而知『有貪欲心』，無貪欲心而知『無貪欲心』，有嗔

〔註13〕馮天春：《論旅遊主體的價值需求層次——以藏傳佛教文化為背景》，《青海民族大學學報》，2013年第4期，第136～141頁。

〔註14〕《老子》，樓宇烈校釋，中華書局，2013年，第128頁。

〔註15〕《念處經》，通妙譯，《漢譯南傳大藏經》第9冊，元亨寺妙林出版社，1993年，第74頁。

〔註16〕《念處經》，通妙譯，《漢譯南傳大藏經》第9冊，元亨寺妙林出版社，1993年，第77頁。

恚心而知『有瞋恚心』，無瞋恚心而知『無瞋恚心』，有愚癡心而知『有愚癡心』，無愚癡心而知『無愚癡心』。」〔註17〕於「觀法」，或觀四聖諦，或觀五取蘊，或觀七覺支等。例如觀四聖諦：「於此如實知『此是苦』，如實知『此是苦之集』，如實知『此是苦之滅，』如實知『此是致苦滅之道』。」〔註18〕「四念處」的核心是主體對行住坐臥、觀念意識，甚或深藏諸業的隨時、隨緣觀照。這種觀照在南傳佛教看來實際上是立足於清淨佛性的終極旁觀，作此「四念處」觀法，一切因緣虛妄便可解體，是對主體偏失、執著、愚迷、貪瞋癡等的矯正和鞭策。換句話說，在日常生活中，主體可以「觀生活」，而在旅遊中，便可「觀旅遊」。長期訓練此「四念處」，所謂「主體」便會「解體」，隨之而來的是「圓滿心」的清淨呈現，「旅遊主體」品質的無染昇華。〔註19〕以此來應對旅遊，則無揀擇心、利欲心，無對旅遊對象的種種抱怨不滿，也無對生態環境的肆意毀傷。

現代旅遊中出現的種種主客矛盾、非再生性，實際上是人類「二元對立」本能的具體物化。要解決這個問題，就必須深入到上文所談的生命深層。上述兩點，表面上是從相對立的客體、主體之間來談旅遊文化的注入，但其實主客相互含攝、依存、一體。這也是南傳佛教人文關懷的特性，並不侷限於

〔註17〕《念處經》，通妙譯，《漢譯南傳大藏經》第 9 冊，元亨寺妙林出版社，1993年，第 77～78 頁。

〔註18〕《念處經》，通妙譯，《漢譯南傳大藏經》第 9 冊，元亨寺妙林出版社，1993年，第 80 頁。

〔註19〕南傳佛教人文關懷對主體多了一種深層的反思，強調旅遊主體的自我認知與超越。從關注生命之存在與精神價值之提升上來說，南傳佛教人文關懷不但注重主體於現實生活的存在感和價值實現，更從終極解脫的角度來透視生命實質，發現了生命的種種侷限、痛苦、迷失，並提供了一種解脫理想——獲證阿羅漢果，即通達無污染、無苦著、無輪迴之最高境界。這種解脫，比起文藝復興以來所推重的一般意義上的人文關懷，顯然突破了現實社會倫理道德所指定的一整套價值意義，反而是從絕對精神自由的角度來反觀現實，以對生活達到最為全面、有效、超然的把握。人文關懷實踐方法實際上是這個過程中非常重要的一環，無此「方法」，便無解脫之利具。從以上理想解脫狀態來說，生命的確可以超越苦難、化之有物，但是，歷來「人文關懷」所到達的層次和教訓已經說明，並非任何一種人文關懷都能立足於上述層次，即使是以「南傳佛教」名目出現的人文關懷行為，也經常是有其名而無其實：雖談「南傳佛教人文關懷」，但始終還是落於欲望、利害、摧毀之本能來對待自他。原因在於沒有深入把握「實踐方法」之要領，漸行漸偏。這是我們需要深刻反思的問題。故而應該認真領略、實踐「四念處」觀法，真正做到在「主體」之外旁觀，解構主體，達到客觀、平實、寧靜、超越之極高品質。

確立主體的存在價值和主導地位，而是從「大生命觀」、「全局性」來看待自他、主客之關係。旅遊如果僅僅從「旅遊學」來自證、預設、發展，必然無法取得最終超越。從南傳佛教人文關懷的基本思路來看，旅遊並非單維淺層之存在，而是建立在以生命存在、生命價值、人文關懷方法等為中心之上的一個多維系統，其發展路向、發展潛力、發展面目、價值高度、經濟收益等，最終決定於整個旅遊系統尤其是主客二者的「深層人文內涵」。有一點需要強調，本文以南傳佛教人文關懷來觀照旅遊文化品質，並非「強行注入」一種「南傳佛教人文關懷文化」的內涵或價值觀，而是借用其理論視野來反思、呈現旅遊自身本來具足的深刻蘊藏、內在品質。在此意義上，一般所說的將「文化注入旅遊」，以促成「舊瓶裝新酒」、「老樹開新花」等觀點值得商榷。「注入」實際上還是一種透露著現代工業文明外向型思維的觀念——想方設法以主體為主導，強行黏合出一個「新產品」。從南傳佛教人文關懷的全局性視野來看，這並不符合旅遊的本來規律與特徵，換句話說，這終將導致旅遊產品的「名實關係」出現對立，並表現出種種非持續偏失。從旅遊的長期良性再生來看，這也是我們最需要反思的地方。

三、再生之可行性與南傳佛教文化旅遊的終極品質

當前最為普遍的「南傳佛教文化旅遊」主要是南傳佛教宗教形式、基本義理及相應資源的「融入」。對於從「生命的全局性」與「主體品質的終極提升」兩層來看待旅遊，則顯得過於「深奧」和「理想化」。既如此，本文所詮釋之人文關懷能否最終融入旅遊活動而達成文化品質之再生？其可行性又有多少？下文分而論之。

其一，這是典型的良性再生思路。結合南傳佛教地區的文化傳統及其鋪開效果來看，從一般性的「人文常識利用」提升到「全局性生命觀」和「主體終極品質」，必然是當前乃至今後南傳佛教地區旅遊文化品質的主要發展路向、基本指導思想。南傳佛教人文關懷所蘊含的全局性、一體性、和諧性的生命觀，從全新的視角審視了旅遊與人的存在、價值之間的密切關係。這種發展思路是可持續的、多維性的、生命化的，能夠從客觀上解決產品開發的單維性、文化發展的非持續性、對西方傳統的迎合性、主體對旅遊認知的淺層性等問題。當前南傳佛教地區的旅遊業無疑正處於收效良好階段，但生態損耗過大、後繼乏力、當地居民觀念物化、客流逐漸減少等負面效應已經出

現。必須及時調整思路，尋求長遠發展。對於長期依賴旅遊業作為經濟支柱的當地來說，一旦旅遊陷入困境，必然引發極為嚴重的「骨牌效應」。在此意義上，「可行性」毋寧說是「必要性」。

其二，其基本理路是「呈現本有」，而非「強力注入」。正如南傳相應部之經典《大篇》云：「希求喜悅、斷諸欲、無所有，賢者去心垢而淨己。於菩提分正心善修以欣無取棄執著，有光輝之漏盡者，於現世般涅槃。」〔註20〕以及本文是在現有基礎上「滌清身心」，為既有資源旅遊置換一個全新的「內驅程序」，而非推倒重建，亦非倒退復古。一方面，這種人文關懷的實現有先例可循。如南傳佛教地區的民風在歷史上一直處於平和、淳樸、生態的狀貌，這其實便是南傳佛教新生命觀和主體品質昇華的體現。我們現在要做的就是反思與重現。另一方面，南傳佛教地區的生態、人文是一個非常龐大的資源庫，本來就具有良性的自我循環與整合能力。近些年的隱顯憂患，主要是近現代工業文明的一維性、進攻性思維所導致的結果。對此做出一定的調整、反思、重整，便可初見效果。人們熱衷於旅遊，其實是對其特殊內蘊、意義價值、人文深度等的認可。而南傳佛教人文關懷的理論與實踐體系，無疑正是強大的內在保障，其理論意義和實踐價值永不會枯竭。

其三，以具體旅遊文化產品構想為證明。南傳佛教地區的旅遊項目早已難以計數，我們還有必要更添波瀾？如果按照良性再生之理路開發設計，這種旅遊產品實際上是對生態、旅遊，甚至是人心的拯救，永遠也不會嫌多。此處以在西雙版納Ａ地建立一個「珍稀樹種博物館」為例〔註21〕。一般而言，博物館只針對於歷史遺跡，對象多是無意識生命的「文物」等，「珍稀樹種博物館」限於樹木生長的自然性，確乎很難落實。但這正是南傳佛教人文關懷之精神、視野結合地方特色所催生的新型而又良性的旅遊創意。

假設〔註22〕：在西雙版納景洪市遠郊 Ａ 地，某旅遊集團競得一塊 3000

〔註20〕《大篇》，雲庵譯，《漢譯南傳大藏經》第 17 冊，元亨寺妙林出版社，1993年，第152～153頁。

〔註21〕西雙版納猛侖植物園已有「珍稀植物博物館」之基本構想與實施，因其地處國家五Ａ級自然景區，有非常豐足的外部投入來保證對之實施保護並漸漸走入良性發展。但它顯然並非本文所說「南傳佛教人文關懷式」的旅遊範式。筆者認為此博物館實可考慮借鑒本文所推重的人文關懷實踐，增強其南傳佛教人文關懷內蘊，實現一種多維性。

〔註22〕出於論述重點考慮，此案例僅用以佐證本文所說的「可行性」，其具體步驟、數據、科學管理運營等一切細化內容不在此文中詳說。

餘畝的荒地，面臨重新規劃、開發。一般而言，這樣的土地早已被用來種植橡膠林，做短期的經濟收成。〔註23〕但出於更久遠的文化、經濟、生態考量，我們將之規劃為「珍稀樹種博物館」。其基本特徵是：種植珍稀樹種、具有純野外開放性、以博物館的思路來經營。

目前的西雙版納，許多珍稀樹種已滅絕或瀕臨滅絕，但當地的氣候又非常適合多種珍稀植被生存。我們採取的對策是在不影響其餘林區生態的前提下統籌規劃，或移栽、或培育，3000 餘畝山地全部種植珍稀植物。並建立資料庫，對每一株珍稀植物的特性、價值、成長等均做詳細記錄，用以展示。

此博物館的管理機構，以「夏安居禪修體驗苑」的形式設在其中，請南傳佛教有德行之高僧入住，以形成南傳佛教氛圍與實質。正如小部《法句經》所說：「於村落森林，平地或丘陵，阿羅漢住處，其地則可愛。森林其可愛，眾人所不樂，彼喜離欲樂，不求諸欲樂。」〔註24〕較為著名的南傳佛教禪修苑經常設在雨林中，本身就體現了尊重生態、與自然融為一體的南傳佛教生命觀。在此形式和內容下，此博物館形成了主客之互動、依賴、一體化及與南傳佛教修持相結合的特徵。

無疑，這些珍稀樹種的成長與當地生態恢復需要一個較長週期，或 10 年甚至更長。〔註25〕這意味著長期的資金投入和心靈忍耐。但是，這種南傳佛教人文關懷的貫徹，首先即是對當前急功近利、短平快開發意識的反思和警醒。〔註26〕其次，作為參觀性用途的珍稀樹種之經濟回報率非常高，尤其是

〔註23〕 為實現更高經濟創收，當地很多林木被砍，代替以橡膠樹，但橡膠樹同時又是土地「榨汁機」，對土地的傷害性非常大。這是西雙版納生態遭受重創的原因之一。

〔註24〕 《法句經》，悟醒譯，《漢譯南傳大藏經》第 26 冊，元亨寺妙林出版社，1995年，第 22 頁。

〔註25〕 此長週期源於上述案例是在「荒地」基礎上重建之特殊性，並不是每一個南傳佛教人文關懷式的旅遊產品都必須經歷較長週期，南傳佛教地區有許多已經非常現成的，只需要注入南傳佛教人文關懷元素便可步入良性發展的項目。

〔註26〕 從中亦可發現，以南傳佛教人文關懷作為當地旅遊文化品質再生的內推力是完全可行的。這種設計和整合終將顯現出以南傳佛教人文關懷為核心價值的旅遊文化之終極品質。現代社會風尚已陷入一種唯利主義，很多人已不懂其他生命價值而只會追求權錢。這正是我們倡導「南傳佛教人文關懷」的主要原因。但如果不做深刻反思警醒而繼續推行既有開發理念的話，有一點可以肯定：每一個旅遊產品的出現，必然都以生態破壞為巨大代價。

身處南傳佛教氛圍下的珍稀樹種，其旅遊收效甚至遠遠超過樹種本身的經濟、研究價值。故而這種綜合南傳佛教多維元素的旅遊項目，在西雙版納乃至所有南傳佛教地區均具備很高之可行性。

以上論述考慮到了項目特徵、設計原理、具體案例，是對南傳佛教人文關懷在旅遊品質再生中的詮釋與論證。這種再生具有自然資源、理論條件，是可長久持續的基本思路，在當代旅遊學建構和反思中，當能發揮其重要作用，進而展現出南傳佛教文化旅遊的終極品質。

此終極品質的內涵及形式到底如何？也是我們非常關心的問題。在本文看來，最為理想的旅遊品質，不但具有基本的放鬆觀光功能，還應有深層「生命安頓功能」和「審美顯現功能」。〔註27〕這是建立在「全新生命觀」和「有效人文關懷方法」上的理想結果。從哲學境界上來說，此為取消二元對立的如實之境。二元對立其實是觀念上的對立，如從本性的高度來觀照一切思維意識，則其運作之虛幻性便清晰解構。這意味著主客之間再無界限，唯呈現以生命之混合大化，自然而然。從生命存在上來說，彼時生命不但通達本性解脫，還和一切外境、生命形態取得了「本性」層面的鏈接，住於全局、和諧、一體之境，正如「知者樂水，仁者樂山」〔註28〕，自他生命是和諧、互利、相依共處的。從審美功能上來說，這是本性之美的自然綻化，一切生態壞境、旅遊活動、乃至旅遊主體都是佛性自在的如實「顯象」，即所謂「人間界之幸福，或神世界所有之悅樂，又涅槃所有之樂，亦一切由此『財寶』得」〔註29〕。基於此，該境界不再會被主體的惡意判別而影響、傷害，生命的痛苦、恐懼將會消解，從而安住於圓滿、自足。

現代旅遊無疑具有自己的特色與優勝，幾乎都屬於當地支柱產業，因此我們才重點探討、解決其發展過程中的一些非持續性缺陷，甚至防微杜漸，以促成其持續增長。南傳佛教地區的旅遊具有當地語境下的特殊性，但其旅遊產品也同樣面臨著尋找良性再生增長點的迫切需求。筆者認為，當前這種情狀，其實是人類觀念尤其是工業文明二元對立思維的具體表現。要解決這種對立，就必須深入到全局性的生命觀來重新審視旅遊，在充分展現南傳佛教人文關懷的同時，促成旅遊主體的高度自覺性，保持旅遊客體的完美自然

〔註27〕即「大美境界」：大者，「摩訶為大」，喻指本性；美者，本性顯象之美。
〔註28〕孔子：《論語·雍也》，見朱熹：《四書集注》，中華書局，1983年，第90頁。
〔註29〕《小誦經》，悟醒譯，《漢譯南傳大藏經》第26冊，元亨寺妙林出版社，1995年，第10頁。

性，最終達到人、境的一體化，既在旅遊活動中顯現了南傳佛教本旨，又安頓了旅遊主體自身。唯如此，才是尊重了南傳佛教的內在傳統，又實現了深度、良性、高效的旅遊品質再生。

第二節　南傳佛教的休閒美學思想及其現代價值探討——以雲南西雙版納的社會休閒生活為例

　　休閒美學之核心可從三方面來把握：「休」指生命的離欲化、有序化；「閒」謂生命的安頓化、從容化；「美」喻生命的圓滿化、審美化。〔註30〕唯如此，才能將休閒美學上升到關乎生命生息之價值高度，真正發揮其學科功能。據筆者梳理，南傳佛教包含大量休閒美學思想，更囊括了上述三方面內涵。在休閒美學研究呈上升勢態卻也遭遇瓶頸的今天，挖掘、闡釋南傳佛教的休閒美學思想不但對現代休閒美學是一種反思和促進，更可藉以觀照和整合社會人心，使勞碌盲目的生命真正休閒下來，以確證、品味、展現自身生命的存在意義。〔註31〕

一、無心之美：南傳佛教休閒美學思想的梳理

　　將南傳佛教休閒美學思想定位為「無心之美」有三層含義。
　　首先，南傳佛教「無心」建立一套休閒美學體系，所謂南傳佛教的休閒美學思想，乃是以現代休閒美學的學科視野詮釋其中相關內容。正如有學者說：

　　　　佛教本無意建立什麼美學，它很少正面闡述美學問題。然而，

　　〔註30〕毫無疑問，現代休閒美學的主要目的是放鬆、消遣、探討生命的意義，但筆者以為，若無文中所說的「三方面」視野，不但無法達到真正意義上的放鬆、消遣，更不可能實現對深層生命意義的確證。另外，本文所主張的休閒美學，首先是從本心的角度來定位休閒品級，其次是從具體可操作的實踐方法上來實現休閒目標。即，直接立足於生命超越、昇華以及終極人文關懷的實現來審視休閒美學。
　　〔註31〕南傳佛教無心建構一個休閒美學體系，卻含有豐富的休閒美學思想，這從其生命實相的圓滿之美、生命運作的形式之美等方面可以探知。崇奉南傳佛教的西雙版納各族在其休閒生活、社會文化中體現和延伸了這種特質，甚至內化而展露為獨特的「柔勝之美」。言下之意，南傳佛教休閒美學思想雖曰「休閒美學」，探討的卻是超越形式而關乎生命存在、運作、提升的根本性問題。故而此休閒美學的核心，實為「生命之美」。它所承載的，乃是一種實踐人文關懷、化解身心問題、成就圓滿人格的理想生命價值。

佛教經典在闡發其世界觀、宇宙觀、人生觀、本體論、認識論和方
法論時，又不自覺地透視示出豐富的美學意蘊，孕育、胚生出許多
光芒耀眼的美學思想。〔註32〕

　　既然無意建立一門美學，自然也就無心建立一門更為細緻的休閒美學。
但是，南傳佛教思想體系中又時常展現出有關休閒美學的諸多深刻論述和精
彩案例，值得一探究竟。客觀地看，休閒美學思想只不過是南傳佛教「生命
大義」的附屬物，在表述上顯得非常零散，並無「休閒之美」的專門針對性。
不過也正因為是附屬物，南傳佛教的休閒美學思想才未以「美」為最終目的
而侷限於休閒美學自身，其理論前提亦非休閒美學學科的理論前提而是更為
多維的、深刻的南傳佛教視野。由此，既比照出了現代休閒美學自身看不到
的某些侷限，又造就了南傳佛教休閒美學思想的多維意趣和深度內涵。故將
其休閒美學思想歸納、詮釋出來，實可獲得一些非常珍貴的參考價值。

　　其次，南傳佛教的休閒美學思想必須通達「無心」的高度才能展現出其
終極之美。「無心」，指不被心識諸業所障礙，智慧顯用之自在境。真正的「休
閒」，實際上是「心閒」。為什麼需要「休閒」？一般而言是身心過於疲憊，
需要轉換形式調整放鬆。而南傳佛教所看到的顯然更為深刻，其理論直接將
「心不能閒」的根本原因追溯到了人心的本能欲望——有所求馳，即打亂了
生命的寧靜程序，閒不下心來。如長部經典《大緣經》即以「緣起聚集之說」
來闡明這種道理，云：

　　　　如是緣名色而識生，緣識而名色生，緣名色而觸生，緣觸而受
　　生，緣受而愛生了，緣愛而取生，緣取而有生，緣有而生生，緣生
　　而老死生，緣老死而愁、悲、苦、憂、惱生。如是有一切苦蘊之
　　集。〔註33〕

　　大意是「苦」的聚集發端於人心執迷「名色」繼而引起的連鎖反應。「有
心」，便意味著「有苦」，實際上，人心無時無刻不在紛亂盲動——永不能休
閒。按照上述道理，只有讓紛亂的心停歇、安住下來，才有真正的休閒，才
有休閒之美的發生。那麼，如何才能真正「閒下心來」？據南傳佛教的論述，
唯有實現生命的涅槃清淨，才無內心之亂。南傳中部《無戲論經》中，佛陀
以講述「無戲論」的方式詮清了這種「閒心」之清淨解脫境，云：

〔註32〕祁志祥：《佛教美學》，上海人民出版社，1997年，第3頁。
〔註33〕《大緣經》，《南傳漢譯大藏經》第7冊，第3頁。

彼由如是知、如是見，由欲漏而心解脫，由有漏而心解脫，由無明漏而心解脫；於解脫，有「已解脫」之智。彼知「生已盡、梵行已立、應作已作，不更受此輪迴之狀態」。居士等！此謂不使自己苦、不專修使自苦之行；亦不使他苦、不專修使他苦之行。彼不使自苦，不使他苦，於現法無貪欲、達涅槃、清涼、感受樂，由自己成為最高者而住之。〔註34〕

「戲論」即一切名言、分別、對立，既「無戲論」，便意味著已經「由欲漏而心解脫，由有漏而心解脫，由無明漏而心解脫」，最終「於現法無貪欲、達涅槃、清涼、感受樂，由自己成為最高者而住之」。這種「無心」，非謂無一切心念，而是如《般若波羅蜜多心經》中所說：「是故空中無色，無受想行識，無眼耳鼻舌身意，無色聲香味觸法。無眼界，乃至無意識界。無無明，亦無無明盡。乃至無老死，亦無老死盡。無苦集滅道，無智亦無得。以無所得故，菩提薩埵。依般若波羅蜜多故，心無罣礙。無罣礙故，無有恐怖，遠離顛倒夢想，究竟涅槃。」〔註35〕謂已安住於涅槃的「無」一切心，喻指真心呈現妙用，生命不再被一切業惑所主宰。

這種「無心」之境，一方面顯現出了涅槃本性的寂靜、圓滿、自足之美，另一方面又因無心念之染著，萬物色相得以自然呈現其本來面貌，浸透了解脫、清淨之純美意識。在這一「無心」之境，生命停歇於無所執求，是以才「休」，才「閒」，才「美」。

再次，「無心」成就的夏安居休閒之美。說清了南傳佛教休閒美學思想的涅槃解脫高度，我們最關心的是如何實現這種「無心之休閒」。關於這一點，南傳佛教同樣於「無心」之間創造了一種美之絕勝——夏安居。夏安居可認為是僧團達到「涅槃無心之美」的修持手段。從淵源上講，結夏安居〔註36〕

〔註34〕《無戲論經》，《南傳漢譯大藏經》第10冊，第171頁。

〔註35〕《心經》，《大正藏》第8冊，第848頁。

〔註36〕佛光山主編之《佛光大辭典》對「夏安居」有較為清晰的解釋：意譯為雨期。為修行制度之一。又作夏安居、雨安居、坐夏、夏坐、結夏、坐臘、一夏九旬、九旬禁足、結制安居、結制。印度夏季之雨期達三月之久。此三個月間，出家人禁止外出而聚居一處以致力修行，稱為安居。此係唯恐雨季期間外出，踩殺地面之蟲類及草樹之新芽，招引世譏，故聚集修行，避免外出。四分律刪補隨機羯磨疏卷四，解釋安居之字義，即形心攝靜為安，要期在住為居。安居之制始行於印度古代婆羅門教，後為佛教所採用。於長阿含卷二遊行經、佛本行集經卷三十九等中，記載釋尊與弟子安居修行之事蹟。僧伽羅剎所集

源於印度，因印度春夏雨季較長，約三個月，於是僧伽對此進行了專門的修持設計。不但可以避開雨季來臨時對外活動的不便，還可不誤傷雨季之有情無情眾生，又可長時間集中閉門修行。此夏安居傳統也分別傳到中國三大語系佛教中。後印度佛教覆滅，而漢傳、藏傳佛教雖有夏安居之舉，所處地區春夏卻無長達三個月的雨季，故而最後，夏雨安居竟然被南傳佛教演繹成了其獨特的派別色彩。每年春夏，雨季來臨，在濃鬱的雨林季雨林氣息中，南傳佛教必然會舉行夏安居修持。這種夏安居充分地體現出了南傳佛教的休閒美學思想：一者，僧團休歇於佛法修持之間〔註37〕，安住於佛法之寂滅，一時間任由萬事萬物自生自落；二者，僧團回歸於森林之靜穆，與濃鬱的雨林氣息融於一體，完整地展現了生命之廣大、生機；三者，這是僧團的一種生活方式，具備休、閒、美諸種要素，南傳佛教將休閒之大美境界貫穿於生活之中，體現了其休閒美學思想由內到外的休閒精神、休閒氣質、休閒情調。

　　以上是南傳佛教休閒美學思想的內容概略，其精神不同於一般意義上的放鬆觀光，而是帶有修持解脫、生命安頓之實質。所謂「無心」，乃建立在對自心調訓、觀照的基礎上，是生命本心之確證、呈現與安住。正因如此，南傳佛教才形成了一種具有深層美感的休閒氣質，這種氣質甚至浸透、外化至南傳佛教地區一切民族之文化、生活、修行細節中。

　　經卷下等，則列舉出釋尊於四十五年間坐夏之地名。關於釋尊在成道後與弟子第一次舉行安居之地點，諸經典所說不一，然一般多以鹿野苑為第一次安居之所在。又據善見律毗婆沙卷三載，阿育王之子摩哂陀與諸比丘在錫蘭支帝耶山之迦那迦室坐夏三個月。至今錫蘭等南方佛教諸國仍依照律之規定而行安居之制。

〔註37〕這種修持的具體內容、方法，可參考應部有偈篇之《婆耆沙長老相應》云：「其時眾多婦人為參觀精舍，裝飾打扮而來阿蘭若。時尊者婆耆沙，見彼等婦人而生不快，貪欲污其心。時尊者婆耆沙如是思念：「我心生不快，貪欲污我心，對我實是其悲痛。別人無從滅我心之不快而令愉悅。我自滅我心之不快、令生愉快。」時，尊者婆耆沙，自滅自己之不快而生愉悅。(《婆耆沙長老相應》，《南傳漢譯大藏經》第13冊，第312頁。)按照經文的描述，通過這些「思念」之校正法，尊者婆耆沙解除了不快，最後心生愉悅。這是典型的心靈反省、安住，對「我心」之破除。但是顯然，這還不足以到達「無心」之涅槃。真正的「無心」須是最徹底的心解脫，如：「有為路盡無憂患，一切（煩惱）已解脫，斷盡一切之繫縛，此人已無憂苦惱。」(《法句經》，《漢譯南傳大藏經》第26冊，第22頁。)

二、柔勝之美：南傳佛教休閒美學思想在具體民族文化中的體現與延伸

「柔勝」是南傳佛教所展現出的獨特休閒美學屬性，唯有立足於甚深解脫的偉大思想體系才能夠孕育出這種充滿心靈休閒歸屬的美學特質。此柔勝之美，不但融含在南傳佛教的思想體系中，還凝聚、浸透於南傳佛教地區的各民族文化上。我國西雙版納地區的總體文化特徵便是「柔勝」，以下結合其休閒特質來對南傳佛教的休閒美學思想展開詮釋。

首先，西雙版納的民族文化具有休閒性格。西雙版納以傣族為主，絕大部分人信仰南傳佛教。其文化性格直接表達了南傳佛教價值觀，也多方位體現了一種休閒性格。從民族直觀形象以及文化表徵形式來看，傣族可能稱得上是最柔順的民族。這並非判定其民族性格軟弱，而是說，他們尊崇南傳佛教的基本價值理念，直至融化於血液、貫徹於生活：

> 和諧、溫情，愛，構成了傣族原生文化的精神物質。所以，在亞熱帶森林眾多的動物中，傣族選中馴良的大象，優美靜嫻的孔雀為吉祥和美的象徵，將自己對和諧、美、愛的信守和追求灌注到這些本身便具備了如此品質的對象上發揚光大。〔註38〕

在佛教尚未傳入之前，傣族就具備非常柔順的休閒型性格，〔註39〕但南傳佛教的傳入，讓這種「柔順」上升為「柔勝」，更加純淨、深邃、牢固。可以這樣理解，南傳佛教實際上是整個西雙版納民族的內在生命價值依據，是其民族休閒性格的源頭活水、深層蘊藏：「小乘佛教主張從宗教道德修行實現自我解脫，為達此目的，一生追求寂靜無爭的和諧恬適的生活環境和精神境界。有形的宗教行為主要體現在『賧』，即對佛的貢獻上。傣族在接受小乘佛教時，一方面因其和諧寧靜修德行以至善的精神吻合併加強了本民族原有的品質，一方面又將自己重視生命，肯定現世以及一種亞熱帶溫情脈脈的愛戀與生命氣息灌注到佛教信仰中。」〔註40〕此處並非力圖證明西雙版納社會的

〔註38〕李旭：《小乘佛教與傣族美學思想》，《民族藝術研究》，1991 年第 4 期。
〔註39〕據考古發現，傣族先民在新石器時代就生活居住在今天傣族聚居的德宏、西雙版納一帶，在熱帶亞熱帶森林中，和風細雨、潮濕溫暖的氣候，滿目綠色、相輔相助的生態與充足的採集、狩獵經濟環境，使傣族的民族性格、精神氣質一開始就趨向和諧、溫情。（李旭：《小乘佛教與傣族美學思想》，《民族藝術研究》，1991 年第 4 期）
〔註40〕李旭：《小乘佛教與傣族美學思想》，《民族藝術研究》，1991 年第 4 期。

「佛學休養」之高深，相反，「他們學習經典方面的知識較少，在實踐方面的較多。他們的佛教只是注重寺院禮節、儀式程序、慶典過程，而非標準佛教深奧的、哲學的教義。」〔註41〕筆者想著力說明的是，南傳佛教的精神已經內化為一種深層積澱，浸透於傣民族的文化性格中，形成了一種天性休閒的審美文化性格。這種性格在傣族文學、繪畫、音樂、舞蹈等領域中都體現得淋漓盡致。當然，也最為充分地體現在西雙版納社會的日常生活中。

西雙版納各民族善於把生活休閒化、享受化，自由閒散，優哉游哉，日常生活中還會自發地組織各種休閒活動。例如，當地傣族就在日常中形成了一種特殊的「社會群體」——老庚。傣族人同歲之間互稱「老庚」，「老庚」文化可視為傣族社會的隱性休閒交流網絡：平日裏，老庚之間吃喝玩樂，經常組織一些休閒活動，如對歌、喝酒、下棋，或是相約爬山、釣魚等。這些活動已經沒有生存的壓力和目的，而純粹只是為了聚在一起放鬆玩耍、相互分享。而當其中某人遇到什麼困難時，其餘老庚便會自動發起幫助舉措。其餘民族受當地文化的影響，同樣也形成了以閒散為目的的休閒文化性格。與現代都市生活的快節奏相比，西雙版納各族人可謂天生就善於把生活休閒化、享受化，在遊戲作樂之中又不失人文涵養，在放鬆身心的同時也提升心靈品質，他們的生活體現了高度的休閒美學品格。

其次，西雙版納的民俗節日具有休閒實質。按照絕大多數理論的解讀，節日的基本含義和精神主要是狂歡、發洩，西雙版納的各種節日無疑也具有這些元素。但即使這樣，其中所展現出的精神實質更多還是各民族對南傳佛教的信仰以及對南傳佛教休閒精神的詮釋。有學者描述道：

> 傣族節日一般是以這樣的情形而展開：節日從祭神開始而以人的盡情歡歌勁舞結束，整個過程是以人的激情歡暢為主旋律，在神聖的氛圍中充滿著狂歡的情調。在這個過程中，人的積極性及其熱情洋溢的精神狀態又是以其強大的精神力量作後盾的，這個精神力量就是由其堅定而虔誠的信仰來支撐的。〔註42〕

引文所說「虔誠的信仰」即對南傳佛教的信仰。西雙版納傣族的大小節日極其繁多，大型的有潑水節、開門節、關門節等，小型的如祭宅神、樹神、

〔註41〕譚樂山：《南傳上座部佛教與傣族村社經濟——對中國西南西雙版納的比較研究》，趙效牛譯，雲南大學出版社，2005年，第66頁。
〔註42〕吳之清：《論傣族節日慶典與南傳上座部佛教的關係》，《雲南民族大學學報》，2011年第3期。

井神等。無疑，這些節日中還傳承有很多的原始宗教儀式，但從其精神內涵來看，經過長期的鬥爭、融合，這些儀式已經「南傳佛教化」了，幾乎可說是完全以體現南傳佛教的基本精神為主。並且，這些節日本身已成為西雙版納佛教的重要構成元素。

就以人們最為熟悉的潑水節來說，其文化內涵已演化成「浴佛」、「潑佛」，佔有很大的信仰比重。從傳統的潑水節儀式來看，潑水節開始的當天早上，信眾都會到總佛寺滴水祭祖、祈福，由二佛爺級別以上的僧人為信眾滴水誦經，再用採集來的水灑在佛像上進行「浴佛」。浴佛結束後，才開始盛大的休閒狂歡活動。建立在信仰基礎上的潑水節本身就含有洗去煩惱、疾病、憂苦等現實意蘊，又與祭拜神佛，祈求平安、健康、豐收等宗教含義相關，在這樣的節日形式中，人心是與神佛相通相繫的。但是顯然，現代西雙版納社會，「潑水」才是潑水節的主要內容，如此神聖的信仰內涵，經長期的內化，當地民族已選擇以輕鬆、歡樂的形式來完成，如潑水、賽龍舟、跳象腳舞等休閒歡慶成分的加入。西雙版納各民族在自由、忘我的熱情中，全身心投入於歡慶活動，人與活動融為一體，生命的激情與美通過活動本身展現得淋漓盡致。實際上，此即最為活潑的休閒活動、休閒精神。近些年越來越多國內外遊客都選擇在潑水節到西雙版納，這證明這種帶有宗教意蘊的休閒方式已經獲得了超民族界限的廣泛認同。

又如富有傣族休閒特徵的「擺」儀式。「『擺』是傣族中盛行的一種佛教慶典，是所有傣族人共有的活動，是許多佛教儀式的一種，它是指一種以拜佛、獻供為核心成分組織起來的、帶有集體聚會和歌舞娛樂內容的儀式。不過，在日常生活中實際使用上，一般的意義又已經有所泛化：除了拜佛、獻供的集體儀式以外，一般的所謂節日也被稱作擺。」〔註43〕「擺」的程序主要分獻祭貢品、向神佛祈福和舉行各項歌舞三部分。至於種類，有趕擺、望擺、帕嘎擺、湯姆擺、擺趕多、擺廣姆塞等。「擺」作為一種祭拜神佛、祈求福德的儀式，天然就具有歡慶的氣息，因此，一家做「擺」則親朋好友都會前去「趕擺」、「望擺」，道賀助興，歌舞歡慶。「擺」雖然是一種佛教儀式，但人們的歌舞歡慶活動是其中的「重頭戲」，如象腳舞，參與者在富有節奏的鼓鑼聲和舞姿中得到了心靈的淨化、身心的愉悅，在群體舞、祝福歌中獲得

〔註43〕陳鴻、王葵：《論傣族「擺」中的休閒娛樂健康觀》，《東華理工大學學報》，2009 年第 2 期。

了休閒和審美。從這個現象可以看出，南傳佛教在傣族世俗人心中絕不是高深的哲學境界、神聖的出世意識、沉重的道德儀律，西雙版納人在信仰其內在精神的前提下，將南傳佛教的氣色延伸、融合到了世俗生活的各個角落，創造了休閒之美，也在體驗、享受休閒之美。

以南傳佛教為基本文化傳統的西雙版納經過南傳佛教的浸潤後，非常明顯地突出了南傳佛教休閒美學的思想特質。從上文對南傳佛教休閒美學思想的宏觀梳理，到結合西雙版納各民族文化所展現出的南傳佛教休閒美學特性的微觀分析，可獲知南傳佛教的休閒美學思想並不是一種孤立獨在的理論教條，而是具有現實深度的，可以提供一種生活方式、生存價值的深刻思想見地。既然這種休閒美學思想的理論模式如此深刻有效，我們能否再進一步，以充分挖掘、詮釋其現實價值呢？

三、生命之美：南傳佛教休閒美學思想的現代價值

目前學界對南傳佛教的探究已呈多維度態勢，從休閒美學角度開詮其現代價值也是一個熱點。筆者認為，南傳佛教休閒美學思想所提供的價值並不侷限於休閒理論、休閒方式，更重要者應該是生命的休歇、淨化功能。由生命之安歇、超越而綻放出的生命美學意義，方可謂之「生命之美」。就筆者的整理與推演來看，南傳佛教休閒美學思想在以下三方面具有重要價值。

其一，提供人文關懷價值。南傳佛教休閒美學之美並不在於創造了多少休閒娛樂項目，而在契入解脫空慧，關注人類的自身存在和價值提升。這一層面上，南傳佛教休閒美學思想的背後實際上是一個龐大的價值系統，重心是對生命本質的深刻認知。目前的人文關懷境況是令人擔憂的。廣義上講，人文關懷價值的提倡始於西方文藝復興，一直以來都是令人有所期待的提升人類品質的主要思路。但從其落實效果來看，人文關懷普遍還是落到了以人類欲望本能實現為關懷。最具說服力的證據就是以工業文明的物質性思維為主要路向的向外逐求，而內向型自我反省、安頓的價值關懷非常薄弱，即使是南傳佛教地區所盛行的休閒方式也難免透露出這種弊端來。例如，以南傳佛教人文關懷為名目的休閒娛樂、旅遊觀光項目層出不窮，或朝聖禮佛進香，或遊覽寺院佛塔，或觀賞壁畫佛像。然反觀群體性社會心態，「人文關懷」的介入效果並不明顯。其核心原因即在於諸人文關懷實踐未建立在深度生命觀基礎上，這樣的人文關懷是沒有理論與實踐根基的。

實際上，南傳佛教休閒美學思想具備佛教生命觀的「多維」價值基礎，

又具備多元、靈活的各種休閒形式，是內外兼取、頗具說服力的飽滿型理論。運用得當，實可作為我們貫徹、實現人文關懷價值的寶貴資源。對上述現狀的改觀，可多方面嘗試實踐南傳佛教的休閒美學思想。一者，可自覺融入民間，體驗南傳佛教精神之傳承。在西雙版納，傣家竹樓清幽靜雅、樹木掩映，天然一副畫圖。置身其中，或與當地傣族盡情對歌起舞，或靜靜聆聽屋外流水鳥聲，又或三五幾人圍著火塘，邊品味普洱茶邊聽上一段傣家的佛本生故事。這就是最樸實、最休閒、最令人忘憂的人文關懷去處。二者，可自覺參加內觀禪的實踐體驗。如西雙版納景洪市曼聽寺的法樂禪修園每年都組織禪修參學，也初見成效。正如夏雨安居，借著心靈的浮動難安，和屋外的綿綿雨季，從此放下一切牽掛，默默數息內觀去。偶然休歇，又可品茗吃齋、讀經禮佛。而休閒之美，正在這心念寂靜，清淨安寧之間。

其二，立足生命安頓，解決各種身心苦楚。正如前文所述，一般意義上的休閒美學無法達到徹底化解身心苦楚的功能。休閒美學本也不應僅僅立足於消遣放鬆，我們對休閒美學的定位，應當立足於各種生命問題的化解和終極生命的安頓。這一點，可具體從西雙版納資源的運用中得到一些啟示。一方面，靈活運用自然靈性對主體之消解功能。例如，森林氣息即能夠容納、契合生命的安歇。在與大自然的交流中，主體所構築起的自我藩籬會自動瓦解，正所謂「鳶飛戾天者，望峰息心，經綸世務者，窺谷忘返」〔註44〕，身心的各種問題會在不知不覺中得到調順。設若進入「野象谷」景區，行走於長長的森林行道，吸收大自然的潔淨、通脫，此時還何來「人我」？另外，這種思路源於南傳佛教的生命交融涅槃境。但如果只有進入森林才能化解身心諸苦，那這種休閒美學理路就是不徹底的，因為人終究還是存活在現實社會中。基於此，我們可以變通地運用南傳佛教人文關懷的一些實踐方法來輔助「休閒」，如佛經所說之「入出息念」：

> 諸比丘！對入出息念修習、多修者，則有大果、大功德。諸比
> 丘！云何於入出息念修習、多修者，則有大果、大功德耶？諸比丘！
> 於此有比丘，往阿蘭若、往樹下、往空屋，結跏趺坐，以身正持，
> 修念於現前，正念而入息、正念而出息。〔註45〕

〔註44〕吳均：《與宋元思書》，見袁行霈主編：《古代十大散文流派歷代名篇賞析集成》上冊，中國文聯出版社，1988 年，第 509 頁。

〔註45〕《大篇》，《南傳漢譯大藏經》第 18 冊，第 166 頁。

這是強調對自身進行觀照之內觀禪法，其中所談到的「往阿蘭若、往樹下、往空屋，結跏趺坐」，既是休，也是閒，還是美。還有，我們可以運用南傳佛教的心理治療原理，主動反觀形成身心問題的深層原因並化釋之，以真正實踐休閒美學。從心理治療的角度來看，「南傳佛教的認知療法是使人透過現象看本質的行為方式，相當於給信徒一雙慧眼，不再霧裏看花，讓信徒考慮問題不僅要知其然，更要知其所以然。在佛教的認知體系中，不是簡單地告訴人們對與錯的界線，而是用一種事物是普遍聯繫的觀點，用緣起論，解釋著事物發展的規律，即通過現在表現出的現象，能清楚的認識到事物的過去，並能推算出將來可能會造成什麼樣的結果。雖然世事無常，但找到了規律，就會發現，一切發生的都是合理的，條件達到了，該發生的就會發生。南傳佛教用這樣的認知方法，調節著傣族人的心理，使失衡的內心，逐漸恢復平靜。」〔註46〕東方傳統思想與西方現代理念結合，將南傳佛教休閒美學的核心智慧活用到現實生活問題的解決中，最終達到對身心苦楚的自然解決，隨遇而安，毫無陰影。

其三，演化成一種成就理想人格的現代方法。在南傳佛教中，最高理想人格自然是佛陀，然後是阿羅漢。我們未必一定要以宗教的理想人格來比照自己，但卻可在南傳佛教式的休閒美學實踐中，具體落實對自身品質之反照、提升。在尊重、維護休閒對象的同時，以休閒的形式去除自身生命之疲憊、焦慮、困惑、侷限等，達到心靈的絕對自由，從而綻放出生命本性之美。在此意義上，休閒，實際上是一種提升生命境界之修行手段。而最具說服力的依靠「修行」而成就的完美人格，自然就是佛陀：

> 他現示了人類如何通過自己的不懈努力，可以獲得無上智慧和究竟覺悟，而不是把看不見的萬能之神凌駕於人類之上，也沒有把人類安置在順從神祇之地。這樣，他提高了人的價值。他說，無需依附外在的神或媒介作用的神祇人員，人類完全可以從生命的病苦中得以解脫，達到涅槃的永久快樂。〔註47〕

在佛陀身上，休者，休於究竟覺悟；閒者，閒於解脫無礙；美者，美於至上人格。據此而說，最深層的休閒美學，實際建立在人格的最終成就上，

〔註46〕秦竹、馬定松：《傣族南傳佛教心理調適方法與現代心理療法的相關性研究》，《雲南中醫學院學報》，2011 年第 6 期。

〔註47〕那爛陀長老：《覺悟之路》，學愚譯，山東人民出版社，1999 年，第 25 頁。

成就人格，始有真正的安歇之心、審美之心。關於這一理念，東西方都有共同的認識，美國的休閒學者約翰·凱利在《走向自由——休閒社會學新論》中提出了一個觀點：「休閒在人的整個一生中都是一個持久、重要的發展舞臺。休閒並非與主要的角色和投資網絡相割裂，相反，它常常以某種平衡與之合為一體。歷程的比喻是很恰當的，因為它提供了一條通往個人開放與自由的正確道路，而這種開放和自由是可以在休閒中找到的。」〔註48〕從修行中成就休閒，從休閒中成就人格，最終通往休閒之美、之自由。這可視為典型的南傳佛教休閒美學思想的詮釋。休閒應被理解為一種「成為人」的過程、手段。

　　至此，我們已可較為全面地來評價南傳佛教休閒美學思想：南傳佛教休閒美學思想並非現代學科意義上的休閒美學定位，然而它不但具有現代休閒美學的基本結構元素，還融合更為深廣的生命內涵。本文的論證即是從其生命內涵出發，梳理了其理論構架，歸納了其表達形式，闡述了其生命價值。從這種視角看，南傳佛教休閒美學思想既有涅槃解脫深度的生命圓滿之美，又有自足顯現形象的生命飽和之美，其理論形態完全可作為現代休閒美學的借鑒、參照。尤其是在生命急於尋求出路的今天，論析南傳佛教休閒美學思想對於生命之安頓、昇華、顯現不失為一種有效探索。

〔註48〕〔美〕約翰·凱利：《走向自由——休閒社會學新論》，趙冉譯，雲南人民出版社，2000年，第136～137頁。

結　語

　　南傳佛教是佛教的重要分支，它與漢傳、藏傳佛教同為主幹構築起了佛教之宏偉大廈。相對而言，南傳佛教更多地保持了原始佛教的特點，千餘年來在東南亞南亞各國取得了輝煌的發展與成就，極大地影響著斯里蘭卡、泰國、緬甸、老撾、柬埔寨甚至中國等各國人民的精神世界和價值觀。一直以來，中國佛學界對南傳佛教的研究較為薄弱，其視角、成果也是以史類梳理為主，對南傳佛教內在精神如人文關懷及其實踐方面的探究非常少，這對於全面瞭解佛教並挖掘佛教對人類的積極作用方面是非常遺憾的。鑒於這種情況，本研究從南傳佛教的人文關懷實踐出發，探討了該領域的研究盲地並論述了它對人類現實生活的重要價值。

　　在內容上，本書主要從以下幾部分對南傳佛教人文關懷實踐進行了專項研究。

　　第一部分，提出了「南傳佛教大生命觀」的全新範疇並對之做了深入論述，之後各章的展開，實際上都是以此大生命觀為理論基礎、內在邏輯、價值取向而進行的。

　　第二部分，梳理了原始佛教時期的人文關懷思想與實踐以作為南傳佛教人文關懷的思想來源，強調南傳佛教和原始佛教之間在根本精神上的一致性並藉以對比出南傳佛教的獨特特徵。

　　第三部分，設置不同的章節對南傳佛教的人文關懷思想、人文關懷方法進行了考察。其中，本研究較為關注南傳佛教的四念住、內觀禪及其生命關懷本質與實踐特色，以證明「實踐」有方法可循、可用。

　　第四部分，重點挖掘南傳佛教人文關懷實踐的現代價值，分別從南傳佛教生命觀影響下的生態觀及其在現實中的人文關懷、南傳佛教生命教育實踐

中所體現的人文關懷、南傳佛教人文關懷實踐對改善心理狀況的獨特價值、南傳佛教人文關懷實踐對提升幸福指數的重要作用等方面進行了歸納、演繹，並強調了南傳佛教人文關懷實踐在現實生活中的運用。毫無疑問，南傳佛教人文關懷實踐可以對人們的生活產生重大影響。例如，在生態觀方面，南傳佛教的人文關懷實踐很大程度體現在其生命觀中，生命觀又影響生態觀，並影響到現實人生中的一系列相關實踐方法。在生命教育方面，南傳佛教包含著豐富的教育思想以及教育實踐案例，這些內容深廣地貫徹了其人文關懷精神。在對心理的改善方面，南傳佛教的修行實踐及一系列方法指透人心，不但對治療心理疾病有著實際效果，還對解決現代人類精神危機、實現生命超越的本懷有著不可估量的價值。在提升幸福指數方面，本研究首先評論了現代生活中的幸福悖論，其次分析南傳佛教人文關懷意義上的「幸福觀」，再談了四念住與內觀禪法對人生心理品質的改變、調適，最後從健康養生、心理調整、心智慧力、人生智慧四個方面分別論述對幸福指數的提升。

　　第五，以中國南傳佛教的重要傳播區域西雙版納為對象，分析西雙版納的南傳佛教發展現狀，提出相應的對策，並力求開發、利用這獨特的佛教資源。西雙版納地處我國雲南，屬於南傳佛教文化系統，在地域以及文化特色上非常具有代表性，這無疑是本課題研究的一個特殊案例。首先，西雙版納南傳佛教出現了信仰減弱、婚姻家庭矛盾突出、社會治安混亂、心理危機普遍等現象。其原因主要是現代文明的衝擊、現代南傳佛教的傳播侷限、南傳佛教終極人文關懷的缺失。在這種境況下，本課題探討了西雙版納佛教文化在現代轉型中的出路。佛教具有隨歷史變化而相應轉型的突出特點，但顯然，目前這一轉型尚未完成，反而被人誤以為過於消極並且受到了現代物慾大潮的衝擊。面對西方文化以及現代社會狀況，思考其如何轉化是一個重要內容。在這方面，泰國、緬甸、斯里蘭卡等國南傳佛教的轉型與重建是非常值得借鑒的。南傳佛教具有強大的生命力，即內在的人文關懷實踐重建意識，它成功地走向西方就是證明。這意味著西雙版納佛教必定可以煥發出更為強大的生機。其次，討論了雲南西雙版納傣族地區南傳佛教人文關懷實踐資源的開發前景。如何更為有效地開發南傳佛教文化是我們面臨的又一個重要課題，而南傳佛教人文關懷對旅遊文化品質的再生性、雲南西雙版納的社會休閒生活及休閒美學思想的開發是較有代表性和可加延伸的兩個重要方面。

　　在以上論述中，本研究一直強調自己最具特色的觀點——南傳佛教大生命觀。一切人文關懷的深度、廣度以及實際效果均取決於對生命的認知程度。換句話說，如果認為生命只是簡單的生理組織，那麼人文關懷顯然就只會停留在生理滿足上。若認為生命由身、心構成，那人文關懷的重點就落於同時滿足、維護身心感受。綜合來看，現代人文關懷的生命觀基礎基本上都是身心二元觀點，這有其積極性和可取處，但是，同時也暴露了很多問題。身心二元幾乎成了一切人文關懷的唯一理論基礎，在具體落實中，就身體而研究身體，就心理而研究心理均會限於自身，如何能出乎其外來正視身心的問題？南傳佛教的特殊性即在於還有超越身心而自在的涅槃境，它因此而看透身心的虛幻及如何影響、限制生命。本研究即牢牢抓住這一點，挖掘出南傳佛教的大生命觀。在大生命觀中，不但包含著透徹、終極的生命境界，更重要的是還有如何實現這種生命境界實踐方法，這可以視為南傳佛教的解脫論。從產生的一天起，南傳佛教就非常重視如何具體達成解脫，用現代語言來講，它更多體現在人文關懷實踐上。這是保證真正的人文關懷能夠實現的核心環節。本研究從原始佛教、南傳佛教的人文關懷實踐開始梳理，甚至專門分析了現代南傳佛教的發展尤其是在中國的發展現狀，以此來全面多維地把握南傳佛教的人文關懷實踐。

　　最終，課題組從以下幾點來總結和思考本研究：其一，南傳佛教文化中具有很豐富、具體的人文關懷理論和實踐價值。其二，本課題首次完成了系統的南傳佛教人文關懷的理論建構。其三，南傳佛教的人文關懷可以具體地運用於現實人生的建設，主要表現在健康養生、心理調整、心智慧力、人生智慧、提供精神家園等方面。其四，雲南省西雙版納州是一個南傳佛教文化的典型例子，但其南傳佛教文化正處於塌陷的邊緣，本課題深入研究該地區的南傳佛教文化，積極尋求其保護以及現代轉型適應。其五，從整個南傳佛教文化體系來看，它具有內在的適應力，現代國際社會中，它已經發揮了重要的文化交流和引領作用。這是我們值得深入探討的地方。總之，本課題的研究，在文化建設、人類心靈安頓，乃至社會安定和平、國家發展繁榮等方面有著直接或間接的重大意義。從研究內容、視角上來說，本課題實際上開創了一種以生命為價值觀的研究方式並且自成體例，是南傳佛教研究領域的重要嘗試。課題組相信，對於南傳佛教研究，這種視角會漸漸引起重視並有更多學者投入。但是，同時我們也很清醒，南傳佛教人文關懷實踐的研究不

可能是一個固定結論或僵化模式。原因在於：首先，南傳佛教的內容涉及從佛教產生到目前 2500 餘年間的成果，簡直是一個永遠無法被挖掘完的資源寶庫，我們的研究只是側重於其中某方面，不可能面面俱到。其次，南傳佛教的人文關懷實踐是一個流動的體系，它會隨著時代的變化而產生相應的「關懷實踐方式」，南傳佛教的發展實際上可被認為是佛教在不同歷史語境下的具體應對。再次，現代人身心不斷出現新問題，要認識、解決這些新問題，我們必須靈活運用甚至演繹南傳佛教的人文關懷實踐，這又會出現新的南傳佛教面目。所以，對南傳佛教人文關懷實踐的研究，本課題只是作了特定語境、視角下的思考與探索，至於更為全面、新穎和具有現實價值的研究，尚期待能有更多學者來參與、完成。

參考文獻

佛教經藏

1. 《雙論》，郭哲彰譯，《漢譯南傳大藏經》第 51 冊。
2. 《論事》，郭哲彰譯，《漢譯南傳大藏經》第 62 冊。
3. 《無礙解道》，悟醒譯，《漢譯南傳大藏經》第 44 冊。
4. 《梵網經》，通妙譯，《漢譯南傳大藏經》第 6 冊。
5. 《清淨道論》，悟醒譯，《漢譯南傳大藏經》第 67 冊。
6. 《律藏一》，通妙譯，《漢譯南傳大藏經》第 1 冊。
7. 《攝阿毘達磨義論》，悟醒譯，《漢譯南傳大藏經》第 70 冊。
8. 《法句經》，悟醒譯，《漢譯南傳大藏經》第 26 冊。
9. 《念處經》，通妙譯，《漢譯南傳大藏經》第 9 冊。
10. 《清淨經》，通妙譯，《漢譯南傳大藏經》第 8 冊。
11. 《相應部第二》，通妙譯，《漢譯南傳大藏經》第 15 冊。
12. 《長部第二》，通妙譯，《漢譯南傳大藏經》第 17 冊。
13. 《中部第四》，通妙譯，《漢譯南傳大藏經》第 12 冊。
14. 《相應部第四》，通妙譯，《漢譯南傳大藏經》第 16 冊。
15. 《中部第一》，通妙譯，《漢譯南傳大藏經》第 9 冊。
16. 《長部第三》，通妙譯，《漢譯南傳大藏經》第 8 冊。
17. 《律藏二》，通妙譯，《漢譯南傳大藏經》第 2 冊。
18. 《後五十經》，雲庵譯，《漢譯南傳大藏經》第 11 冊。
19. 《五十經》，雲庵譯，《南傳漢譯大藏經》第 16 冊。
20. 《無礙解道》，悟醒譯，《漢譯南傳大藏經》第 44 冊。
21. 《大念處經》，通妙譯，《漢譯南傳大藏經》第 9 冊。
22. 《小業分別經》，通妙譯，《漢譯南傳大藏經（中部經典四）》。

23. 《大篇》，雲庵譯，《漢譯南傳大藏經》第 17 冊。

24. 《大緣經》，《南傳漢譯大藏經》第 7 冊。

25. 《無戲論經》，《南傳漢譯大藏經》第 10 冊。

26. 《婆耆沙長老相應》，《南傳漢譯大藏經》第 13 冊。

27. 《小誦經》，悟醒譯，《漢譯南傳大藏經》第 26 冊。

28. 《雜阿含經》，《大正藏》第 2 冊。

29. 《阿毗曇毗婆沙論》，《大正藏》第 28 冊。

30. 《首楞嚴經》，《大正藏》第 19 冊。

31. 《增一阿含經》，《大正藏》第 52 冊。

32. 《心經》，《大正藏》第 8 冊。

33. 《中阿含經》，《大正藏》第 11 冊。

34. 《五燈會元》，《卍新纂續藏經》第 80 冊。

35. 元亨寺漢譯南傳大藏經編譯委員會：《漢譯南傳大藏經》，高雄：元亨寺妙林出版社，1990～1998 年。

36. 《經集》，郭良鋆譯，中國社會科學出版社，1991 年。

37. 覺音：《清淨道論·上冊》，葉均譯，華宇出版社，1986 年。

儒道經典

1. 王先謙：《莊子集解》，中華書局，1983 年。

2. 朱熹：《四書集注》，中華書局，2012 年。

3. 《老子》，樓宇烈校釋，中華書局，2013 年。

國內學者專著

1. 方立天：《佛教哲學》，中國人民大學出版社，1986 年。

2. 郭良鋆：《佛陀和原始佛教思想》，中國社會科學出版社，1997 年。

3. 順印：《順印佛學著作全集》，中華書局，2009 年。

4. 蕭平實：《阿含概論》，四川大學出版社，2011 年。

5. 劉小楓：《拯救與逍遙》，華東師範大學出版社，2014 年。

6. 陳兵：《佛陀的智慧》，上海古籍出版社，2006 年。

7. 陳兵：《佛教心理學》，陝西師範大學出版社，2015 年。

8. 哈磊：《四念處研究》，巴蜀書社，2006 年。

9. 弘學編著：《小乘佛教》，巴蜀書社，2010 年。

10. 季羨林：《原始佛教的語言問題》，中國社會科學出版社，1985 年。

11. 呂大吉：《宗教學通論新編》，中國社會科學出版社，1998 年。

12. 李四龍：《歐美佛教學術史：西方的佛教形象與學術源流》，北京大學出版社，2009 年。

13. 安樂哲：《佛教與生態》，江蘇教育出版社，2008 年。

14. 吳正榮、馮天春：《〈壇經〉大生命觀論綱》，人民出版社，2014 年。

15. 陳紅兵：《佛教生態哲學研究》，宗教文化出版社，2011 年。

16. 宋立道：《傳統與現代──變化中的南傳佛教世界》，中國社會科學出版社，2002 年。

17. 黃映玲：《生態文化》，雲南教育出版社，2006 年。

18. 王亞欣：《宗教旅遊與環境保護》，中央民族大學出版社，2008 年。

19. 王曉朝：《宗教學基礎十五講》，北京大學出版社，2003 年。

20. 劉岩：《南傳佛教與傣族文化》，雲南民族出版社，1993 年。

21. 李利安主編：《論藏名著選編·瑜伽師地論》，西北大學出版社，2005 年。

22. 江應梁：《擺夷的生活文化》，雲南大學出版社，1951 年。

23. 李佛一：《十二版納志》，正中書局，1955 年。

24. 淨空：《淨空法師文集》，四川省宗教文化經濟交流服務中心，1992 年。

25. 勞政武：《佛教戒律學》，宗教文化出版社，1999 年。

26. 樓宇烈：《中國佛教與人文精神》，宗教文化出版社，2003 年。

27. 高宣揚：《當代法國哲學導論》，同濟大學出版社，2004 年。

28. 鄭筱筠：《中國南傳佛教研究》，中國社會科學出版社，2012 年。

29. 苗力田主編：《古希臘哲學》，中國人民大學出版社，1995 年。

30. 吳之清：《貝葉上的傣族文明──雲南西雙版納南傳上座部佛教社會研究》，人民出版社，2008 年。

31. 張曼濤主編：《現代佛教學術叢刊·第 22 冊》，大乘文化出版社，1978 年。

32. 楊曾文：《當代佛教》，東方出版社，1993 年。

33. 洪啟嵩：《內觀禪法》，中國社會出版社，2004 年。

34. 祁志祥：《佛教美學》，上海人民出版社，1997 年。

35. 黃作：《不思之說──拉康主體理論研究》，人民出版社，2005 年。

36. 譚樂山：《南傳上座部佛教與傣族村社經濟──對中國西南西雙版納的比較研究》，趙效牛譯，雲南大學出版社，2005 年。

國外學者專著

1. 〔美〕肯·威爾伯：《一味》，胡茵夢譯，深圳報業集團出版社，2010 年。

2. 〔日〕平彰川：《印度佛教史》，莊崑木譯，商周出版社，2002 年。

3. 〔德〕艾克哈特·托爾:《新世界:靈性的覺醒》,張德芬譯,南方出版社,2008 年。

4. 〔英〕查爾斯·埃利奧特:《印度教與佛教史綱》,李榮熙譯,商務印書館,1982 年。

5. 〔英〕渥德爾:《印度佛教史》,王世安譯,商務印書館,2000 年。

6. 〔日〕龍谷大學編:《印度·中國·日本三國佛教史略》,吳華譯,中國佛教協會,1994 年。

7. 〔美〕威廉·哈特編著:《葛印卡老師所教的內觀:生活的藝術》(東方佛學文化資料叢書),成都文殊院印贈本,2001 年。

8. 〔美〕威廉·哈特:《內觀:葛印卡的解脫之道》,臺灣內觀禪修基金會翻譯小組譯,海南出版社,2009 年。

9. 〔美〕傑克·康菲爾德:《踏上心靈的幽徑》,易之新、黃璧惠、釋自鼎譯,深圳報業出版社,2009 年。

10. 〔印〕馬哈希:《回到你心中》,陳建志譯,中國長安出版社,2010 年。

11. 〔奧地利〕弗洛伊德:《精神分析引論新編》,高覺敷譯,商務印書館,1987 年。

12. 〔瑞士〕榮格:《榮格文集》,馮川、蘇克譯,改革出版社,1997 年。

13. 〔美〕泰勒·本·沙哈爾:《幸福的方法》,汪冰、劉駿傑譯、倪子君校譯,中信出版社,2013 年。

14. 〔德〕海德格爾:《存在與時間》,陳嘉映、王慶節合譯,熊偉校,生活·讀書·讀書三聯書店,1987 年。

15. 〔美〕達林·麥馬翁:《幸福的方法》,施忠連、徐志躍譯,上海三聯書店,2011 年。

16. 〔美〕大衛·格里芬編:《後現代科學:科學魅力的再現》,馬繼方譯,中央編譯出版社,2004 年。

17. 〔德〕弗洛姆:《健全的社會》,孫愷詳譯,上海譯文出版社,2011 年。

18. 〔美〕約翰·凱利:《走向自由——休閒社會學新論》,趙冉譯,雲南人民出版社,2000 年。

19. 〔印〕馬哈希:《內觀基礎》,2006 年校譯版。

20. 〔日〕生野善應:《緬甸的佛教》,羅晃湖譯,見山本達郎編:《東南亞的宗教和政治》,日本國際問題研究所,1969 年。

21. 〔美〕布萊恩·魏斯:《穿越時空的心靈治療》,黃漢耀譯,海南出版社,2011 年。

22. 〔德〕斯賓格勒:《西方的沒落》,齊世榮、田農等譯,商務印書館,1963 年。

23. 〔德〕雅斯貝爾斯:《歷史的起源目標》,魏楚雄、俞新天譯,華夏出版社,1989 年。

24. 〔印〕那爛陀長老:《覺悟之路》,學愚譯,山東人民出版社,1999 年。

25. 〔俄〕舍爾巴茨基:《小乘佛學》,宋立道譯,中國社會科學出版社,1994 年。

26. 〔美〕大衛·格里芬編:《後現代科學,生態學、科學和宗教:走向一種後現代世界觀,》中央編譯出版社,2004 年。

27. 〔希〕亞里士多德:《尼各馬克倫理學》,廖申白譯,商務印書館,2003 年。

28. 北京大學哲學系外國哲學史教研室編譯:《十八世紀法國哲學》,商務印書館,1963 年。

29. 北京大學西語系資料組編:《從文藝復興到十九世紀資產階級文學家藝術家有關人道主義人性論言論選輯》,商務印書館,1971 年。

30. Buddhadatta, Ambalangoda. *English-Pali Dictionary*. (Colombo: Buddhist Publication Society, 1955), p.1692.

31. Paul Tillich, *Theology of Culture*, Oxford University Press, 1959, P.7~8.

32. Paul Tillich, *Dynamics of Faith*, Happer & Row, Publishers, 1957, P.1.

33. Ven. Dr. K. Sri Dhammananda Nayaka Maha Thera, "What is the Faith of the Buddhists," Shuanglin Temple ed., *World Fellowship of Buddhists*, (Singapore: Singapore Shuanglin Temple, 1983), p.15. Translated from English into Chinese by paper's author.

國內外期刊論文

1. Lance Cousins, "The Origins of Insight Meditation", The Buddhist Forum, vol.IV, London: School of Oriental and African Studies University of London, 1996, pp.47.

2. Jordt, Ingrid. Burma's Mass Lay Meditation Movement: Buddhism and theCultural Construction of Power. Athens: Ohio University Research inInternational Studies, 2007.

3. Jon Kabat-Zinn (2011). Some reflections on the origins of MBSR, skillful means, and the trouble with maps. Contemporary Buddhism, 12 (1), 281.

4. Eleanor Roses, Book review for Western Seientists and Tibetan Buddhists Examine Human Nature., in Analyzes of Social Issues and Public Ppolicy. 2002. Vol.2. No.1.

5. Sharf, H. Robert. Buddhist Modernism and the Rhetoric of Meditative Experience, Numen Vol.42. 1995, p.260.

6. Krippendorf, Tourism in the System of Industrial Society, In Annals of Tourism Research, 1986-13, P.525~531.

7. 瑪格利特·黃:《緬甸佛教與王權》,《南洋問題研究》,2006 年第 2 期。

8. 林崇安：《內觀禪修的探討》，《中華佛學學報》，2000 年第 13 期。

9. 雷曉麗：《當代南傳佛教內觀禪修四大體系之對比性研究》，《中國佛學》，中華書局，2011 年。

10. 溫宗堃：《二十世紀正念禪修的傳承者：馬哈希內觀傳統及其在臺灣的發展》，《福嚴佛學研究》，2012 年第 7 期。

11. 溫宗堃：《當代緬甸毘婆舍那修行傳統之間的一個諍論——觀察過去、未來的名色》，《福嚴佛學研究》，2007 年第 2 期。

12. 黃夏年：《覺音的〈清淨道論〉及其禪法》，《南亞研究》，1989 年第 1 期。

13. 魏德東：《佛教的生態觀》，《中國社會科學》，1999 年第 5 期。

14. 肖平漢：《佛教慈悲心與環境生態學》，《世界宗教文化》，2003 年第 3 期。

15. 張一方：《佛學為體科學為用——從佛教文化生態學和循環經濟到現代社會》，《香港佛教》，2006 年第 549 期。

16. 高徹南：《南傳佛教與傳統傣族生態觀》，《海內海外》，2009 年第 10 期。

17. 淨因：《尊重生命 慈悲不殺（上）——「五戒的現代意義」系列講座之一》，《法音》，2000 年第 11 期。

18. 鄭筱筠：《內斂與外顯：全球化語境下的當代中國南傳佛教》，《佛學研究》，2010 年第 00 期。

19. 高徹南：《南傳佛教與傣族傳統生態觀》，《海內與海外》，2009 年第 10 期。

20. 鄭筱筠：《人類學視域下南傳上座部佛教的中國閾限理論分析——以南傳上座部佛教管理體系中的安章現象為例》，《思想戰線》，2010 年第 2 期。

21. 鄧曉芒：《當代人文精神的現狀及其出路》，《開放時代》，1997 年第 2 期。

22. 趙玲：《我國南傳上座部佛教倫理的作用與影響》，《法音》，2004 年第 5 期。

23. 王郁君：《南傳上座部佛教和原始宗教的有機融合——芒景村布朗族桑刊、茶祖節活動一瞥》，《思茅師範高等專科學校學報》，2009 年第 5 期。

24. 金少萍：《南傳上座部佛教與傣族的村社生活》，《西南民族大學學報》，2010 年第 9 期。

25. 秦竹、馬定松：《傣族南傳佛教心理調適方法與現代心理療法的相關性研究》，《雲南中醫學院學報》，2011 年第 6 期。

26. 王萌：《佛教的中道思想及其對和諧社會建設的意義》，《中南民族大學學報》，2012 年第 5 期。

27. 邵之茜：《佛教教育思想的當代價值》，《西安電子科技大學學報》，2006

年第 6 期。

28. 吳信如：《佛法之根本與佛法之分類》,《法音》,1994 年第 6 期。

29. 岳蓉：《泰國上座部佛教文化述評》,《雲南師範大學學報》,1996 年第 3
期。

30. 李音祚：《佛教修行的現代含義——心理及行為矯正》,《法音》,2009 年
第 10 期。

31. 左志南：《層層破除,直體真如——〈圓覺經〉關於佛教修行的論述及其
影響》,《中國宗教》,2011 年第 9 期。

32. 林欣：《試論南傳佛教的傳承》,《內明》,1995 年第 281 期。

33. 李曉年：《現代西方文明協調發展論之我見》,《學術探索》,2006 年第 6
期。

34. 夏雲陶：《命題作文「重建」導寫》,《作文與考試·高中版》,2013 年第
7 期。

35. 趙行良：《論老莊道家的人文精神》,《廣東社會科學》,2004 年第 3 期。

36. 黃夏年：《現代泰國佛教的活動及思潮》,《東南亞縱橫》,1992 年第 4
期。

37. 李勤：《近現代泰國佛教的世俗化趨向》,《雲南師範大學學報》,2011 年
第 6 期。

38. 趙世新：《泰國佛教現狀一瞥》,《東南亞研究》,1988 年第 2 期。

39. 鞏麗麗：《泰國佛教與芸芸眾生》,《文化萬象》,2012 年第 10 期。

40. 李晨陽：《佛教在當代泰國政治中的地位》,《東南亞》,1996 年第 1 期。

41. 吳雲貴：《互動中的宗教與人類社會——關於宗教現象的思考》,《中國社
會科學院研究生院學報》,1998 年第 4 期。

42. 李勤：《近現代泰國佛教的世俗化趨向》,《雲南師範大學學報》,2001
年第 6 期。

43. 鄭群：《緬甸映象》,《創造》,2004 年第 10 期。

44. 姜永仁：《論佛教與緬甸現代化進程》,《東南亞》,2001 年第 3 期。

45. 黃夏年：《現代緬甸佛教復興與佛教民族主義》,《東南亞旅遊》,1992 年
第 6 期。

46. 雋鴻飛：《論現代西方文明的生成過程》,《理論探討》,2005 年第 4 期。

47. 盧風：《現代西方價值觀與人類文明危機》,《道德與文明》,1999 年第 6
期。

48. 張志偉：《現代西方哲學對西方文明的反思》,《中共中央黨校學報》,
2007 年第 1 期。

49. 彭兆榮：《陽光下的陰影:現代旅遊的一種價值隱喻——東南亞旅遊發展

的思考與案例》,《創新》,2007 年第 3 期。

50. 桓占偉:《佛教旅遊文化內涵的認識誤區與正確解讀》,《邊疆經濟與文化》,2009 年第 7 期。

51. 馮天春:《論旅遊主體的價值需求層次——以藏傳佛教文化為背景》,《青海民族大學學報》,2013 年第 4 期。

52. 李旭:《小乘佛教與傣族美學思想》,《民族藝術研究》,1991 年第 4 期。

53. 吳之清:《論傣族節日慶典與南傳上座部佛教的關係》,《雲南民族大學學報》,2011 年第 3 期。

54. 陳鴻、王葵:《論傣族「擺」中的休閒娛樂健康觀》,《東華理工大學學報》,2009 年第 2 期。

55. 魏德東:《佛教生態觀》,《中國社會科學》,1999 年第 5 期。

56. 周寒麗、宋燕金:《社會文化變遷中的南傳佛教——以景谷縣大寨村南傳佛教「賧佛」為例》,《滄桑》,2014 年第 1 期。

57. 鄭曉雲:《社會變遷中的傣族文化——一個西雙版納傣族村寨的人類學研究》,《中國社會科學》,1997 年第 5 期。

58. 樂琰:《東南亞旅遊客流驟減,泰國客流已下滑逾 30%》,《西部時報》,2010 年 8 月 27 日,第 8 版。

59. 袁遠:《東南亞旅遊遇冷,韓國臺灣遭搶單》,《中國貿易報》,2014 年 5 月 27 日,第 8 版。

60. 肯尼斯‧K‧田中、張雪松:《美國佛教的新發展》,《中國民族報》,2013 年 7 月 2 日,第 6 版。

碩博論文

1. 陳玉霞:《西方文明的危機與出路——湯因比文明形態史觀研究》,黑龍江大學博士學位論文,2005 年。

2. 吳之清:《貝葉上的傣族文明——雲南德宏小乘佛教社會考察研究》,四川大學博士論文,2006 年。

3. 張志平:《泰國佛教的政治化——從宗教禮儀、功能、習俗上分析》,東北師範大學碩士學位論文,2007 年。

4. 雷曉麗:《現代南傳佛教內觀修習及內觀運動述評》,中國人民大學碩士論文,2009 年。

論文集

1. 雲南省民族學會傣學研究委員會／德宏州傣學學會編:《雲南傣族土司文化學術研討會論文集》,雲南民族出版社,2009 年。

2. 刀世勳編:《貝葉文化與和諧周邊建設》,雲南大學出版社,2011 年。

3. 鄭萬耕、李書有等編：《紀念孔子誕辰 2560 週年國際學術研討會論文集》，國際儒學聯合會出版，2009 年。

4. 秦家華主編：《貝葉文化與民族社會發展》，雲南大學出版社，2007 年。

5. 明生主編：《2010 禪宗六祖文化節研討會論文集》，宗教文化出版社，2011 年。

6. 覺醒主編：《佛教與生態文明》，宗教文化出版社，2009 年。

7. 林崇安編：《內觀教育集：林崇安內觀論文選》，內觀教育基金會，2004 年。

8. 林崇安：《林崇安佛學論文選集》，內觀教育基金會，2004 年。

後　記

　　了卻一夢。

　　夢影朦朧，歌謠淡遠。那一段如泣如訴的童年經歷，不經過整合，永遠無法安頓。

　　我曾經在幼兒時就寄養在西雙版納一個傣族寨子的親戚家，從小浸潤在南傳佛教文化裏。那如水一般柔軟的情意。自然和諧，詩情畫意般的田園牧歌。幼有所教，老有所養，病有所憐，孤有所伴，貧有所恤，死有所安的關懷溫暖，是生命之河中不能流逝的眷念。特別是伏在奶奶懷裏聽著民間的故事、古老的傳說，姑姑背著我去路邊盼著爹媽來看我，給大和尚和爺爺送終的那種沒有悲傷與恐懼，只有生命的悲情與感動的情景，終生縈懷，成了流淌在我生命之河中的歌吟。

　　現代人的緊張、疏離、自私、拼搏，雖然有了物質量的增加，卻缺失了人文關懷的清泉之流。缺少了心靈的安頓，家園的歸宿。貧病、養老、精神、心理、臨終，都成了大問題。而人，作為生命，成為個體後，必然需要關懷。人文的，即人的生命需要的，不僅僅只是物質的，還有生命的。否則，即使是物質充盈，也是無法存活，更無法生活，進而是無法生死的。

　　研究南傳佛教的人文關懷實踐，不僅僅只是祭奠和緬懷一段生命的溫馨歲月，更是一種現實需要的缺失彌補和尋求參照。於是在 2013 年申請獲得了教育部社會科學基金項目資助，在完成課題研究，通過結題驗收的基礎上完成本書。是為了卻一夢，整合身心，安頓生命的自我救護，善自護念。

　　只是課題組的同仁，各自的學術功底與方向有所側重，理解的角度與深淺有所不同，在表述中，有所不盡人意，在緊扣人文關懷與發掘實踐操作上，有所不足，但還是在設計的框架內，基本表達出了南傳佛教人文關懷的精神

價值與實踐品質。

平時各自奔忙，近在咫尺，卻難得一見的同仁，只因課題而共同度過了一段溫情友善的聚會研討生活，也是一種人文的實踐，一段至今時時感懷的溫馨。在此，特別感謝同仁諸君的努力，大家的心血付出，終見芳香，也是對大家的回報與感懷。特別是出力甚多的天春博士，謙遜地拒絕了共同署名出版，說全是老師心血的結晶，自己只是「略加促成」而已，只願在後記中添列。楊增豔博士等同學，也出力不少，親自到西雙版納作田野調查，查閱和整理資料。這也是一段當今難得的合作中的人文實踐見證。為記住這一段溫馨，為尊重大家勞動成果，特將大家承擔的工作列表如下：

緒　論　馮天春、吳正榮

第一章　原始佛教時期的人文關懷實踐概述。吳正榮

第二章　南傳佛教時期的人文關懷思想梳理。明清

第三章　南傳佛教人文關懷實踐的主要操作方法及其實質。吳正榮、楊合林

第四章　南傳佛教生命觀影響下的生態觀及其在現實中的人文關懷。吳遠穩、吳正榮

第五章　南傳佛教生命教育實踐中所體現的人文關懷。楊定勝

第六章　南傳佛教人文關懷實踐對改善心理狀況的獨特價值。吳正榮

第七章　南傳佛教人文關懷實踐對提升幸福指數的重要作用。吳正榮

第八章　南傳佛教的現代困境——以西雙版納為考察中心。吳正榮

第九章　轉型與重建：以突出南傳佛教人文關懷實踐為特點的現代回應。吳正榮

第十章　南傳佛教人文關懷實踐資源的開發前景展望——以雲南西雙版納傣族地區為例。吳正榮、馮天春

結　論　馮天春

生命本空，顯化生生。青山不改，綠水長流。看浪花飛逝，橋流水不流。聚散匆匆，踏跡無痕。人心有念，溫情無限。

2019.10.22.